产权经济学

PROPERTY RIGHTS ECONOMICS

潘义勇 著

暨南大学出版社
JINAN UNIVERSITY PRESS
中国·广州

图书在版编目（CIP）数据

产权经济学／潘义勇著. —广州：暨南大学出版社，2008. 12
ISBN 978 -7 -81135 -039 -5

Ⅰ. 产…　Ⅱ. 潘…　Ⅲ. 产权—经济学　Ⅳ. F014. 1

中国版本图书馆 CIP 数据核字（2008）第 129441 号

出版发行：暨南大学出版社

地　址：中国广州暨南大学
电　话：总编室（8620）85221601
营销部（8620）85225284　85228291　85220693（邮购）
传　真：（8620）85221583（办公室）　85223774（营销部）
邮　编：510630
网　址：http：//www. jnupress. com　http：//press. jnu. edu. cn

排　版：广州市天河星辰文化发展部照排中心
印　刷：暨南大学印刷厂

开　本：787mm ×960mm　1/16
印　张：17. 375
字　数：341 千
版　次：2008 年 12 月第 1 版
印　次：2008 年 12 月第 1 次
印　数：1—2000 册

定　价：29. 80 元

前　言

产权经济学是一门新兴学科，学科形成的理论基础、研究范围、具体界限和研究重点等尚在广泛探讨中。

经济学是研究稀缺资源配置与运用的学科。财产，无论是国家财产、集体社团财产还是个人财产都是最稀缺的资源。产权经济学是关于财产权利配置和利用的学说，包括对财产权利的界定、确立、组合、分割、运用和流转。现代产权制度形成和安排的过程，就是对财富权利依法界定、确立、组合、分割、运用和流转的过程，也是我国由计划经济向市场经济制度转变和完善的过程。在建立社会主义市场经济体制和进入经济、文化、科技和市场全球化的今天，研究社会财富资源的配置与运用方式，研究企业产权制度安排，对于优化财富资源配置方式、节约资源、降低成本、提高效率，对于富民强国、建设和谐社会、实现现代化都具有重大的现实意义与历史意义。

一个国家的经济能否快速稳定地向前发展，关键在于是否确立有效的资源配置方式和高效率的企业制度，即是否选择一种经济成本较低的产权制度安排。在我国改革开放前和改革开放后的很长一段时间里，人们对产权的认识仅仅停留在对所有制、所有权的认识上，而对于创造了西方工业文明的现代企业产权制度一无所知，甚至认为私有制是束缚生产力发展的，唯有公有、国有制才是最适合生产力高速发展的制度安排。有人甚至认为中国自盛唐以后科技停滞不前，乃至积贫积弱，工业革命不能首先在中国发生，是由于长期的封建私有制使然。其实，对中国经济史稍有了解的人都不会忘记，在长达两千多年的封建社会实行的土地和工商业的国有制下，从西汉汉武帝把制盐和贸易变为中央政府经营的官工官商开始，到民国时期建立庞大的官工官商的官僚产权体系，封建官僚集团都以国家代表身份控制和占有国有资源，包括土地、工业和贸易；除官僚集团之外，以平民身份拥有的私有经济在庞大的封建帝国经济面前是微不足道的。世界工业革命之所以在欧美发生，就是因为这些国家在法律保护下的平民私有经济得到了充分发展并上升为国民经济主体部分。

盛唐以后一千多年，中国科学技术停滞不前，积贫积弱，与资本主义先进生产力及工业革命失之交臂。这不是因为私有制经济强大，而是因为封建主义国家的国有制经济一统天下，束缚了社会生产力的发展。在官工官商占主导地位的经济体制下，政府控制全部国家资源，尽管只为少数人服务，但也不能算作私有经济。如果把这种以国家控制的、为占人口极少数的统治集团官吏服务的国有制经济也称作私有制的话，那它也仅仅是塔尖上的私有制，而普罗大众既不能享受到国有制带来的福利，也不能享有自己的私有资源和私有财产。真正的私有制是普罗大众都享有私有资源和私有财产。这种平民普遍享有私有资源和私有财产的社会，在改革开放前的中国尚未出现过。近代以来，中国多次错过了经济现代化的机遇。从企业发展的本身来看，是因为长期以来中国经济政治条件没有允许发展出一个生机盎然、充满活力的现代股份企业的法人产权制度。洋务运动以后，中国逐渐形成了一种僵化的官营企业传统；国民党统治时期，官僚资本垄断经营更是走向极端，形成一种高度集权垄断的管制经济。新中国成立后，我们又迅速学习苏联那一套高度集权的行政协调资源配置体制，把企业完全置于行政权力的控制之下。竞争性的市场机制和现代企业制度的观念，始终没有在中国生根。

在我国改革开放前，追溯到漫长农业社会的强调以国家控制、占有土地和垄断经营工商业为特征的产权制度，相对现代企业制度和法人产权制度而言，是一种高成本、低效率、不经济的产权制度，造成对社会生产力发展的严重障碍。改革开放后虽说允许个体和私营经济存在，并让一小部分人先富起来，但就绝大多数民众而言基本上没有值钱的私有财产。中共十七大提出“创造条件让更多的群众拥有财产性收入”以及“健全劳动、资本、技术、管理等生产要素按贡献参与分配的制度”。《物权法》的实施，将为这一制度的实践提供法律保障。中国经济改革的目的就是让全体中国人民共同富裕起来，让全体国民拥有自己的私有资源和私有财产，这是一个反映和衡量中国生产力发展和社会文明进步的主要标志之一。

从所有制关系来看，无论是单一私有制还是单一公有制，都不是最经济、最具效率的产权制度。单一的私有制效率较高，但欠缺规模，与工业化、现代化的规模经济是不相适应的。而单一的公有制虽有规模但欠缺产权效率。只有以股份制为基础的现代法人产权制度才能兼容两者，摒弃两者的缺点，继承和放大两者的优点，才是迄今最经济、最具效率的产权制度。从产权经济的角度看，财产所有权是谁的并不重要，重要的是财产使用权由谁来行使和怎样行使。股份制产权制度正好解决了这些问题。

20 世纪 90 年代初以来，我国成功地开展了以股份制为主体的现代企业制度建设，初步建立了以股份制的法人产权制度为标志的现代产权制度。但从理论到实践来看，我国在产权制度研究和产权制度建设上还存在许多缺陷，需要我们从中国国情出发，借鉴西方现代产权理论从实践中探索和总结出的一套适合中国改革发展需要的多元混合的现代产权制度，建立效率与公平兼容的现代产权经济体系。

本书朝两个主要目标努力：一是正确认识产权制度创新在经济增长、社会生产力进步中的地位与作用。对生产力进步来说，产权制度创新与科技创新一样重要，特别是发展中地区的后发达地区，产权制度创新成为经济起飞的关键。二是从宏观到微观探索一个合理的产权经济体系，从宏观上阐述一个合理的产权结构，形成和建立一个由多种经济成分、多元经济主体合理搭配构成的开放多元的混合经济体系。在经济体系里，市场主体平等、公平竞争，政府在坚持行使宏观调控职能的同时，承担和发挥弥补市场缺陷的作用；在企业产权的微观构造上，实行与改善以股份制为主体的现代企业制度的法人产权制度。

我们正处于由计划经济向市场经济转变的体制大变迁时期，也处于由传统社会向现代社会过渡的社会结构大转型时期。这个变迁和转型远未完成，至今还在进行中。计划经济时期，笔者高中毕业曾在农村最基层的生产组织担任领导，大学毕业后在高校及县、地、省级党政机关和研究部门工作，直接参与和亲历了农村经济体制改革和城市经济体制改革的进程，对计划经济与市场经济下产权制度的效率和优劣有切身感受和体会，这为自身进行产权经济研究积累了一定的感性认识，对自身从理论与实践结合上升到理性认识是一个有利因素。

20 世纪 80 年代末至 90 年代初，笔者在中国最大的经济特区——海南省政府研究机构供职，从事社会经济改革与发展研究，曾参与省府招商引资、成片开发的洽谈工作。笔者在工作中深感产权制度问题是特区开发和全国经济发展的主要障碍，开始关注和研究产权问题，其间在《经济研究》等各地报刊发表了若干篇文章。同时，笔者开始对我国产权进行系统的研究，1996 年形成本书初稿，修改出版事宜因工作几次调动、搬迁而一搁再搁，转眼间十多年过去了，如今在保持整体结构基础上对本书初稿某些章节作了调整、修改和补充。

笔者多年的研究工作，得到许多良师益友的支持与帮助。在此，感谢李京文院士、张问敏教授、刘思华教授、刘贵访教授、李必训教授、龙观水教授、赖绍沧教授、何异煌教授、杨成舟教授、王毅武教授、敦玉林教授、李芸副编审等，他们以不同方式对我从事产权经济研究表示了热情的支持、帮助与启迪，使我受益匪浅；感谢暨南大学出版社的大力支持与帮助，尤其感谢曾鑫华编辑为本书出版付出许多辛劳；感恩父母、姐、兄弟以及岳父岳母对我选择和坚持做研究工作的理解与支持；感谢侄女潘伟娟为本书初稿打字；特别感谢我的妻子叶国玉和儿子潘善泽对本书出版的支持。

潘义勇

2008 年 8 月 25 日

目　录

1　导论

在任何社会经济形态条件下，人们在生产分配中的相互关系与财产权利的行使和所有权的实现形式、产权管理形式，都具有其内在联系和客观规律性。产权经济就是考察和揭示在一定社会经济形态条件下形成的产权经济关系，或者在一定的生产关系和生产力基础上的产权制度的安排及其演变规律。为此，研究产权经济学需要搞清楚产权经济学研究的目的和方法、研究的任务与内容及其与其他有关经济学科的关系。

1.1　产权经济学兴起的时代背景

同其他学科一样，产权经济学的产生也有着特定的时代背景。要认识产权经济学的产生，不能不了解与此相联系的全球时代背景。只有认识和了解了这些背景，才能对产权经济学的形成、产生和发展过程有一个全面的、立体的把握，才能全面认识产权经济学产生的作用、意义。产权经济理论对苏联、东欧和中国都产生了很大的影响。科斯理论之所以受到东西方不同经济制度和经济体系的国家的重视，原因在于这些国家的产权制度改革与选择，都要寻找一种理论的支持。而科斯理论之所以在当时受到较多的关注是与当时国际、国内面临的环境变化分不开的。

1.1.1　全球的政治背景

1.“冷战”结束，世界两极对抗已经消失

第二次世界大战结束以来，以美国和苏联为代表的两种社会制度和意识形态对立而形成的两大体系，一个以苏联为核心的社会主义阵营成为世界一极，成为足以与以美国为代表的另一极势力相抗衡的政治和经济力量，两极对抗长达半个世纪。在这场旷日持久、以核武器为后盾的“冷战”中，双方都把主要国力放在核扩军备战上，到20世纪70年代已经到了剑拔弩张的地步，全世界人民都处在惊恐和不安之中。随着联合国组织作用的发挥，美苏两国长达十多年的核裁军谈判达成协议，彼此裁减、销毁核武器达90%以上，加上后来的东欧剧变、苏联解体，以苏联为代表的意识形态体系逐渐消失，以美国为代表的西方意识形态体系失去了对立面，这为不同意识形态之间的经济沟通创造了便利条件。

2. 经济竞争代替军事竞赛

“冷战”结束和意识形态对立消失之后，军事竞争已被经济竞争所代替。在长达几十年的美苏两国军事竞争中，两大国把主要国力、精力用于军事和战争目的的国防投资上，而忽视了对民用生产的投资。日本、原西德和得到美国保护的“亚洲四小龙”却迅速发展起来。特别是日本，引进美国的许多科学技术并开发成商品，其汽车、电脑技术赶上甚至超过美国，并且挤占了美国在世界上的许多国家的市场，导致美国经济因为世界市场的缩小面临衰退。美国正是认识到这一点才决心与苏联谈判裁军的。经过十多年的努力、多次的谈判，美国终于达到了核裁军的目的，从而减少了用于以核扩军为目的的国防投资，把用于扩军的投资用于民用开发的经济建设上来。特别是1992年美国总统竞选人克林顿竞选时作出关于促进美国经济增长的许诺，得到美国人民拥护而入主白宫。美国作为世界经济的头号强国，其国力、精力的投向由此可见一斑，美国的一些市场如汽车市场开始从日本手中重新夺回来。苏联解体后，作为独联体最大的主权国，俄罗斯进行了经济私有化改革，国力、精力也放到经济体制转轨、重构经济体制以及寻求海外援助与投资上来。

3. 以意识形态组成的集团解体，地域化、集团化兴起

在两极对抗时代以意识形态为基础建立的国家集体如“经互会”已解体。地域化就近联合在新兴的国家间悄然兴起，如以美国为首的美加墨贸易集团；欧共体对东欧国家开放，以图建立大欧洲共同体；日本意欲建立以它为中心的亚太经济圈；中国和东南亚地区十国建立了东盟经济合作体；进入21世纪后欧盟实行了统一货币——欧元。这些已经建立起来的集团或正准备建立的集团，都有一个共同点，就是跨越意识障碍，就近联合，以贸易合作交流为主，进而向科技投资等全方位渗透合作，形成一个集经济、文化、教育、科学为一体的实力集团，借以减少单个国家的国防投资，把资金用于民用经济开发事业上来。

4. 东欧剧变，苏联解体，社会主义经济改革步入歧途

由于苏联、东欧的社会主义长期存在弊端，得不到有效的解决，人民生活并没有因为建立社会主义制度而获得显著提高。尤其是进行横向比较时，一直被视为腐朽垂死的资本主义并没有腐朽垂死，却仍然充满生机，使一些人开始质疑社会主义制度的优越性，特别是资本主义有较完善的防止腐败的机制，而社会主义的防腐败机制不健全，腐败现象难以扼制。有些社会主义国家党政不分、以党代政，党权不能置身于法律约束之下，法律变成党政权力下的附属物，国家不能独立行使法律的权威，甚至把党政权力凌驾于监督和防止机制之上。人民群众由痛恨贪污腐败到对社会主义制度产生迷惘。这就给了一些激进分子可乘之机，他们

企图通过改变社会主义政治体制来达到从根本上改变社会主义的计划经济和公有制的目的。先是东欧剧变，接着是苏联解体，社会主义体制原则在这些国家被全部放弃，演出了共产主义运动史上最悲壮的一幕，这也给现存的社会主义国家留下了深刻的教训。

5. 联合国的作用日益扩大

联合国组织自诞生以来，以调解国际争端为己任，后来发展到在政治、经济、文化、科学、教育、卫生、环境等各个领域发挥作用，特别是在调解国际争端、纠纷和局部战争中发挥巨大的作用。尽管有的国家不大承认联合国这种国际性的功能作用，在国际问题上无视联合国的决议，但是越来越多的国家已经承认和尊重联合国组织在国际争端的调解和维护世界秩序上发挥的积极作用，联合国的决定被认为是符合世界绝大多数国家、民族和人民的共同利益的。这样，联合国的威望和作用已日益提高，它将在各个领域更有效地发挥仲裁、监督、调解和扶助等作用，一些在各国国内难以解决的难题将在联合国的调解下得到公正合理的解决。

1.1.2 全球的经济背景

1. 社会主义国家纷纷改革经济体制

社会主义计划经济与单一公有制弊端日益暴露。社会主义经济一是公有制，二是以计划经济为主，并且作为区别于资本主义的经济特征。最早实行社会主义公有制和计划经济的国家是苏联和东欧各国。苏联于1917年十月革命胜利后建立世界上第一个社会主义国家，此后，东欧各国在其控制下加入了社会主义阵营。然而，由于计划经济实施后出现的弊端日益增多，东欧国家要求改革计划经济的呼声甚高，从20世纪60年代开始，匈牙利、波兰和南斯拉夫等东欧社会主义国家，先后开始对计划经济进行反思和改革，但效果并不明显。由于产权理论的影响，产权改革成为这些国家的首选目标。

根据苏联模式建立中央计划经济体制的社会主义经济体系通常都存在以下问题：①国有制企业产权主体缺位而缺乏活力；②平均分配主义，企业员工缺乏积极性；③贪污腐败盛行，法制和监督机制无法制止。苏联解体后，俄罗斯实行完全的私有化，几乎把所有的国有企业资产按人口平均量化到具体的个人，这种休克疗法，并未促进经济增长，反而使经济大幅下降，连续多年倒退。这种“私有化”休克疗法，是一种激进的改革行为，可能与苏联自1969年以来推行改革一直未能收到成效有关，是不得已才采取的手段。俄罗斯的改革表明，在中央计划经济体制向市场经济过渡中，私有化并非是最好的选择。中国在20世纪50年代基本上照搬苏联的经济体制、经济运行机制和经济运行的模式，与苏联一样，社会主义公有制经济和计划经济弊端日益暴露。党的十一届三中全会后，在邓小平理论指导下，我国的改革开放以“摸着石头过河”的方法，先在农村进行体制改革，推行家庭承包责任制，取得经验后再进行城市经济体制改革。采取“摸着石头过河”的渐进的改革方式，引入竞争机制，改革国有企业体制，平稳地向市场经济迈进。

在20世纪50年代，正当我国进行合作化的“一大二公”所有制“穷过渡”的时候，南斯拉夫率先开始对社会主义公有制和计划经济进行改革，实行企业的“工人自治”制度，企业与政府脱钩。但国有企业对产权缺乏责任感和效益感，管理者只关心个人收入多少，而不关心企业资产保值和增值。后来匈牙利随之进行分权化改革，捷克斯洛伐克、波兰、罗马尼亚等以不同的形式对公有制和计划经济进行改造，但始终未能摆脱中央计划体制固有弊端带来的困境。科斯定理的产权理论，成为这些国家继续改革以走出困境的指南。

2. 经济全球化

对一个国家来说，封闭孤立是不能保持与世界经济同步发展的，只有开放才能保持与世界经济同步发展，参加地区性国家集团是开放和进入世界市场的重要一步。参与世界市场竞争，才能求得生存与发展。这是每个国家都必须面对的现实挑战。因为单一国家要直接进入世界市场竞争已经越来越困难，需要通过借助集团国家的共同努力进一步开辟世界市场，才能在激烈竞争的世界市场中获得一席之地。

3. 中国经济体制改革进入了关键阶段

与东欧相比，中国经济的改革起步较迟，这是由于建立社会主义制度也比较晚的缘故。我国于1953年开始“一化三改造”运动，通过没收、赎买和合作形式，把工商业收归国有，把农村土地收归集体所有。1963年对人民公社体制进行修修补补的调整，基本完成对高度集中统一的计划经济体制的改造。1966年十年“文革”内乱，这种体制得到进一步的强化。1978年开始农村经济体制改革，从分组作业到承包到户，将多年被压抑的劳动积极性释放出来，实行承包的地区如安徽、四川都获得农业的丰收，进而推广到全国，人民公社解体。1984年承包制由农村向城市推进，城市经济体制改革从实行承包制开始，企业向政府承包，进而车间向企业承包，班组向车间承包，个人向班组承包，层层承包、一包到底，一改过去吃“大锅饭”的局面。企业经济体制几经改革，由尊重自主权到扩大自主权，又到两权分离、承包制、租赁制，改革使企业管理人员和职工的利益最大化的目标得到逐步实现，而国有企业的利益却朝着相反方向发展，即利益最小化趋势日益突出。承包制、租赁制负盈不负亏，盈了属于企业领导人和员工的，亏了却把包袱留给政府，政府仍然要对企业资产负无限的责任。这种放权让利、两权（所有权、使用权）分离以及承包制、租赁制，苏联、东欧都曾经经历过。苏联在1921年实行新经济政策，对外开放的租赁制就是当时实行的一种重要形式。南斯拉夫的企业自治体制类似承包制、租赁制形式，但始终未解决国有企业和企业员工的双重利益最大化的问题。苏联、东欧都是在改革到这一步时，由于没有更好的形式加以推进而发生改革逆转的。为了防止改革出现类似的逆转，中国体制改革没有停顿徘徊，中共十四大提出了建立现代企业制度，也就是法人企业制度。中共十五大提出建立社会市场经济体制，明确了公有制的多种实现形式。2004年十届人大和政协通过决议，把私有财产列入保护范围。2007年春，全国人大通过了《物权法》，该法同年10月1日起正式实施；10月15日中共十七大提出允许劳动者增加财产性收入。

从此，私有产权与国有、集体的产权一起享有平等的法律保护。这是对公民财产制度在认识与实践上的空前突破，对社会主义市场经济发展有巨大的促进作用。对私有财产的保护与积累，与私有经济发展是成正比的，从发展前景来看，私有经济必将成为国家财政的来源。同时，对所有的国有、集体企业进行公司化改造，由工厂制转变为公司制，效益好的品牌企业通过联合兼并等形式，对效益差的企业进行股份制改造。后来，越来越多的企业特别是效益好的国有企业也进行了股份制改造，这样不仅解决了融投资的资金来源和经济效益问题，还解决了经营机制转变问题，股份制公司董事会的决策代替政府的直接控制和决策。然而，中国股份制改造初期由于缺乏经验和必要的经济条件，没有完善的法规，股份制改革一哄而起，一些企业和个人以股份制为幌子，肆意集资，进行挥霍，曾一度使股份制的声誉和形象受到损害，中国如何再进行体制改革已进入了关键阶段。

4. 资本主义国家也在进行体制改革

改革并不是社会主义国家专有的，在资本主义国家也时有发生。早在20世纪初，为了摆脱经济过剩的危机，资本主义国家开始对经济体制进行改革。首先是英国，除了把非营利性的公共设施服务企业进行国有化改造外，还对一些大型的集团公司企业进行国有化改造。这样，国有制企业在资本主义世界各国相继出现。国有企业的宗旨是服务社会，为社会经济组织提供公共设施服务，保障社会经济的顺利发展。美国除了提出由国有企业提供公共服务产品外，同时提出政府也应是经济人，国有企业也应追求经济利润等，这样，国有化改造在西方发达的资本主义国家风靡一时。然而，一旦国有企业经营严重亏损且资不抵债时，资本主义国家政府会毫不犹豫地进行再改革，对国有企业进行私有化改造，即把严重亏损的国有资产进行拍卖，有效地防止了国有资产流失，把国有资产由实物形态转化为货币形态，然后投入到发展其他国有的、服务公众社会的企业和设施上。什么样的企业产权制度适应生产力发展、适应社会经济发展需要，就采取什么样的产权制度，完全没有任何禁区。正因为这样，它们一次又一次地走出了“过剩”的经济危机，保持了资本主义的经济繁荣，并显示出新的生命力。资本主义这种改革精神，是值得重视和借鉴的。

1.1.3 理论背景

现代西方产权经济理论，作为西方经济学的一个分支，诞生于20世纪初，形成于20世纪60年代，它的创始人是弗吉尼亚大学教授罗纳德·科斯。自19世纪末20世纪初以来，美国作为强大的资本主义国家之一，其经济危机日趋严重，垄断组织也日益占据主导地位，这与正统经济学家所宣扬的自由竞争、可以自发和谐地调节经济、促进社会生产、充分满足人的欲望的事实相背离，因而需要一种新的经济学说来解释经济现实问题，这样，凡勃伦的制度经济学说应运而生。20世纪20年代至50年代，在由旧制度经济学向新制度经济学的过渡中，形成了包含以加尔布雷斯为代表和以科斯为代表的两个完全迥异的理论体系新制度经济学派。

对于产权经济的研究，源于20世纪30年代，以科斯的产权研究为代表。1937年11月，科斯在英国《经济学》杂志发表了“企业的本质”一文，1966年10月他又在美国的《法学与经济学》杂志发表了“社会成本问题”一文。这两篇代表作有两个意义：一是表明产权经济理论从一种思想观点上升为一门新的经济学科。二是表明产权经济理论发展经历了两个阶段：第一阶段是30年代，指出市场机制运行中存在摩擦，即交易成本，对正统经济理论提出批判；第二阶段是50年代末至60年代，认识了产权的作用。后来科斯的追随者总结了科斯的研究成果，提出了著名的“科斯定理”，认为“交易成本”是科斯产权理论的基础。从此，科斯理论成为产权经济理论的核心。此外，对现代西方产权理论的发展作出贡献的人物还有奈特、斯蒂格勒、富鲁普顿、伯利、米恩斯、佩杰威克、阿坎纳、诺斯等，他们从不同方面和不同角度对现代产权经济理论的发展作出了贡献，使产权理论成为20世纪西方最具影响力的理论之一，对全世界的经济体系产生了巨大影响。

与加尔布雷斯新制度经济学理论最大的区别在于，科斯的新制度经济学对产权问题的关注，源于对正统微观经济理论根本缺陷的思考和批判。在现代西方产权理论看来，正统的微观经济理论存在三个根本性的缺陷：

（1）正统微观经济理论假设的前提是企业本身存在，即先假设企业的存在再探讨企业的行为。而企业的内部组织结构、规模大小、企业与市场的边界等取决于什么要素，这一类企业本质的或者核心的问题都不是正统微观经济理论的研究对象。

（2）正统微观经济理论的核心思想是追求个体效用的最大化。它把市场看作一种工具，使正统微观经济理论出现两个不可克服的障碍。首先，在追求社会效用最大化过程中需将个体效用转化为统一的社会效用，而这个统一的尺度却不存在。其次，个体效用之间无法比较。

（3）按正统微观经济理论的竞争性理论模型假定：人们的交易在私有产权条件下不存在摩擦，因而不存在交易成本。然而，即使在私有产权条件下，也同样存在产权交易界区含混的可能性与现实性，而正统微观经济理论忽视了产权问题会影响和制约人们的交易，成为资源有效配置的障碍这一问题。

以科斯为代表的现代西方产权经济理论在针对上述缺陷的批判中，使产权成为资源配置过程的核心。它强调：①传统经济理论的效用和利润最大化分析不切实际。求极值问题的实质是产权是在何种条件下被界定和转让的结果。②个体在追求效用最大化过程中，产权问题成为制约效用的一个基本变量。③产权问题影响成本函数，如果产权交易界区不清，交易成本会大于零，个体追求效用最大化，不可能达到社会效用最大化。④企业和市场都是实现资源有效配置的两种组织制度，不同的是企业制度通过内部的权威机制即管理的交易来实现资源有效配置，而市场制度则是通过价格机制即平等买卖的交易实现资源配置。无论是企业内部的管理交易，还是企业外部的市场交易，产权的界定、产权的配置、产权的交易都处于核心地位。

这样，现代西方产权理论重新确立了经济学的分析角度。首先，实行经济分析单元的转移，即从传统经济学的以产品或劳务作为基本分析单元转变为以交易为基本分析单元；其次，经济分析重点的转移，即现代西方产权理论使产权问题成为资源配置的核心，从而将对市场运行的考察与所有权的分析紧密结合起来；再次，经济组织认识分析角度的转移，即认为无论是企业组织还是市场组织，都是经济关系的运动方式和经济活动的组织形态，在资源配置问题上两者可以相互替代。科斯认为，在一定产权结构下，资源的有效配置取决于三种制度形式：一是企业产权制度和管理交易成本，二是付出买卖交易成本的市场制度，三是政府管制。政府在解决外部问题方面成本更低，但有时政府管理成本也相当高。科斯认为，不管采取何种组织制度形式，都取决于产权的清晰度，而立法则是提高产权清晰度的基本工具。只有在产权清晰的基础上，才能计量出企业产权运行的管理和交易成本。[①] 交易成本是运用价格机制的成本，它主要包括：①为进入市场作准备的搜集信息的成本；②谈判与监督履约的成本。企业作为参与市场交易的组织单位，其经济作用在于将若干要素所有者组合为一个整体来参加市场交易，通

① 薄越亮，王民有，王加春，张冀湘．产权管理理论与实务．北京：中国物资出版社，1992．35

过减少市场交易数目来减少交易摩擦，从而降低交易成本。

科斯产权理论对西方国家产生广泛影响的同时，对东方的社会主义国家也产生了重大影响，但是在不同的社会主义国家中，对科斯理论的理解、借鉴及其所产生的影响和结果是不同的。苏联和东欧社会主义国家在科斯产权理论影响下，把对国有产权制度改革理解为全面私有化，20 世纪 90 年代初，这些国家以社会主义公有经济为基础的经济制度全面瓦解，尤其以俄罗斯为首的独联体国家经济陷入长达 10 年的低迷。与这种毕其功于一役的全面私有化改革模式不同的是，中国实行“摸着石头过河”的稳健渐进的改革方式，对低效率的国有经济和集体经济制度进行改革，把改革的重心放在以股份制经济为主体的现代企业制度的构造上，成功地避免了苏联和东欧式的私有化改革带来的混乱和阵痛，实现了产权制度创新与经济增长的双赢。与苏联和东欧不同，中国从理论界到企业界是从推行股份制以适应现代企业制度和法人产权制度的角度，而不是从改变所有制关系属性的角度来理解和借鉴科斯的产权理论的。

1.2 产权经济学研究的对象、目的和方法

1.2.1 产权经济学研究的对象

产权经济学是研究各种可供选择产权制度之间的安排、配置和运行的理论，是研究财产配置、利用和分享的学说。它包括财产权利的界定、确立、组合、分割、运用和流转，旨在实现有效的产权制度选择，达到产权制度的安排与配置的成本最低与收益最大化。

国家在一定社会经济形态下，进行产权制度的选择与安排，达到成本最低、效率最高，以适应和促进社会生产力的发展。应在市场经济背景的条件下，总结社会主义在产权制度安排与运作中的经验与教训，在产权制度的改革中吸取与借鉴现代产权理论，促进产权制度创新，实现产权制度安排的现代化。

1.2.2 产权经济学研究的目的

社会科学的每一个学科的发展都是人们在实践中总结归纳出规律并将其上升为理性认识，然后又用于指导实践，并在实践中继续修正、完善与发展。和研究其他学科一样，研究产权经济学有着鲜明的目的，无论是马克思主义经典作家还是资产阶级经济学经典作家，都十分重视和强调学科研究的目的。西方资本主义国家研究经济学的各门学科，为的是解决资本主义经济中各种疑难问题乃至瓶颈问题，促进资本主义发展和避免经济危机，适应新的历史条件变化，以保持资本

主义经济的持久繁荣。社会主义国家研究经济学则没有把立足点放在解决社会主义经济发展中的现实问题和搞好经济建设上，而是在20世纪下半叶的很长一段时期里，把研究的目的放在区别社会主义生产关系与资本主义生产关系、公有制与私有制的性质等方面。其通过指出区别，一是批判资本主义的生产关系和产权制度，二是进行要领推理，从概念到概念证明社会主义的生产关系的优越性，三是运用马克思一百多年前作出的结论进行赞扬和注释，并对照现实经济问题进行姓资姓社的分类与争论，靠对比和注释马克思主义经典作家的经济理论，已不知造就了多少“社会主义经济学者”。可惜，社会主义经济实践中产生的各种问题得不到解决，无益于社会主义的实践进程，反而贻误了社会主义事业，导致社会主义进程的受挫，如东欧剧变、苏联解体。所以，传统的社会主义经济研究的目的是机械的，研究的方法是形而上学的。显然，研究产权经济学时必须引以为鉴，避免重蹈覆辙。

产权经济学研究的根本目的，概括地说，就是发展社会生产力而选择最经济的、最具效率的产权制度安排，由这个目的而确立以下的研究目标：

(1) 寻找一种既经济又高效的产权制度安排。这种产权制度安排体现机会均等、公平竞争，逐步消除贫困，是实现由部分先富到共同富裕的社会均富的产权机制。

(2) 选择一种既有自我约束监督机制又有自我激励机制的产权制度安排。

(3) 公共产权的特殊意义在于纠正市场缺陷，提高整个社会的经济效能。

(4) 建立明晰产权主体，实现决策、经营、监督三权并存和相互制约的现代企业制度。

基于以上目标，产权经济学研究肩负着改善社会生产关系条件，同时寻求一种既有效率又公平，适应国内国际市场经济发展和竞争需要的充满活力的现代产权制度安排的重任。

1.2.3 产权经济学研究的原则和方法

在产权经济研究方法上，要坚持以马克思主义的辩证唯物主义和历史唯物主义的世界观和方法论为指导，运用马克思主义的辩证唯物主义和历史唯物主义的世界观和方法论，分析社会形态与生产方式变化，分析社会主义生产关系与生产力矛盾运动，探讨产权制度创新和产权制度选择在社会主义历史进程中的规律性，这是产权经济研究的关键。在过去的研究工作中也强调运用这种方法，然而在实践中却常常背离此法，把马克思主义研究方法教条化，不是把它作为启迪的钥匙，而是把它作为灵丹妙药，以为无论研究什么问题只要挂上这个招牌问题就能自行解决了，实际上是把理论联系实践简单化。

因此，社会主义经济理论研究与实践常常陷入两种误区：一是从马克思、恩格斯、列宁经典论著的观点和概念出发，用现实材料去解释和论证它的重要性、正确性。当现实发展变化时，简单地认为实践违背了马克思主义的结论，于是对现实进行“纠正”。二是反复地运用过时的实践材料，证明经典著作理论概念的正确，至于现实中的问题，如果从经典著作中能找到现成答案的，实践活动就是正确的，否则就是不正确和不允许存在的。这两种误区的表现形式不同，但实质都一样，就是抱着昨天的理论不放，不能面对日益发展变化的客观世界。其实，任何理论都是一定经济社会历史条件下的产物，某件事或某个论点的产生都离不开历史条件和时代背景。从历史的观点来看，这件事也许有某种意义，但当时代变了、环境变了，对这件事的认识也应发生变化。人们只能在时代的特定条件下认识事物，这些条件达到什么程度，人们的认识便达到什么程度。所以，任何理论的正确性或真理性都是相对的，是以时间、地点、条件为转移的，正确的理论必须结合具体情况并根据现存条件加以阐明和发挥。

(1) 面对现实，实事求是地研究产权经济中的新情况、新问题，“经济理论研究的出发点，不是抽象的原则，而是实际生活”，经济理论研究的材料来源于实际，必须从实际经济生活中吸收营养并加以提炼概括，进而产生观点，才能形成理论。产权经济研究必须坚持这一原则，面向现实就是认清当代客观存在的产权制度在运作过程中的现状及问题。我们研究的方法之一，就是针对现实提出某些问题，把这些客观存在的问题作为研究的直接对象，做到有的放矢。实事求是也就是对现实中提出和存在的问题进行探索，求得和掌握事物发展的内在规律，从而克服和避免产生和再产生违背客观规律的错误行为。只有掌握客观事物的发展规律，才能主动地、自觉地尊重和遵循客观事物的发展规律，切实做到按产权经济发展的规律办事，在发展产权经济中不走或少走弯路，减少实践中的错误和损失。

(2) 打破思想禁区，克服意识形态障碍。对产权制度研究要解放思想、实事求是。解放思想是实事求是的先导，实事求是则体现解放思想的最终目的。科学是人类智慧的结晶，产权经济学和其他的科学一样，是关于客观事物内在规律的认识，科学是无禁区的。在传统的经济研究方法中，人们受极“左”思想的影响，人为地设置或制造许多禁区，对科学的文明成果贴上意识形态和政治标签，以致自我束缚。在这些禁区中，他们不敢越雷池半步，往往将一些现实的、迫切需要解决的问题搁在一边，既不敢提出来研究，更不会去解决。人为地设置禁区无助于科学研究，反而会阻碍和破坏科学研究。在“文革”“左”的宣传思潮的影响下，“左”的意识在人们的头脑中成为习惯观念，成为判断是非的标准。在反“左”破“左”多年的当代，“左”的意识观念未能彻底消除，以致全国各地每隔一段时间就要提倡解放思想，以防止“左”的思潮死灰复燃。由于“左”的思潮容易潜移默化地影响人们，某些时候还会产生条件反射作用，并被用来作为判断客观事物是非的标准，因此用“左”的意识标准来研究产权，显然无法对产权制度采取实事求是的科学研究态度。因此，在这里研究产权经济，就是要打破思想禁区，即使是马克思没有提出过的理论和模式，也可以大胆研究。对于某些为当代实践所证明和公认的而与经典书本某些结论的原义不吻合的成功经验，也不要拘泥，可大胆地尝试和应用，把克服意识形态障碍作为先决条件和研究方法之一。

（3）纵与横考察结合。任何事物都是在一定的时空条件下形成、产生和发展的，其过程由纵与横两个方面构成，纵向过程是由若干相对稳定的阶段构成的，这些阶段就是过程的横断面。纵向与横向的结合使我们的研究能够把握客观事物发展的内在规律性、全面性，防止片面性并从中汲取历史教训。如研究社会主义产权制度的产生、发展与完善这三者之间的关系，就必须把纵向与横向结合起来考察，才能对产权制度获得全方位的综合认识，从而避免历史错误。如不从纵向考察研究当今农村的股份合作制，就不能从历史上的公社产权制度那里汲取教训，就会在当今股份合作制中重蹈合作社和人民公社产权制度的覆辙。同样，如果不研究横向面，就不能放眼世界以了解和学习借鉴当代资本主义国家的现代家庭农场制度，也不能理解和认识家庭农场的全球意义。所以不仅要研究纵向面，还要研究横向面，进行横向比较才能打破短时间和小空间的封闭和局限，在更长的时间和更大的空间范围内作出战略选择。股份改造就是从横向比较之后作出的有效选择和探索。因此，考察纵向的目的是为认识现实和解决现实问题服务，而研究横向的目的是比较吸收当代人类文明所达到的最优秀成果，并为我所用，做到与时代保持同步发展，至少可以缩短与时代发展的距离。由此看来，纵横结合法是研究产权经济学的重要方法之一。

（4）提倡理智探讨，防止激情分析。除了防止采用以道德为标准的研究方法外，还要力求防止凭激情分析，而应尽量保持冷静的理性分析。19 世纪法国的小资产阶级思想家蒲鲁东谈到财产权利时，借用法国大革命时期布里索的一句话对所有权下了一个定义——“所有权就是盗窃”①。在现代社会主义国家中，有的人认为“私有制是万恶之源”，视私有制如洪水猛兽；后来，在产权改革中又有人认为“私有制万能”、“公有制腐败”，如此等等。这是对产权问题的激情分析多于理性思考的表现。以个人感情为标准，还是以社会发展为标准，这是一个长期被忽视的问题。对此，恩格斯曾说：诉诸道德和法的做法，在科学上丝毫不能把我们推向前进。

---

① ［法］蒲鲁东．什么是所有权．孙署冰译．北京：商务印书馆，1991．8

今天，我们在分析社会主义市场经济现象和社会主义产权经济制度时，不能以个人的感情偏好或以道德上的好恶来作为评判标准，而要用理智的冷静、客观的态度，以是否有利于社会生产力发展作为评价标准。长期以来沿用道德、情感的分析法，使我们的经济研究偏离了现实，使我们不能客观、公正地进行理论分析和解决经济生活中的问题。20 世纪 50 年代至 70 年代末，当欧美国家正在研究国有制在私有制国家中的调节作用时，我国则把私有制当作万恶之源，在理论上加以谴责、批判，在实践上加以限制、铲除，恨不得在一天之内把一切私有制和私有经济铲除干净，甚至要人们在头脑中消灭和杜绝对私有财产的追求。马克思、恩格斯虽然以消灭私有制为己任，但他们是以非常理智的态度对待私有制的。他们的观点是：第一，私有制有两种类型。一是以自己的劳动为基础的私有制，如个体手工业者和小农；二是以剥削他人劳动为基础的私有制。这两种私有制具有本质的区别。第二，私有制在产生时对生产力的发展有过促进作用。资产阶级在不到一百年的时间中所创造的生产力，比过去一切世代创造的全部生产力还要多、还要大。第三，消灭私有制需要具备一定的条件。恩格斯指出，能不能一下子就把私有制废除呢？不，不能，正像不能一下子就把现有的生产力扩大到建立公有经济所必需的程度一样，因此……只能逐步改造现实社会，并且只有在废除私有制所必需的大量生产资料被创造出来之后才能废除私有制。这就是说，消灭私有制是有条件的，而不是无条件的，这个条件就是生产力的高度发达。在生产力并未发展到可以于全社会建立单一公有制所需要的高度时，私有制不仅有存在的必要，而且还要大力发展。沿用空想社会主义的态度来对待私有制，在评价和认识私有制时用激情和义愤来代替科学的分析，不仅在理论上是荒谬的，在实践上也是行不通的。

建立社会主义市场经济体制、培育市场经济时，有人便从一个极端走向另一个极端，认为市场化就是私有化，以为只要建立社会主义市场经济体制、实行市场经济和私有化就可以解决一切问题。他们由于忽视了市场经济条件下政府的经济和社会职能的作用，将属于政府的责任范围的事推给了市场。诸如公共交通等基础设施建设和教育、体育、医疗、防疫、突发事件及危机应对等，都试图推给市场和社会了事。把教育、医疗推向市场后，这些公共服务产品市场化，导致城乡不少居民上不起学、看不起病，甚至出现有毒、有害的食品和医药产品，危害人民身心健康，这些无序的混乱现象反映了市场的失灵和缺陷。

（5）坚持生产力标准。在一定社会制度条件下，选择什么样的产权制度形式才能促进社会生产力的发展呢？这绝不取决于政治需要和政治标准，而是取决于社会生产力水平，因此只能按照社会生产力的发展需要来进行产权制度安排。在研究产权经济时，我们对私有制产权制度和公有制产权制度都要抱持理性的科学态度，对不同所有制和产权制度形式在不同社会历史条件和环境下的作用进行冷静观察、正确评价，切忌绝对化、标签化。尤其对私有制不能采取完全否定的极端主义态度，私有制在生产高度发达的国家有阻碍生产力发展的一面，但在生产力落后的国家却有适应和促进生产力发展的一面。因此，它是生产力落后国家发展过渡为生产力发达国家所必不可少的产权制度安排。随着生产力的进步，私有制也有产生、发展、消亡的自然发展过程。只要条件不具备，私有制就不会退出历史舞台，无论哪一种社会形态，在它们所能容纳的全部生产力发挥出来以前，私有制是绝不会消亡的。新的更高级的生产关系在它赖以存在的物质条件成熟以前，也是绝不会出现的。在生产力发达的资本主义国家已出现的公有制、国有制、股份制等，都是在发达的私有制基础上建立起来的公有制。所以，生产力落后的社会主义国家更应当积极利用私有经济，在社会主义阶段完成资本主义自由发展时期所创造的社会生产力基础。社会主义国家只有首先创造坚实而巨大的社会生产力基础，才能逐步地建立国有制、股份制等公有制经济体制。在现代社会的历史条件下，公有制与私有制具有兼容性，两者不再是水火不相容的制度。公有制离不开私有制，私有制也离不开公有制，它们可以和谐共处于现代法人产权制度中。那种把两者对立、分割和孤立起来的观点，以及非要来一场你死我活的较量、搞“清一色”产权制度的做法已经过时。过时的东西不但无益而且还有害于现实社会生产力的发展，必将遭到摒除。

我们搞社会主义的目的是共同富裕。要实现共同富裕，就要建立强大的生产力基础。历史和现实都证明，单一公有制在社会主义初级阶段是不能担负创造强大生产力这个历史重任的，必须把公有制与私有制结合起来才能切合社会的发展规律。在资本主义国家，公有制服务于私有制；在社会主义国家，私有制服务于公有制。这在客观上形成了一种互补共存的发展需要。坚持以公有制为主导地位，并不是在数量上限制私有制经济的发展，而是国家要在市场经济竞争中为社会企业提供“公共物品”，要发挥公有制企业在现代市场竞争中的引导和服务作用。公有制与私有制企业完全处于市场的平等竞争之中，两者是并行不悖的，是相得益彰的。公有制的主体地位有利于促进私有制经济，而私有制经济发展也有利于公有制主体地位的确立和稳固。因此，两者是辩证的统一。

1.3 产权经济学研究的任务与内容

1.3.1 研究任务

产权经济学研究的任务，总的来说是在现代市场经济条件下，研究和选择与市场经济制度相适应的效率与公平兼容的现代产权经济的配置方式，包括国家的产权结构体系和企业产权制度及其运行方式。产权经济学研究的任务是多重的、多层次的，可以分为主要任务和从属任务。随着客观形势的发展，主要任务与从属任务是会相互易位的，在一定历史条件下，主要任务变成从属任务，从属任务则上升为主要任务。

（1）研究产权制度产生、发展与演变的规律。产权制度在不同社会制度下的表现形式及对社会生产力的影响。

（2）分析产权制度选择的合理标准。产权选择的合理标准是什么？怎样的产权制度安排才是合理的？合理即指产权选择时在效率与公平之间的均衡。评价一种产权形式和一种所有权形式是否合理、是否有生命力，要看它能否与生产力发展的要求相适应，能否促进生产力的发展。评价产权制度的具体标准不是生产资料的所有制形式，而是科学的生产力标准。生产力是一个总体概念，是由三个层次构成的：一是生产力的社会属性或社会性质，即生产关系属性；二是经济属性，即生产力水平，是一个定量指标，是对生产工具创造的财产数量和科技水平的考察；三是生产经营过程本身的组织效率，也就是效率与公平的一致性。在坚持生产力标准的同时，必须同时考虑生产力这三个层次，而不能只取其一而不及其余。

（3）阐述产权制度选择的价值取向。产权制度选择取决于分配制度、分配结构和分配程序的确立。效率的产权制度必须建立在效率的分配方式、分配结构和分配程序上。

（4）宏观与微观的产权结构配置。单个产权在单独时有效率，但在整体上不具效率，反之亦然。所以有效率的产权体系是一个整体结构。一个有效率的宏观产权体系能兼容不同的产权主体，多元产权主体并存与竞争是宏观产权结构体系充满活力的要素所在。在微观领域，产权界定明晰是建立现代企业的法人产权制度的基础。按照现代企业制度建立起来的决策权、经营权、监督权相互约束并制衡的法人产权制度，是构建现代产权制度体系的微观基础。

（5）效率与公平的产权选择。研究产权选择与运作的风险和成本，以避免选择高风险和高成本的产权，而应选择低风险和低成本的产权，达到效率的最大化。

（6）研究私有产权和公共产权的外部性与内在化问题，解决中央产权与地方产权的关系问题，解决公有产权企业的进入与退出问题。

（7）研究国有企业现代产权制度建设与集体产权制度创新等问题。

（8）政府合理配置公共产权，提供公共产品和公共服务，发挥公有产权在纠正市场失灵和弥补市场缺陷方面的作用。

1.3.2 研究内容

（1）产权经济学的概况：产权经济学兴起的时代背景，产权经济学研究的对象、目的与方法，产权经济学研究的任务与内容，产权经济学与其他经济学学科的关系。

（2）产权概念与基本内容：产权的含义、性质与功能，原始产权与派生产权的关系，自然人产权与法人产权，现代产权要素，法人产权治理结构，西方产权理论及其借鉴。

（3）产权分类与要素产权制度：产权分类，土地产权、劳动力产权、知识产权、环境产权、金融产权的制度安排。

（4）产权与社会经济形态：自然经济社会的产权制度，商品经济社会的产权制度，多元经济社会的产权制度，社会发展形态与产权制度的互动关系。

（5）产权制度创新与经济增长：经济增长源于有效的产权制度创新，私有产权在经济发展中的作用，公共产权在经济增长中的作用，现代产权是混合的产权制度。

（6）产权的市场与流通：产权市场与产权流通的基本内容，产权市场与产权流通的形成与发展，产权市场与产权流通的意义与作用，我国产权市场与产权流通的规范与完善，开放产权市场和保护国家产业安全。

（7）产权与分配：三种分配观，机会均等与产权分配，产权制度与分配制度的互动，分配公平与效率产权，福利——效率产权的补充，建立公平与效率兼容的分配结构。

（8）社会主义产权体系：社会主义公有产权的产生，社会主义产权结构，产权代理的成本与风险，不同产权的代理成本与风险比较。

（9）中央产权与地方产权：现行中央产权与地方产权的弊端，处理中央产权与地方产权关系上的误区，中央产权与地方产权划分的意义，国有资产体制改革的核心问题与目标，重塑中央产权与地方产权的关系。

（10）产权的外部性与内在化：公共产权的外部性，市场缺陷与公共产权，私有产权企业负的外部性。

（11）产权制度的现代化及其历史进程：产权制度现代化的目标，产权主体法制化，产权社会化，产权主体多元化，未来产权制度的演变走向。

（12）国有企业产权改革与现代产权制度建设：国有企业制度形成及运行存在的主要问题，中国国有企业产权改革历程，建立现代企业制度的目标及运行机制，国有企业产权改革与机制转换的措施，完善企业产权制度创新和运行的外部条件，国有企业产权民营化改组，国有农业产权制度建设。

（13）集体产权制度创新：人民公社的制度缺陷，生产队集体产权制度的缺陷，新一轮农地产权改革的目标，推进产权继承制度创新。

1.4 产权经济学与其他经济学学科的关系

产权经济学既研究生产关系又研究生产力要素如何有效配置，是围绕如何既效率又公平和优化配置生产力资源来进行产权制度安排的一门学科。因此，它具有交叉性和复合性，与其他理论经济学和应用经济学既有联系又有区别。

1.4.1 产权经济学与政治经济学的关系

政治经济学是研究在一定的社会政治制度下生产关系的形成、产生和生产关系的基本形式，以及生产关系对生产力的作用，具有显著的政治性、阶级性等特征。产权经济学则是研究在一定的经济社会形态和一定的生产关系前提下产权关系的确立、各种财产权利的实现形式、效率与公平统一的原则、自我约束监督和自我激励统一的原则、产权形态变化与产权保值增值统一的原则、产权形态和产权选择与安排的产权制度形式。

政治经济学着重描述一定社会政治制度下的生产关系的静态表现，尤其是所有制的静态表现。产权经济学则是描述在一定的经济社会形态下产权制度的形成、产生和发展的动态表现。

政治经济学主要研究在一定的政治制度下的生产关系、所有制是怎样安排的，对生产力的影响的反作用与规范作用。产权经济学则是研究在一定的经济社会形态下不同社会制度地区的产权制度的产生、发展与演变，以及不同时期的产权制度对生产力的作用结果。

政治经济学着重于静态描述，产权经济学也作静态考察，但重在动态的研究。

1.4.2 产权经济学与部门经济学的关系

分行业形成的经济学，如工业经济学、农业经济学、商业经济学等称为部门经济学。部门经济学研究的是部门经济领域内的特殊发展规律，不同的部门有不同的经济发展规律，如农业经济增长是钢性的、工业经济增长是弹性的。其发展规律都是由各自的生产规律和生产特点来决定的。

然而，各部门经济中的运行机制形式都离不开产权制度安排，即都存在企业产权制度选择问题。产权经济所要研究和解决的问题，在部门经济中也必然要遇到。产权经济研究和解决的产权制度安排问题，为部门经济发生的产权制度安排打下制度基础，使部门经济的研究重点放到部门经济生产经营的管理上来。从这个意义上来说，产权经济研究与部门经济研究有着内在联系。然而，产权经济学不可能将各部门经济学的规律都概括和表现出来，也不可能对部门经济发展的重要问题都加以说明。同时，部门经济学也不可能离开产权经济学，因为它不可能回避产权制度的安排问题。如何进行产权制度选择与安排才有助于部门经济发展?尽管这是部门经济学普遍遇到的问题，却不是由部门经济学去解决的主要问题，也不是由部门经济学来完成的主要任务，要解决这些问题就要借助产权经济学，由产权经济学去完成这些任务。因此，部门经济学与产权经济学既互相关联又有明确区分，自成体系。

2 产权概念与基本内容

2.1 产权的含义、性质与功能

2.1.1 产权的含义

西方学者对产权的定义有多种表述，具有代表性的主要有四种：

（1）产权是一种能使人受益或受损的可交换的物或劳务的价值。德姆塞茨指出："所谓产权，是指能使自己或他人受益或受损的权利。交易一旦在市场上达成，两组产权就发生交换。虽然一组产权常附着于一项物品或劳务，但交换物或劳务的价值都是由产权价值决定的。"①

（2）产权是对所有权、使用权、管理权、收益权等一系列权利的总称。英国学者阿贝尔说："我所说的产权意思是：所有权，即排除他人对所有物的控制权；使用权，即区别于管理和收益权的对所有物的享受和使用权；管理权，即决定怎样和由谁来使用所有物的权利；分享残余收益或承担负债的权利，即来自于对所有物的使用或管理所产生的收益和成本分享以及分摊的权利；对资本的权利，即对所有物的转让、使用、改造和损坏的权利；安全的权利，即免于被剥夺的权利。以上尚未列举的一些权利，即不对其他权利和义务的履行加以时间约束的权利，以及禁止有害使用的权利。产权还是指支配重新获得业已失去的所有权的规则。"②

（3）产权是由社会强制的对某种经济物品多项用途权利的选择。阿尔钦《新帕尔格雷夫经济学大辞典》中对"产权"的表述为："产权是一种通过社会强制而实现的对某种经济物品的多种用途进行选择的权利。"③

（4）产权是一系列用来确定每个人相对于稀缺资源使用时的地位和经济的社

---

① ［美］R．科斯，A．阿尔钦，D．诺斯．财产权利与制度变迁——产权学派与新制度学派译文集．上海：上海三联书店，上海人民出版社，1994．14

② 李会明．产权效率论．北京：立信会计出版社，1995．14

③ ［美］A．阿尔钦．新帕尔格雷夫经济学大辞典（第3卷）．北京：经济科学出版社，1992．1101

会关系。菲吕博腾和佩杰威齐认为："产权不是人与物之间的关系，而是指由于物的存在和使用而引起的人们相互之间认可的行为关系。产权安排确定了每个人相应于物时的行为规范，每个人都必须遵守他与其他人之间的相互关系，或承担不遵守这种关系的成本。因而对于通行的产权制度可以描述为是一系列用来确定每个人相对于稀缺资源使用时的地位的经济和社会关系。"①

以上四种表述至少可归纳出产权的如下四层含义：

（1）产权是对一系列财产权利的综合，产权是财产权利的简称，是对资源或生产要素的所有权、占有权、使用权（经营权）、收益权、支配权（处置权）等的统称；

（2）产权是一种使人受益或受损的可交换的物或劳务的价值；

（3）产权是经过社会强制（法律界定）而实现对某种物品多种用途进行选择的权利；

（4）产权反映了确定每个人相对于稀缺资源使用时的地位的经济和社会关系。

综上所述，可以给产权一个定义：产权是以财产所有权为基础而形成的，反映不同经济主体对同一财产的不同方面、不同程度的权利及相应义务的法律形式。概括地说，产权是关于财产权利界定、配置与运用的法律制度的概念。

产权一般有多种权能，其中最基本的有五种：所有权、占有权、使用权（经营权）、收益权、支配权（处置权）。开始所有权者直接经营自己的产权，集所有权、占有权、使用权（经营权）、收益权、支配权（处置权）于一身，这时称原始产权。后来，使用权从所有权中分离和派生出来，与收益权、支配权（处置权）结合在一起，这时的使用权（经营权）又称为派生产权。不管是原始产权还是派生产权，都必须与收益权和支配权（处置权）结合起来，否则产权不能成为完整的产权。

这五权是相互制约的对立统一体。其中任何一种与其他四权一旦依法分离开来，就要遵守合约的法律保护，直至合约期满为止，如不能因为拥有所有权，就可以对使用权（经营权）的合约行使者进行经营干涉或中途收回使用权（经营权）。同样，使用权（经营权）行使者必须依法行使权利，不能谋求法律合约规定之外的利益，如不能因为使用（经营）不善而把债务转嫁到所有权者身上，或者因为行使使用权（经营权）能带来丰厚收益而非法改变所有权关系。所有权与使用权（经营权）关系的调整与换位必须依一定的法律程序进行。

无论是原始产权还是派生产权，都必须具备两个最基本的权能：一是收益分

① ［美］R．科斯，A．阿尔钦，D．诺斯．财产权利与制度变迁——产权学派与新制度学派译文集．上海：上海三联书店，上海人民出版社，1994．204

享权，即收益权或收益权能，分享财产营运所带来的部分收益的权利；二是支配权，即在合法范围内，产权主体不受任何干扰地自主支配财产的权利，特别是对收益的支配权利。由于产权的经济价值在于它可能带来的收益，产权经济学通常将产权看作某种收益流。所以，对于产权主体来说，最有影响的是对收益权利的支配。这两个基本权能可以说是判定与某一财产相关的经济主体是否拥有产权的基本标志。

在商品经济中，无论是财产所有权还是其他产权主体，如租赁者拥有的使用权或经营权，只有通过分享财产经营收益才能证明产权的经济价值存在，而且产权的经济意义也在于收益。过去我们一直认为，收益权是所有权的一项基本权能，不可从所有者手中分离出去，如我国的《全民所有制工业企业转换经营机制条例》第六条规定："企业经营权是指企业对国家授予其经营管理的财产享有占有、使用和依法处分的权利。"这就规定了企业的经营权只包括占有（事实上的占有）、使用和有条件地处分三种权能，却没有收益权，而这三种权能是不能构成产权的。这种与收益分享权脱离的经营权是不能称之为产权的。这种条例规范也不利于建立有益于市场经济发展的国有资产产权制度。在商品经济中，所有者集一切产权权能于一身，收益权理所当然全归所有者。当产权分离后，派生产权主体有自己独立的或相对独立的利益，如果他不能利用以他为主体的产权来实现这种利益，他就不能成为真正的产权主体，产权对于他来说也就没有任何意义。如同债务人向债权人借债投资后所得收益全归债权人，结果必然是没有人借债，那么债权债务的这种重要的财产流转关系也就不再存在。当然，不同的产权主体的收益权能的表现和实现方式是不同的，如在股份制企业中，股东（股权所有者）的收益以红利的形式表现出来，公司法人的收益权能是对未分配利润的支配运用，而持劳动力产权的劳动者的收益权则通过工资及福利水平来体现。

收益权与支配权（处置权）一起构成商品生产和商品交换中产生的完整产权。某一主体只有同时拥有这两种权能才能称得上是具有独立地位的产权主体。如果某一主体只有收益权而没有支配权（处置权），那么该主体只有传统民法中所规定的用益物权，虽然这种用益物权也是从所有权中分离出来的，但其缺乏自主支配所用物的权利，必然会束缚和抑制实际使用物的主体优化资源配置，提高资源运营效益，给原始产权带来收益的主动性和积极性，不利于市场经济发展。所以，只有收益权而没有支配权（处置权）的物权不是一个完整的产权；反之，如果某一经济主体对物只有支配权（处置权）而没有收益权，那他拥有的就只是对物的管理权，只具有管理的责任与义务，而不能作为独立的商品生产者利用产权来实现自身的利益。上述两种情形只能是残缺的产权，而不能构成一种完整的产权。

对产权制度的研究，从科斯时期至今已有七十多年了，然而这一概念进入我国是改革开放以后的事，因此对我国来说还是一个新概念。这并非是说在此之前我国没有产权，其实产权是一直存在的，只是在此之前重视的是对产权中的所有权（所有制）即原始产权的研究利用罢了，而对其他权能则没有很好地认识与利用。长期以来，我国在理论上对所有权（所有制）的权能纠缠不清，这不能不影响和束缚对产权权能构成中的其他权能的认识与利用，甚至以所有权（所有制）等同或取代其他产权的权能。这是我国在产权实践上的一个误区，以致在现代市场经济中的一些重要权能，如使用权（经营权）、法人产权等长期被忽视，未能加以运用。现在，我们要认真研究并走出这个误区，以推动我国产权经济与市场经济同步发展。

产权作为人们相互之间在物质利益关系上的法律界定，是由所有制的实现形式所决定的。它反映生产关系以财产所有权为基础而形成的不同经济主体对一定财产不同方面、不同程度的权利与义务，是由所有权、占有权、使用权（经营权）、收益权、支配权（处置权）这五权构成的。所有权是基础权能，其他四权是派生权能，通常人们把这五权按其功能与性质概括为两大权，即所有权与使用权（经营权）。所有权是最早出现的权能，所有权出现时其他权能也同时并存，只是当时人们没有把它们分离开来并以所有权代替所有的权能。随着生产力发展与社会制度的演进，其他四种权能才从所有权中分离与独立出来。这些分离出来的权能，在法律规范下得以脱离所有权的制约和依附，从而能够独立运行。

法律明确所有权的归属意义在于：所有者可以根据自己的意志和要求来实现利益支配，并得到法律支持。在这个过程中，所有权者可以为其他经济主体创设另一些财产权利，从而更好地实现自己的利益。所创设出来的财产权主体可以有自身独立的意志和利益，但必须以实现所有者的权益为前提，派生出来的产权都会在不同程度上受到所有权者的制约，制约方式也因时因地而异，这种不同的制约方式的性质就是来源于所有权。虽然派生的财产权有相当的独立性，甚至可以再派生出新的产权，但它并不因此而改变财产所有权。所以，财产所有权是产权体系中的核心产权，也称之为原始产权，所有权依据一定的生产方式派生出其他财产权利，就构成产权权能体系。

产权权能体系中的财产所有权关系处在一个动态过程中。财产所有权的实现形式处在发展变化之中，但这种变化一般并不改变所有权及所有权的根本性质。生产资料所有制实现形式随着生产方式和交换方式的变化而变化，这种变化对上层建筑特别是产权制度将产生很大的影响。如在资本主义的自由竞争时期，经营规模和交换范围小，生产管理和预测市场相对容易。因此，财产所有者往往集投资经营职能于一身，所有权成为唯一标志，其他产权形式都被所有权遮盖了，这种产权制度突出了所有权。到了垄断资本主义阶段，生产规模扩大，市场扩大，所有权投资者与生产管理者相分离。集团制度与股份公司的发展，又使这一分离制度化，集中一体的产权就分解了。产权的这种从集中到分散的演变，其目的是在新的生产力基础上能取得更多的剩余价值，而资本主义生产关系所有制形式并未改变，改变的只是实现形式。资本主义社会产权权能从集中到分散，是作为所有权者的资本家向其他资本家开放，作为不同的产权主体参与资本的经营，共同瓜分剩余价值的结果。资本主义经济关系中生产资料所有制实现过程变化与产权制度演进有着共同的意义，只不过性质不同而已。在商品经济中无论是原始产权主体还是法人产权主体，只有通过分享财产经营收益，才能证明产权经济的存在。产权经济的实质意义也就在于收益。原始产权所有者集一切财产于一身，收益权理所当然全归所有权者。在产权分离后，派生产权主体也拥有自己相对独立的利益，即有参加收益分配的权利，所有者或使用者可依法成为产权主体享有收益和支配财产的权利，收益权与支配权一起构成商品生产和商品交换中所产生的完整的产权主体。

2.1.2　产权的性质

产权的性质可以从产权主体存在的实体性、产权运行的独立性、产权权能的可分性以及产权价值形式的流动性四个方面来考察。

1. 产权主体存在的实体性

产权存在的形式是具体的经济实体，它包括劳动力、劳动工具、劳动对象等生产资料产权和可供生产与生活消费的实体产权。具体到企业的产权实体则是由资金、技术、劳动力等生产资源构成的客观存在的实体，运用它可以直接从事以盈利为目的的经济活动。经济实体具有三个特征：其一，有一定的财产参与社会生产过程，尽管这项财产在法定的最终归属上并不一定必须为该实体所有。其二，直接参加社会再生产活动。经济实体直接参加投资组织生产经营、收益分配、再投入等一系列过程。其三，有自己的独立经济利益。参与社会盈利性经济活动的主要目的是实现自身经济利益的最大化，经济实体是商品生产全过程中某一过程的参与者。产权主体的实体性决定产权主体必须依照商品经济规律来运用产权，其中，主要是价值规律和资产增值规律。市场经济的竞争规律要求在投资活动中，每一个产权主体的参与者都把自己支配的资产投入产出效益最高的地方获取最大的利润，而资产增值则要求产权主体不断地将收益在投资生产过程中扩大再投入来提高竞争能力，获取更大的利润，以保持产权主体的资产不断地实现增值。

2. 产权运行的独立性

作为法律界定权利，经济实体享有法人资格独立自由的权利，可以在法律允许范围内自由地行使法律赋予的一切权利而不受任何单位、组织及个人的干预，也不受任何权力和他人意志的支配，可以在合法范围内自主地运用产权，谋求自身利益的最大化。用民法用语来说，这种独立性可称为排他性。实行现代企业制度的企业法人可拥有多项产权，但一项特定的产权只能归属于一个主体。如同一份股东产权，不能既是甲股东的又是乙股东的。不同产权的独立性是不一样的，派生产权的独立性指的是其主体在合法的领域内独立地行使权利而不受外界的任何干扰，包括原始产权的干扰。当然派生产权并不排斥原始产权对其进行约束，但这种约束只能是依法定程序进行，而不是随意的。应承认产权主体的独立性，让产权主体运用产权争取利益的最大化。至于派生产权是否会损害原始产权的利益，这种可能性是存在的，但并不是必然发生的。它可以通过建立有效的产权主体自我约束机制来保证其行为合理化，从而监督和防止这一现象的发生。

3. 产权权能的可分性

传统的产权观念认为财产上的产权只有一项，即财产所有权，不承认所有权主体可以分离出来并构成独立的其他产权权能，这是商品经济不发达阶段形成的观念。其实，产权体系包含多种产权权能，这些权能是可以分离的，因为一项财产的存在方式与运动方式是多种多样的：从存在方式看，财产可分为价值形式和使用价值形式；从运动方式来看，财产可分为价值形态与使用价值形态。它们既可合一又可分离。在简单商品经济中，从生产方式与交换方式来看，当财产的存在方式与运动方式合一时，产权也就合一地集中在了一个产权主体即财产所有者手中，产权体系也就只有用所有权来表现。在发达的商品经济中，生产方式和交换方式变化了，财产的价值形态运作与使用价值形态运用因信用制度的发展而分离，使以前合一的产权权能体系分离开来，落在不同产权主体手中，如所有权与经营权相分离、原始产权与法人产权相分离。随着商品经济的发展，在原始产权中又可派生出新的产权权能，如股份公司通过向其他股份公司或一个控股公司向另外一个控股公司参股形成的产权就是派生产权。它在向被控股公司投资时又在被控股公司中再派生产权，派生产权又可向其他公司投资，不断派生出新的产权。股份经济越发达的地方，产权权能越具有可分性。

4. 产权价值形式的流动性

在产权体系中，包括所有权在内的任何一种权能都是可以流动的，而不是固定不变的。产权体系的流动可以是整体的流动，也可以是其中一种权能或几种权能的流动。流动方式主要是指通过产权市场来进行拍卖与转让，产权的流转可以发生价值形态变化。例如，把公司的办公用房和办公设备卖掉，所有权发生了转移，公司收回的价值形态不再是实物而是货币，也就是说流转之后公司原价值形态发生了变化，由实物形态变为货币形态。也可在不发生价值形态变化的前提下实行流转，如租赁权、抵押权就是如此。例如，土地租赁权是土地所有者或土地使用权人通过契约将土地占有权、狭义的土地所有权和部分收益权转让给他人，这时的他人就称为土地租赁权人或承租人，土地租赁权人对土地的使用是依土地出租人的意志而设定的，其不能将自己承租的土地以任何方式转移出去。抵押权，是指贷款人以自己价值相当的实物作抵押而取得银行贷款，银行拥有抵押权，直到贷款人如期还清全部贷款和利息，抵押权才消失，在抵押期间所有权人的实物形态是不发生任何改变的。

2.1.3 产权功能

1. 界区与排他功能

产权界区功能是产权最基本的功能，它是在界定各产权主体之间、产权主体与非产权主体之间的权利与义务区间上的功能。这在经济生活中是经济主体存在和独立利益得到实现的基本条件，判断其能否成为独立的经济主体就要看其是否具有产权，拥有产权就界定了产权主体与别的产权主体及非产权主体之间的权利与责任的界区。产权的界区功能是通过确立产权的过程发挥出来的。产权的确立过程就是界定产权主体权利和责任的过程，任何一个产权主体都享有运用产权谋取利益的权利，同时又承担着尊重和不侵犯他人产权的义务。在成熟的市场经济社会，产权主体的权利与义务是相当明确的。总之，一个法人产权与另一个法人产权之间的界区是清晰的，因而是排他的。在法人产权内部的经营权和所有权两个主体之间的界区也是清晰的，两者在同一个法人产权主体中共存，对外是排他的，对内也是确立了产权主体的权、责、利界区的，这就使产权主体具备了进行商品生产与交易的能力。

2. 激励与约束功能

激励功能是指因产权确立而使产权主体产生积极行为的功能。产权主体可以使用产权来谋求自身的利益，并使这种利益不断地内在化。例如，在所有权主体运用产权来追求利益时，只有把经营权交给有经营能力的人或法人主体并保持相对的稳定和持久，才能使所有权主体利益得到实现。反之，经营权或法人产权主体要实现自己的利益最大化，就必须满足所有权主体的一定条件，其中最重要的是利益实现条件，即实现经营权主体和所有权主体两个产权主体的双赢。可见，明晰的产权无论对于所有权还是经营权、原始产权还是派生产权都具有相当的激励作用，这是一切产权主体运行的动力源泉所在。

约束功能是指产权确立后对产权主体行为所产生的约束力。这是由于产权的确立使产权主体外在的责任风险内在化，形成了产权企业的内在化约束力，改变了产权主体以前从事一定经济活动所产生的不利后果并为社会和他人承担责任的状态。企业取得法人产权之后，依法人产权所支配的生产资源就是它的生产经营的基础，同时也是其承担债务的能力界限，因为法人产权的公司大多是以有限责任公司的组织形式出现的。原始产权主体也仅以分离出去的产权为限作为自己承担的有限风险投资。此外，风险责任是不连带的。就派生产权即法人产权而言，它不仅受到原始产权主体的外部约束，而且受到法人产权自身的约束。由于法人产权建立在激烈的市场竞争压力之下，法人产权本身会对法人代表等经营者形成有效的约束。

3. 交易与流转功能

产权的确立为产权主体成为商品经营者奠定了基础。产权交易功能是指产权本身可以作为商品交换的对象。在发达的市场经济中，产权已经成为商品，产权的价值形态有物质形态和虚拟形态，可以在产权市场上交易，并通过交易使产权自由流转而改变其价值存在的形态和形式。财产运动的价值形态与使用价值形态相分离，使一部分产权成为纯观念性的东西，如在产权的流通中的证券市场交易及各种股权、证券的收益权。股票、股权成为虚拟形态的商品，成为证券流转的交易对象，这些交易活动对拥有法人产权的经营者产生影响，尽管这种影响不是直接的而是间接的，是股东对经营状态的反应。产权的交易与流转功能，使产权的价值形态能适应市场变化需要，自由交换流转，有利于产权这种稀缺资源的优化配置。

4. 增值与贬值功能

产权一经确立，其拥有者就会利用法律赋予自己的权限为实现利益最大化而努力，因为产权独立无论是原始产权还是法人产权都具有实现自己利益最大化的利益欲望。产权独立、清晰，原始产权的产权所有者把自己的财产委托法人主体经营，以谋求利益最大化或实现增值的最大化。同时，法人产权主体有的是股东，有的虽然不是股东，但股份制企业从法律上赋予他们的权、责、利是十分明确的，他们的利益是与原始产权者的利益相一致的。也就是说，法人产权的产权资源增值不仅对原始产权有利，而且对经营者的法人产权也有利。原始产权的资源增值，是来自法人产权的资源增值；反之，法人产权贬值，不仅是经营权贬值，同时也带来所有权主体的贬值。因为在市场经济条件下，产权可以带来增值。法人产权企业的经营权可以给股份制企业带来增值，包括了经营权增值和原始所有权增值。如果法人产权不能带来增值，那么经营权主体就要发生调整和变化，意味着要更换经营者，甚至解散董事会，重组董事会和另聘总经理。法人产权增值既满足了原始产权又满足了法人产权的经营者利益。产权既可以增值也可以贬值，经营不善的法人产权将导致企业持续亏损、债台高筑。例如，法人产权企业监事会的职能缺失或疏于监督，将会导致经营者经营失误而无法得到及时纠正，使企业亏损乃至破产。又如，货币放在较低利息的银行，利率低于同期通胀率，则会使货币贬值；货币投入较高收益的行业，则可能带来较高的增值收益。

2.2 原始产权与派生产权的关系

原始产权与派生产权是在同一项财产上形成的产权关系，也是生产关系在财产权上的体现。

2.2.1 原始产权性质决定派生产权性质

派生产权的性质是对原始产权性质的折射。如果原始产权是公有的，即使派生产权的主体是个人、自然人，派生产权体现的生产关系也仍然是公有制的生产关系。个人、自然人作为派生产权的主体，只是公有制在一定条件下实现的环节、要素和途径。在小型国有企业的租赁经营改革中，个人通过租赁取得的国有资产的产权为派生产权，由派生产权所代表的生产关系不能看作私有制基础上的生产关系，因为个人租赁而来的资产不等于私有资产，所以，个人租赁权不等于私有产权，而是使用权的有限期转让和使用。原始产权之所以对派生产权的基本性质起决定作用，其根源就是：这种权利是在既定的生产条件下，生产关系和所有制性质都未改变的前提下发生的财产权利。这与马克思主义的所有制形式决定分配形式是一致的，因为派生产权掌握和运用生产资料的性质与原始产权所代表的生产资料性质是相同的。如果不相同就标志着发生了所有制革命，这时的产权就不可能由原始产权所派生了。

2.2.2 派生产权与原始产权的联系与区别

原始产权与派生产权既有联系又有区别。其主要联系在于三个方面：①它们可以同处于一个或多个产权体系之中；②它们都是对一定财产拥有不同方面的和不同程度的权利与义务的法律形式；③它们的法律地位是平等的。其主要区别在于三个方面：①产权产生的先后不同，先有原始产权，然后才产生派生产权，即原始产权是先产生的产权，派生产权是后产生的产权。所以，为了方便区分，人们把原始产权称为母产权，把派生产权称为子产权。在子产权还没有独立运作能力时，母产权可以代为行使并对子产权的行为负责；子产权一旦具有独立运作能力，母产权对子产权不再揽权，对子产权的行为已没有法律责任。②权限不同，原始产权的权限对财产可以缩小到只有所有权，即证明财产权是谁的；派生产权享有的是经营权，即除了所有权以外的一切权利。当然，这些权利是在法律程序内的行为，如所有权者把土地或厂房租赁出去，所有权仍然是出租者的，但经营权、使用权已经转移到承租者手中，在合约范围内，所有权者不能任意干扰承租者的行为，承租经营者也不能因有经营权力而把所有权揽到自己身上，如股份公司的股东经营权虽已分散，但股份公司的董事长和总经理仍可以集中行使经营决策权。③利益分配方式不同。原始产权者作为出资者或股东，他的利益实现是通过把经营权承包或租赁出去，由承包者或租赁者如期提供的，如在股份公司中股东股份多则分红派息多，反之则少。这样，出租者、股东获得的利益体现了按资产分配的原则，而承包者、租赁者、股份公司管理人员的收入是在上缴完承包合同中的出租额之后按增额利润多少所获得的奖励。原始产权可以不直接参加经营过程，但可以直接享有经营成果；同时，他们若把自己的财产委托给没有财产权而只有经验和技术的人去经营，则本身是一种风险，但这种风险随着制约机制的相应完善而减少。承包者由于承包基数确定，如不能完成基数，不仅无利可赚，还要倒贴。例如，股份公司的目标既定，股份公司的经理人员如不能实现公司目标，则不但挣不到超额的奖金，甚至连职务饭碗也保不住。这体现的是按劳分配原则。因此，原始产权与派生产权在利益分享时体现了不同的分配方式。

2.2.3 派生产权与原始产权主体的法律地位

在商品经济中形成的财产关系，产权的主体是依法独立的商品生产者，由产权关系构成的产权主体作为商品生产者的主体，在市场经济中的法律地位是平等的，派生产权由原始产权依一定的法律程序产生，它拥有除生产资料所有权以外的全部产权权能，但生产资料所有权仍然依附在原始产权身上。原始产权可以依合法程序对派生产权的活动进行约束，但这决不意味着原始产权与派生产权主体可以构成如行政组织体系中的上下级关系。商品生产者在市场经济中的法律地位平等，这是一条基本准则。派生产权主体只有与原始产权的地位平等，才能相互作为商品生产者在市场经济中发生联系。

在市场经济中，原始产权主体如同选择自愿与之交换的商品一样选择派生产权主体，并且这种选择是以原始产权获得最佳产权的利益补偿为前提的。如同股东与股份公司的关系，股东是原始产权主体，股份公司是派生产权主体，股东可以持有甲公司的股权，也可以转持乙公司的股权。派生产权主体同样可以选择原始产权主体，如某股份公司为了获得和扩大派生产权，既可以向甲原始产权主体筹资获得派生产权，也可以向乙原始产权主体筹资获得派生产权。原始产权主体与派生产权主体处在不断的彼此选择中，实质上也是一种权利和利益的交换。当然，派生产权主体和原始产权主体在商品经济中是相互选择而发生财产关系的，这个选择以两者间的法律地位平等为条件，否则，派生产权主体与原始产权主体就不可能自愿地发生财产关系。根据派生产权与原始产权关系的原理，对于我国国有资产产权制度改革、确立企业法人产权、建立合理的国家产权（原始产权）

与企业产权（派生产权）之间的关系尤为重要。国家作为原始产权主体，在国有资产的产权分离之后，国有企业就拥有派生产权和商品生产者所具有的独立的、法律所赋予的法人地位，两者之间的产权关系也与一般的原始产权与派生产权的关系相同。国家与国有企业作为商品生产和商品交换的主体都是平等的，这就要求国家把作为宏观调控者与作为全民所有者的身份分开，国家作为全民所有者与国有企业之间建立起来的只是经济关系，而不是上下级的行政关系。国家只能依据商品经济规则约束和调控派生产权，而不能使用超经济、超法律的行政命令和行政手段。

2.3 自然人产权与法人产权

2.3.1 自然人产权

1. 自然人产权的特征与性质

自然人产权是相对法人产权而言的，自然人产权是所有权与经营权合一、原始产权与派生产权合一的产权。它既不等同于原始产权，也不等同于派生产权，而是一种把全部权能集合于一身的传统产权，这种产权形式曾存在于古代、近代，现代和当代也有。自然人产权与其他产权比较有其明显的特征。

第一，它的所有权与经营权不分离，所有者同时又是经营者。它不管规模大小，也无论在古代、近代、现代或当代，都是如此，从私有企业到集体企业再到国有企业也是如此，私有企业由私有者自己行使经营权进行经营，而公有企业由国家政府派代理人经营。此外，收益权、分配权都由所有者直接行使，企业本身不享有任何权力。

第二，自然人产权的动力外在化。自然人产权企业经营运作的动力是外部力量的制造者和推动者，内部则是没有任何动力的。这表现在国有企业内部缺乏自主运行机制，外部动力发生机制建立在所有制基础上，即所有者就是外部动力的制造者和推动者，只要外在机制一停止，自然人产权就处于瘫痪状态。这种现象在苏联、东欧各国和中国都十分普遍，即使在现在也屡见不鲜。

2. 自然人产权的外在性质

自然人产权的性质是由自然人产权企业的所有制性质来决定的，自然人产权运作的核心力量就是所有者，也就是原始产权所有者，企业所有者可以随时随地直接支配自然人产权企业的一切活动，自然人产权的利益目标就是企业所有者的意志。此外，自然人产权没有自己的独立于所有者之外的利益，它们在法律上的权利与义务是高度一致的，不存在像法人产权那样，除了原始产权利益外，还有法人产权中的法人代表个人的利益目标，因而自然人产权是高度集中、一元导向的。不过，这种自然人产权体制如果以私有制为基础，效率则相对较高；如果以公有制为基础，效率则非常低。自然人产权制度在自由资本主义时期最为盛行，就是在今天改革中的社会主义国家中也是颇为盛行的。这种自然人产权制度在国有经济中也同样存在。以国有制为基础的自然人产权制度在改革前的社会主义国家存在比较普遍，在20世纪50年代以后的发达资本主义国家也曾经实行过。但相当一部分国有制的自然人产权企业后来改变初衷，向私有化或法人产权制度转换。

3. 自然人产权的运作

自然人产权运作与法人产权运作是相对而言的，法人产权运作靠作为法人代表的自然人去主持运作，这里所指的自然人是法人公开聘任以委托管理企业的经理，他们一般不是财产所有者，不是股东，他们主持运作是执行所有者的利益意志，在股份制公司也只是执行法人企业董事会的决议和目标而已。因此，法人产权运作是委托代理运作，而自然人产权运作则正好相反，自然人产权是所有者主持运作，即谁是所有者，谁才有权主持运作，不管所有者是私人还是国家、全民，都是如此。如是私人所有的则由私人主持运作，如是国家、全民所有的则由国家政府部门机关主持运作。这种产权运作方式产生比较早，在自由资本主义发展时期就已十分盛行。资本主义发展初期，由于企业规模小、资本少，资本所有者就是直接经营者。这种自然人产权的运作方式是资本主义自由竞争时期最原始的运作方式，也是推动资本主义原始积累的产权运作方式，它对资本主义的初级工业文明功不可没。如今，发达的资本主义国家仍然保持着这种自然人产权运作方式。

在20世纪50年代至80年代的社会主义国家中，自然人产权的运作方式占据统治地位，这体现在生产资料的全民所有制企业或集体所有制企业中。按企业规模大小、产品的重要性及企业所在地分为中央、地方和集体所有制各级企业，由同级的国家政府机关任命和委派厂长、经理去管理，直接接受和推行国家政府层层分派下来的生产计划，包括产值、产量、成本、价格、利润直至员工人数等各项经济与技术指标。主持运作的厂长、经理，本身不代表企业也不代表企业员工，只代表政府来管理，因为政府是全民所有者代表，而厂长、经理则是政府机关委派来管理国有企业的自然人，他们是政府的代表。在这种自然人产权运作方式中，厂长、经理只对国家政府机关负责。从表面上看，厂长、经理是执行“全民”和国家政府机关部门的利益和意志，这种利益目标相当明确。但从实践上看，一方面他们是传达上级计划的“传声筒”；另一方面，他们又把这种权力当作谋私的特权，把企业的全民利益转化为企业利益和个人利益。如国有企业一方面亏损，另一方面又分光、吃光，企业既没有效益，也不能保值增值。企业的厂长、经理以及业务人员以出差考察为由，在国内外游山玩水、吃喝玩乐，花费的全是企业的成本开支。如此挥霍的高额费用转嫁为国有企业成本后，造成国有企业有三分之一资不抵债、三分之一拉平，只有三分之一是微利了。这显然与自然人产权运作方式的弊端有很大的关系。

因此，国有制企业实行自然人产权制度的运作方式是一种落后的不适应产权经济需要和社会生产力发展的产权运作方式，无论它出现在发达资本主义国家还是社会主义国家，都是没有效率与效益的。20 世纪 70 年代以来，资本主义国家对国有制企业进行私有化的改造和后来社会主义国家对国有企业进行股份制的改造，虽然形式不同，但目的都是对国有制企业的自然人产权运作方式进行根本性的改革。这说明不管在什么社会制度下，把以在资本主义自由竞争初期占统治地位的私有制为基础的自然人产权的运作方式直接引入国有制企业是行不通的。但是，在社会主义国家的市场经济发展初期，私有企业实行这种自然人产权制度的运作方式是行得通和必要的。

2.3.2 法人产权

1. 法人产权的性质

产权按其主体法律身份可分为两大类，即自然人产权和法人产权。经过法律界定的以所有权身份行使产权的其他权能的产权主体是自然人产权；经过法律界定的以经营者身份或非所有权身份行使使用权或经营权的产权主体是法人产权。但由于法人与自然人相比，在内部构造机理上存在较大差异，其运营机制的构造也是不同的。

法人原是在民事活动领域中形成的一个法律概念，它有特定的含义。在我国，法人概念的内涵还不规范，有待重新调整和规范。但从现代诸多的法人定义中可以发现，法人必须具备两个基本特征：其一，法人是依法成立的社会组织，这个组织有明确的目的和活动内容，有明确的组织机构、职能和权限；其二，法人以自己的财产为基础参加民事活动，享受民事权利和承担民事义务，法人的民事权利能力与民事行为能力是独立于组成法人的自然人成员的。从民法学的角度看，法人制度的确立是民法上的一次革命；从经济学的角度看，法人产权制度的建立也具有革命性意义。在私有制商品经济中，法人产权的确立标志着社会大生产对私有制的一次扬弃。① 在社会主义经济中，确立法人及其法人产权制度，也是对"一大二公三纯四统"的传统社会主义计划经济的一次扬弃。它是社会主义市场经济条件下公有制实现的有效形式。

---

① 薄越亮，王民有，王加春，张冀湘. 产权管理理论与实务. 北京：中国物资出版社，1992. 16

法人产权并非是凭空产生的，法人产权的形成是以原始产权为基础，并由原始产权所派生的。所以，可以把原始产权称为第一产权，法人产权称为第二产权。如果把第一产权称为第一代产权，第二产权称为第二代产权，则在法人产权的股份企业中还会分化出第三代、第四代产权。在股份经济体系中相互参股形成的法人产权实体中，这个派生过程是永无止境的。但在实际经济生活中，我们只能把原始产权与法人产权相区别，而不能把第一、第二的序列加以区别。法人产权的性质是由原始产权的性质制约乃至决定的，这种决定性，不仅表现为原始产权决定派生产权所体现的生产关系，而且表现在法人产权运作的实际过程中。例如，对法人代表的选择，法人产权无论是建立在生产资料私有制还是公有制的基础上，都是如此。原始产权可以明确界定到每一个自然人，产权运行就必然贯彻拥有原始产权的自然人的意志，这就是他们的愿景和利益目标。法人产权的执行要依靠作为法人代表的自然人，因此，法人代表的选择就直接关系到原始产权主体利益贯彻的可能性和贯彻程度。所以，在资本主义股份公司中，股东拥有选择和确立董事会和总经理的共同权力。

在社会主义市场经济体制建立后，社会主义股份公司的原始产权所有者来自国有、集体企业和个人，这些作为原始产权的股东也有着推选和聘任董事、总经理的共同权力。在法人产权者受制约和努力实现原始产权者利益这一点上，它是可以超越社会制度和意识形态的差异而存在的。

2．法人产权的运作

法人产权的运作与原始产权或其他派生产权的运作是不同的。在法人产权产生之前，原始产权与其他派生产权是合一的，包括原始产权与经营产权分离的承包租赁经营者，他们都要通过自然人的行为来表现。作为法律上的自然人，他们对自己的行为负有法律责任，因此，他们在经营上，在使用企业产权中，享有的权利与义务是高度一致的。在他们的经营行为中，没有第三者从中插入，他们的意志是可以自由发挥的，主动性、积极性和创造性能够得到最大限度的调动和发挥。他们的风险与利益、刺激与约束是对称的。法人产权的运作过程就完全不同，它不能独立自由地表达自己的个人意志和直接运用归其支配的产权，而必须通过该组织依法选定的某些自然人来开展产权的运作。选定的这种“自然人”就是法人代表，通过法人代表实施产权运作是法人产权运作的最典型的特征。在法人产权运作中具有企业法人代表身份的自然人，兼具法人的人格和利益及个人自身的人格和利益。这种双重人格和双重利益现象的存在，使得法人产权在运作中可能产生法人代表名义上以法人利益为目的运用产权，而实际上存在运用法人产权为个人谋取私利的风险。[①] 这就是法人企业中的法人代表可能存在的法人产权的代理风险。

法人产权运作中的一个巨大难题就是如何避免和减少代理风险，无论是建立在私有制还是公有制基础上的法人产权，都存在这个问题。法人代表具有自我利益追求是法人产权运作存在代理风险的根本原因。作为法人代表，他要在法人利益上运用产权贯彻法人意志；作为个人，他又要考虑怎样通过运用产权获取个人利益，以谋取个人利益最大化。这就会使法人产权利益与法人代表的个人利益发生冲突，就无法保证法人代表能够完全地贯彻法人产权的意志，实现法人利益的最大化。"减少这种代理风险的有效办法，就是在法人内部建立起对法人代表运用产权的监督、约束机制，以防范法人代表将法人产权异化为法人代表的个人产权。"[②] 在西方资本主义国家的私有制中，这种监督、约束机制经历了较长时期的探索而逐渐完善，并随着国有制的出现而形成一套行之有效的监督、约束机制，值得借鉴。我国20世纪90年代出现的股份制，就是学习参考了西方资本主义现代企业制度而设立起来的。在我国实行法人制度的现代公司企业制度，无论在观念上还是法制上都还存在许多障碍与问题，需要在实践中逐步探索和解决。

2.4　现代产权要素

随着社会形态的演进和私有经济的发展，奴隶社会生产方式被封建社会生产方式所代替，奴隶被解放成为具有一定人身自由的平民，地主与农民的关系是出租与承租的关系。这样，原始产权唯一的所有权权能分解出新的产权权能，这就是经营权。然而，经营权真正从所有权中分离出来，是在资本主义生产方式产生以后，不但经营权从所有权中分离并独立出来，而且产权进一步分离出新的权能，如使用权、收益权和处分权。这些权能既可以合成经营权又可各自独立存在，从而适应了现代企业制度的建立和现代市场经济发展的需要。

1. 古典产权权能的单要素

权能是指权利人在实现权利时所能实施的行为，即权利的作用。财产所有人享有的权利，就是所有人对他的财产享有占有、使用、收益和处分的权能，这四种权能都是所有权的表现形式。人类社会从原始社会解体到进入奴隶社会以后（至封建社会到来之前），也产生过产权制度。在奴隶社会，代表国家政府的国王给予奴隶主贵族享有奴隶人身权和土地的产权，除了国王外，其他奴隶主贵族不

① 薄越亮，王民有，王加春，张冀湘．产权管理理论与实务．北京：中国物资出版社，1992．16
② 薄越亮，王民有，王加春，张冀湘．产权管理理论与实务．北京：中国物资出版社，1992．18

能侵犯，否则就是侵权。奴隶主之间的物资和奴隶的交流都是商品交换形式，这样的交换主要还是简单的商品交换，是以物易物的商品交换，如彼此之间以奴隶换取实物，或者以实物交换奴隶。奴隶主贵族还会把有姿色的女性奴隶作为礼品贡献给作为最高统治者的国王等。为了奖励卫国战争有功人员，他们除了分给土地外，还奖励以奴隶，以供劳役和奴役。在奴隶社会里，产权资源主要就是土地、奴隶和铜铁器这三大类生产工具；自然资源主要是奴隶，奴隶只是会说话的工具而已。在奴隶社会，占有奴隶的数量同拥有土地的数量一样，是衡量奴隶主贵族经济实力和社会地位的主要标志。于是，为扩大自己的经济实力和社会地位，奴隶主贵族之间总是在掠夺和购买奴隶、兼并土地两个方面展开斗争，以显示自己的权力和地位。

奴隶社会的产权资源——土地和奴隶，是归属不同的奴隶主贵族的，奴隶主贵族对土地和奴隶拥有的产权就是所有权。奴隶主直接给奴隶安排好一年四季的土地农耕或畜牧养殖的任务和分工，奴隶主不直接管理生产，但奴隶主从关心生产成果和收益出发，在农耕开始、作物管理及收获时节，总要亲自去察看奴隶劳动，了解作物长势及收获情况，表面上是关心奴隶劳作疾苦，实质上是关心自己的产权利益和实现情况。然而，奴隶主不可能经常到生产现场察看，最多每年去几次。他们的大部分时间都用于享受、增加奴隶、扩大土地面积以及统治阶级内部利益的争夺上。对奴隶的劳动不能长年没人看管，否则，奴隶会偷懒和闹事，于是奴隶主便从奴隶中挑选看管人，帮助自己进行现场管理，解决一些奴隶在劳作中的小摩擦及检查奴隶劳动生产的质量。看管人在一定程度上代表奴隶主对奴隶和土地资源行使管理权，这就具有经营权的萌芽性质。但是，看管人并不是奴隶贵族内部的人，他还是奴隶。他的职业虽起了变化，但他的奴隶身份并未变化，还没有完全脱离劳动，有时还要直接参加劳作，因此看管人还不算一个独立的管理者。在奴隶社会中，这类管理人员并不能形成一个管理者阶层独立存在于社会。所以，奴隶社会的产权，就只有所有权，而没有经营权，经营权孕育和存在于所有权之中，没有分离和独立出来。经营权虽然有分离的萌芽，但始终处于量变的过程中，直到封建社会初期才产生质的飞跃，这就是奴隶社会产权只有所有权而没有经营权的缘由。

2. 近代产权权能的双要素

近代产权是指欧洲文艺复兴之后，意大利、英国开展工业革命以来所发生的产权制度形式，它的产权结构是双要素形式，即由权能结构所有权与经营权构成。早在奴隶主占有制时代末期，这种产权结构在古典产权内部就已孕育和产生，委托经营作为一种初级的所有权与经营权相分离的现象就已经出现。由于尚在奴隶社会形态向封建社会形态转变之间，一些不劳而获的财产所有者感到经营劳动与其身份和生活方式不相称，就采取委托经营的形式。在保持原有的所有权控制的前提下，一些懂得经营之道的管家受到财产所有者的委托经营其财产。然而，这种委托经营还不是真正的经营，与资本主义产权制度中的两权分离形式有明显区别。受委托者没有独立性，只是委托者的产权经营代表，完全执行委托者的意志；委托者对受委托者的经营后果负责，盈亏都由委托者承受。因此，此时的委托经营只不过是一种萌芽状态的两权分离形式。

欧洲中世纪存在过一种“让地”形式，即农民因种种原因，把自己所有的土地转让给寺院，接着请求寺院让其在生存期间“领有”并保持这块土地的使用权。这是一种转让所有权而保持一定时间的经营权的形式，与后来的资本主义初期的所有权与经营权相分离的形式正好相反，是一种两权逆向分离形式，是一种特殊形式的两权分离。

两权分离产生于封建土地所有制时期。地主贵族拥有土地所有权而把土地使用权转让给农民耕种，作为对所有权的回报，地主收回租金，也叫地租。在中国，封建统治者把农民户口困在土地上不得迁移，让其不得进城经营，农民为了生计只好被迫租耕土地。然而，地主在任何情况下都以不可谈判的强势收取高额地租，而租地农民常因交不足或交不起地租而累积债务，且债上滚债，有的农民终生欠租负债，被罚为奴。这种两权分离形式体现了封建社会形态下的人身依附关系。

封建社会末期至资本主义初期，手工业工场和土地所有者活动中出现了租赁经营。所有权者把土地和工厂租赁出去。这种租赁不再是主从关系，而是商品经济中的契约关系，体现了交换双方平等的商品交换关系。在租赁期内，所有者不干预租赁者的经营活动，也不负盈亏的经济责任，盈亏责任由租赁经营者自己承担。

由此可见，古代封建社会和近代的资本主义社会都实行产权的两权分离制，经营权委托代表变成直接经营者的过程，是两权分离从萌芽到成长、由初级到高级阶段的发展过程。在这个过程中，社会完成了从古典产权向近代的两权分离的转变，是产权制度演进的一次革命。

3. 现代产权权能的多种要素

随着自由竞争进入垄断时期，资本主义的产权企业制度也由两权制进入了多权制。多权制是现代科学技术推动社会生产力发展的结果，是与现代社会生产力水平相适应的。

20 世纪下半叶，在新科技革命的推动下，西方资本主义国家的产权制度发生了演变，尽管没有改变资本主义私有制性质，但对资本主义经济增长中的矛盾仍然有缓解作用，从而有利于社会生产力的发展。

在西方产权制度的发展演变过程中，产权内部的要素不断分化，取得了相对独立的外在形式，这主要体现在现代股份制公司制度的演进之中。

法人产权与原始产权分离之后，统一的所有权就分化为所有权、占有权、使用权、收益权和处分权。

在现代的股份公司制度中，所有权与使用权（经营权）分离才形成和实现了比较成熟、合理的形式。在现代股份公司中，从所有权中分离出来的使用权（经营权）不像委托经营那样不完全，也不像租赁经营那样受到时间限制，更不像代理经营那样缺乏独立权、收益权及责任制度。作为所有者的股东拥有的所有权已受到了严格制约。股东还具有收益权并获得股息分红，可以在股东大会上行使与其所持股份相当的投票权，从而对经营活动施加一定的影响，还可行使最终的处置权，享受盈余收益的分配权及通过市场售出股票的权利，但这种对所有权的支配和处置直接通过市场来实现，受到市场的制约，所售出的股票取得的产权值可能高于原出资产权值，也可能低于原出资产权值。所以，所有者已不可能从公司整体资产中直接取走自己的那份产权，也不可能完全按照原出资量收回产权。通过市场的股票转让，作为所有者的股权是转让了，作为股份公司的整体产权却没有减少，股权不管转让给谁，都是股份公司的股东，法人资产的独立性就在于自然人（投资者）谁也无法分割或直接处置法人资产，股东出售的只是自己所持有的股票或证券化的资本，收回其贴现值。对股东所有权的这种限制，正是经营权权能增强扩展并取得独立地位的表现。股份公司经理的日常经营活动也不再受某个股东的直接干预。如果股权所有者对公司不满或提出的建议不能被股东大会接受和被经理采纳，股权所有者则可以通过证券市场把股权转让出去。在股权股票交易中，只发生新老股东的换位，而不影响公司法人产权企业经营战略方针的相对稳定。

在股东所有权受到制约和弱化的同时，公司的经营权扩大、权能增加，这是由现代科学技术发展所致。现代企业规模巨大，结构复杂的组织面临着变幻莫测的广阔市场，要管理好这样的公司，仅靠原来分离出来的经营权权能是不够的。昔日从所有权直接派生出来的经营权结构已不能适应现代企业发展的需要，必须使经营权进一步独立，并使权能增加和呈多元化状态。这样，西方公司的产权组织也就发生了结构性变化，变化的结果是权种增加和权能多元化，实现由二元产权权能结构向多元化的综合型产权权能结构转换，经营者的经营权由狭义向广义延伸。

经营者的权能开始超越委托管理、定期租赁、无责代理等经营权，而随着生产发展需要，产权增添了新的权能、权种，如占有权、使用权、收益权和处置权（又称支配权或处分权，下同）等四权。其中，收益权和处置权在原来的企业经营者中是不曾有的，都是在现代企业制度建立之后才出现的产权权能和权种。它们是在狭义经营权内部扩展、裂变出来的产权权能，不能把它们等同或隶属在经营权之下或之内，其权能性质、地位和作用都已不是经营权所能包括和代表的。它们突破了经营权的外壳，各自成为独立的权种和权能。在现代企业制度中，经营权的外壳已不复存在，代之而存在的产权权能是所有权、占有权、使用权、收益权和处置权，只有这五权同时并存才构成真正的现代企业产权权能结构。当然，现代产权结构的演变是不会停止的，随着商品经济发展和科学技术发展，现代产权结构还会发生新的裂变，新的产权和权种仍将产生和增加。在未来的产权权能结构中，新权能的增加是必然的也是不可避免的，一些旧权能被削弱、缩小或消失、转移和变换，也是不可避免的。至于哪些旧权能会被削弱和消失，哪些新权能将产生和替代，有待凭借未来对实践的深入考察来认知。

4．现代产权权能结构

产权权能结构是指产权权能要素的组合与构成。完整的产权权能结构包括所有权、占有权、使用权、收益权和处置权。这五种权能构成产权要素，是权限构件。所有权是产权运行的基础；占有权、使用权是产权运行的实施手段；收益权是产权运行的目的与价值体现；处置权是改变权属或权能性质的权力，其通常由法人产权主体拥有，作为维护市场经济秩序的司法机构也拥有。

（1）所有权。所有权是现代产权结构中的一种权能、一个权种，是现代产权结构中的一个要素，也是一种产生较早的、资格较老的权种。在商品经济发展的初期和中期，权能的作用是最大的，可以说是唯一的、垄断的产权权能。随着商品经济发展和新权能的衍生，所有权的权能范围和作用将逐步缩小和弱化，而占有权、使用权、收益权和处置权将涌现和强化。

所有权的表现形式分为两大类，即公有权和私有权，而公有权和私有权又分别有各自的表现和实现形式。公有权包括国家所有权、集体所有权、股份中的公有权，私有权包括劳动者私有权、非劳动者私有权、股份中的私有权。

（2）占有权。占有权是指对财产的实际控制权，可分为所有人占有和非所有人占有两种。所有人的占有，是指所有人在实际上控制属于自己的财富；非所有人的占有，是指占有权从所有权中分离出来，而属于非所有人。这种非所有人占有所有人的财产是派生的，是服从于所有权的。也就是说，非所有人的占有并不能取代所有人的权利。非所有人占有又分合法占有和非法占有，合法占有是指占有他人财产有法律根据，如国有企业经国家授权占有国家财产、承租人占有出租人的财产、股份公司占有股东的财产等；非法占有是指没有法律根据而占有他人的财产，如贪污公款、盗窃公私财物等。非法占有又分非恶意占有和恶意占有。如果占有人不知或无须知道他的占有是非法的，叫非恶意占有；如果占有人已知或应知他的占有是非法的，叫恶意占有。可见，占有权与所有权具有明显的区别，是产权结构中一个独立的权种和权能。它与所有权或其他权能一样，是一个独立的法律概念，占有权与所有权、使用权、收益权和处置权之间是并列关系。它所表明的不是谁所有的财产关系，而是谁占有的财产关系，占有者可以是所有者也可以不是所有者。现代企业的股份制经营者并非都是股东，经营者占有的法人财产用于生产经营运作，实现企业利益最优化和经济利益的最大化。在现代企业制度中，股份公司法人组织依法占有股东的财产进行生产经营，就是一个行使占有权的典型范例。

(3) 使用权。使用权就是指所有人按照财产的性质和用途加以利用。在一定情况下，财产使用人就是财产所有人，但也有非所有人的使用，非所有人的使用又分合法使用和非法使用。依照法律的规定或者合同的约定使用他人财产是合法使用，如集体单位依法使用国家所有的土地、水域、草原等；未经所有人同意而使用他人的财产是非法使用，如违反国家法律挪用公款等。使用权既可以是所有权者使用，也可以是非所有权者使用。所有权者使用一定是合法使用，而非所有权者使用就会有合法使用和非法使用之别。独资企业的资产如果未经所有权者同意，独资者无违法使用行为，也没有拖欠他人债务，在此前提下，若政府或社会组织对独资企业的资产进行强行使用，就是非法使用。在现代企业制度中，股份公司的经理没有资产所有权，却拥有使用权，这种使用权是依法行使的，因而是合法的。

(4) 收益权。收益权是指所有权人获得自己的财产所产生的利益。这种利益在法律上称为孳息，在经济学上称为利润。收益分两种，一种是天然收益，如果树上成熟的果子、母牛生下的小牛等；一种是法定的，如把钱存入银行而获得利息、出租房屋而获得租金等。在正常情况下，收益归所有人收取。如果所有人将财产交给别人使用或承包给他人经营，财产所有人仍可依据所有权取得部分收益。这种权种、权能的主要特征是，无论在何种情况、何种形式下，所有权者都具有一定的收益权。如果这种收益权失去或淡化，那就失去或淡化了所有权。一般来说，所有权者享有收益权，但是并非只有所有权者才享有收益权，非所有权者如经理阶层也都具有收益权。

(5) 处置权。处置权是指所有权人决定自己的财产在事实上和法律上的命运。事实处置就是自然状态中的被消耗，如把粮食吃掉；法律处置就是通过某种民事法律行为把自己的财产转移给他人所有或使用，如出租、出售、赠与或转借等。处置权有时被称作处分权，处分权在独资企业中，通常只有所有人行使，然而在股份制企业中，作为非所有权者的经理也可以依据股东大会和董事会的授权拥有处分权。在法律规定的情况下，处分权也可以由非所有权者行使，如人民法院有权依法拍卖债务人的财产以抵偿债权人的债务等。

所有权、占有权、使用权、收益权、处置权虽然产生时间不同、作用不同，但法律地位是平等的。所有权与占有权、使用权、收益权、处置权四种权能可以合并共存于一个产权实体，也可以分开，相对独立，所有人并不因此而丧失所有权。如国有企业依法对国家财产享有其中一种或几种权种、权束、权能，都不会影响国家对这部分财产的所有权。它们在法律规范下互相制约，相依共存和发展。法律保证所有人正当行使财产所有权，任何组织和个人不得侵犯。但是财产所有人在行使所有权时，不得违反法律规定或社会公德，不得妨碍社会公共利益及其他公民获得行使其他产权权能的合法权益。总之，随着商品经济发展和社会生产力及科技进步，产权要素结构将不断变化，还会产生新的权能。不管产权怎么变化，都不会改变这样一个事实，即产权束越来越分散和增多，而所有权作用范围越来越缩小。无论国家、社会还是个人，都不能滥用所有权，法律对所有人行使所有权加以限制和约束，目的在于保护社会公共利益和公民的合法权益，使财产所有人通过正确地行使所有权，充分合理地发挥其他权能对社会生产力的激励和促进作用，不断满足社会物质生活和文化生活的需求。

5．法人产权与所有权

产权是伴随现代企业制度诞生而确立起来的法人产权。人们对所有权比较熟悉，对产权或法人产权则知之甚少。产权是财产权利的简称，是对资源或生产要素的占有权、使用权、收益权、处置权的统称。现代经济生活中的产权有两层含义：一是财产所有权，即由法律维护的原始产权和终极的产权；二是对某种财产的实际占有权，包含使用权、收益权、转让权和处置权。法人财产权是法人对自身的财产享有独立的所有权或独立的支配权，非依法不受第三者干预，是现代市场经济中最重要、最常见和最通用的一种产权制度。它的诞生，使传统的产权要素权能可根据需要而相分离并单独运行，也使现代法人产权可以脱离要素中产权的某些权能而独立运行。法人财产权制度的作用在于：一是把本来没有人格的非自然人的企业视为一个具有人格的法人，使之拥有自然人能享有的各项经济权力和承担民事责任；二是把属于所有者和由他直接支配的财产赋予企业支配，由董事会及总经理行使财产的经营权。法人财产权制度的实质是对经营权的强化。企业不但拥有充分的资产支配权，还拥有部分收益权、资产处置权，企业依法人的确立而成为资产的实际占有者，因而成为一个经营实体和产权主体。有人把产权看作所有权或者把产权看作所有权的附属权等都是不对的，是对现代产权和要素权能结构缺乏正确的认识。

产权与所有权是既有联系又有区别的两个概念。产权和所有权都反映了财产关系，如果进一步从财产关系的内在结构和不同场合表现出来的分化形式看，就可以看到所有权主要是从财产归谁所有的方面来表述财产归属关系。表述的财产归属关系所反映的是人们在物质资料生产过程中构成的相互关系，表现的是生产资料的社会归属关系，局限于生产关系领域的范畴。产权则是经济关系在法律上的反映，是以法律形式表现的人们在财产使用过程中构成的相互关系。因而产权主要从财产在经济运行过程中的实际运用，从对企业财产的占有和经营作用的角度来看待财产关系。因此，相对所有权关系可以体现为不同的产权制度。例如，同样是资本主义私有制企业，可以有不同的产权组织形式，如独资企业的原始产权组织、股份公司的法人产权组织等。反之，同一产权组织的企业也可以容于不同的所有权形式，如股份公司的法人产权制度既可以是以资本主义私有权为基础的股东，也可以是以社会主义公有权为基础的股东。产权的内涵和产权的实现方式是随着商品经济向前发展和社会分工程度不断提高而发生变化的。所有权的实现方式也是如此，不是一成不变的。为了更好地保障所有者利益，所有权将派生出一系列相对独立的财产权利，构成一个以所有权为核心的财产权利体系。在产权运作当中，是通过对财产权利体系的结构优化来达到对所有权实现方式的优化。所以，产权不仅仅是指所有权，而是对围绕所有权实现伴生的各种财产权利的统称。在现代经济生活中，产权是包括所有权在内和以所有权为基础而派生的一系列其他权利，所有权只是产权权能体系中的一个权能或权利而已。

2.5 法人产权治理结构

法人产权治理结构，就是现代企业公司的治理结构。因为现代企业公司的治理结构是在法人产权基础上产生的，所以又称为企业公司法人治理结构。它是与现代企业产权结构相适应的企业领导体制，类似于民主政体国家治理结构的权力分立与制衡的运行结构。它设有股东会、董事会、监事会这三个相互制约的权力结构体系。这一产权治理结构从本质上区别于传统家族式的公司、独资公司的管理体制。它区分决策、经营、监督的权力功能，而不是把这些权力功能集于一身。由于法人产权赋予决策、经营、监督不同的权能，起到相互制衡的作用，因而是一个民主化、科学化和专业化的企业领导体制。

1. 股东会

股东会，即股东代表大会。股东代表大会是股份公司的最高权力机构，全体股东按投资份额的多少，对于企业的投资方式、资产结构调整、选举董事、红利分配等一切重要事项，按国家颁布的法规作出决策。股东作为所有者掌握着企业的最终决定权。

2. 董事会

根据国家颁布的《公司法》，董事会是股东大会的常设机构，执行股东大会的决议，行使股东大会授予的其他职权。董事会行使企业法人财产权，董事长是企业的法定代表人，主要行使法人资产的决策权。

3. 监事会

监事会行使股东大会赋予的监督权，按照国家颁布的《公司法》对董事会及其成员和经理等管理人员履行监督职责，并对公司财务、资产经营状态进行监督、检查，保证国有或股东资产的保值增值。监事会成员要由本公司的职工担任，并由本公司股东大会选举产生和罢免。

董事会和监事会都由股东会选举产生，对股东会负责。总经理由董事会选聘，经董事会授权委托，对董事会确定的经营决策行使企业的经营权。在总经理主持下的领导班子是企业的执行机构，负责企业的经营管理工作。这种治理结构体现了权力机构、决策机构、监督机构、执行机构的相互分离，各个机构按照公司章程规范地行使各自的权力，实现各司其职、各负其责、相互制约，成为现代法人产权特有的运行机制，确保了法人产权的有效运作和出资者权益的实现。

法人治理结构最显著的特点在于建立了类似于国家民主政体的管理体制，把各项权力分离开来并让其相互制衡，防止权力高度集中和权力被滥用。这种权力的分解与制衡既是在法人产权制度基础上企业多元产权结构的内生机制，又是保持多元产权结构有效运行的体制和机制，这是现代企业制度区别于传统家族企业制度最显著的特征。然而，在我国公司股份化改造实践中，有些企业实行董事长兼总经理制度，甚至还兼监事长，把企业两至三种职务集于一身，这是与现代企业制度相悖的，实际是回到高度集权的家族企业产权制度的老路上去，这就完全失去了分权制衡的现代企业制度的意义。家族式的企业制度因为缺少权力分工和制衡机制，不仅效率不高，而且往往会造成权力滥用、决策失误，给企业带来严重后果。这就是家族企业发展到一定程度就必须向现代企业制度转化的根本原因。

章程是公司的“宪法”，也是公司的“大法”。法人治理结构的“三会四权”制衡结构的分工和机构人选是依照公司章程规定的程序产生的，是由公司章程规定的当事人的经济行为。其权利与义务是按章程规定的活动范围和内容而不是按政府机关的意志来行使与履行的。在我国的公司股份化改造中，一些地方出现由政府直接指派董事长和总经理，并给企业套上行政级别，将其纳入党政干部的管理系统的现象。这种做法实际上是“新瓶装旧酒”，虽然企业的名义和负责人的名称改变了，但集权管理机制的实质并未改变。有的企业实行所谓董事长领导下的总经理负责制，明显是仿效“党委领导下的厂长负责制”的传统体制。在法人产权治理的公司结构中，董事会与经理之间的关系是委托代理关系，而不是领导与被领导的关系。“三会四权”体制内部的权力关系，是权力分工和相互制衡的关系，不是谁领导谁的关系。董事会是企业的法人代表，行使公司法人财产权，与企业经理的关系是委托关系，经理是代理人。董事会作为委托人选定代理人，授权代理人按委托人确定的经营决策对企业进行经营管理。这种委托代理关系以经济关系为纽带，以契约为保证，由委托授权而产生的代理权一经确立，就成为相对独立的经营权能，与其他权能并存，形成各自独立、各司其职、各负其责、分工制衡的法人治理结构和现代企业的管理体系。

法人治理公司结构最突出的优势在于它的开放性和流动性。"三会四权"结构体系的内部各会和各权力机构既独立又互相制衡，同时，整体结构不是封闭或僵化的，而是开放和流动的。"三会四权"的人选，都是开放和流动的，都要接受社会化的市场检验与评价，并不断地进入与退出。这种开放性与流动性并不影响法人产权公司治理结构体系的稳定性，反而使法人产权公司治理结构体系更具活力。股东会的人选因股权转让而更换，董事会和监事会人选因改选而变化，经理人选因有董事会与经理的委托代理关系而存在应聘—解聘的双向选择机制，法人产权公司治理结构所特有的机制，使"三会四权"人选的进入与退出都具有相当大的灵活性和制度化。这种开放性和流动性是法人产权公司保持发展活力和市场竞争力的根本所在。

2.6 西方产权理论及其借鉴

现代西方产权理论，是在对传统西方微观经济学、福利经济学的根本缺陷进行思考和批判的基础上逐步形成的，是由科斯、威廉姆森等人提出来的。他们强调产权交易费用在经济学中的重要性，认为现实生活中几乎所有的经济问题归根到底都涉及产权问题，产权界定和产权明晰对资源配置及使用效率有决定性作用。产权是否明晰看交易费用的高低，而交易费用高低又决定着产权制度安排效率的高低。在西方产权经济学中，最有代表性的是科斯定理的交易成本论、外部性理论和产权效能理论。

2.6.1 现代西方产权理论

以科斯和科斯定理为代表的现代西方产权理论，是通过对产权制度选择的产权交易成本理论、外部性内在化理论、产权效率比较理论、企业理论来阐述的。

1. 关于产权交易成本理论

科斯提出交易费用这一概念，认为交易费用是运用市场价格机制的成本，包含获得市场信息的成本，以及市场交易谈判过程中讨价还价的成本和履行合同的成本。市场交易过程不像正统竞争理论所假定的那样，价格是既定的、透明的；相反，价格是不确定的、未知的，要转为已知的，企业就要付出代价。交易过程常会发生冲突与纠纷，因此需要谈判、诉讼等，这都要花费一定的交易费用和交易成本。企业的出现和存在正是为了节约市场交易费用，正如科斯所说："市场运行是有成本的，通过形成一个组织并允许某个权威（一个企业家）来支配资源就能节约某些市场运行成本。"[①] 科斯又进一步指出，企业并不是市场唯一的替代形式，政府对经济生活的直接管制是另一种替代形式。"政府不是建立一套有关各种可通过市场交易进行调整的权威的法律制度，而是强制性地规定人们必须做什么或不能做什么。"因而，"政府是一个超级企业"，有时，它能以比普通企业更低的价格替代其参与某些市场交易活动，但是它的替代成本却高得惊人。之后，其他代表人物，如斯蒂格勒、威廉姆森等，将交易成本概念广泛地运用于经济社会问题的分析，如代理人关系、寻租制度分析、企业内部专业化等，尤其是运用于对产权制度的分析。他们认为，对任何企业形式的经济制度及制度的选择和安排都要付出一定的交易费用。产权的经济功能在于克服交易摩擦，降低交易费用，从而在制度上保证资源配置的有效性。衡量一个国家的制度和体制的优劣及其优劣程度，一般是以维系既定制度和体制运作的费用的多少作为判定的。"交易费用在国民生产总值中所占的比重决定一个国家是富裕还是贫困，是发展还是停滞。"

在市场经济中，市场交易费用构成制度费用的主要部分；在计划经济社会中，非市场的管制费用构成制度费用的主要部分。为什么在计划经济社会里企业效率低下、浪费惊人、资本产权难以优化配置？因为构成这个制度基础的产权制度安排缺乏明晰的产权主体界定，资本产权也没有流转的自由。维持这种制度的费用极其庞大，而且不能通过制度本身使其降低。在市场经济社会，虽然也存在制度费用，但远小于计划经济社会的制度费用，并且这种费用可以通过资本产权的界定、转让和合约形式的市场竞争和自由选择得以降低。因此经济制度的选择应以降低制度费用或制度运行成本为标准和目的。

2. 关于外部性内在化理论

外部性内在化概念是西方产权理论的重要概念，它是指经济当事人之间在利益关系上的损与益的责任界定。也就是说，一方对另一方或其他诸方的利益造成的损害或者提供的便利，都不能通过市场加以确定，也难以通过市场价格进行补偿或支付，解决这一问题的关键是对产权进行确权界定。如果产权不清，外部性就难以通过内在化加以消除。科斯定理的核心就是如何将产权外部性进行内在化，这是在分析产权外部性问题的过程中逐步形成的。

20世纪50年代，科斯通过接触和分析大量的现实经济生活中的利益矛盾，了解了外部性的广泛存在，加深了对外部性问题的认识。他引述和列举了许多外部

① 吴海. 企业制度创新通论. 广州：中山大学出版社，1997. 76

性问题的事例来说明产权界定的重要性，认为只有界定了产权，矛盾纠纷才能得到合理的解决。当时，美国的私立电台和电视台相互干扰，造成混乱。每家电台或电视台，都释放出一种负的外部性，而又无法通过市场来确定相互之间造成的损害程度和赔偿责任，因而受损方也无法通过确定价格来获得补偿。传统的办法是对其罚款或征税了事，但外部性的影响并未消除。对此，科斯认为：造成这种公害的原因在于产权不清，即广播电视利用空间产权界区不明确，而要从根本上克服这种混乱就应从根治造成混乱的原因入手，只有明确产权才能消除或降低这种外部性所带来的危害；在明确产权的基础上引入市场机制，才能有效地分清与确认相互影响的程度及相应承担的责任，从而找到解决外部性问题的办法。为此他引用很多日常生活中通常遇到的事例来说明：例如，一个医生在一个居民区内靠近工厂围墙的房屋开一间诊所，机器响声影响了诊所行医和医生的收入。到底是谁的责任？是医生不该在此开诊所，还是工厂不能靠近居民区？解决这个问题就要进行产权界定。如果界定工厂有权在此生产，诊所就得搬走或忍受机器发出的噪音；如果界定医生有权在此开诊所，则工厂不能在此生产和发出噪音。那么，诊所收入的损失应由工厂给予补偿。又如，当一列火车驶过一片种有树木和庄稼的地段时，火车引擎冒出的火星把树木和庄稼烧了，引起农场主与铁路公司的纠纷。科斯认为要解决纠纷，最关键的就是确权。如果这片土地是属于农场主的，农场主就有权禁止火车排放烟火；若火车要排放烟火，火车所有者就必须向农场主作出相当于被烧树木和庄稼的与当时市场价格相当的补偿。如果确权结果表明火车有自由排放烟火而无须负任何责任的权利，那么农场主要想火车不排放烟火就必须向火车所有者支付一笔费用，以换取火车所有者不排放烟火。科斯还认为，消除外部性的最佳方式是通过市场交易来实现赔偿，而市场交易的前提就在于确权。于是，科斯在《论社会成本问题》中把解决外部性问题进一步理论化。他指出，只要产权界区清晰，交易成本就不存在，而如果交易成本为零，那么市场机制就是充分有效的。当事人之间的经济纠纷可以通过一般的市场交易得到有效解决，外部性问题也就根治了。社会经济生活中外部性问题的大量存在，往往是产权界区不清、交易成本不为零所致。市场机制会因存在外部性问题而失灵。资源配置的有效性取决于产权界区的清晰度，产权经济学的任务首先是分析和界定产权，因为确权不仅是出于消除外部性问题的需要，而且是维持市场机制运行的基础。

3. 关于产权效率比较理论

运用产权理论分析、比较不同经济制度下产权结构的不同及其对经济运行的效率影响，形成了现代西方产权经济学的产权效率比较理论。

现代西方产权理论认为，产权效率的提高取决于产权制度的选择。不同的产权制度安排会导致资源配置、产权构成和收入分配方式的不同，因为产权不是指人与物之间的直接关系，而是指在人对物的支配上折射出来的人们之间的利益关系。产权安排确定了每个人相对于物的行为规范，界定了人们如何受益及如何受损，产权的一个主要功能就是引导人们实现将外部性转化为内在化的激励，一个产权是否有效率主要看它能否对支配下的人们提供这种激励。

西方产权理论家通过对私有产权、国有产权和共有产权进行比较分析发现：

（1）私有产权由于其特有的主体明晰性、产权可分割性和转让性，可较好地实现将外部性最大限度内在化。这是因为在私人的经济活动导致外部性的场合中产权清晰，并且所涉及的人数较少，通过谈判达成协议的交易费用较低。私有产权由于主体明晰、产权可分割和转让，因此，具有将外部性最大限度地内在化的激励机制，以及产权运行中的管理成本和在市场活动中谈判践约等交易成本较低等优点。由于产权主体经济活动所带来的成本与收益均由私人所有者承担，在作出一项经济决策时，他能自觉进行严密的成本与收益分析。在私有产权主体进行经济活动中导致的外部性，如对其他产权主体造成的侵害，由于其产权清晰、涉及人数少、通过谈判达成协议的交易费用较少，因此企业的管理成本、市场交易的践约成本和政府对其监督的成本等一系列交易成本较低。

（2）国有产权的资源配置，是由国家选择和委派代理人来行使资产的支配权、使用权和收益权的。一方面，代理人奉命行事，对国有产权的支配与转让以及收益均不具有充分的权能，国有产权的收益也与个人价值实现没有紧密联系，所以对提高企业经济效益和对企业员工的监督的积极性不高，或者说缺乏有效的激励。另一方面，国家作为所有者和委托人，委托代理层次较多，委托代理关系繁杂，信息不对称，监督成本太高，因而政府不可能直接对这些代理人的行为进行充分的监督。由于国家选择代理人过多地偏重于政治和社会因素，而忽视经济因素或把经济因素放在次要位置，因此，易于偏离利润最大化目标。这就决定了国有产权制度安排在市场经济的竞争中产权效率有限。国有产权的低效率缺陷，无论在发达资本主义国家还是在处于发展中的社会主义国家都同样存在，说明了国有产权的低效率是超越意识形态而存在的共同现象，它不会因意识形态的不同而产生差异。

（3）在共有产权制度下，每个共同体成员都有权平均分享共同体的利益，如合作组织、社团产权。它的产权安排的缺陷在于产权缺乏排他性，也不可以自由让渡。这就出现两个不可克服的现象：一是共同体内任何一个所有者都无法排斥他人来分享劳动果实；二是当共同体内某个人追求利益最大化时，由此产生的成本就有可能让共同体内的其他成员来承担。例如，在共同体的草地上，某个放牧人增加牛羊放牧量而导致共同体其他成员的利益受损，或者导致放牧人产生的成本由共同体其他成员来承担，如果要分清责任，在共同体内由于人数众多和利益矛盾、利益关系复杂，所有成员要达到一个最优化行动的谈判，成本就非常之高。由此可见，共有产权排除了“使用财产就要付费”的体制，导致资源滥用和没有人节约成本。较高的谈判成本和监督成本使得这种“使用财产不必向他人付费”的产权制度失效。① 共有产权的这些缺陷，在苏联的集体农庄、前南斯拉夫的企业所有制、我国改革开放前城镇集体企业和以队为基础三级所有的人民公社的产权制度中，具有惊人的相似之处。

4. 关于企业理论

现代西方产权理论的研究源于对企业制度的考察，广泛应用于对企业理论的分析，主要集中在企业产权结构、企业组织管理体制和企业规模经济三个方面。

（1）关于企业产权结构的理论。依据不同的产权结构，把企业产权分为四种类型：①资本主义股份公司的产权结构和企业行为。在所有权分散基础上的两权分离是现代企业产权结构的一个重要特点，这类企业产权组织要求加强对经营者的行为约束，除通过股份制形式加强所有权对经营权的控制之外，还通过产品市场竞争对企业施加压力，将对经营者和行为激励与盈利最大化目标相联系，以及对经营者的选择过程引入竞争机制。②资本主义国有企业产权结构及其行为。这类国有企业主要是指邮电、国际、气象等公共部门，它们不是追求盈利最大化，而是由政府直接规定其收益的标准，作为国有企业由政府限制其他企业通过市场进入其中而具有垄断性，但这些企业也不能自由转让。③非盈利企业的产权结构及其行为，如大学、医院、基金会等。其产权特点是任何个人都不能凭借对财产的占有而分得红利，这种产权组织下的企业行为目标是追求短期盈利的最大化。④社会主义的企业产权结构与行为。苏联国有企业产权结构的特点是产权属于国家，企业没有产权，使用资产不用考虑支付成本。这种产权特点决定企业不再追求利润最大化，而是追求国家投资最大化，以保证国家计划的完成。南斯拉夫自治企业产权结构的特点是企业产权分散于企业的生产者手中，这种产权仅作为企业内部参与分配的依据，不能自由转让，这种产权决定企业目标不是追求企业盈利最大化，而是追求个人收益最大化。

（2）关于企业组织管理体制的理论。企业内部有三种组织管理体制结构：统一领导的体制结构；控股体制结构；事业部体制结构。② 西方产权理论认为，第一种结构和第二种结构存在严重的机会主义倾向和交易成本很高等问题，第三种结构能有效地克服这两个问题，且交易成本较低，是较为合理的企业组织管理体制。

---

① ［美］R．科斯，A．阿尔钦，D．偌斯等．财产权利与制度变迁——产权学派与新制度学派译文集．上海：上海三联书店，上海人民出版社，1994．107

② 薄越亮，王民有，王加春，张冀湘．产权管理理论与实务．北京：中国物资出版社，1992. 39

该理论认为企业组织体制与效率密切相关，这种效率通过交易成本可反映出来。它将企业组织管理体制分为三类六种形式：个人企业家型，包括个人分包体制和个人聚集体制；集体型，包括公社体制和平等人团体体制；资本家型，包括内部分包体制和权威关系体制。[①] 其分析结论是，权威关系体制效率最高，公社体制效率最低。但对个体劳动者刺激动力最强的体制未必是组织整体效率最高的体制，如个体工商户、小农户，通常阶段性契约体制比连续性契约体制、层次化程度高的体制比层次化程度低的体制有更高的组织效率。各种企业管理体制的效率高低是随历史发展而变化和演进的。

(3) 关于企业规模经济的理论。企业规模是由市场交易成本和企业内交易成本决定的。企业的规模可以是横向扩大也可以是纵向扩大。市场交易成本的节约是企业从两个方向扩大的动力来源。当市场交易成本的节约正好与企业内交易成本的增加相抵时，企业规模的扩大便停止，由此确定了企业和市场的边界。

2.6.2 现代西方产权理论的启示

现代西方产权理论，是在总结当代西方企业产权制度实践的经验教训的基础上创立起来的。它对于分析中国产权制度和经济体制的缺陷、推进国有企业制度的深化改革、建立完善的现代企业制度和提高我国的整个产权经济体系的运行效率，都具有积极的启示作用。

1. 市场经济需要明晰的产权主体

产权主体明晰是市场交易的前提，市场经济是不同产权主体之间进行的经济交易，要通过市场交易满足双方的需求，实现双赢，其前提就是交易双方的产权主体明晰，如果双方产权不明，就无法进行交易。如果在一方产权主体不明晰的情况下与产权主体明晰的另一方勉强进行交易，就不能做到公平、等价地交易。在对国有企业进行破产处理中，一些国有资产被贱卖，造成交易中的资产流失，就是由于产权主体的模糊而造成的。而一些私有企业的资产转让交易，由于产权主体明晰，通常能够做到等价交换，交易中的资产流失现象就不会发生。

2. 产权制度安排与交易成本的节约

西方产权理论认为，产权制度安排以及企业产权规模扩张和产权组织对外交往、协调等均与交易费用成本的大小有关；企业和市场是彼此替代的，究竟是用企业规模扩张来替代市场交易，还是用市场交易扩展来替代企业，应取决于企业的组织成本与市场机制中交易成本的高低。如果企业组织成本低于市场交易成本，企业规模就能扩大，人们就倾向于用企业生产替代市场交换，反之亦然。传统的

---

① 薄越亮，王民有，王加春，张冀湘．产权管理理论与实务．北京：中国物资出版社，1992. 40

经济体制时期，产品统购统销、利润统收统支，市场交易不存在，完全由企业替代市场，所以市场交易费用很低。但每个企业内部的管理成本、协调费用却很高，尽管采取了许多措施来搞活企业，收效却微乎其微。根据产权理论，唯一的办法是用市场交易扩大替代传统的内部组织规模扩张。鉴于此，必须降低国有经济比例，大力发展非国有经济，构造出不同的产权主体，建立多元化的产权经济体系。

3. 产权制度结构合理安排旨在提高产权的运行效率

西方产权理论认为，合理的产权制度安排有助于建立有效的约束、激励与监督机制及制度，以确保资源配置优化。若产权制度安排不合理，即使资产所有权在法律上已经明确，也并不必然地代表企业在实际运营中的产权明确。国有企业的内部存在着实际上的所有权缺位，如谁代表国有财产、谁作为企业资本所有者去约束经营者行为和职工行为，对绝大多数国有企业来说，不仅在实际上，而且在名义上也是不清楚的。在股份制改造后的国有企业中，有的国有股占60%以上，国有产权在股份制中仍然没有得到有效保护。国家和地方各级政府所属的国有企业的资产所有者更多地通过控制股权持有来遥控股份制企业，往往使股份制企业处于行政权力的控制之下，失去了股份改造的意义及与股东会、董事会和监事会相对应的决策、经营、监督所代表的“三会四权”相互制衡的意义和作用。产权制度结构，既包括国有控股的股份制企业，也包括私有控股的企业；既有股份制企业，也有纯粹私人企业和合伙企业的同时并存。这样，就能形成一个产权主体明晰的多元的产权制度结构框架和产权经济体系。

4. 产权能自由流通和变换价值形式

产权的自由流通和产权形式的自由变换，是各种产权主体保持产权资源优化配置的途径。产权理论强调，从产权动态过程来看，要保持产权配置的优化状态，就必须遵循产权结构安排的制度原则，而不是固守某种既定的产权结构形态。在我国传统体制下，资源分配由政府计划决定，资源配置一经形成资源产权就不能流动，也不能改变价值形态，更不能在本系统内部或系统之间正常流转。结果，不合理的存量结构恶化吸聚了大量的增量投入，使存在的产业结构失衡，强化了不合理的产权结构和产业结构，并形成了一元化的封闭的产权经济体系，导致社会经济体系的低效率运行和资源的无谓浪费。因此，要借鉴西方产权理论，让竞争性市场来配置企业产权，让企业产权充分流动和自由交换，以形成多元化的产权主体和多元化的产权制度结构，造就和保持一个产权结构优化合理的、充满活力的、高效率的现代产权制度体系。

5. 市场主导与政府管制的协调统一

得大于失是市场经济制度下市场和企业的理性的价值追求行为。产权明晰和产权界定是市场交易的基础。界定这种行为需要以市场为主导，也需要政府的介人。合法权利的初始界定会对经济制度的运行效率产生影响，一种明晰而有效的产权权利的选择会比其他模糊产权产生更多的价值。企业是作为通过市场交易来组织生产的替代物出现的，在产权明晰而规模较小的企业中，产权的交易成本、管理成本可能较低。在通常情况下，只要权利界定了，市场和企业就能通过交易合理解决这一问题。但是，企业并不是解决问题的唯一可能的方式，在一些较大规模的、产权不清晰的企业内部，组织交易的行政成本可能会很大，尤其是当许多不同活动集中在单个组织的控制之下时更是如此，花费巨大也难以协调一致，协调成本之高，以致在单个企业范围内解决问题的目标不可能实现。一种较好的替代办法就是政府干预和直接管制。政府通过行政行为影响生产要素的使用，并制约着企业的经营，它与企业竞争时，其他企业可能以较低的成本进行同样的活动，如果行政成本过高，市场交易通常就会替代企业内部的组织交易。如果需要，政府则可避开市场，而企业却做不到。例如，解决环境污染和对环境产权的滥用，如果都通过市场和企业来解决问题，其成本将会较高，而政府的行政管制有利于降低成本。

在一般情况下，政府管制未必会带来比市场和企业更好的结果，但同样也不能认为这种政府行政管制不会导致效率的提高。例如，在提供公共物品方面，因其外部性问题难以克服，往往不能都通过企业和市场来提供，这样，政府干预和政府的提供就成为必要。这些公共物品如国防、道路、广播、电视、交通、秩序和公正（法律）等有两个特点，一是非竞争性，二是非排他性。由私人提供公共物品无利可图，只能由政府来提供。政府为公共物品买单，可以通过税收来解决成本和费用问题。政府的这种作用是私人和企业无法替代的。在市场经济体制下，尽管市场和企业是资源配置的主导，但政府作为维护社会经济秩序的守护人，在市场缺陷和市场失灵的情况下，发挥纠正者和弥补者的作用是不可缺少的。

3 产权分类与要素产权制度

3.1 产权分类

产权的分类是很复杂的，可以用不同的规范去分类，也可从不同的视角去分类，最常见的有以下五类。

3.1.1 有形资产产权与无形资产产权

产权按资产的存在形态可以分为有形资产产权和无形资产产权。“具有一定的物质形态，其存在占有一定的物质空间的资产”[①] 称为有形资产。在经济生活中，各式各样的固定资产、流动资产、资源性资产等，都有其本身存在的物质形态，都属于有形资产。有形资产产权是针对有形资产的财产权利。无形资产是没有实物形态但可长期使用并获得收益的资产，是看不见、摸不着的不以实物形式存在的资产。它通过一定的直接或间接的物质载体表现出自身的存在，无形资产产权就是针对这种无形资产的财产权利。无形资产可分为三类：一是知识权利无形资产，如创造发明以及商标权、专利权和版权等；二是内涵类无形资产，主要是指企业内部的长期形成的风格素质，如企业形象、企业文化、企业管理风格和企业精神，还有企业知名度和商誉等都是无形资产；三是关系类无形资产，这是企业在长期发展过程中建立起来的有利于自身发展的外部环境和外部关系，如有利的地理环境、政府的优惠政策、国家或企业集团的生产（经营）特许权、银行的信贷支持，以及完备的协作网络和畅通的销售渠道等。[②]

3.1.2 经营产权与非经营产权

以营利为目的或主要以经济效益为目的而运用的资产称为经营性资产。泛指第一、二、三、四产业主要部门从事生产经营活动的所有资产。这些资产是能够用货币价值形式计量的在市场经济中具有循环、周转、增值特点的资本。经营性

---

① 王占国，孙伟化，李成龙，张蕴华. 产权论纲. 哈尔滨：黑龙江教育出版社，1998. 89
② 王占国，孙伟化，李成龙，张蕴华. 产权论纲. 哈尔滨：黑龙江教育出版社，1998. 90

资产的产权主体，便是这种资产所属企业的人格化代表即法人代表和法人产权。不以营利为目的或主要以社会效益为目的而运用的资产称为非经营性资产，通常是用于行政、教育、医疗、防疫、慈善救助等公益事业的资产。其价值运动具有单向性、非增值性的特点。政府和非营利性社团法人或基金会等财团法人便是非营利性资产产权的主体。值得指出的是，经营性资产和非经营性资产两者是互相联系、互相制约的，是可以互相转化的。在我国国有资产（不含境外的国有资产）中，经营性资产与非经营性资产总额比约为70∶30，即经营性资产约占资产总量的70%，非经营性资产约占资产总量的30%。在现实经济生活中，一些事业单位，如学校、医院、研究院（所）等，把非经营性资产用作经营性资产营运，如把土地折成股份与房地产商合作开发商品房出售分享利润，或者把房屋用于出租等都属经营性行为，是与事业单位资产属于非经营性资产的性质相悖的。

3.1.3 固定资产产权与流动资产产权

在企业单位内部还有固定资产产权和流动资产产权的划分。固定资产是指使用年限在一年以上，单位价值在规定标准以上并在使用过程中保持原有的物质形态的资产，如房屋、厂房建筑、机器设备、工具器具、仪器仪表、运输工具、管理设备等。流动资产是指可以在一年或一年以上的一个营业期内变现或者耗用的资产，如原辅材料、燃料、在线产品、商品、低值易耗品、办公用品、银行存款和现金等。固定资产具有在生命周期内，使用价值的物质形态相对固定、价值随磨损程度逐渐转移到产品中的特点。流动资产的特点是在一个生产过程内将其价值一次性全部转移到产品中，并随再生产过程连续不断地改变存在的形态。

3.1.4 资源性资产产权

资源性资产产权，是指对那些有经济开发价值的自然资源所拥有的所有、占有、收益、处分等权利。按人们现有的认识和现实的经济与科技水平能对其进行开发利用，并能给人们带来一定经济价值的自然资源也是一种资产，称之为资源性资产，如矿藏、水流、森林、海洋、生物等。然而，在自然资源中，由于受人们的认识能力和现实经济与科技水平的限制，暂时还存在经济价值尚未被认识，或不具有开发利用能力，或对其开发利用的成本大于收益等还不能给人们带来经济效益的资源，这些资源暂时还不被认为是资产或者资源性资产。只有当自然资源具有开发利用的价值和可能时，才能转化为资源性资产。因此，自然资源包括资源性资产，但自然资源不等于资源性资产，只有能够进行开发利用并带来利用价值的这部分自然资源才能成为资源性资产。我国的矿藏、水流、森林、山岭、草原、荒地、滩涂和其他一切自然资源，除法律规定为集体所有的以外，都属于国家所有，即全民所有。城市的土地属于国家所有，农村和城市郊区的土地凡由法律规定属于国家所有的，也是全民所有制财产。从资源性资产的定义来看，目前尚不能开发利用的自然资源暂时还不能列入资源性资产。据国家科委组织专家初步核算的结果，我国国有资源性资产的潜在价值约为128万亿元，远远大于现有全部经营性资产和非经营性资产之和。[①]

农村土地和农民的宅基地都属于集体所有，称为集体的资源性资产。此外，对于集体占用的国有自然资源，必须明确其归属关系，明晰产权界区、产权主体。该划归集体的划归集体，该划归国有的划归国有，包括中央政府的国有和地方各级政府的国有。国家征用集体所有的资源性资产必须按当时的市场价格给予补偿。特别是征用耕地更应给予补偿，因为耕地本身是稀缺资源，又是农民赖以为生的资源，被征用后农民就失去了生存的依托，所以政府要安排好失去耕地农民的生活，如负责迁移和安排就业，以解决其后顾之忧。资源性资产的产权界定还包括明确界定所有权与经营权的关系，实行有偿使用制度，使所有权得到维护、经营权得到落实；要建立相应的管理机构，加强对资源性资产产权的统一管理；要培育和完善资源性资产开发权和使用权的出让和转让机制，实现资产产权市场的有序、健康发展。

3.1.5 生产资料产权与生活资料产权

生产资料产权与生活资料产权是以产品的经济用途为依据进行的产权分类。社会总产品种类繁多、性能各异、用途多样，其使用价值可满足人们不同的需要。就经济用途而言，可以归纳为生产资料消费和生活资料消费两大类。在社会产品中，进入生活消费领域的那部分，称为生活消费资料；进入生产和再生产过程的那部分，称为生产消费资料。人们拥有的财产尽管形式很多，但从经济用途来说，都可分解和归类为两种形式，即生产资料产权和生活资料产权。生产资料用于生产和再生产，而生活资料则直接用于生活消费。这种划分是相对的。在现实生活中，一件产品既可作生产资料，也可作生活资料。比如，一个会议场所既可用于开会、展销、发布产品广告，也可用于跳舞、唱歌、举办春节联欢晚会等。前者具有生产资料的生产性用途，后者则具有生活资料的生活性用途。又如，一辆小汽车既可作跑生意、拉业务的经营商务用车，也可作休假时的旅游车。因此，一件产品是供生产使用还是供生活使用，并没有绝对固定的界限，可根据人们的需要而定，彼此是可以互相转化的。

划分生产资料产权的意义重大，因为生产资料是社会存在与发展的物质基础，

① 王占国，孙伟化，李成龙，张蕴华. 产权论纲. 哈尔滨：黑龙江教育出版社，1998. 85

生产资料所有制是生产关系的基础。生产资料产权是社会财富中最重要的对社会经济运行与发展起决定作用的产权，也是人们在经济、政治和社会地位中最具象征性意义的财产。产权制度的发展演变，实际上是生产资料产权的发展演变，由自然人产权制度发展到法人产权制度的内容就是生产资料产权主体由自然人过渡到企业法人。

3.2 土地产权的制度安排

土地产权是最古老的财产权，它与一切产权相联系，是一切产权都离不开的产权要素之一。对土地产权怎样安排，不仅关系到直接以土地为经营对象的农业产业，也关系到间接以土地为经营对象的工业和第三产业、第四产业的发展。因此，有必要通过对土地产权制度的演变考察，从比较中选择一种适应现代市场经济发展的土地产权制度。

3.2.1 原始社会的土地产权

在原始社会，人类并不是靠土地为生，而是以采集和猎取野生动植物为生。他们以氏族为单元、以一定的地盘为疆界建立部落的势力范围。这时，虽然还没有文化意义上的土地产权概念，但实际上的地盘占有意识和行为已表现为部落所有制。如果彼此本分，则相安无事；如果某一部落非要向外扩张，必将遭到相邻部落的反击，表现为暴力斗争，地盘所有权的变动是通过部落间的战争来实现的。地盘中的野生动植物归部落共同所有，集体共同打猎捕捉野兽或采集野果，然后共同消费，见者有份，一般没有剩余。在部落的领地中，土地是部落的，共同采集打猎的“经营”行动也是由部落统一进行的。因此，经营权、分配权和处置权等都是部落的，这是一种原始社会的公共产权状态。

3.2.2 奴隶社会的土地产权

在原始社会末期至奴隶社会初期，人类进入农耕经济社会。由于原始社会采集和打猎工具的日益改善，采猎能力大为提高，使得猎物供过于求，产生了剩余。尤其是实现了农耕和饲养后，使人工种养原来自然生长的野生动植物成为可能，人类需要的物品大大丰富了。这样，便产生了社会分工，一些人进行管理，一些人从事采猎和种养。后来，管理者便建立国家管理机构，使部落内成员的平等身份发生了变化，分为奴隶主与奴隶两个截然不同的阶层或阶级。土地的产权由奴隶主代表国家所有，奴隶沦为国家所有而实际是奴隶主所有的劳动工具。由于奴隶主以国家名义管理土地，所以有人认为奴隶社会的土地产权是国家所有的，但更多的人认为土地产权是私有的。当然，这个私有是特殊阶层代表的以国家自居的统治者私有，并不是民众私有。所以，对于奴隶社会的土地产权，可以作这样的表述：奴隶社会的土地产权是奴隶主统治集团及其贵族所拥有和握持的产权。

3.2.3 封建社会的土地产权

封建社会以宗法血统来更替和继承皇位，所以它是国与家同构的社会。封建皇帝把权力和土地分封给自己的儿子，目的是让其家族牢牢地控制全国，以便封建藩王对土地进行产权管理，再由藩王把土地按功劳级别分发给地主们，地主则把土地租出去让农民耕种。农民这种以一家一户为单位租种土地的方式，由于地租很高，正常年景除交租外还可以为生；如逢灾年，则交租不足以致欠租，上年的债下年还，下年的债再下一年还，逐年累增，终生也还不清，许多农民因此被重新罚为奴隶。中央政府为了获取赋税以巩固封建政权的经济基础，通过国家名义把土地分封给全国大大小小的统治集团，由统治集团的官员、士大夫再放租给农民，以压榨农民。这种土地产权是皇帝的，是皇帝代表国家所有的。在“国家”这个假象掩盖下，实行权力官职与土地产权结合，按权力大小分配土地，权力与产权的结合是封建土地产权的特点。所谓“普天之下，莫非王土”，就是对封建社会土地产权制度最生动的表述。

3.2.4 资本主义社会的土地产权

资本主义制度是以废除封建土地制度为前提的。在资本主义社会里，农民有了较充分的人身自由，可以不依附土地而自由流动、迁徙和择业，不必非租地主的土地才能生存，土地所有者已不能再以土地所有权来强制剥削农民。为了不再向地主租耕土地，不再忍受超负荷的榨索，农民进城务工经商。这使得土地所有者改变了土地经营制度，由抛租制转为直接经营的农场主制度。农场主的土地不再放租，而是直接由自己耕作经营或委托他人经营。耕作所需的劳动力则向社会招聘，既然是招聘，那就应是双向选择，农场主选择劳动者，劳动者也选择农场主。双方要对劳动时间和劳动报酬等达成一致意见后才能建立契约关系，任何一方违背契约都可以向对方提出中止契约，双方纠纷不能自行解决则可向法院或仲裁机构寻求公正解决。

资本主义社会与封建社会相反，实行土地私有制，国家政府不直接掌握土地所有权，统治者也不以国家政府名义占有土地。在英国，封建土地制度经过圈地运动、城市资本家与政府联手强制购买、封建地主的土地由资本家兼并等过程，逐渐走向解体。与此同时，靠租地耕种为生的农民仍无地可耕而流入城市务工经商，这正是处在原始积累阶段的资本主义经济发展所需要的。英国工业革命的成功，证明资本主义土地制度相对于封建土地制度较具先进性。

法国实现工业革命的过程缓慢而漫长。17 世纪的法国还实行封建地主的土地所有制，地主把土地分租给农民耕种，小生产者犹如一盘散沙。法国资产阶级革命不像英国那样彻底，资产阶级政府与封建阶级势力还有千丝万缕的联系，对地主土地所有制表现出宽容和让步。而在英国，资产阶级政府与城市资本家联手强行购买地主的土地，把租地的农民驱赶进城务工经商，迫使封建土地制度彻底解体。法国资产阶级对地主土地所有制的宽容和让步，使城乡产生“二八结构”并维持了较长的时期，人口城市化、工业化的工业革命经历了较长的时间才得以完成。

美国是一个移民国家，大规模移民前的美洲大陆居住的土著人是印第安人。土著人的生活、生产方式尚未开化，还处在人类的童年阶段，即原始部落式的共同采猎和耕种的生存阶段。15 世纪到 18 世纪，英国人为了寻找市场和原料，横渡大西洋漂泊进美洲大陆。尤其是 18 世纪，漂泊进的英国人就把近代的资本主义农场制度方式植入了美洲大陆。他们在肥沃而广袤的土地上安营扎寨，风餐露宿，开垦种植土地和建立种植园。他们不时遭到土著印第安人的袭击，经历了火与血的较量与搏斗后，终于站稳脚跟，在异邦建立了家园。把农场制度植入美洲大陆的英国移民，使当地从原始状态逾越奴隶社会和封建社会而直接进入近代资本主义社会。随着资本主义农场制度的确立，土著人的原始土地制度随之解体，原始部落的土地所有制将主导地位让位于移民们植入的农场制度。资本主义土地私有制战胜和取代了部落土地公有制，并逾越奴隶社会的土地国家所有制和封建社会的土地国家所有制，这是世界上任何一个国家都没有先例的土地制度的巨变。先进的土地制度使美国的商品经济迅速发展，其建国仅一百多年就完成了人口城市化、工业化，完成了其他西方国家经过几百年、东方国家经过几千年才完成的社会变革。20 世纪初，美国就超越富强的英国、法国、德国等先行资本主义国家，成为世界头号经济和政治大国。

资本主义的土地私有制之所以能对社会生产力产生巨大的促进作用，并不取决于土地的私有制本身，而是取决于土地产权的运用方式，即土地所有权与土地产权的分离。土地所有权从土地产权中分离出来后，像英国那样，君王利用所有权统治居民的作用不重要了，因为居民早已不依附土地生活，而可以在全国范围内自由迁移，所有权的统治功能几乎不存在了，土地的产权即土地怎样运用就显得更为重要了。当然，名义上的所有权仍然是存在的。在圈地运动中，英国封建土地制度崩溃，地主的大片耕地被兼并，成为向资本家企业提供原料的基地。经营制度也由租地给小农耕种变成所有者自己当农场主而聘用有技术和管理经验的人员来管理农场，对农场的职工实行招聘和工资制度，实现了农场经营产权与所有权的分离。农场主握有所有权，但经营权却在管理者手中。在聘任期间，农场经营人员享有经营权，直至期满被解聘为止。农场主有权转让经营权，是为了“放权”让管理者充分发挥管理才智把农场管好，以创造更丰厚的农业利润。这样，农场主对土地经营权的委托是否对路，对农场的生存发展是至关重要的，至于所有权的归属倒显得不重要了。

任何国家在封建社会时期都实行土地的国家所有。在西方，土地通称为不动产，不动产所有权的起源是君主出于统治国民的需要而实行的。随着统治制度的建立和市场交换经济的发展，以不动产所有权来统治国民的作用已大大降低，甚至根本不必要。为此，西方资本主义国家的政府一开始就不再坚持土地的所有权，而是把国家权力与土地分开，取缔封建国家的土地所有制及统治集团所有制的土地产权制度，让公众私人拥有土地所有权。

3.2.5 社会主义社会的土地产权

社会主义的土地制度，是按照马克思主义学说中关于共产主义社会生产资料公有制的理论模型先后在相关国家建立起来的土地公有制。这种制度先是在苏联、东欧各国于20世纪二三十年代建立起来的，此后，中国、越南、朝鲜和古巴等也相继建立了这种制度。

列宁领导的十月革命胜利后，苏联建立起社会主义土地制度，被称为世界上第一个社会主义国家。其土地产权制度是国家所有和集体所有，城市土地包括江河、湖泊、森林和矿产资源等都是国有，耕地则为集体所有。国家对集体土地拥有最终所有权，集体农庄只拥有有限的经营权。在这种产权制度下，农庄按国家统一的计划进行生产，农庄的劳动者既无土地所有权，也无土地经营权、收益权和处置权，土地的终极所有权是国家的，土地的使用权和经营权是农庄的。国家通过各级政府管理部门直接干预和控制土地的产权，包括经营使用、收益分配和处置等权力。

在我国20世纪50年代初期，农民拥有土地所有权但没有处置权，即不准农民自由买卖土地；收益权则由初级社、高级社按劳动量和土地入股量进行分配。到了20世纪50年代末期，土地产权制度完全照搬了苏联的产权模式。其主要特点：一是农村土地的所有权为国家和人民公社所有。农业由国家政府统一计划、统一指挥，从播种到收获，一年四季由国家政府催耕、催种、催收、催交，农业生产的经营决策和指令通过各级政府逐级传递，最后落实到生产队执行。从根本上说，大队和生产队不具有经营权。二是自留地、自留田作为集体经济的补充，约占全国耕地总面积的5%。农民对自留地、自留田有一定的经营自主权，但什么时候种、什么时候收，农民仍然没有自主权，因为许多地方规定要在不影响集体生产的前提下才允许农民耕作自留地、自留田。自留地上该种什么、不该种什么，仍然受政府干预。许多地方甚至规定只能种蔬菜或粮食，并且只能用于补充自给，不能拿到集市出售，否则要遭到整治，甚至收回自留田和自留地。三是社会主义的土地产权是不可转让的，无论生产队还是农民的自留地、自留田的产权都是不可转让的。农民的自留田、自留地种不好、不想种，也不能转让给他人耕种。生产队的土地经营权是固定不变的，农民的自留地、自留田也是如此。四是政府拥有优先收益权。

1. 社会主义土地产权制度的缺陷

社会主义的土地产权制度，从苏联、东欧各国到中国，都是清一色的国家土地所有制，不仅土地所有权，甚至土地经营权等权能都受国家政府控制。在苏联、东欧各国，农村以集体农庄为基本生产单位进行土地经营，在这种土地产权制度下，即使实现了机械化和规模化也仍然没有效率。虽然苏联农业实现机械化和相对的规模化较早，但集体农庄成为养懒人的农庄，庄员没有任何积极性，平均主义分配使苏联集体农庄日益走下坡路。在改革开放前，中国则是以类似农庄式的集体化生产队为基本生产和核算单位，一般以一个自然村为一队，大的自然村分为若干队，与苏联农庄没有本质区别，生产队从生产到分配的一切经营活动过程都是在国家政府的层层推动和监督下进行的，农民要固定向国家上交公粮，还要以低于市场的价格出售粮食以供应城市居民，而城市工业产品却是按照市场价格来供给农民的。国家政府对城市企业征收工商业税，都是用于与城市居民有关的投资，农业生产设备只是从国家收取的农业积累中提取小部分来解决。除遭受天灾人祸时得到少量救济外，农民只有奉献而没有获得国家的回报。2006 年取消农业税前，一方面每年约 2 千亿元工农产品通过不等价交换的“剪刀差”、收费和税收等渠道被无偿取走；另一方面，国家以极低的土地补偿费对农村大量征地，然后又以极高的价格转让、抛售给开发商取得巨额利润，仅 2007 年全国招标拍卖土地的收入就超过 9 千亿元，占出让总收入的 80%，比 2003 年提高了 23%。同时，国家未能给农业、农村和农民提供解决生产和生活需要的公共设施和医疗保健、养老等社会保障和公共物品服务。失地农民无就业机会、无收入来源和无生活保障已成为当前农村普遍存在的突出矛盾和问题。农村土地产权的缺陷由此显而易见。

第一，所有权与经营权不分。土地产权是国家的，使用权、收益权和处置权等产权也是国家的。中央政府通过地方各级政府，把国家的计划指标和行政命令逐级传达，以实现训导、监督和检查。在计划经济时期，从中央到地方各级政府，并不了解各生产区的自然环境和气候条件，却对全国作出同时间的耕种指令，往往脱离实际，造成瞎指挥。

第二，支配权和收益权残缺。实行人民公社体制期间，中国每年有200亿元农业利润被无偿占用；改革初期的20世纪80年代，每年约600亿元农业利润被无偿占用。在工业化、城市化进程中，被征用土地的失地农民成为无地、无业、无生活保障的“三无”游民。

第三，土地产权的不能转让不利于土地资源的优化配置。由于土地属国家所有，无论生产队的土地还是农民的自留地，都无权转让。土地产权不能进入流通市场，造成土地资源的浪费，资源不能实现优化配置。

第四，土地的产权集中在国家，压抑农民的积极性和创造性。生产队和农民都处于被动地位，不能发挥甚至压抑了生产队和农民的积极性和创造精神。这就破坏了劳动力资源和技术资源与土地的有机结合。

第五，压制了城乡商品经济的发展。在计划平衡的体制下，全国被划成几个区域进行分工，北方种小麦、棉花，南方种水稻、黄麻、甘蔗，但区域内各地的自然条件千差万别，农民的劳动技能也各有千秋，强制性的指令计划却派定一个区域种什么、不种什么。这样，适合的不能种、不适合的被迫种，表面上是实现计划了，实际上却既脱离了市场的需求又违背了自然规律，既压抑了农村商品经济的发展又导致了农业的歉收。

2. 社会主义土地产权制度的重构

1978年以来，我国一直在探索社会主义的土地产权制度的重构，先后实行过土地的分组作业、家庭承包责任制，有的地方还提出过适度规模的股份合作等。迄今，这一切探索都着重于改革，为土地产权制度安排提供了理论和实践的依据，为产权制度重构创造了条件、打下了基础，但它不等于土地产权制度就已经重构起来了。如何重构土地产权制度是急需解决的问题，因此，笔者认为我国的社会主义土地产权制度的确立应联系国情和借鉴西方的成功经验。

第一，实行土地产权的法人制度。国家享有对土地资源的最终所有权，有些特殊的土地产权资源，如森林、富矿、稀有金矿矿产、海域、江河等归国家直接所有，由国家直接管理和开发，任何私人在没经国家特许的情况下不能开发、占有和使用。除此之外的一切土地产权资源应属农业企业即农场所有。农场拥有土地产权，包括其所有权、占有权、使用权、收益权和处置权的全部权能。

第二，建立土地产权的市场机制，实现土地产权的自由流转，打破社会主义土地产权不是商品和不能进入市场自由买卖的规制，把土地产权与其他社会商品同等对待。推进市场化进程，由市场对土地产权资源实行不断分化与组合、选择与再配置，使劣化的土地产权获得优化和发挥新效用。国家建设用地如需征用农民耕地则应当按市场价格进行购买式的补偿，或者政府把出让收入按一定比例返还给农民。

第三，改革户籍制，实行迁移自由。要实现对农村生产力的解放，保障城乡劳动力流动、择业和居住的自由权利；要把农村剩余劳动力解放出来，转移出去，转化成为城市化、工业化的劳动力资源。这对一个农业人口大国来说，既可避免众多的农民拥挤在有限的土地上而浪费劳动力资源，又可使土地产权资源得到优化配置并形成规模效益。因此，要改革现行的户口制度，废除城乡隔离的规制，为农业剩余劳动力的转移和劳动密集产业的发展创造条件，也为城市化和产业结构演化打下坚实的产业基础。①

3.3 劳动力产权的制度安排

劳动力是生产力的主要要素之一。它是与社会性、生物性相统一的以生命为载体的生产力，社会生产力的发展变化都是劳动力与其他生产力要素相结合的结果。然而，劳动力产权的归属问题是一个复杂而长期悬而未决的问题。如果说过去的计划经济时代这个问题并不突出，那么在社会主义市场经济的建立过程中对劳动力产权就必须有一个理性的认识。这样，在实践上才有助于推动社会主义市场经济和社会生产力的发展。

3.3.1 劳动力产权归属

劳动力就是具有一定经验和技能的劳动者的能力。经验，是劳动者从事某一项劳动的亲身体会和感受；技能，是对科学的知识经过后天学习掌握并能娴熟地运用于实际工作中的能力。劳动力的产权，包括劳动力的所有权、占有权、使用权、收益权、处置权，劳动力产权的权能在不同的社会有不同的归属和组合。

劳动力产权产生于资本主义社会，是一定社会历史的产物。在资本主义以前的封建社会、奴隶社会无所谓劳动力产权，产权与所有权都是封建主或奴隶主的，劳动者连人身自由和生命都归封建主或奴隶主所有。

资本主义以自由、平等、民主为旗帜，推翻了封建专制统治，废除了封建土地制度，摧毁了封建阶级赖以生存的政治经济基础。资本主义倡导和崇尚机会均等、公平竞争，在商品经济的市场竞争中取得和积累财富，通过公平交易的商业程序创造财富并实现个人价值，而不是通过等级权力取得财富来实现个人价值。在资本主义社会里，农民有了人身自由，也有了支配自己劳动力的权力，可以不再租用土地，而是向农场主出卖劳动力，按工时或按件领取报酬。农场主的收益损亏与劳动力的出卖者无关，劳动力商品的价格是确定的，如果亏损，农场工人

① 潘义勇．社会主义市场经济与户口体制改革．学海，1994（5）

的工资是要照发的。农民也可以不受雇于农场主而受雇于城市的工厂主或店主，企业的盈亏同样不影响劳动者的工资、报酬。体现劳动力价格的工资随着工种、岗位的变动而变动，按技术熟练程度不同其工资多寡也不同。资方可解聘劳动者，劳动者也可主动离开资方，劳资双方是一种出卖劳动力与购买劳动力的关系，劳动力的商品属性在这个过程中已经完全表现出来了。

劳动者的劳动力通过转让才成为商品，在不转让、不出卖之前，劳动力作为一种资源潜储在劳动者身上。那么，在劳动者尚未把潜在的劳动力资源出卖之前，劳动力资源所有权是归谁所有呢？显然，在资本主义社会是归劳动者个人所有的。劳动者把劳动力资源卖出去之后的劳动力的价值转化形态或者劳动力价格的等价物也是归劳动者个人所有。这就是说，劳动力资源及商品化的劳动力资源转化形式的货币工资或实物工资，所有权都是属于劳动者的，任何人都不可无偿占有或榨取劳动者的劳动力资源及其转化物。

与奴隶社会和封建社会相比，资本主义劳动力所有权的个人所有，是一个划时代的变革和历史性进步。

社会主义国家是以人的自由和全面发展为目标的。然而，劳动力个人所有的权利反而不能实现，劳动力的个人所有从理论和实践上都被否认。其理由是社会主义是处在公有制下，劳动者是主人，劳动者的劳动力资源是国家的、全民的，不是个人的，这样劳动力的所有权就被认为是国家或全民的。劳动力个人所有权模糊失落后，在理论和实践上造成许多障碍：首先是劳动者丧失了对自己劳动力商品的所有权，劳动积极性下降，从而影响生产率并最终影响社会生产力。其次是劳动资源和价值的流失。由于劳动者资源所有权丧失，一些人占有另一些人的劳动成果，倒成了正常而合理的事。改革开放前的社会主义计划经济时期，劳动力个人所有权的丧失和国有化、公有化的做法，从表面上看比资本主义的劳动力个人所有似乎是前进了一步，但实际上无论在理论逻辑还是实践逻辑上来说都是行不通的，在一定意义和程度上说，劳动力所有权被剥离是历史的倒退。奴隶社会和封建社会都是以国家之名行统治集团私人占有劳动力之实的。社会主义名义上以国家、全民占有劳动力资源，然而，实际上往往不是国家和全民所有。其对劳动力的占有与对其劳动积极性的压抑后果是相同的，都使劳动力主体的生产力要素遭到破坏。

显然，劳动力的所有权不论是归剥削阶级所有还是归国家政府所有，都是对劳动力所有权的否定，都不利于生产力发展。只有实现劳动力个人所有，才符合社会主义市场经济规律。

社会主义市场经济原则是：劳动力的商品性是劳动力所有权存在的基础，只有坚持劳动力的商品性，劳动力产权才会被重新确认。改革开放以来，农村亿万剩余劳动力的积极性被调动起来，促进了生产力的发展，这是劳动力所有权回归个人的结果。劳动者脱离对统治者的人身依附关系而变为自由人之后，人的劳动能力就由原来的义务、无偿役力变成了有偿等价的商品。只要实行商品经济，无论在资本主义还是在社会主义条件下劳动力都应成为商品。

社会主义制度下生产资料的国有制或公有制并不影响劳动者的劳动力商品属性。资本主义社会存在着国有制、公有制，国家公民对于国有制企业来说也是所有者。既然资本主义存在国有制企业，作为所有者的国民的劳动力是商品，那么社会主义国有制、公有制下的国民劳动力也同样是商品。

在社会主义商品经济条件下，与在资本主义商品经济条件下一样，国有制企业的劳动者不单独占有生产资料，靠出卖劳动力索取报酬。判别劳动力是不是商品的标准，在于商品的根本特征以及社会主义条件下的劳动力是否符合这个特征。商品的根本特征是：凡是商品都具有二重属性，既有使用价值又有价值。社会主义条件下的劳动者的劳动力确实也具有这二重属性。它的使用价值表现在能进行各种劳动，从而制造各种商品或提供各种劳务上。它的价值表现在劳动力的价格——工资等上。在交换中，劳动者取得了劳动力的价值（工资等），把劳动力的使用价值让渡出去。只要存在商品和交换，劳动力所有者就可以与其他生产资料所有者结合，使双方都得到自己需要的商品，其他生产资料所有者获得劳动力所有者在交换中让渡过来的劳动力、劳务等商品，而劳动力所有者获得的是在交换中其他生产资料所有者让渡的货币商品。按劳分配就是按劳取酬，而报酬就是工资，工资是以货币形式来表现的劳务价格，货币又是一般等价物的特殊商品。那么，等价于货币这种商品的另一端是什么呢？当然也一定是商品，这种商品显然是劳动力的支出，实际是劳动者支出的劳动力，也称劳务。由此可见，社会主义社会中劳动力仍然是商品。

劳动力产权属劳动者个人所有。劳动力既然是商品，劳动力商品的生产和供给者就是商品所有者，这就解决了劳动力商品的产权问题。关于劳动力产权的归属问题，无论是在资本主义条件下还是在社会主义条件下，劳动力始终归个人所有。马克思在《资本论》第一卷中曾讲到资本所有，他把劳动力赖以发挥作用的形式放在特定的资本主义生产关系下来考察，揭露了雇佣劳动对资本的依赖关系。但劳动力就其所有关系而言，还是属于工人个人所有的，工人与资本家的劳动力交换关系是建立在契约合同基础上的。

社会主义虽然以国有制、公有制为主，但劳动力仍属个人所有，单个劳动者虽是生产资料的主人，但又不可随意支配这些生产资料，国家也不可无条件地强行安排某一劳动者从事他所不愿意干的工作，无偿地占有劳动者的劳动。

马克思在谈到社会主义按劳分配时指出，在社会主义公有制条件下，“除了自己的劳动，谁都不能提供其他任何东西，每一个生产者，他所给予社会的就是他个人的劳动量”，“他以一种形式给予社会的劳务量，又以另一种形式全部领回来”。这里，马克思反复强调劳动者“自己的劳动”、“个人的劳动量”，这说明，社会主义制度下的劳动力是属于劳动者个人所有的。社会主义教育费用全部或部分由国家负担，这只是因生产力水平低下而采取的带供给制性质的措施。况且，即使是受同样的教育，也因各人的先天条件和个人后天努力程度不同而形成不同的劳动能力。马克思将此称为“个人天赋”、“天然特权”。如果劳动力属于公有，不同的劳动能力又怎么会成为劳动者个人的“天然特权”呢？不同的工作能力是“天然特权”，也就从逻辑上证明了劳动力的个人所有制性质。

3.3.2 劳动力所有权和劳动力商品交换

劳动力是一种资源，是有价值的、可以交换的。这样，兼有价值和交换价值的劳动力就具备了商品属性。劳动者作为劳动力的所有者，他把劳动力出卖给工业、商业的企业主而获得货币，企业主支出货币而获得劳动力这种商品。劳动力这种商品是特殊商品，与一般商品的区别不在于它可以增值，而在于它是无形的，是看不见、摸不着的潜在形态的特殊性商品，它是依靠人体的、潜能的、与外界接触而发生作用的一种特殊商品。劳动力与生产要素结合可产生出物化的产品或劳务产品，有些劳动力创造的虽然是看不见的劳务，但也是一种劳动结晶。劳务是一种无形的产品，这是由产业发展层次升级而增多的劳动力产品。由于这种劳动力商品的特殊性，人们常常忽视它的商品性的本质。我国在计划经济时代，认为在生产资料的全民所有制、集体所有制里，劳动者包括劳动者的劳动力都是全民或集体的，劳动者的劳动力不能自己卖给自己；认为劳动者的劳动力不是出卖，而是一种奉献，是“按劳取酬”的结果。其实，奉献与按劳报酬本身既违背逻辑又违背法理，因而无法自圆其说。

生产资料全民或集体所有并不等于劳动力资源也是归全民或集体所有。劳动力是劳动者体内潜在的产品，在不进行交换时，劳动者的劳动力处在潜在产品状态。发生交换之后，劳动者的劳动力才成为商品。尽管他既是生产资料所有者，也是自己劳动力的所有者，然而公共的生产资料包括动产和不动产是一目了然的，而储存在自己身上的劳动能力是看不到、摸不着的，别人无法测量，只有通过交换活动才表现出来，并通过价格来表现它的价值。承认劳动力的商品属性是确认劳动力所有权的前提和关键，劳动力既然是有价之物，就不可能被无偿占用，否则就会造成经济秩序的混乱。劳动力的转让必须通过平等交换的商业程序来进行，劳动力才能实现其价值，而只有转让出去，其价值才能表现出来，才能扩大它的再生产，劳动力所有者才会不断地把自己的劳动力推销出去。如果劳动者在全民或集体企业里付出的劳动力没有价值标准衡量，不能转化为货币，或者不管劳动力所有者付出多少，所得到的回报都一样，那么，就会使人们企图以尽量少的劳动付出而获得尽量多的报酬。“平均主义分配”就是平均分配劳动者的劳动报酬，它抹杀了劳动力的价值，至少是劳动力的价格被扭曲，从而导致价格严重背离价值。劳动力价值被否定和扭曲的结果，就是“大锅饭”盛行，劳动者丧失积极性。从理论上说，我国人民公社时期的分配机制就是以否定劳动力的商品属性为基础建立起来的。

改革开放后的实践证明，只有承认劳动力商品的个人所有，才是真正实行按劳分配，即按劳动力产权分配，才能最大限度地调动劳动者增强劳动技能和产出劳动力商品的积极性，才能提高社会企业的劳动生产率，才能真正贯彻和客观反映按劳分配的原则和政策。否定劳动力是商品，就等于否定了劳动力的个人所有权，不仅会在理论上造成混乱，也会在实践上造成严重危害。

3.3.3 劳动力所有权与使用权分离

劳动力的所有权与使用权的关系问题，经历了一个由合到分的过程。在资本主义以前的社会形态里，劳动力所有权与使用权是合一的，即劳动力所有权与使用权都属奴隶主或封建主所有。在封建社会，名义上农民有人身自由，但由于其他制度如户籍制度和重农桑、禁工商制度的限制，农民被迫与土地拴在一起，以租地主的土地耕种为生，而且必须交纳不平等的超经济的地租。农民租地不是出于自愿，而是出于被迫，明知是高地租和超经济的掠夺，但为了生存也只好冒着风险去租种。这样，农民从奴隶制中被解放出来的人身自由权利实际上又丧失了。这时，农民的所有权与使用权都是由统治者及贵族掌握。在封建社会末期至资本主义初期，商品经济得到发展，涌现出大量从事手工业的劳动者。他们是摆脱了土地束缚的自由人，利用自己的劳动力经营商业或手工业，这时的劳动力所有权与劳动力使用权是合一的，他们既是所有者又是经营者，既是收益者又是处置者，劳动力产权的所有权、支配权、收益权和处置权等全部权能都是结合在一起的。这种合一不同于奴隶社会的合一，它不是出卖自己的劳动力，而是把自己的劳动力与生产资料结合起来。

劳动力所有权与使用权分离是资本主义社会才出现的。资本主义倡导和弘扬自由、民主、平等、博爱，把农民从封建专制中解放出来。大多数农民虽然与从前一样没有土地，但拥有更多、更广泛的自由度，这就是享有流动、择业的权利，可以进城务工、经商或从事其他产业。这使农民不依靠租耕土地，同样可以谋生。他们进城务工，把自己的劳动力作为商品向工厂、商店出售，工厂、商店按月支付一定的货币以换取劳动者每月的劳动力商品。劳动者支付一定量的劳动力就可以获得相应的货币，以维持和扩大劳动力商品再生产的需要。在劳动者与雇用者的关系上，劳动力所有者自觉出卖劳动力，而工厂、商店则希望购买该劳动者的劳动力商品，两者都是建立在法律的契约关系上，它们的交换是自然的，没有谁强迫谁，在法制完善的资本主义国家，劳资双方的权益都受到法律的保护。

在雇佣劳动中，劳动者的劳动力所有权的性质是不改变的。劳动者虽然向雇用者不断出卖劳动力商品，而生产出来的这些劳动力产品都是通过交换来转让彼此的商品的。劳动者把部分劳动能力转化为劳动力商品转让出去，只是转让出去的这一部分劳动力商品的所有权关系改变了，但劳动者潜存的是劳动能力，劳动者享有自己的劳动能力，基本的所有权性质并没有发生转移和改变，未通过加工和输出的劳动能力仍然属劳动者个人所有，只有已经加工和输出并与其他生产资料结合而产生的劳动力才能转移其所有权。但劳动者的劳动力商品所有权是经过交换而转移的，劳动力商品转化形态的货币商品的所有权已是劳动者个人的了。劳动能力资源转化为劳动力商品直至货币，不是劳动者的劳动力商品所有权的消失，而是劳动力商品的形态发生了转换，不管以何种形式转移劳动力的价值，其所有权始终是不变的。

在劳动力所有权不变的同时，劳动力的使用权已经发生了转移，因为拥有劳动力所有产权的劳动者未必自己直接办企业，自己消费自己的劳动力，而是通过一种契约关系出卖自己的劳动力商品，至于劳动力商品如何生产，则必须按照雇用者的需要去办。在劳动者受雇用后，雇用者有权安排支配劳动者的劳动力，劳动者必须听从雇用者的调度和指挥。在劳动力的经营安排上，劳动力所有者是被动的和无权的。也就是说，劳动者在卖不卖自己的劳动力、卖给谁、卖多少等方面是有权作决定的。当劳动者与企业主成交并确定契约关系后，劳动力商品要如何使用，如何与企业不动产、动产相调配，就不是劳动者自己的事而是企业主的事了。劳动者不能因为自己拥有所有权而拒绝作为劳动力商品购买者的企业主对使用权、占有权等支配权的行使，劳动者必须按照企业的规章制度去生产出自己的劳动产品，一旦违背企业主的生产经营规则，劳动者就要受到相应的处罚。可见，在商品经济社会里，劳动者的所有权与使用权是可以分离的。

3.3.4　劳动力产权的主体

劳动力产权包括劳动力的所有权、占有权、使用权、收益权、处置权。劳动力产权具有显著的社会属性，伴随着社会的发展而发展。劳动力产权可分为原始劳动力产权和企业法人的劳动力产权。

1．原始劳动力产权

原始劳动力产权出现在封建社会末期至资本主义社会初期，商品经济有了初步发展，劳动者已摆脱对土地所有者的人身依附和土地的束缚，成为自由人。一些农民从事家庭手工业，一些农民进城务工经商，搞家庭手工业或开商店，属于自己投资自己经营，就是自己支配自己的劳动力。后来当家庭手工业或商店发展到一定规模才请一两名帮工做助手，仍然以自己劳动为主，这时劳动力所有权与经营权是合一的。也就是说对于家庭手工业和小店主的小企业来说，劳动者既有劳动力所有权，又有劳动力支配权、收益权和处置权。

2. 法人的劳动力产权

进入资本主义工业和商业时代，企业主自己不直接从事具体的生产劳动，而是专门从事管理和决策，从劳动者和企业主的合一变成纯粹的企业主和管理者。给企业出卖劳动力的劳动者，已把劳动力交给企业直接支配和使用。企业主按企业生产经营的需要组织和安排劳动力的岗位分布，对劳动力岗位制定相应的管理条例和政策，使劳动者切实按照管理条例去出卖自己的劳动力。否则，不按条例的要求提供劳动力产品，或劳务产品不符合企业需要，就会遭到减扣工资等处罚。如果劳动者在岗位上有突出贡献，就会受到奖励。所以劳动力的支配权、收益权、处置权都是企业的。劳动者一旦进入现代企业，在受聘期间，其劳动力的产权主体就是企业，而不是劳动者本人，聘用企业作为一个独立法人，不仅享有对企业资产的产权，对受聘或合同期间的劳动力产权也享有使用权。这种劳动力产权与企业其他资产的产权不同的是，企业资产产权是永久的，而企业对劳动力享有的产权只是阶段性或有期限的。在劳动者与企业建立聘约合同关系的有效期内，劳动者的劳动力产权已让渡给企业，一旦聘期满了，劳动者离开企业，企业对该劳动者的劳动力产权的支配权、收益权、处置权等也就不存在了。换句话说，企业的劳动力产权又回到劳动者个人那里，当劳动力又在另一个企业重新应聘就业时，他的劳动力产权主体又重新转让到该企业中去。

由此可以得出一个结论：某劳动力所有者不把自己的劳动力投入企业时，劳动力产权的主体是属于劳动者个人的；当劳动者把劳动力投入企业时，到脱离企业前，这个时期的劳动者的劳动力产权的主体是属于企业的。劳动力产权主体的移动性，也就是它与企业其他资产产权的区别所在。因此，劳动力产权是具有特定含义的。在社会主义经济生活中，很长一段时期内不承认劳动力所有权的个人所有，把劳动力所有权说成是国家的、全民的或集体的。劳动力产权的虚化，不仅使对劳动力所有权的认识陷入误区，而且在实践上造成严重危害。

第一，否定劳动力所有权的个人所有，就否认了劳动力的价值存在。劳动者的报酬是通过劳动力价格来实现的，否定了劳动力个人所有权，就必然把劳动力资源界定为集体或全民所有，从而否定劳动力价值存在和劳动价值的差别存在，并把劳动力资源当作一种可任意占用和挥霍的资源。例如，过去农村每人每年有

15天义务劳动日，提供完全无偿的劳务。不承认劳动力价值和无偿占有劳动力，是传统社会的一大特征。从劳动力产权的角度来看，让农民无偿提供劳动，对劳动力产权的无偿占有是传统社会遗留下来的痕迹。

第二，挫伤劳动者积极性。如果付出的劳动不能得到合理的补偿，劳动者就会产生惰性，因此阻碍生产积极性的发挥，最终阻碍生产力的发展。

第三，积压和浪费劳动力。劳动力所有权与劳动力产权的不明晰，使劳动者不能直接决定自己的劳动力的使用方向和出租方式或交换对象，造成了许多劳动力资源尤其是农村的劳动力资源的严重浪费，这无疑也是社会生产力和社会财富的一大浪费。

3.4 知识产权的制度安排

知识产权是指人们在从事科学研究、工程技术设计和文学艺术创作活动中对自己所创造的精神产品享有的一种专有权利。知识产权的客体是人们创造的精神财富，其成果可以直接或间接应用于生产，转化为生产力。产权主体也可以通过发表或转让自己的成果而获得经济收益，因而知识产权具有财产价值。知识产权包括专利权、商标权和版权。专利权是专利权人对取得专利的发明所享有的专有权，包括排他使用权、转让权和许可他人实施权。商标权是商标权人对核准注册的商品商标所享有的专用权，包括使用权、禁止他人使用权、转让权和许可他人使用权等。虽说商标是有形之物，但商标的实质是知识资产，它代表了一种思想、品牌，具有吸引力和号召力，商标的形体是一种易于识别和记忆的象征符号。版权是创作者对创作成果享有法律保护，以免遭其他人的侵用。

3.4.1 知识产权的特点与内容

知识产权是一种无形的资产，包括信息、思想、发明创造的原理、知识等。知识产权由专利权、商标权、版权三项内容构成，前两者称为工业产权。知识产权的特点：一是公开性，当某种技术发明出来后，它的受益群体是很广的，几乎人人都可以享受到此项技术和发明带来的便利；二是可保密性，由于知识产权的无形性，它易于被保密，如可口可乐的生产和销售遍布全球，但制造可口可乐的原料配方是保密的；三是易仿性，知识是无形的，但知识应用的结果是有形的，如研制计算机的原理是保密的，但计算机制成之后却易于被他人仿制和批量生产。

1. 专利权

专利是指发明人对其发明创造成果享有一种独占的利益。一项发明创造由发明人提出，经过主管机关的审核，确认发明人在有效期内对此项发明享有独占利益，这就是专利权。

专利制度产生于中世纪后期的欧洲，第一个真正的发明专利出现在意大利。1412 年，意大利城市佛罗伦萨对建筑师伦内莱希发明的装有吊机的驳船授予了 3 年的垄断权。英国在伊丽莎白一世时期，为了鼓励工业发展，于 1561 年至 1590 年间授予了五十多项专利权。1474 年，威尼斯公布第一部专利法；1623 年，英国议会制定和颁布了第一部垄断法。此后，美国于 1790 年、奥地利于 1810 年、俄罗斯于 1812 年、荷兰于 1817 年、瑞典于 1819 年、西班牙于 1826 年、墨西哥于 1840 年、巴西和印度于 1859 年、阿根廷于 1864 年、加拿大于 1869 年、德国于 1877 年、日本于 1885 年等都相继制定了专利法。[①] 这样，专利制度成为一种世界通用的制度，据有关统计表明，全世界有专利法的国家和地区达一百六十多个。

专利制度保护了专利发明者的权益，从而激励更多的人进行创造发明，吸引了世界各国优秀人才云集英国，也使英国成为 18、19 世纪创造发明和授予专利权最多的国家。发明专利被不断地应用于生产实践和市场开发，从而推动了英国的工业革命和经济增长。

中国是世界文明古国之一，四大发明都出现在公元 1000 年前，由于没有专利制度的出现和保护，这些发明创造并没有产生应有的商用价值，如火药的发明被应用于制造鞭炮来祭拜祖先，指南针被用来看风水等。各朝封建统治集团都把科技视作“淫技”或雕虫小技，对于发明创造加以藐视和排斥，在这样的制度下，科技不仅没有被转化为社会生产力，而且导致发明创造的锐减和科技发展的落后。从公元 1000 年至 1940 年，在世界同一时期数以万计的发明创造中，中国所占数量寥寥无几。中国的科技发展起步早，商品经济的历史也先于西欧各国，但近代和现代科技的辉煌和工业革命成就却与中国失之交臂，这不能不归咎于中国没有率先产生具有近现代意义的专利制度，从反面证明专利权制度的确是一种促进科学和经济增长的有效率的制度安排。

2. 商标权

商标是商品生产经营者为其生产或经营的商品使用的一种标记，也是区别于其他商品生产者或经营者的商品的标志。商标权是指商标注册人在法律规定的期限内对其注册商标享有的所有权。商标制度是现代最为流行的产权制度。尽管商标是个具体的有形之物，但商标实质上属于知识资产，因为商标代表的是一种思想、品牌，具有吸引力和号召力。商标采用了一种易于识别和记忆的象征和符号，各种标记符号的历史与人类和宗教的历史一样悠久，商标的历史是随着商品的出现才开始的。早在我国的三皇时期，伏羲氏教人们结网渔猎、饲养家禽，神农氏

① 陈美章. 知识产权教程. 北京：专利文献出版社，1993. 32

教人们做耒耜种田，就已使用陶器，并在上面绘图作画，使用各种标记符号。到唐宋时期，市场上出现了许多具有吸引力的牌号、标记，如宋朝孟元老的《东京梦华录》里就有许多商号、名牌出现。从在产品上刻标记发展到专门用纸印制商标，只是商标历史发展的第一阶段，商标保护和商标成为可以交易的工业产权是19世纪之后的事。英国也是较早实行商标法律制度的国家。早在17世纪初英国就开始用普通法保护商标专用权，1862年颁布了第一部《商标法》，1875年引进了注册制度。

法国于1823年在《关于工厂创造场和作坊的法律》中就把假冒商标比照私自伪造文件罪处理，1857年又制定了《关于以使用原则和不审查原则为内容的制造标志和商标的法律》。此后，英国、美国和日本等国家也开始建立统一的商标制度。这标志着商标发展到了成熟阶段。后来为了适应国际商业贸易的发展，有关国家先后签订了一些关于商标权国际保护公约和协议并建立了相应的组织，使商标法进入新的历史阶段。

商标之所以能促进经济增长，在于商标的本质是排他的。具有特定符号标记的注册商标，只属于商标权所有者使用，非商标权所有者是不可以使用的，如果非商标权所有者使用则必须付费。如美国的米老鼠和唐老鸭是受商标和版权的双重保护的，它的商业价值极高，任何用品凡印有米老鼠和唐老鸭的图案都要为此付费。中国尽管是商标出现较早的国家，但在20世纪80年代以前的漫长历史中对商标权的法律保护一直是空白的，因此商标并没有成为促进经济增长的知识产权。直到1982年8月23日中国第五届全国人民代表大会常委会第二十四次会议通过了中国的第一项知识产权法，即商标法。该法1983年3月1日实施，它有力地促进了中国知识产权经济的增长。

3. 版权

与商标权和专利权一样，版权也是利用产权立法来保障知识产权私人所有的利益。版权就是将独占权或特许权授予作者、音乐家和其他创作人员，为他们的创作活动提供一定的刺激，为他们的创作成果提供法律保护，以免遭其他人的侵用。版权的效率意义在于界定创作成果的知识产权。如果没有明确的私有产权界定，创作的活动就会日渐减少，直至停止。因为创造活动的代价颇高，必须由政府赋予独占权来制止无功受禄现象，以保护创造人员的私有成果，这就是版权的效率意义的实质所在。

版权保护制度最早在英国产生，1709年英国下议院在广大作者的压力下，通过了世界上第一部版权法，即《安娜法》。这部版权法第一次明确了“作者”是版权保护的主体，规定了给予作品自出版之日算起的21年保护期，如到期作者尚末过世，还可延续14年，这样具有现代含义的版权真正形成了。[①] 不过，这部版权法存在的缺陷是只规定了对作品取得经济权利的保护，而缺少了对精神权利的保护。1789年法国资产阶级革命提出了“天赋人权”的口号，这个口号反映在1793年法国第一部版权法中。这部法律提出版权保护的不仅是作者的经济权利，还有作者的精神权利；同时，从理论上把作者的精神权利放在首位。后来这部法律成为大陆法系的国家相关法律的样板，对世界各国的版权法律保护产生了重大影响。[②] 此后，美国、丹麦、意大利、比利时、德国、日本、俄罗斯等先后颁布了版权法。中国《著作权法》直到1989年12月20日才获得通过。随着各国科学文化交流的发展，一些有价值的作品打破一国的范围，不断被译成其他国家的文字在国外出版发行，给作者的版权保护带来困难，于是在已经实行版权制度的国家倡议下，在1866年制定了世界上第一个国际版权公约，即《保护文学艺术作品伯尔尼公约》[③]。1952年又制定了《世界版权公约》，使版权保护实现国际化。中国于1992年7月10日和7月30日加入了上述两个公约。国际版权保护、转移、转让和继承都有了法律依据，帮助我国版权制度建设迈出了重要的一步。

3.4.2 知识财产所有权

人们在科技生产和经营活动中，依法对科技实体、科技生产要素、科技成果之类的社会财产享有的本体性的经济权利，称为知识财产所有权。其具体表现为专利权、商标权、著作权（版权）、服务标志权、技术秘密和商业秘密等。在这些权利体系中，所有权是根本性、全控性的权利。所谓根本性是指如果把财产的经济权利分为本体权和派生权两类，那么，所有权就是本体权，其余的经济权都是由本体权所派生的。没有所有权，就无从产生其余的经济权。所谓全控性就是指占有所有权，就可以占有一切经济权。在财产权利合一的状态下，所有权主体可以直接行使一切经济权。当财产权利发生分离，其派生权转移给另一个主体时，所有权主体有权选择派生权主体，并与获得派生权者约定条件，索取相应的报偿，以及依约如期收回所分离的派生权。所有权可以在商品交换中变更，购买者在支付该商品的全部价值货币后，就可以拥有该商品的所有权，所有权关系发生根本性转移后，其他派生权也随之转移。

知识财产所有权应包括全民所有权、集体所有权、合伙人所有权和个人所有权，鉴于知识生产的特殊性，在国际上许多国家尤其是西方先进国家都是以个人所有权和合伙所有权的形式出现，至于全民所有或集体所有则很少见。在我国改革开放前的旧科技体制中，知识产权所有制是单一的，主要是全民的所有制和集

①②③ 陈美章. 知识产权教程. 北京：专利文献出版社，1993. 8

体的所有制，个人所有和合伙人所有几乎是被禁止和不允许存在的。在这种科技体制下，科技发明创造者的创造发明都是属于全民所有的，即使是个人或合伙人创造发明的，也必须无条件地全部贡献给全民，归全民所有，科技发明者得不到应有的报酬和奖励，严重束缚了知识经济的发展。我国科技体制改革以后，科技实体出现了多种所有权形式，即不但有以国有和集体为主体的所有权，而且出现了以合伙人和个人为主体的所有权，以及以股东联合会为主体的所有权，这种多元化的科技所有权体制，有力地推动了科技发明创新和经济增长，适应了市场经济发展的要求。

3.4.3 知识财产经营权

经营权是在知识产权的法律中由本体权派生的经济权利之一，具有谋取利益的功能。在财产权利合一的状态下，所有权主体可以自己行使经营权，直接谋取利益。在产权分离的状态下，所有权主体将经营权授予经营者，经营主体是依约支配财产的经营者。由经营者行使这一权利取得收益，再分一部分给所有权主体，作为经营者获取经营权必须付出的成本代价。在中国知识财产权分离的状态下，经营者要取得经营权还必须同时具备两个条件，一是具有从事科技经营所需的“基本资产”，二是有政府有关部门颁发的资格许可证，这样才有可能获得批准和从事科技经营。经营是一种周而复始的运行活动，在这一活动中，经营者实体成为特定的知识产业经营者，从事商品生产才能从中获利。经营权主体和经营者不仅是按照自身的科研能力完成科研任务，或者是在获得技术成果时将它推销出去，而是必须根据社会需求，将成熟实用而适销对路的技术商品和科技劳务不断地提供给市场，并以科技商品收益来维持科技主体的生存和扩大再生产。

知识财产经营权的方式目前在中国主要有三种：一是普通责任方式，这是经营权主体为所有权主体而经营的方式，在明确其必须履行的责任义务的前提下，承包者才获得经营权。在履行责任义务的过程中，经营者以领取工资、奖金等既定的收益为报酬，其所有权主体除提取一部分金额作奖金和福利外，留利属于企业资产并为实体的所有权主体所有。二是租赁经营方式，这是经营权主体为自己而经营的方式，是以约定的租金为代价获得权利的方式。承担者备有足值的抵押金或约定可靠的担保人，完全能够抵偿租赁亏损。承担者在依约保持和扩大所租财产价值的前提下，所获利益如数归自己所有。三是抵押方式，这是经营权主体成员以一定数额财产作为抵押承包经营以获得权利的方式。当经营亏损时，经营权主体成员以其抵押的财产偿付。抵押范围可以是法人代表和管理人员，也可以扩大到全员。从实际效果来看，我国实施的三种经营方式虽然都收到了一定成效，但效率是有限的，其缺陷也是显而易见的。具体地说，第一种方式经营者的收益限于工资和奖金，由于其工资和奖金的收益远远低于经营者在科技经营生产过程的成本费用代价，所以这种方式如同职务发明创造一样是缺乏激励作用的。第二种方式和第三种方式形式不同，而实质都是一样的。经营者必须以抵押相当的资产来获取科技经营权，然而，作为单个人来说，很少有人愿意这样做，即使有人愿意这样做，他自己也无法拿出如此巨额的资产来抵押。如果是以国有企业对国有企业之间的抵押担保来获得经营权，这种抵押担保也形同虚设，最终造成的结局是负盈不负亏。因此，科技生产经营的体制不能停留在这三种方式上，必须进行科技产权体制创新，提倡科技成果的市场化流转。在此基础上，应建立科技生产经营企业的现代法人制度，使科技生产经营制度与其他各行业的生产经营制度一样接受现代企业制度规范，有利于科技企业和其他各行业的企业并轨及健康有序地运行。

3.4.4 知识产权的转让与流通

知识产权与其他产权一样是可以进入市场流通并实行交换的。知识产权转让与其他产权转让的区别：首先它是无形的商品，知识产权的价值含量不易测定；其次它在保护期内可以被多次反复使用。知识产权的转让方式有如下四种：①出卖知识产权的所有权，按照知识产权的创造发明难易和成本以及潜在的市场价值，确定知识产权的出卖转让价格。交易双方进行议价，最后找到一个彼此都能接受的均衡的成交价格。②公开拍卖。进行知识产权交易前，首先预告召开拍卖大会，或者在各商交会上标明基价，到拍卖会上由参加竞标的用户竞价，到无人再往上喊价时，当场一锤定音即告成交。也可以不定基价，由客户自己出价并投标，经当场开验，投标价最高者即告中标。公开投标拍卖的好处，一是使专利产权获得最高价格，二是使最有实力用户获得专利。③继承。知识产权的所有者生命终止，其家属可依据继承法对知识产权进行继承，或者由产权所有者遗嘱上指定的继承权人继承。④赠送。知识产权所有者可以把专利权、商标权或版权无偿赠送给他人所有。他人可以是自然人，也可以是法人。

3.5 环境产权的制度安排

环境产权制度安排在我国是一种新兴而非常迫切的产权制度选择，随着中国特色社会主义现代化建设的推进，其重要性日益凸显，甚至成为全球关注的制度安排。环境产权制度安排如何选择，关系到中国特色社会主义现代化发展进程的当代发展质量，也关系到中国子孙后代的长远利益，关系到中国的发展形象和在现代世界承担的责任及所确立的地位，还与世界环境利益息息相关。

3.5.1 环境产权含义

环境产权指对利用自然地理气候生态环境来实现某种个体、团体和区域利益最大化的权利的界定，包括环境清洁权和排污权。人作为社会主体，有获得环境清洁的权利，而在社会经济生活中，企业作为市场的主体，为了发展生产创造财富，在享受环境清洁权的同时，又有在法律许可范围内的排污权。清洁权与排污权是矛盾的对立统一，两种产权相互制约、不可或缺。如少了清洁权，只有排污权，则环境恶化的后果不堪设想；如果完全取消排污权，企业生存发展就无从谈起。至于如何确定环境产权，谁拥有清洁权、谁拥有排污权，是需要经过产权界定的。环境产权也和其他产权一样是可以流转的，是可以进入市场交易的。

3.5.2 环境产权的交易

明确环境产权是基础，只有通过明确环境产权，界定环境产权，使之产权清晰才能交易。如果环境产权界限不清，交易就无法进行，而环境产权的纠纷也无法解决。没有环境产权市场的发育，就会造成对环境产权资源的无偿使用，以及对环境产权资源的无限需要以满足企业对财富增长的无限欲望。大家都免费使用环境产权，结果会导致环境污染加剧，造成社会公害。20 世纪七八十年代的日本，随着高速的工业化进程，忽视环境产权的制度安排，环境产权界限不明，社会企业在竞争追求财富增长的同时，低偿甚至无偿地使用排污权，使全国环境的清洁权受到侵害而导致生态环境无法得到有效的改善和保护，以致留下巨大的生态环境隐患。现在每年樱花盛开时节“花粉症”带给人们的困扰，就是当年留下的后患之一，以致日本需要用相当于该国 3 年的国民生产总值的巨资来治理。然而，值得注意是，这些诸如环境污染、环境产权资源被低偿或无偿滥用的现象，已经在包括中国在内的一些正在加快推进工业化城市化的发展中国家抬头，这些国家和地区均面临着环境产权制度的选择与安排问题。

环境产权与其他物权一样是有价值的，就排污权来说，它的价值主要是由治理该排污量的成本构成。通常治理排污是国家的责任，也是企业的责任，如果由国家来治理，治理成本就是该排污量的排污权价格。无论是由国家治理还是由企业治理，企业都必须付出这项成本。国家治理，排污企业应向国家缴交相当于治理成本的排污价格。如果排污企业选择自行治理，其成本与国家治理的成本是有差别的，当自行治理成本低于国家治理成本时，企业会选择自行治理；当自行治理成本高于国家治理成本时，企业则会选择购买排污权即支付排污费而由国家来治理。所以，关键在于排污权的治理成本和排污权的价格要反映治理排污的成本和价值。我国以国家治理为主，对企业的排污进行象征性的收费，企业支付定额的排污费后，就可以无限制地排污。这样，企业的排污成本很低，而排污带来的收益很高，因此企业大都选择交费，或者愿意被罚款，而不愿意自行治理。对国家各级环境保护部门来说，因为对企业排污收费太低，不足以支付治理污染的成本，治理环境的费用缺口也无法从其他渠道筹集，对于日益严峻的环境污染也显得很无奈。在这种情况下，有三种解决问题的途径可供选择：一是对排污超标的企业一律关闭；二是按排污总量收费，提高超标排污企业的排污成本，使企业的排污缴费足以支付治理其排污造成环境污染的费用；三是以国家财政收入转移性支付治理环境污染的费用。对于第一种途径，许多地方政府为了发展经济，很难做到，但依赖财政拨款支持政府治理又不太现实。因此，选择第二种途径是较为合适的。

政府与企业的环境产权界定如上所述，那么，地区与地区之间、企业与企业之间的环境产权交易能否进行？只要解决产权界定和产权清晰问题，地区间、企业间的环境产权也是可以交易的，并且是可以通过双方谈判来达成交易的。如对流域地区的上下流域之间的地区和企业间的环境产权如何交易，首先需要上下流域地区、企业对自己的环境产权进行界定。即上游流域地区或企业有开发生产发展权，既然是生产就难免有污染，下游流域地区或企业则有清洁权，双方通过谈判来确权。明确环境产权可得出两种方案：第一种方案是上游有权发展生产，如果下游要想上游放弃生产，下游需要补偿上游以换取上游放弃排污权。第二种方案是如果明确环境产权界定上游没有排污权、下游有清洁权，若上游要生产，因其造成的污染必须向下游作出补偿，这是购排污权。如果经过明确环境产权界定，上游地区在合法范围内有排污权，即符合当时国家排污的指数，即使如此，长此下去仍然对下游地区构成不同程度的污染。下游地区或企业要使上游减排或完全消除排污，需要给上游地区或企业支付一笔费用，即生态环境保护补偿费，以换取上游地区或企业放弃设置工厂企业或搬迁已有的工厂企业，以确保上游不向下游排污，保持下游流域的流水是清洁的、空气质量是优良的。从环境保护无疆界的角度来看，上游地区企业污染的不仅是下游，连自身所在地的环境也受污染和破坏，所以明智的地区和企业，即使下游不愿或无力对上游进行补偿，也应主动进行治理，确保无污染排放。在工业化进程中，我国工业化已由沿海向内地、由东部向中西部推移，三大江河流域上游地区的发展势头渐猛，如任其无序排污，必将危及当地的子孙后代，对下游地区的生态环境也将造成难以弥补的损失。在环境产权界定的基础上，经过谈判协商采取补偿方式，可以解决上下游流域在发展经济与保护生态环境之间存在的矛盾。

为了便于环境产权的交流和转让，要建立一个规范合理的环境产权交易市场，以便环境产权合理、有序地流动。欧洲为了应对全球变暖的问题，已建立允许对二氧化碳排放指标进行交易的市场。关于排放指标的交易制度，2005 年欧盟在伦敦的一次会议上成功启动。这项制度虽然只是“布鲁塞尔计划”的第一步（因为它只包括重工业领域），但是欧盟委员会显然希望看到世界其他国家也能够加入欧洲的排放指标交易机制，或者建立类似的排放指标的交易机制，毕竟，这是一个世界性的问题。环境产权的交易制度，可以缓解环境产权供求之间的矛盾。排污权的交易制度，不能仅在钢铁、造纸、石油化工等资源密集型工业方面施行，随着时间的推移，环境产权交易制度必将渗透到公共交通领域和高档消费品领域，如公共汽车、火车、小汽车。家庭厨房的排放问题也要纳入排放指标交易制度，那时，世界各地的居民家庭在做饭前也许需要上网购买一定的二氧化碳排放指标才能做饭。同时，要想驾车旅游也要预先购买排放指标才能开动小汽车带全家出游度假。爱护环境，保护地球，共同守护好人类这个“地球村”家园，是每个“地球村”公民都必须遵守和履行的职责与义务。

对付和解决全球气候变暖问题的根本办法是推进环境产权改革，如实行排污总量控制的排污权“配额交易”和实施排放指标交易制度，这方面欧洲已先走了一步。其排放指标以低于“企业正常运作”所需要的排放水平向行业进行分配。然后，这种排放指标（每个指标可以排放 1 吨二氧化碳——主要的温室气体）可以进入环境产权市场进行交易。一家公司如果要扩大生产规模，可以选择购买更多的指标来满足自己的需要；也可以选择采用新技术，或者改变生产方式，实行自我治理以降低排放水平，然后把剩余的指标在市场上转让出售。通过排污权配额和排污权交易制度，解决企业对排污权的供需矛盾，促进企业节能减排，进行自我的环境治理，从而带动环保产业的发展。

3.5.3 实行总量控制与排污权市场化

实行总量控制和排污权市场化是一个全球化的趋势。要发展经济，发展工业即使是高新技术产业都会造成某些污染，因此，有必要对污染总量进行控制，使之保持在环境安全许可的水平以内。随着市场经济的发展，对资源的需求是无限的，而环境资源的供给则是有限的，环境资源的有限性又具有共享性，对于经济快速发展的地区来说排污权是有限的，然而企业都希望拥有较多的排污权，这样排污权就成为一种稀缺的环境资源。对环境资源的使用必须坚持是有偿的，而且有总量限制，在排污总量既定的前提下，对环境资源使用权即排污权实行市场流转，使企业在购买排污权和自行治理之间作出选择。当治理成本低于排污价格时，企业就会选择自行治理；当治理成本高于排污价格时，企业就会选择购买排污权加以补偿。这种制度将带来治理成本与排污权市场价格的平衡，有限的排污权不管如何流转，不管单个企业是选择购买还是选择转让与放弃排污权，排污总量都不会增加。而且随着技术条件的改变，企业自行治理污染源的成本会不断降低，使越来越多拥有先进技术的企业通过自行治理而放弃排污权。这样，既节约了排污成本又改善了环境，最终使排污总量不断递减。排污权市场化的这一动力是在行政调控下所不能出现的，排污权市场化和排污总量控制从根本上改善了这种状况。只有这样，才能有效地扼制对环境资源的无限使用，从经济手段和利益机制上解决环境资源的外部性行为，使环境资源使用的外部性内在化。实施排污总量控制和排污市场化并不是一个改善环境的权宜之计，而是实施城市生态与经济协调的可持续发展的战略举措。

3.6 金融产权的制度安排

3.6.1 金融改革的目标

第一，建立适应市场经济体制需要的灵活有力的金融控制和调节体系。促进社会资金筹集和运用，保持社会总供给和总需求的基本平衡，维护货币的基本稳定，促进经济结构优化和国民经济体系的协调发展。

第二，建立以国有商业银行信用为主体，多种渠道、多种方式、多种信用工具并存和融通资金的现代信用体系，形成以中心城市为依托、不同层次的金融中心和城乡融通循环的资金市场。

第三，建立金融机构的现代管理体系，强化中央银行的管理职能，保证国家金融方针、政策的贯彻落实。实行专业银行和其他金融机构的企业化、市场化运作，为市场经济提供优良的金融服务。

3.6.2 金融体制改革的主要内容

金融改革是20世纪以来全球性的改革行动，它是全球各国都面临着的改革课题，不仅中国在进行金融改革，而且世界其他发展中国家甚至发达的资本主义国家也在进行金融改革。尽管改革发展阶段和改革的程度不尽相同，但改革的目的和方向是相同的。这就是在提高市场化程度的同时，提高金融运作的效率，为宏观经济的稳定和持续发展服务。

金融改革的效用在于妥善处理金融宏观调控和微观搞活的关系，建立改革金融产权制度、金融产权交易、金融监管机制和建立市场化汇率机制。

中国的金融体制改革或创新是针对传统的金融体制和金融体系运作方式、管理办法及业务活动等方面而展开的。从各国改革经验来看，金融体制改革的一个基本目标就是放松传统意义上的金融管制，在明晰产权的基础上，实行产权主体的多元化和股份化，让金融活动主体在市场经济中有更多的活力和更高的积极性。因此，金融改革的基本内容应包括：①金融体制改革、产权改革和管理制度改革，单一的国有制改革，实行产权主体的多元化；②机构体系改革，把金融机构培育成为市场的主体，实行机构服务的多种形式和多元化；③调控机制的改革，确立中央银行在国家客观经济体制中的调控地位，转变中央银行对货币、金融的调控职能和调控方式；④业务工具及技术的创新；⑤法规政策和行为规则的改革与完善。

3.6.3 金融产权改革理论与观念创新

经济运行可以划分成实体活动和金融活动两个部门的运动。在商品经济初期，实体活动比较突出，居主导地位，而金融活动居从属地位，它是围绕着实体活动并为实体活动服务的。这时的金融服务比较简单，并不突出，实体活动决定着金融活动。在现代经济条件下，两者的主从地位发生了变化。“金融部门在资源配置上起着决定性的作用，商品生产和商品交换产生了货币，而盈余部门和赤字部门的对立统一发展出信用和金融，货币、信用、金融活动一旦普遍化，就会形成一些独特的不同于实体部门的运动规律。”[①]金融自由化改革在一些发展中国家的实践结果不尽如人意，表明金融自由化并非是包医金融百病的灵丹妙药，引入非对称信息论更具实际意义。

20 世纪 80 年代出现并流行的非对称信息论，它的基本内涵是任何市场参与者都具有自己的信息源和私人信息，在任何一项市场交易或经济活动中，买卖双方所拥有的信息都是不对等的。因此，经济运行实际上是一个“黑匣子”，市场参与者的活动过程总的表现为各利益主体的博弈过程。非对称信息论本身并不复杂，但它的提出和应用却具有重大的理论革命意义[②]，因为它相对以往的以充分信息假定为基础的经济理论，更加贴近实际。发展金融业、开展金融活动，与金融货币的活动和实体活动一样，其市场信息是不对称的。把非对称性信息论应用于金融改革，对于推进我国金融体制改革，建立现代金融产权制度，实现我国的金融改革目标具有重大的理论与实践意义。

金融改革牵涉到货币经济学、制度经济学、微观与宏观经济学、发展经济学、系统论、信息论等多学科的实践领域，是把非对称信息假定引入并将金融改革当成一种制度安排和资源配置模式的博弈过程。将非对称信息论应用于金融改革，是一项崭新的需要多门经济学科的众多经济学家和改革设计者们共同参与的改革

① 王松奇，李扬，王国刚. 金融学. 北京：中国金融出版社，1997. 650

② 王松奇，李扬，王国刚. 金融学. 北京：中国金融出版社，1997. 651

实践，一种比较成熟的应用假说，从提出到经过实践而被认可，需要较长时间，这是由非对称信息所致。“一种制度安排的市场反应对于决策者来说，也是一个‘黑匣子’，其中，含有许多的不确定性，而实验过程其实就是改革设计者与市场规律的博弈过程，大胆实验、适时调整，这是一种可将由改革方案选择失当造成的损失减至最小的办法。”①

由于非对称信息的局限性，任何仓促改革、速战速决式的做法都会把改革引入歧途，导致危机。泰国在亚洲金融风暴期间仓促的金融和汇率制度改革，以及苏联解体后的俄罗斯推行把国有企业全部私有化，同时放开外汇管制，导致卢布对美元的汇率大起大落，都带来严重后果。这些经验教训表明，长时间的渐进改革是符合非对称信息论的。中国在城市经济体制改革中，沿海地区先行一步的改革之所以取得成功，正是遵循了渐进改革这一原则的结果，金融改革同样要遵循这一原则。

3.6.4 金融产权的机构创新

1. 确立中央银行在宏观调控体系中的地位

应完善国务院领导下的独立执行货币政策的中央银行体系。中央银行的职能是在国务院的领导下执行独立的货币政策，从主要依靠信贷规模管理，转变为运用准备金、贷款利率和公开市场业务，调控货币供应以保持货币稳定，监管各类金融机构，维护金融秩序等。1984 年中国人民银行专门行使中央银行的职能，并将其原来的存贷款业务和结算业务划给了四大国有商业银行，标志着传统的金融体制开始改变。然而在此后的 10 年间，中国人民银行并未能摆脱传统体制的羁绊，它自身还一直保留和办理某些面向企业的贷款业务，并且其规模在一段时期内呈扩大之势。在金融调控方面，它基本上沿用传统的资金切块办法调控资金的总量和流向。面对迅速发展的金融市场，以及数量不断增加和业务日益多样化的金融机构，它缺少有效的调控与监督手段，这些使它距发挥中央银行的真正作用还有很大距离。鉴于此，1994 年国家开始对中央银行实行全面改革，从两大方面对中国人民银行进行明确定位：一是稳定货币，二是监督管理金融业。从 1994 年起中国人民银行不再直接对工商企业发放政策性贷款，同时明确自己的职责——货币发行权、基准利率调节权、中央银行管理权、信贷总量调控权。从此，中国人民银行实现了职能的真正转变，在控制货币供应量、让经济主体在总量确定的前提下自由竞争、利用利率和汇率杠杆平衡资金供求关系、控制信贷投资规模及进口总量、积极影响和正确引导企业的微观行为等方面发挥了应有的作用。

① 王松奇，李扬，王国刚. 金融学. 北京：中国金融出版社，1997. 651

金融机构体系的改革与完善是在中央银行职能转变的同时，大规模地推进了金融机构体系的创新。

2. 金融机构体系的改造

（1）建立与发展商业性银行。中国1986年成立了第一家以股份制形式组织起来的商业银行——交通银行，1987年相继出现第一家企业集团发起与组建的银行——中信实业银行，第一家地方金融机构和企业共同投资的区域性商业银行——深圳发展银行等成立和开始营业之后，类似的商业银行机构如雨后春笋般出现和成长。

（2）政策性与商业性业务相分离。为了便于管理，根据政策性业务和商业性业务相分离，以及银行业、信托业和证券业分业经营和分业管理的原则，中央银行又对中国的金融机构体系进行大规模改组。长期被包含在国有专业银行之中的政策性贷款业务被分离出来交给了新成立的三家政策性银行。同时，国有银行也明确了按照商业银行的规范进行改革的要求，使之成为真正意义上的国有商业银行。此后，全国一些地方和企业组建的商业银行机构也加入并扩充了中国商业银行的系统。中央银行按照资金供求关系及时调整基准利率，并允许商业银行贷款利率在规定的幅度内自由浮动，改革外汇管理体制，完善货币汇率的形成机制，建立以市场为基础的有管理的浮动汇率制度和统一、规范的外汇市场，逐步使人民币成为可兑换的货币，进而成为在国际上有重要影响力的国际货币。

（3）深化金融体制改革，健全融资体制。对国有独资银行而言，其根本出路是制度创新，通过股份化改造，在银行的产权体系中引入民营化的股权，真正实现产权多元化，建立银行的法人治理结构。国有独资银行股份化改造的关键在于国有股权的适度收缩，通过国有股权的适度收缩，为产权明晰、政企分开创造条件。通过多元化股权的互相制约，完善内部治理结构，建立有效的约束和激励机制，也可以吸收非国有资本的注入，以缓解国有独资银行资本紧缺的问题，推进利率市场化进程。让利率作为货币这种特殊商品的价格，能够真实反映资金供求状况。允许和规范民间信用形式的存在。民间信用由满足天灾人祸、婚丧喜庆、建房等一般生活需要，逐步发展成一种筹集生产经营资金的信贷手段。如私人钱庄成为一种私人金融机构，只要有商品经济，它的出现就有其必然性。应由禁和堵改为疏和导，对其进行规范化管理，让私人钱庄由地下到地上，由隐蔽到公开，发挥其积极面、限制和克服其消极面。

3. 发展资本市场

（1）国债市场。国家在1981年发行国债，1988年开始有了二级市场，意味着国债市场的形成。1991年财政部实行国债的承购包销制度，是国债市场发展的第二个转折点，当年有四分之三的国债是通过承购包销方式发行的。这一制度意义重大，因它将市场机制引入了国债的一级市场。1995 年国债以一年期记账式国债试引指标方式发行，1996 年国债发行方式由承购包销向公开招标的方式过渡。当年发行的 8 期上市国债，全部采取了公开招标的方式发行。

(2) 股票市场。1990 年年底，上海和深圳的证券交易所分别开业，标志着股票市场是中国市场经济的重要组成部分；1997 年中国通过发行股票在国内市场为企业筹资 2 295 亿元，其中发行 B 股、H 股筹资 100 亿美元。

(3) 发展企业债券市场。"八五"时期通过发行企业债券共筹资 820 亿元，以后又逐年增长。运用企业债券市场筹集资金，对支持国家重点建设、调整产业结构、促进大型企业发展等可发挥积极作用。但企业债券市场存在规模不稳定和连续性等缺陷，有待进一步完善。

4. 改革外汇储备体制

一国货币与国际货币自由兑换是融入世界经济体系的必然要求，为了适应贸易全球化，必须持有一定的外汇储备。外汇储备形成来源于经常项目顺差和资本项目顺差，在我国这两个来源各占一半。来源于经常项目顺差的外汇储备，意味着一国生产的国内财富有一份供外国人消费，可能导致国内供给减少和通货膨胀。来源于资本项目顺差的外汇储备，则是国外储备向国内的净转移。外汇储备过多，会给我国带来通货膨胀的压力。对于我国外汇储备多少才合适，争论甚多，但迄今无定论，按照国际社会通用的经验标准是：联系一国的进口规模、外债余额和国外直接投资余额这三个因素综合考虑来确定合理的外汇储备水平。据此，我国保有 6 000 亿寻至 10 000 亿美元的外汇储备已足够，然而截至 2008 年 8 月我国外汇储备已接近 20 000 亿美元，过高的外汇储备会增加机会成本、持汇风险和通胀压力。我国在 1996 年已实行了人民币在经常项目下可兑换的政策，而对资本项目仍实行较严格的控制。逐步实现人民币的资本项目可兑换是外汇体制改革的一个趋势。但实现人民币的自由兑换的改革必须以维护我国金融体系稳定为前提，为此，必须选择有利时机逐步推进，并在改革与稳定两者之间找到一个均衡点，确保将改革的风险和成本释放到最低程度。

3.6.5 坚持金融产权开放与防范金融风险的统一

1. 金融产权开放的原则

金融产权开放首先要有利于中国经济和社会生产力持续稳定的发展，其次要有利于国家产业安全。对外开放金融产权，让外资进入中国金融机构和企业，必须确保中国金融产权的主要控股权掌握在中国政府和中国公民手上，并且坚持对等开放原则。金融业是掌控着国民经济命脉的产业，金融业的运行是否正常和健康有序，关系整个国民经济能否正常运行。正因为如此，金融产权改革是我国产权改革较为稳重的一个领域。围绕金融体制改革有三种意见：第一种意见认为应对外资银行开放，收购、并购及至控股，以此达到从根本上改善我国金融业的管理落后的局面，改善金融业的软件和硬件的服务设施和服务素质，提高我国金融业的国际水平，以便尽快与国际水平接轨。第二种意见则持相反观点，认为金融业不能让外资进入收购和并购，可以让外资和外资银行参股但绝不可以控股。理由是金融业在国家产业安全中的地位举足轻重，银行等金融业的控股权一旦为外资所控制，外资就会干预我国正常的金融业务，进而影响和控制我国经济发展的融投资活动，最终达到控制我国经济命脉的目的，这样容易导致我国经济陷入外国金融投机商制造的金融风险之中。第三种意见则更为坚决，主张绝对不允许外资和外资银行进入中国金融产权市场，认为中国金融企业的股份改革可以吸收资本参与，但只能限于持有中华人民共和国国籍的公民，而如果要让外资进来，则必须对等，即我国金融企业也要以同等数量参与进入别国的金融企业投股。至于最后结果如何，还得由决策层作决定。决策层应在多方听取意见，综合分析，权衡利弊后，才能作出决策。在这个过程中，持各方观点的力量都会以自己的方式游说，力争自己的主张能被重视和采纳。虽然目前我国未能在短时期内作出倾向明确的选择，但各方都在博弈和提高自身博弈能力，最终决策结果也许取决于各方博弈的结果。

2. 金融开放与风险防范的一致

金融开放是一个过程，是随着经济社会发展的需要逐步推进的，是以保证国家利益和中国公民利益安全为前提的。因此，在开放金融产业产权的同时，必须始终坚持和毫不动摇地加强国家对金融产业的宏观控制和政府对金融市场的严格监管，防范金融危机；必须坚决打击国内外任何单方或多方勾结洗钱、暴炒、放空套利的非法行径，确保中国金融产业和相关产业的安全。

进入21世纪以来，中国经济正经历着史无前例的经济持续增长，国际竞争的压力和内部社会矛盾的凸显都是空前的。随着中国对外贸易有度的提高和贸易的多样化，中国经济在亚洲乃至世界经济贸易中的地位越来越重要。随着金融市场在国内的不断发展并逐步走向国际化，中国从资本进口国转变为资本输出国，面临着新的挑战和风险。随着汇率制度改革和人民币持续升值的压力，一方面吸引海外资金通过各种渠道流入中国股市、证券和房地产等金融业、制造业和不动产市场，抬升了中国国内物价，加剧了房地产、股票、证券等金融市场的动荡；另一方面日益增多的外汇储备增加了通货膨胀的压力。减少外汇储备的办法，一方面要逐步减少出口和对国际市场的过度依赖、扩大内需；另一方面要走向世界对外投资，虽然充满风险，但只有这样才能优化外汇结构，避开因外汇储备增长带来的外汇（美元）贬值风险和化解国内通货膨胀压力。

作为现代头号经济强国的美国，在20世纪90年代经历了10年的新经济繁荣之后，进入经济发展低迷时期。由于在国际舞台上奉行单边主义霸权政策，在遭“9·11”恐怖主义袭击和攻打伊拉克以来，美国已陷入内外交困的境地。一方面，庞大的反恐开支透支了美国的财力，使其背负了沉重的财政赤字；另一方面，其国内经济不景气，企图以美元对人民币的贬值来促进对中国和其他亚洲国家的出口，扭转低迷的经济局面，但此举并未成功促进美国的出口和增加就业机会。而次级按揭贷款危机更使美国经济雪上加霜，美国经济发展进一步放慢。然而，美国不甘心经济衰退，更不愿意看到中国经济实力和国际地位的日益提高，企图利用各种方式和手段来牵制中国的发展。美国在中国金融市场的渗透和扩张就是其政策中的一项长期战略目标。近些年美国频频制造摩擦，时而起诉中国倾销商品，时而指责中国政府操纵汇率等，企图向中国施压。它的目的何在？有国际学者认为：“实际上，美国大部分针对中国的索赔和起诉的目的都可以被视为是换取中国金融市场彻底开放的筹码。纵观美国的金融战略，第一步是获得中国金融集团购买股权的开放许可，这样就为占领银行、投资公司、投资咨询公司等次级部门，抢占了滩头阵地。这一措施伴随着美国私人投资资金获得投资的更大自由化。接下来是把美国的金融巨人引入中国巨大的内部存款渠道，让其投资于本地的制造业、商业、技术和金融部门，从而控制中国各战略经济部门。”① 最后，其一旦通过企业并购获得了对中国经济施加金融压力的能力，就直接对政府施压，以便为美国的利益服务。他们认为，美国的经济政策的目的就是争取中国金融部门的自由化，通过直接的制度介入，以及对中国海外投资资金的管理施以间接影响，进入并控制中国的外汇储备、储蓄和投资资本领域。为此，美国总是希望早日促成中国金融市场自由化。对此，我国决策层必须保持清醒头脑和作出理性应对。

关于中国金融市场的开放问题，争论颇为热烈，有代表性的意见主要有两种：一种意见是要把建立中国特色的有管理的汇率体制作为今后中长期改革的目标，以防止发生日本和亚洲金融风暴式的金融危机；另一种意见则认为，要加快金融开放步伐，包括金融产权的开放，让外资银行进入中国以收购、并购乃至控股中国银行机构，无须担心日本或亚洲金融风暴式的金融危机在中国出现。后一种意见的理由有如下五点②：

第一，外国银行的进入将改善金融服务效率，减少腐败，让中国与国际金融市场接轨，把中国的金融机构带入新的高度；

第二，外国银行资本要处于国家监管之下，因为它将服从于中国法律，并为中国利益服务；

---

①② ［美］詹姆斯·彼得拉斯. 中国金融业的开放与风险. 参考消息（第四版），2007-10-05

第三，中国外汇储备在国际市场上的投资比将其留在国内为国家带来的收益更大；

第四，在投资海外市场的同时，中国可以确保能源、原材料和食品供给链的完好无损，并缩小贸易顺差和消除欧美政策压力带来的负面影响；

第五，随着金融部门的开放，中国将获得华尔街反对贸易保护主义者方面的支持。

这些理由影响着国家的决策层。尽管还未实行资本业务的自由兑汇，但美国和持美元的金融和实业资本已经通过各种渠道进入了中国资本证券市场，从而使中国股市持续拉高。2006—2007 年股票价格增长了几倍，与企业收益不相称，已经形成了一定的泡沫。上证综合指数在 2007 年 10 月 16 日达到最高时的 6 124 点后转入徘徊并下滑，2008 年 9 月 18 日又称为股市“九一八”，上证综合指数跌破 2 000 点，下跌到 1 802 点。泡沫被挤破，大量的散户、中小型投资的股民账户市值损失超过三分之二。在股市充满着低迷、动荡的时候，人们的预期心态复杂多变，如果不合时宜地进行汇率制度改革，实行资本项目的人民币对美元的自由兑换的金融自由化政策，将会引发危机。例如，1990 年的日本金融危机使日本陷入了十多年的经济不景气状态；1997 年的亚洲金融风暴，使泰国、菲律宾的财富被洗劫一空；开始于 2007 年 7 月的美国次贷危机，使美国经济陷入衰退。2008 年 9 月，美国纽约华尔街的雷曼兄弟公司的破产和十多家银行的相继倒闭，又使美国由次贷危机转入金融危机，令世界为之震惊。中国经济在这几场金融危机中之所以没有受到太大影响，恰恰在于国家对金融采取了有效的控制。如果放弃了对金融产权和金融业的调控权，金融危机将不期而至，正如詹姆斯·彼得拉斯所指出的：“近年来中国加速向经济大国发展。随着中国经济的全球化，金融市场上出现的一些深刻变革为它向外发展提供了新的机遇，同时也增加了其发生金融危机的风险。伴随经济强劲增长、大规模的金融投机和对外扩张而来的是各种更加深层次的社会和经济问题，这些问题有可能破坏中国的持续增长和社会稳定。”① 历史与现实的国际经验告诉我们金融改革、汇率体制改革必须“摸着石头过河”，稳步推进。为了最大限度地降低金融风险、避免金融危机，在推进中国金融体制改革的同时，中国必须保持对金融产业的调控权和对金融产权的宏观控制权，这是保证我国金融产业和相关产业安全的最重要的保障措施。

实现金融产权的市场化改革和资本项目可兑换的人民币汇率形成机制是我们的既定目标，但改革要“摸着石头过河”，积极又稳妥地进行，以维护国家产业安全。为此，不必理会那些从自己利益立场上对我国金融改革说三道四的论调。因

① ［美］詹姆斯·彼得拉斯．中国金融业的开放与风险．参考消息（第四版），2007－10－05

为金融产业如同其他产业一样，需要国家把它放在整个国家经济体系和产业结构中进行全盘考虑和统一调控，放在对世界经济形势背景分析、审度上作出的有利于国家利益的宏观调控、调整的管理安排上。不存在对金融业完全放弃不管的国家，欧美国家做不到，其他发达国家和发展中国家和地区也做不到。只是管理调控的方式、形式和手段不尽相同而已。美国在 2008 年 9 月由次贷危机转为金融危机后，美国政府迅速作出反应，计划用 8 500 亿美元注资挽救和保护美国金融业就是一例。我国正处于经济持续稳定、快速增长时期，在金融体制改革、汇率体制改革和人民币持续升值的情况下，国际资本进入中国的步伐加快，其在推动经济持续发展和推动中国股市的同时，也造成了通胀压力的日益加大，由此形成了人民币对外升值、对内贬值的复杂多变的态势。我们要居安思危，保持清醒和理智的头脑，既要积极审慎地推进金融产权制度改革和汇率制度改革，又要防范金融风险，防止危机的发生，把改革成本降到最低的限度，为稳定中国经济发展也为稳定亚太地区经济乃至世界经济发挥应有的作用，以事实表明中国在国际经济体系和世界经济大家庭中是一个经得起考验的、负责任的大国。

4 产权与社会经济形态

人类社会将要出现的经济形态是什么样的，这是迄今未能也不可能有完满答案的问题。马克思基于对 19 世纪生产力水平的认识，曾提出过三种社会形态的划分——自然经济社会、商品经济社会、时间经济社会，并提出与此相联系的三种社会关系——人的依附关系、物质的依附关系、自由个性。按照这三种形态的划分，人类社会就整体而言，已经历了自然经济社会和商品经济社会的前期、中期阶段，现在处于商品经济发展比较充分的高级阶段，也就是全球性的市场经济阶段；就社会经济形态而言，也是处于由商品经济社会形态向时间经济社会形态过渡的时期，这将是一个持续时间相当长的时期。

在自然经济社会形态下生活的人，除了对自然和自然资源的依赖、自给自足外，在社会关系上，他受制于酋长或首领，体现了一种人身依附关系。在商品经济社会形态下，包括今天市场经济体系中的人们，为了谋生被迫劳动和加班加点，花费大量时间对着货物、机器、厂房、电脑等，被固定在专业的岗位上，每天几乎重复同一件事甚至同一个动作，体现人对物的依赖。对时间经济社会，我们可以从两个方面去理解：一方面是人们摆脱对物的依附，具有很大的自由度，越来越多的人持有股权成为有产权阶级和中产阶级，人们持有股权而不必亲临公司企业去上班，可以自由支配和享受时间；另一方面，在今天以信息技术为主导的网络时代，时间成为最重要、最宝贵的资源，科技竞争、市场竞争等一切都以时间长短来决定效率、效益乃至成败。不能说现在我们的时代已经进入时间经济社会形态和自由个性时代，但也不能说我们的时代还是完全停留在商品经济社会形态和对物依附的时代。应当说，我们所处的时代，属于从商品经济社会形态和对物的依附时代向时间经济社会形态和自由个性时代过渡的时期，因为与时间经济社会相适应的产权制度特征正在日益凸显。

4.1 自然经济社会的产权制度

4.1.1 自然经济的特征

自然经济社会是人类社会经济历史开始的第一个社会经济形态，是自给自足、交换关系不发达的社会。人们的生产目的是自己消费和向统治集团纳贡，剩余产品很少，即使有也是用于无偿施舍、转让和赠送。自然经济社会主要存在于原始社会、奴隶社会、封建社会，在没有经过资本主义阶段的、生产力不发达的某些社会主义国家，也曾经保留某些自然经济的残余。然而，这些社会并不全是单一自然经济，即使奴隶社会国家也有商品经济比较繁荣的，如古希腊、古罗马等地中海国家。就大多数情形而言，判断一个国家是否处于自然经济社会形态，主要看以下四点：

第一，生产结构单一。以农业为主导产业，农业产值占全部产值的70%以上，以手工业、牧业为辅。

第二，生产工具简陋。人力畜力并用，传统的简陋生产工具决定生产能力和劳动生产率的低下，生产数量很有限。

第三，生产目的是自给和贡献。产品直接自给或贡献给统治集团内消费的通常超过70%。

第四，土地的国有制，生产效率低下。无论是集合式生产还是分散式的单家独户的生产，均无助于总量增长。

符合这四点特征的国家无论处于什么样的社会制度中，都是属于自然经济状态的社会经济形态。

4.1.2 自然经济社会的产权制度

自然经济社会的产权制度诞生于原始公社，存在于奴隶社会和封建社会，残留于某些社会主义国家。所以，自然经济是跨越几个社会形态而存在的经济社会形态。不同的社会制度下的自然经济的产权制度特征也是不尽相同的。

1. 原始部落公社的产权制度

产权的出现是随着人类祖先从猿人向人转变而出现的。人类诞生之后生活在群体的部落里，过着群居生活，集体采摘野果、打猎等，人们共同消费、共同繁殖后代，这是人类早期的生产和生活习惯，也是人类早期赖以生存与发展的生产与生活方式。在部落内成员之间的关系是平等的，主要原因是生产力不发达，生产工具只有树枝和石块，这些工具举手可得，用后即丢。自然界赋予人类的劳动生产工具这么简单、这么丰富、这么方便，如果拥有地盘就拥有较为固定的生产工具和野兽资源，为了部落利益采摘野果、打猎及防范外敌，松散的群体需要紧密地团结起来，因为单个人享有这些工具没什么作用，只有集体行动时其才有作用，单个人也不可能守护和占领这些地盘。因此，原始公社部落内部成员之间，生产工具和资源的产权界区是不明晰的，生产也没有剩余，不存在为生产资料和剩余物的产权问题发生纠纷和冲突的情况。

原始部落的部落首领是人类最早的统治者，在人类早期的地球上，分布着许多原始部落，每年部落都相对稳定地驻扎在一个地方，以便打猎、采摘野果。不过不能驻扎过久，因为一段时期后，驻扎地一带的野兽、果树就会被消耗殆尽，他们则又要迁移到新地盘上共同谋生。在部落社会初期，自然界地广人稀，这种迁移流动，不会存在侵犯其他部落和产权的问题。只是到了原始社会中后期，部落分化、独立，新的部落不断增加，便发生彼此迁徙或打猎、采摘野果时侵犯对方地盘的现象。这样，部落为争夺地盘而发生冲突，争占的地盘越大越多，越有利于部落公社的生存与发展。为此，部落之间通常使用武力搏斗甚至以战争来确定自己的活动地盘和控制范围。实力大的部落控制范围就大，反之则小。这样，控制范围内的土地、野兽、果树等就成为原始部落所有的产权。一开始土地产权并不重要，最重要的是地盘上的果树和野兽等自然资源。土地是果树、野兽的载体，有果树、野兽的地盘才会导致原始部落相互争夺。只有到了原始社会后期土地被用于种植时，土地产权才变得突出和重要。土地及其上面的野兽、果树等产权为部落成员所有，其他部落不能侵犯，一旦侵犯就引起战争。而战争又是部落公社之间对自然资源产权进行分配和再分配的形式。

在单个部落公社内部，所控制的地盘和资源均为全体成员共有。全体成员集体出动，采猎的“生产成果”见者有份。从部落首领到普通成员都可获得一样的“生产成果”用于个人消费。由于生产工具落后，全体社员共同采猎，仅仅够人均消费，没有剩余，首领不可能多占。又由于生产工具落后，靠单个人或少数几个人很难猎到野兽，而猎不到野兽就会饿死，也无法抵御其他部落前来抢占地盘。所以，在部落内部很少发生部落首领或少数人“化公为私”地独霸和多占地盘等产权资源的现象。因此，这个时候的社会经济是地道的、原始的、真正的“公有制经济”，在这种公有制下，产品全由本部落成员消费，与外部落是没有交换关系的。因此，原始公有制经济又是一种典型的、真正的自然经济。

2. 奴隶社会的产权制度

奴隶社会是在原始社会末期孕育而产生的，是第一个由部落公社上升为国家形式的社会。原始社会末期随着生产力发展，有了剩余，有的部落便产生了部分脱离劳动而专事管理剩余物的管理者，这些管理者后来演变成统治者。由于有了剩余，在向其他部落兼并过程中，捉到俘虏不必杀掉，而扩充为本部落的成员。这样，这些部落发展壮大，同时其他部落不断被分化和瓦解，大部落便开始建立为国家形式，产生了国家制度雏形，在管理上分工专门化，如管理生产、管理分配、管理社会秩序、管理外交、管理军事等，开始实行专门化和系统化的分项统治。

奴隶社会的国家政府是奴隶主的国家政府，奴隶社会最基本的生产资料是土地和奴隶，土地和奴隶都属国王及奴隶主贵族所有，而作为奴隶主统治者和贵族代表的国王是全国土地和奴隶的所有者，奴隶主贵族的土地和奴隶，都是由国王赏赐的，奴隶必须向国王及奴隶主贵族交纳贡品，以满足国王及奴隶主贵族等统治者生活的需要。这时的产权是国王和奴隶主贵族的，最终是国王的。有趣的是，尽管国王自己占有全国一切土地和奴隶，却总是把土地和奴隶说成是国家的。当然，这是欺世之说，是出于安抚国内的奴隶和安抚国外势力的需要。于是国王与国王争夺土地和奴隶便也成为国家与国家的战争，其个人之间的利益争夺被“国家”的名义完全掩盖了。但国王与奴隶主贵族之间的利益冲突和争夺实质上是不变的。

因此，奴隶社会的产权虽然是以国家名义占有的产权，事实上是国王和奴隶主贵族个人拥有的产权，奴隶的人身都是国王及奴隶主贵族的财产——会说话的生产工具。奴隶没有人身自由权，奴隶的人权和自由全部掌握在国王及奴隶主贵族手中，奴隶可以被任意杀害、奴役、买卖、转让等。奴隶作为奴隶主国家的一种没有人格、人权和自由的生命体，与不会说话的工具一样是国王和奴隶主贵族的私有物。国王及奴隶主贵族以国家名义欺骗奴隶，使奴隶接受国王和奴隶主贵族的奴役，而不致轻易反抗。奴隶连掌控自身生命主体的权利都没有，根本不可能有任何土地产权，奴隶集体耕种的“井田”、“公田”、“私田”，产权都是国王和奴隶主贵族的。

3. 封建社会的产权制度

封建社会的产权资源主要是土地资源，其次是工场作坊，虽较之奴隶制社会不同，但在土地产权资源的占有上是一样的，所不同的是管理形式有所变化，且多了官工作坊这一产业。土地管理形式的变化主要是指土地产权管理由奴隶制社会的井田制及劳役地租制转变为租地制和实物或货币地租制。井田制是奴隶在奴隶主管理下的集体劳动，其性质属于劳役地租。奴隶只有在耕种完奴隶主的“公田”之后，才可耕种一小块“私田”作为奴隶劳动力再生产的需要。不管是“公田”还是“私田”，奴隶都没有产权。在封建社会，土地产权是以封建主和皇帝为首的统治集团的。“朕”即国家，“皇帝”成为国家的同义语，其有权随时调整土地。皇帝重新分配土地绝不是按照国民人口平分，而是按爵位官阶级别，由高至低逐级分配。皇帝除了把大部分土地分给自己家族子弟和有功之臣外，对地方官僚按照官职大小、爵位高低分配土地。权力愈大，所分配土地愈多，反之愈少。官僚地主再把土地出租给无地的农民耕种。土地产权可以世袭。有些官员后代虽然不做官了，但仍然成为世袭地主，这样土地产权是掌握在皇帝和统治集团及地主阶级手中的。封建国家政府掌握土地产权，统治者及贵族地主不直接经营，而是通过统治集团成员转租给平民经营，土地的税收由政府向农民收取，此外，农民还要交租给官僚地主，以供其享用和向上级官僚及皇朝君臣进贡。因此，农民租地耕种的税负是相当沉重的，农民常常因为天灾人祸导致失收而交不足租，被逼得家破人亡或流离失所，要么是重新沦为奴隶，要么是流浪行乞。封建社会由于大量的官僚贵族及其后裔的出现，需要的工艺品大量增加，而且品种多样，这就引起专门生产工艺品的工场作坊的产生。这些产品全部供封建统治者享用，不进入商业程序，民办的直接进贡，官办的直接分配，有时民办的除进贡外也进入市场，但这是受到严格限制的，超出许可限度，一经告发即予没收。尽管如此，这在奴隶社会单一的土地产权基础上又增加了一个新兴产业。这是封建社会的自然经济比奴隶社会的自然经济新增添的内容。

封建社会的一个大的变化是奴隶变为相对自由的平民，也就是奴隶获得一定的人身自由，对生命权和劳动力在一定限度内有了自我支配的权利。但是，在封建社会早期，封建主往往利用超经济的高额地租来剥夺农民的生产成果，以致农民交不了地租而被罚为奴隶，或放高利贷让农民还不清债而被罚为奴隶。用各种手段重新把农民变为奴隶，这不过是奴隶社会向封建社会转轨过程中出现的现象。到封建社会后期，罚为奴隶的制度已被彻底废除，但封建统治者仍然通过户口制对平民的自由进行严密控制，以重农桑、禁工商等手段把农民固着在土地上，农民为了生存不得不租种地主及官僚统治者占有的土地。这样，封建统治者把直接占有的劳动者的生命权、人身权释放之后，又通过户口制和禁工商的政策把农民固着在土地上，间接地把劳动者的生命权、人身权重新控制起来，达到间接占有的目的，形成一种人身依附关系。这种占有和控制，从某种意义上说，比奴隶社会更为残酷。因为奴隶的生命权是奴隶主占有的，要使用奴隶，就要保证奴隶的生命存在。尽管奴隶主可以随意杀害奴隶，但在一般情况下，奴隶主要劳动力从事生产、要兵员保护疆域，就必须保证奴隶的最低生活需要。封建社会的封建贵族和地主对农民的生命权、人身权不再拥有所有权了，他们之间是一种租赁关系，在政治地位上、人格身份上是不平等的，农民租地不是按自愿平等的商业程序进行的，而是被迫租赁的。地主为了索取高地租，全然不管租地农民是否颗粒无收，也不管农民是生是死。统治集团与地主阶级通过户口制和禁工商制度，把农民逼到要生存只有一种选择的境地，就是租地种。农民明知租种土地风险大，为了求生也无可奈何。即使有的朝代遇上开明皇帝为顺应天下民心，控制官僚地主过分集中的土地产权，把其中一部分土地征收平分给农民，但过不了多久，封建官僚又会利用各种手段把农民的土地兼并过去，使农民再次失去土地，而被迫重新租种官僚和地主的土地。由于封建社会官僚任命不断增多，老官告退后，照样享有土地产权，新官上任又得分配与其官级相应的土地份额，这些土地只能是从农民手中夺取，而不是统治集团官僚内部调整。这样，皇帝把一部分土地平分给农民，不过是为了稳定社会、安抚民心而已，是为了巩固皇位和皇族统治被迫采取的一种策略，一旦达到目的，实现长治久安之后，农民失去土地的悲剧又会重演。土地的集中—分散—集中便成为封建社会的土地产权交替循环的形式，中国封建社会的土地产权制度就是这样循环往复的。

综上所述，自然经济形态存在于包括原始部落公社、奴隶制国度和封建制国度三种地区性的部落和国家制度之中。换言之，自然经济包括了原始部落公社、奴隶制国度与封建制国度这三种发展形式。这三种发展形式的共同特点都是以自然经济为核心的，当然，也不排除商品经济的出现和存在。尽管商品经济并不占主导和核心地位，不过它最终成为战胜自然经济和实现商品经济潜在的新生力量。

4.2 商品经济社会的产权制度

在自然经济社会形态解体之后，人类社会便进入商品经济社会形态。商品经济社会形态包括两种地区性社会制度，即资本主义商品经济和社会主义商品经济。如果撇开资本主义与社会主义的意识形态之争，两者商品经济的逻辑程序是一样的，冠以资本主义、社会主义之词是人们对商品经济发展形态加上外在的限制概念，以便加以区分而已。资本主义与社会主义之区别，主要表现于经济上的公有产权与私有产权谁占主导方面。当然，在政治上、文化上以及其他方面两者还有许多不同之处，在此不再赘述，这里我们仅在商品经济条件下来考察资本主义与社会主义的产权制度。

4.2.1 商品经济社会的一般特征

（1）为交换而生产，为盈利而经营。全社会各行各业的生产者，生产不是为了满足自身需要，而是为了交换别人的产品。商业买卖、宾馆酒店的饮食服务，不是义务服务，而是为了盈利的经营服务。

（2）劳动力成为商品，劳动者成为自由人，劳动力所有者可以自由支配自己的劳动力商品。劳动力所有者既是劳动力的出卖者，又是企业商品的购买者。

（3）商业与工业并进成为主导实业。工商结合一体化发展，大量商品被生产出来，造成各国对市场需求的扩大，发达的工业国家抢先开辟和占据世界市场，并形成市场的割据局面，为抢占原料与市场发起国际性的商业战争。

（4）世界市场一体化形式从地区性的贸易集团过渡到全球性的统一市场。“核冷战”结束后，科学技术发展协作需要打破国界洲际地区性贸易集团所限，向一体化发展。

（5）各国经济组织连成一体化，成为“你中有我，我中有你”，彼此不脱离对方的世界性经济组织，如跨国公司，联合国创办的公司，联合国创办的或协调的国际性、世界性、人类公有的组织均已涌现，并左右或主导着经济活动。

4.2.2　资本主义产权制度

资本主义的产权特点在于产权主体在企业。在资本主义社会，国家一般不直接拥有社会的全部或部分产权，在工业经济领域整个资本主义国家拥有的平均国有资产产权在15%左右，有的国家的比例超过20%，有的则只占10%以下。如美国国有资产产权仅占美国的工业资产产权总额的10%。为什么资本主义国家的产权主体在民间企业？这是由资本主义制度和人权价值观念决定的。我们知道，资本主义社会是在推翻封建主义社会基础上建立起来的，它否定封建社会的按权力分配享有产权的产权制度。鉴于封建社会以国家名义高度集中统一产权，为官僚统治集团所使用，名为国有而实为统治者集团成员所有，资本主义则不再以国家名义占有产权，也不以权力大小来分配产权。资本主义的经济主体——工商业产权，决定获得其多少不是来自权力，而是来自市场的自由竞争。因此，一个毫无权力背景的布衣小民，或一个在街头做苦力的打工仔，可以凭借勤俭、智慧和机遇而赚取第一桶金以实现资金原始积累，获得和拥有一定的工商业产权，进而发展成为工业商业或金融业资本家。在自由资本主义创业初期，产权是私人的，而且从事的产业比较单一，但完成资本的原始积累之后，进入垄断资本阶段，产权向多元化发展。产业向商贸、金融、房地产、旅游等产业投资发展，这些投资者因股份投资而成为股东，这时的产权也由个人的自然人产权变成法人产权。我们通常称股份制企业的产权为法人产权或企业产权，这就区别于自然人的私人产权。企业产权已不是私人产权，它是由无数私有资产汇合起来的法人产权，而对法人产权，政府无权超经济、超法律干预。企业产权既不同于国有产权也不同于私人产权，而是具有独立的法律人格的产权。

4.2.3　社会主义产权制度

苏联模式的社会主义产权是集中统一的产权制度，社会的全部或大部分产权在国家，由政府直接经营，产权制度的特点是“一大二公”，不仅个人无产权，就是企业也无产权。国有企业的资产产权是国家政府的，由中央政府或地方政府直接派人去管理，按照中央或地方政府的意志行事，每个国有企业都是国家政府产权的组成部分，它是全国总厂的一个分厂或车间。因此，它完全没有法律给予企业的人格。即使是集体企业，由于是从国有企业中派生出来的或者是城市街区创办的，它也没有独立的法律人格，而是政府的附属物，仍然是全国总厂的一个小车间或辅助车间。

显然，社会主义社会的这种既无私人产权也无企业产权的国有产权制度，是不适应现阶段社会生产力发展需要的。这种“一大二公”的国有产权制度日益暴露其严重弊端：一是企业没有经营自主权，经营权和所有权都集中在政府机构中，由政府直接指挥。二是企业没有压力，由于企业没有自主权，企业完全被动运转，按政府意志运转而不能按市场规律运行。企业是在政府推动下运行的，效率很低，不能主动面对市场，其生产往往不能适应市场经济生活变化的需要，以致造成普遍亏损。三是平均主义“大锅饭”，企业统收统支，企业生产多少与企业没有利益关系，这样，企业吃国家“大锅饭”。而企业职工、干部也是一样，干多、干少和干好、干坏都一样，工资收入差别十分微小，职工、干部吃企业“大锅饭”。这样，从职工到企业都是吃“大锅饭”。世界国际社会主义实践和中国社会主义实践证明，这种单一的国有产权制度、排斥和消灭私人企业和私人产权的制度是不利于社会生产力发展的。

社会主义经济体制改革，为社会主义产权制度改革创造了条件和提供了机遇。社会主义经济体制改革从农村到城市、从农业到工商业各个领域，开始实行了承包制、租赁制，把权、责、利结合起来，调动了承包者的生产积极性，提高了生产效率，节约了生产成本，减少了浪费，提高了经济效益，实现了国有企业和个人的收入同步增长。在农村有这样的顺口溜：“交够国家的，留足集体的，剩下的都是自己的。”这说明以均田制分包入户的形式调动和释放了广大农民的劳动生产积极性，提高了劳动生产率，节约了劳动时间，解放了在农村中隐形失业的劳动力，促进了劳动力向农业其他领域及向城镇第二、第三产业的转移。

城市经济体制改革虽然比农村晚一些，但改革比较深入：从承包制开始到利改税，从落实企业自主权到两权分离，即所有权与经营权相分离，再到企业厂长经理负责制。从社会主义计划经济到社会主义有计划的商品经济体制，再到社会主义市场经济体制的确立，标志着社会主义产权制度改革进入一个实质性突破阶段。由于市场经济体制的确立，社会企业的生存发展由依靠政府变为依靠市场，企业已被确认为不同的商品交换主体，企业之间的经济联系必然是通过市场进行的，这样就出现了竞争。为了竞争就要联合，扩大企业竞争能力，联合形式由合伙投资发展到股份制投资，这样股份制就成为企业联合的最高形式，不仅可以联合若干企业，还可以吸纳千千万万的企业或个人成为股东，把社会的闲散资金都汇集到企业中来。股份制既可以接纳国有企业也可以接纳外资企业以及个人投资，这样的所有权形式是多样的。企业产权已不再是原来意义的国有产权，也不是原来意义的私人产权，而是复合式多样的产权体系。在股东中谁都有产权份额，但又不都是自己的。为了表达这种复合式多样的产权体系，对这种产权用法律界定，就是企业产权制度。即企业的资产不管来自多少投资者、来自什么性质的投资者，他们都只能作为股东股权存在，而不能代表和拥有整个企业产权。现代企业制度，就是对企业产权制度的法律规范和界定，从法律上保障了企业拥有独立法人资格，自主经营、自负盈亏，成为市场经济的主体。

4.3 多元经济社会的产权制度

在马克思晚年提出的三种社会经济形态中，第三种社会经济形态是时间经济社会，它的含义是什么，至今难以作出令人满意的解释。然而，根据商品经济发展的趋势和前景，可以把第三种社会经济形态概括为多元经济社会。所谓多元，就是各种所有制性质的企业同时并存，不论是在哪一种所有制主导下都是如此。以哪一种所有制为主导是各国的自由选择，不拘一格。多元经济又称混合经济。未来社会经济形态之所以被称为多元经济社会，是因为：商品经济充分发展的结果导致生产力发展，社会分工更广泛而深化，而分工广泛、深化又促使商品经济的持久和深化，从而使更多人的积极性、创造性和个人价值得以实现。这与马克思关于第三社会经济形态所揭示的社会关系——“自由个性”具有逻辑吻合性。

4.3.1 多元经济社会的一般特征

（1）社会分工，行业门类众多，上层产业不断递增，如第三、第四、第五、第六……产业相继出现，低层产业人数递减，但并不影响低层产业的存在，低层产业就业人员减少，而现代化程度在提高。

（2）财产权形式多元化，私有、国有、股有、集体所有等，“八仙过海，各显神通”，形成混合的社会所有制。

（3）法律规范更加完善。各国的经济活动法规已朝国际化趋同，靠拢到全球通用上，法规壁垒已被日益拆散直到消失。

（4）商品经济法律法规已成为人们的自觉常识。人们对有关经济关系的纠纷、诉讼习以为常，法律约束公德化。

（5）人人都将成为有产者，贫富两极差距缩小。国民既是私有者，又是公有者之一，人们就业、创业，个性自由发挥，人的全面发展机会和人的价值实现机会前所未有。

（6）市场竞争更加完善。在激励强者的同时，社会保障和社会福利对社会弱者实施保护，使其免受贫穷之苦。

4.3.2 多元经济社会的产权制度

根据以上的多元经济社会特征，我们可以推论多元社会经济的产权制度。继商品经济社会形态之后的社会是什么样的社会经济形态？马克思晚年所描述的三种社会经济形态中的时间经济社会究竟是怎样的？这些都是重大的理论问题和社会实践问题，必须在社会发展过程中作出理论上的探讨。比如时间经济社会的内涵，是指以时间来计算人们的劳动而领取报酬；还是指生产率提高了，人们的时间大量闲置可以用于多方面的发展？结合马克思的其他理论，他认为继商品经济之后的社会便是共产主义社会。他所指的共产主义社会是：在全世界实现资本主义之后，全世界无产阶级举行暴力革命推翻资本主义，夺取国家政权、军队等，实行无产阶级专政，把资本公有化，取消商品交换，实现“各尽所能，各取所需”的理想社会。在这个社会里谁能做什么就做什么，需要什么就可以取什么。有的学者把这归纳为产品经济社会。不过，我国经济学家卓炯对此提出了社会分工与交换恒久理论：到共产主义也是不可能消灭商品经济的，除非取消社会分工，否则，商品经济是不会消亡的。他认为产品经济在社会主义时期搞不得，到共产主义时期更搞不得。未来的多元社会的发展是今天社会发展的逻辑延续，它只会向前，向更高层级的社会发展，据此，我们仅能对未来社会作一个在我们当代条件下所能认识和判断的预测。未来的社会经济形态是多元社会经济形态，那么多元社会经济形态的产权制度究竟是怎样的，其涵盖哪些地区社会形态呢？这些在当代都是不好回答的问题。不过，可以从中看到一些端倪，从而把握未来社会产权制度的走向。

（1）社会分工深化，使产权主体组织更加分散化和社会化。社会分工是生产力发展的需要，也是商品交换发展的动力。分工越广泛、深化，生产力越发达，商品交换经济越繁荣。而商品交换是在不同的产权主体组织中进行的。商品交换行为意味着首先尊重对方的权利（产权和利益），平等商量、讨价还价，达成彼此都能接受的协议、价格，才能成交。如果双方都属同一产权组织，“你的是我的，我的也是你的”，产权边界模糊，或者根本就没有界区，商品交换就退化为“贡品经济”。“贡品经济”只会使产权经济组织丧失产权和利益，只会消灭社会分工，导致倒退到自然经济中去。社会分工广泛而深化，决定了产权主体组织需要多元化。未来社会利用社会资金集资开发的新兴产业，股份制形式将大量存在，就业者将百分之百地参与股份投资，成为企业中入股额大小不等的股东，由此，产权将由商品经济社会中后期的部分社会化发展到多元经济社会形态的全部社会化。

（2）交换更加发达。人们日常生活的一切都离不开交换，这种交换是指通过货币媒体或信用关系的交换，不管是从事何种产业和职业的人员，都需要通过交换去取得自己所需要和所喜爱的生活用品，甚至是百分百地通过交换来满足和实现自己的生产和生活需求。当然，这时的交换是相当方便的，运用电脑信息技术选择和购买商品或推销产品已成为大部分人的通用习惯。

(3) 产权性质的多元化、平等化。企业间既竞争又互补，相依发展。多元经济社会产权的性质，不是单一、纯正的产权性质，而是多元产权性质平等并存、竞争和互补的。产权性质包括公有、私有、国有、民有、股有、集体所有以及它们之间互相交合的混有性质。这些产权性质的经济组织没有尊卑贵贱的级别之分，一律是平等的法人，依据法律规范进行活动，享有履行法人经济组织的全部权利与义务。这些具有不同产权性质的企业平等竞争，互补发展。它们之间需要竞争，又需要对方存在，才能构成竞争和并存的社会产权经济组织的整体。如果竞争的目的是用一种产权性质的组织去消灭和永远取代所有产权组织的生存与发展，这是不现实的，也是不科学的。既竞争，又需要对手存在，是未来社会产权经济的一个特点。未来社会的法规，既要保证竞争，又要保证多元产权性质的经济组织的并存。这是多元经济社会不同于商品经济社会形态的一个法规特点。当然，这不是说竞争失败的企业不能破产和被兼并，而是说一些产权组织被同类性质的产权组织形式破坏后，允许和容忍其再诞生和成长。法规将在保障竞争的同时，防止某些产权组织的过度集中垄断，使竞争始终保持在既有效率又相对公平的状态上。

(4) 产权与利益的界区清晰，产权与利益的量化透明。各种产权的产权属性与利益的边界清晰，“丁即丁，卯即卯”，绝不含糊。私有就是私有，不能没收成国有；国有就是国有，不能变成企业所有或个人所有；股有就是股有，不能改为国有或个人独有。产权资源的所有权者在产权营运中的利益是多少，财产权者与经营产权者的权限和利益如何核算、分割，都必须清晰，而且量化透明。私有企业、独资企业、股份合伙企业都可以做到量化透明，而且公有、国有、股有等企业都已做到量化透明。量化透明使产权责任与利益结合的权、责、利落实到每一个就业者身上，有效地持久激励和监督他们在产权经济营运中发挥相应作用。

(5) 产权是一种普通商品，与其他社会商品一样，在市场上可以自由流通。产权在市场上互相转换，并不受任何意识形态的责难和限制。各种所有制的产权性质以谁为主导、谁为非主导，完全由市场来实现配置，而市场配置又是最具效率的配置。

以上所述的未来多元经济社会的特征，并不是乌托邦式的特征。事实上，多元经济社会的这些特征在生产力高度发达的国家已经出现了，并将继续存在和完善起来。虽然这种经济社会形态不是全球性的，但就其先进性来说是具有全球意义的。它的发展趋势和方向，势必为全球所接纳和普及，这是不以人们的意志为转移的。当然，未来的多元经济社会的特征，远非是上述的几点所能概括的。随着多元经济社会在全球的普及，必然会产生新的、我们今天所未能认识和概括的新特征。毋庸置疑，上述的特征是最基本的，其他新特征的产生不仅离不开这些基本特征，而且将建立在这些特征基础上或由这些特征所产生和制约，对这些特征进行补充和完善。

4.4 社会发展形态与产权制度的互动关系

按照社会发展的三形态说，人类社会从低级到高级，需要经过三个阶段的社会形态，即自然经济→商品经济→产品经济，与此相联系的产权制度也经历了三个阶段，即原始公有制→私有制→社会所有制。每一阶段的产权制度安排可以包容不同的社会制度，换言之，同一社会制度又可以并存多种产权制度安排，所不同的是占主导地位的产权不同而已。而不同主导地位的产权制度安排又直接影响到国家或地区的经济社会发展的水平与速度以及所处的时代地位。

4.4.1 社会发展形态决定产权制度

社会发展形态决定产权制度的安排，有什么样的社会形态，就有什么样的产权制度安排。产权制度不能脱离社会形态单独存在，它是由社会形态所派生的。产权制度安排本身也是社会形态的一种本质的反映。如果社会形态处在自然经济社会形态阶段，那么，产权制度安排必然是实行公有制、国有制、权力所有制。在原始部落公有制社会里实行公有制，在奴隶制国家和封建制国家对主要资料——土地资料是实行国有制和按权力分配的。而在社会主义国家曾经实行的计划经济也是一个以国家所有制为主体的公有制经济。自然经济作为一种社会形态，是相对稳定的，不会因为实行不同的社会制度而改变，而要使社会发展形态发生改变，就必须首先改变社会经济形态。社会经济形态的改变依赖于产权制度的改变，产权制度的改变又依赖于生产力的发展状况。生产力是一切经济和上层建筑的基础。自然经济社会的产权制度具有自给、公共或集体劳动、平等消费等特点。这些特点贯穿于自然经济社会的一切过程之中，但并不是说在自然经济社会的每一种社会制度中都同时存在这三个特点。在20世纪出现的社会主义国家，也曾同时存在过这些特点。奴隶社会、封建社会都存在自然经济社会，但其产权制度不完全具有上述三个方面的特点。奴隶社会存在自给、公共或集体劳动这两个特点，但消费不是平等的，起码奴隶主贵族与奴隶是不平等的，即使是在奴隶内部，看管奴隶的奴隶与一般奴隶也不是平等的。在封建社会里，小农经济自给自足，但公共或集体劳动除了国家每年征用的劳役外，从事农耕的农民是分散劳动，是以一家一户为生产消费单位，从这点来说它又比奴隶社会的公共或集体劳动前进了一步。因此，一个国家或地区如果实行自然经济社会形态的产权制度，其产权制度结构一般是以公有制、国家所有制为主导。当然，在自然经济时期仍然存在其他产权制度形式的安排，如奴隶社会、封建社会的某些私有制，但与土地这个主要生产资料的制度安排相比并不占主导地位。因此，社会经济发展的形态决定了产权制度的安排。

4.4.2 产权制度反作用于社会发展形态

产权制度虽然是由社会发展形态派生和决定的，但产权制度一旦被派生出来就有相对的独立性并自成体系，反过来对社会发展形态产生影响，甚至对社会发展形态的发展起到延缓或加速的作用。实行不同的产权制度安排可以推迟或加速社会发展形态的演变。

产权制度安排是由社会发展形态所决定的，必须根据社会发展形态所处的条件去选择和安排产权制度。但是产权制度又不是完全被动的，产权制度安排对社会生产力又有直接影响的作用。产权制度适合社会发展形态是利于社会形态的发展变化的。产权制度滞后或超越社会发展形态所能承受的产权制度的改革和选择则是对社会发展形态有损害的。在资本主义实行私有制和股份制的产权结构中，适当发展国有制对资本主义产权结构和产权体系有调整、改良和优化作用，因而对资本主义社会形态的发展有延缓作用。同样，在社会主义公有制产权结构和产权体系中发展多元的混合经济对社会主义产权结构和产权体系有优化作用，对社会主义的社会形态也有进一步完善与巩固的作用。

因此，产权制度安排的难点就在于如何做到既不滞后又不超前，这就有一个在实践中调适的问题。如果在自然经济社会形态的基础上发展商品经济，那么，在产权上以个人所有制为主，是符合和能够推动自然经济社会形态发展的；相反，如果跳过私有产权，则不但不能促进自然经济社会形态向商品经济社会形态发展，反而会起到阻碍作用，加强自然经济社会的稳定性。在商品经济社会阶段，逐步发展国家所有、股份所有与私有等多种成分混合并存的社会所有制是符合社会发展形态的，是可行的；反之，如果停滞不前，抑制除私有形式之外的其他产权制度的实行，或者全部取消私有制实行公有制，实行调拨和供给制，那就会倒退到自然经济社会形态上去，这是行不通的。在二百多年前，美国土著印第安人所处的社会处于自然经济社会形态，过着原始公有制生活。英国殖民者入驻后，把私有制和商品经济的生产和生活方式也带到了北美洲的土地上，结果是土著印第安人的原始公有制经济竞争不过移入的私有制商品经济。这就是说，在当时北美洲土地上的自然经济状态下，私有制的商品经济比原始公有制的自然经济更适合当时社会生产力的发展，土著印第安人拒不接受外来的先进生产和生活方式，结果节节败退。最后，原始公有制的自然经济让位于私有制的商品经济。经过一个多世纪的发展之后，美国以私有制为主导的商品经济又让位于以股份制为主导的商品经济。虽然同样属于商品经济形态阶段，但前者是初级阶段，后者则是高级阶段。今天的美国，其发展方向是向前进的社会所有制过渡而绝不会回到商品经济初级阶段的以私有制为主的时代去。当然，一种社会形态向另一种社会形态过渡，绝不是一朝一夕单凭人们的主观意志就能完成的，而是根据社会生产力发展的需要逐步达到的。在中国呈现私有制个体经济上升时期的商品经济初级阶段，其方向是向多种经济成分、多种产权安排平等竞争的商品经济的高级阶段过渡。这是一个自然与历史的过程，如果认识不到这一点，人为地把产权制度再恢复到“一大二公三纯四统”的产品经济老路上去，那是开历史倒车，不但会破坏中国的社会生产力，更为严重的是耽误了中国现代化的历史进程。

5 产权制度创新与经济增长

决定经济增长的主导因素是什么？世界发展史证明，有效的产权制度创新是经济增长的主导因素，其他因素都是在有效的产权制度基础上得以发挥作用的。产权制度的选择和安排是一种历史的发展过程，一个国家、一个民族的经济发展取决于在这个历史过程中选择与生产力水平和市场经济相适应的产权制度，才能推动经济增长。在20世纪90年代，社会主义国家的经济体制改革推动了经济快速增长的事实再一次证明了这一点。然而，并非所有的产权制度创新都能促进经济增长，只有有效的产权制度创新才能促进经济增长。那么，怎样的产权制度创新才是有效的？这正是我们需要探讨的理论与实践问题。

5.1 经济增长源于有效的产权制度创新

长期以来，西方传统的主流经济学在分析经济增长的理论中忽视了制度选择在经济增长中的作用，制度创新只作为经济发展的前提，而不是原因。西方新制度经济学弥补了这个缺陷，它揭示了产权制度创新在经济增长中的作用，但由于它以机械的、静止的观点看问题，因而得出的结论难免绝对化，使之脱离实际。为此，有必要对产权制度在不同社会环境条件下对经济增长的作用作出客观具体的分析。

5.1.1 经济增长的根源

经济增长问题是20世纪50代以来经济研究的热门话题。在传统的西方经济学理论中，制度因素总是通过各种物质要素的变化去说明生产率变化和经济增长与否的，如过去人们把眼光集中在储蓄、投资、资本、产出系数上，后来又研究对外贸易、人口、教育、技术等。这就是所谓投资决定论、技术决定论。其中技术决定论影响力最大，道格拉斯·C. 诺斯认为以上这些因素都是制度变化的结果，是制度变化导致的在经济发展过程中所产生的现象，而并非是经济发展和制度变化的原因。如果没有制度演变、没有制度创新，经济发展是不可能的。诺斯认为，在没发生技术变化的情况下，通过制度创新也能提高生产率和实现经济增长。一个效率较高的制度，即使没有先进的设备也可以创造出更多的财富，但是再先进的设备若被安装在低效率的制度环境里，其效率也可能低得不如手工艺操作时代。发展中国家引进先进设备低效率使用的例子比比皆是，这些例子在苏联、东欧各国和改革开放前的中国都比较突出。在苏联的大量国有农场和集体农庄中采取的都是标准化的农业机械和现代农业技术，而效率却低得可怜。同样，在中国改革开放前的国有农场也有相当精良的机械化装备，而其效率却比后来的承包制要低得多。诺斯强调：一个市场经济扩张即使在没有发生技术变迁时，也能为收入的提高作出贡献。实行家庭承包制后的中国农业就是在没有发生技术变迁、靠使用传统手工操作的情况下创造了20世纪80年代农业高速增长的奇迹。

产权制度变迁是一个有着内在规律的缓慢的历史过程，我们只有在历史长河中才能发现这些制度在经济体系中运行的构成与规律。制度创新为何能提高生产率和实现经济增长？诺斯认为：经济学家们在构造他们的经济模型时，忽视了专业和劳动分工的发展会增加交易费用这个问题，而这些费用是其制度建立的基础。增大的交易费阻碍专业化劳动分工的进一步发展，导致经济衰退。而制度的建立是为了降低交易成本，减少个人收益与社会收益之间的差异，激励个人和组织从事生产性活动，最终促进经济增长。

5.1.2 荷兰与英国是产权制度创新的先驱

在工业革命前的中世纪，荷兰与英国的产权制度是以农业为主的传统社会制度，在这一漫长的社会进程中，经济发展是极慢的，其根源就在于封建制度的束缚。然而，在中世纪末期，荷兰和英国却出现了经济增长现象。诺斯和西方一些新经济史学家都认为，经济增长是始于17世纪的新现象，最早出现在17世纪的荷兰和英国。这一时期这两个国家虽然人口持续增加，如英国增加25%，实际生活水平却提高了35%~50%。而同时代的法国和西班牙虽然人口减少，生活水平却反而下降。为什么经济增长会出现在荷兰和英国而不是在法国和西班牙？这就是产权制度变化带来的差别。

从产权制度的角度来考察，可以发现荷兰是世界上第一个通过产权制度创新实现经济持久增长的国家。荷兰是欧洲一个资源贫乏的小国，然而，其却通过率先建立有关资本市场和土地私有及自由农民劳动力市场的发育等创新制度，使其一度成为十六七世纪的世界经济领袖。16世纪的荷兰为了推动国内外贸易的发展，在政府主持下建立了永久性产权交易所和公证制度以代替政府的事事审批和直接监管，提高市场交易效率和降低交易费用。利用市场组织经济的费用是交易费用，它包括搜寻费用、谈判费用和实施费用三部分。荷兰的永久性交易所的建立提供了标准的交易方式，降低了谈判费用和实施费用，而政府委派公证人取代了地方行政长官介入，提高了市场交易合同的履行效率。与此同时，荷兰在土地所有权的创新方面出现了小农场主，他们成为所有权与经营权集于一身的土地私有者，从此不再受公田的约束和限制，小农场主可以迅速根据市场的变化组织生产，也从中得到了应有的收益与报酬。农村自由的劳动力也能够为实现自己的利益而利用资源。如国际市场的发展使荷兰自由劳动者在商人指导下，承包廉价的纺织品的生产，由商人向织布工人提供原料和技术指导，最后按日期取走订货。土地私有和自由劳动力市场制度对农民和商人都相当有用，成为荷兰经济超常规发展的动力。

十八九世纪英国的崛起，很大程度上是对荷兰制度创新的借鉴、继承与发展的结果。早在17世纪，英国就效仿了荷兰的产权制度，颁布了土地使用法，扫除了各种封建奴役的残余，土地私有制开始盛行，公田制走向衰落，在国内贸易和市场组织的交易方式基础上，进一步向深度、广度拓展。1688—1695年，股份公司迅速兴起，取代旧的受控制的公司，除商品市场外，保险业、金融证券业等市场也被创造出来，1694年英格兰银行得到特许成为中央银行。尤其是英国专利法，为界定和确定无形产权提供了法律依据和制度保障，1623年英国国会通过的《垄断法》明确规定了发明专利的主体可以取得专利使用的权利，取得专利使用的条件，并规定了专利使用的有效期及在什么样情况下失效等，这些规定后来为许多其他国家专利法的建立提供了一个样板，其中的许多原则至今仍然被沿用。英国当年专利制度的创立，极大地鼓舞和促进了英国的技术创新。所有这些都降低了市场和交易成本，为经济增长创造和提供了一个适宜的经济环境。这就不难理解为何十八九世纪圈地运动、工业革命、产业革命等接连不断地发生在英国，而不是在其他地方，也不难理解为何英国能代替荷兰成为十八九世纪的世界经济领袖。荷兰和英国的经济增长是产权制度和交易制度发展的必然结果，土地私有制的出现，商品、金融、证券等交易市场要素和交易制度的建立及发展降低了市场的交易费用，而私有产权制度的确立则提高了生产过程中的私人收益率，刺激了生产要素的流动及优化组合。

在同时代的欧洲，另外两个封建制度历史比较长的国家——法国和西班牙由于缺乏制度创新，甚至发生制度倒退而出现另外一种情况：在那里，“君主制渐渐夺取了代议制组织的权力，发展了一整套税收制度和标准，这些税制提高了地方性和地区性的垄断权，抑制了创新和要素的流动性，导致了生产性经济活动在法国相对下降和绝对下降”。在那里，土地虽然可以买卖，但由于法国没有免除奴役义务，因此自由劳动力市场难以形成。法国和西班牙都没有为经济增长提供产权制度的保护及减少交易成本的制度安排。其在农业方面颁布了对君主集团有利的法令，有效地阻挠了土地制度的创新，使人们从事农业生产没有任何激情和动力。经济的停滞不前及下降，加剧了王权财政的困难。为摆脱困境，其加强行政干预，侵犯、没收及单方改变或中止合同的做法盛行，最终影响了商业、工业和农业的发展。由于缺乏制度创新，人们的所有权得不到有效保障，经济不可避免地陷入了停滞。

5.2 私有产权在经济发展中的作用

5.2.1 私有经济的形成

在传统的理论体系中，私有产权通常被认为是在原始社会末期之后的奴隶社会产生的，即由于原始社会末期产生私有制而取代了原始社会公有制。其实这种说法并不能解释真正的私有制产生的原因，真正原因是取代原始社会的奴隶社会已经建立和出现了国家。把原来的不同部落纳入一个国家，奴隶主是这个国家的代表，是奴隶社会的统治者。土地资源是属奴隶主所有，也是属奴隶主国家所有，就连奴隶本身也是属奴隶主国家所有。奴隶不过是会说话的工具。奴隶社会的生产关系和生产方式在世界各地有不同的表现形式，但土地奴隶主和奴隶主国家所有制这一本质是相同的。公元前 230 年的中国奴隶社会实行井田制，井田就是公田，如“井”字的结构一样，井田中间的方框代表公田，显示了奴隶社会是以公田为中心的，“井”字方框外面是一些分散的、零碎的私田。没有自由的奴隶必须耕种奴隶主的公田，然后才能种私田。公田收益全部收归奴隶主和奴隶主国家所有，除满足奴隶主贵族的需要外，还为奴隶主国家提供以保障公共安全的费用。但奴隶们越来越懒于在公田上耕种，而在私田上劳作却很勤快，这样井田制产权制度效率越来越低，尽管奴隶主派人进行监督和惩罚偷懒者也无济于事。战国后期的秦国首先实行改革，推行了“废井田”、“开阡陌”的土地改革，这就是著名的商鞅变法。其一方面用法令形式破除了旧制度；另一方面又用法令形式保护封建土地所有制，土地私有合法化，国家按田亩数量合理征收实物地租，法律禁止对私有土地的侵犯。这些改革举措提高了对土地、人力的利用率，解放了生产力，是秦国日益富强的根本所在。

欧洲的封建社会化改革比中国要晚得多，直到公元 1000 年才进入准封建化的时代。与中国公元前 350 年前的商鞅变法相比，欧洲的封建化改革很不彻底，表现为在土地制度上仍然沿袭奴隶制的公田制度的力役地租制，当时欧洲农奴有了一定的自由，可以自由逃离城堡和庄园，但无法逃离土地。农奴在领主土地（公田）上提供劳动，劳动量是根据惯例规定下来的，贵族的职责是保证提供如国防等基本的公共安全服务。当时需要集体耕种的公田大量存在，农奴参加集体种植公田时可获得种一块私田的许可及此小块土地的产品用益权。在农奴制下领主土地上的劳动生产率不断下降，这时候农奴依旧支付出同样的劳动就不利于领主了，农奴反而从中获益。他们通过反抗封建公约和条款进行有益于自己的斗争，这就慢慢演化为个人所有制的原始形式。

勒帕把从封建用益权向个人土地所有制的转化分为三个阶段：①赎回个人的劳动力。由于土地收益递减和封建邦约中条款不能更改，农民为换取公共服务向领主缴纳的劳动值下降了，领主们便寻求新的灵活的课税形式来维持交换。新的制度产生了，这种制度把农奴从公田的劳役中解放出来。他们租种领主的土地，并用现金定额来购买个人的劳役义务。②农民租期延长。14 世纪的欧洲正处在中世纪时期，先是人口大量锐减的急剧震荡的灾难加速了封建制度瓦解，封建贵族们为了保住自己的农民或吸引其他农民，被迫延长租约，以致“终身租约”开始流行。后来，贵族们甚至干脆把自己仅存的传统地产权也交给了租户，这样的“终身租约”实际上变成了可世代相传和继承的租约。③通货贬值。16 世纪英国的严重通货膨胀使农产品价格翻了两番，在土地上对新缔结的契约有压力，要获得土地经营权要比以前付出更多的代价，加上劳动力的货币价值的下跌，贵族们感到在自己的领地上以雇佣劳动替代农奴劳动更有利可图，于是农奴制便成为过时的制度。此后，自耕农开始出现，土地被具有自决权的佃农耕种，他们直接经营土地。随着收益分成和租佃制度出现，私有的产权真正诞生了。英国的圈地运动从表面上来看是由于英国纺织品出口扩大化和纺织生产的发展需要大量的纺织厂原料而引发的运动。然而，从产权制度观点来看，它实质上是产权制度的创新，是一场产权革命。英国尽管在几个世纪前也和欧洲一样出现自耕农，但发展畜牧业的牧场还是村镇的共同组织的产业。随着价格的持续上涨，牧羊业收益过高，出现了牧羊数目过多的状况，每公顷耕地上的牧畜数目猛增，缺乏明确的专属牧场占有权制度是造成牧场拥挤和牧场退化的根本原因。牧羊主感到这一压力，于是就要求对土地产权作出新的界定，于是出现了圈地运动，通过这一运动在牧羊主之间划分牧场并赋予每个人专属权利。因此，圈地运动不但推动了土地产权的变革，也为英国的工业革命和产业革命奠定了制度基础。

5.2.2 私有权在自由资本主义时期的作用

17 世纪，以土地领主所有权为基本内容的庄园经济向着土地私有和个人劳动力自由化的方向转变。换言之，自耕农和小农经济取代了庄园制，这是对农业经营体制的一次变革。正是这场变革适应和促进了西方国家的工业革命和产业革命。英国圈地运动，使羊毛原料大量持续增长，使羊毛加工由家庭作坊向工场式的生产转变，并最后过渡到工厂化和公司化生产。圈地运动造成的大量农村劳动力脱离土地流入城市，为纺织业提供了充足的劳动力资源，使生产性的私有制企业迅速发展起来。这些企业都是由个人独资，或者由家庭成员或志同道合的人合伙投资的，产权明确，产权组织基本是所有权与经营权维系于一身，既是所有者又是经营者，形成一种自然人产权。由于私人产权的建立促进了社会生产和市场交换，极大地促进了自由竞争时期资本主义经济的发展。首先是英国资本主义自由竞争使英国成为世界上第一个资本主义国家。随后的法国和日本也分别于20世纪进入资本主义自由时期，可以说私有制产权使西方先后迈上了自由资本主义发展的道路。有了以私有制产权为基础的自由资本主义发展时期，才有后来的资本主义的产生。它是在自由资本主义充分发展的基础上的一种产权制度创新和演进。因为私有制产权在自由资本主义时期是占主导地位的，而到垄断资本主义时期私有制产权已让位于股份制产权，股份制产权成为这一时期的主导产权制度。到了国家垄断时期，除了仍然由股份制产权占主导地位外，又产生和增加了一种新的产权制，这就是国有产权制度。它作为一种补充性产权的产生和存在，并不是以国有产权取代私有制产权或股份制产权，而是为了服务于私有制产权和股份制产权，发挥为市场经济弥补缺陷和纠正市场失灵的作用，以维持资本主义生产方式持续稳固地运行。

5.3 公共产权在经济增长中的作用

5.3.1 公共物品与公共产权的含义

在考察公共产权的特点之前，我们要了解什么是公共物品和公共产权。公共物品是指在一定范围内民众共享的财产资源；公共产权则是指在一定范围内民众共享财产、资源的权利。在其范围内对每个成员来说是没有排他性的。大卫·弗里德曼这样来定义公共物品，他说："我主张将它定义成这样一种产品，它一旦被生产出来，生产者就无法排斥他人使用和难以向使用者收取费用。"在社会生活中，人们的绝大部分需要是通过购买而获得满足。购买来的物品显示一种明显的私人性，具有排他性。私人产品首先是可排他性地消费的。如张三从市场购买一只西瓜就拥有对该西瓜的所有权和用益权，张三吃这只西瓜就意味着排斥李四、王五等人吃这只西瓜。从利益的效用来看，私人产品没有外部性，张三吃这只西瓜获得满足的同时，并没有因此而使李四、王五等人的利益受到损失。从生产者的角度来说，生产私人产品的生产者能够决定谁可以获得这一产品——谁付了款谁就拥有消费此产品的权利。因此，经过市场交易的产品是最具排他性的。然而，在社会生活中并非所有的需求都能从市场中获得，无论何种政治制度和意识形态的国家，有一部分需求不是从市场中获得，而是从政府那里得到满足的。

对此，美国经济学家K. 巴顿评论道：现代城市居民在公共医院出生，在公立的学校接受教育，生活中不少时间在搭乘公共交通工具，通过邮电和半公营的电话系统通信，饮用公营的水，制造的垃圾经由公共的污物处理系统消除，读公立图书馆里的书，在公园里野餐，享受公安消防、卫生机构的保护，最后死在公立医院，可能还安葬在公墓里。由此可见，公共物品像私人产品一样不可缺少，在我们现实生活中有着重要的、不可缺少的和不可替代的作用，这样，公共产权的存在就是不可避免的。由于公共物品的公共性以及不可排他性，使得私人生产者不愿提供公共物品，于是提供或保护这类物品就成为政府义不容辞的责任，那么，公共产权也就因此形成和发挥其弥补市场缺陷和纠正市场失灵的特殊功效。公共物品的典型范例是灯塔。在茫茫的大海夜色中，灯塔给过往的船只提供导航指示，使船只避开礁石，安全驶过，虽然路过的船只得到安全航行的好处，但要它们付款却难以办到。类似这样的公共物品要让私人来建造和提供也是不可能的，因为它的外部性问题难以解决，所以只能由政府来提供。然而，并非由政府建造和管理就可以避免外部性问题或解决排他性的问题，事实上由政府建造和管理同样存在外部性和排他性的问题。但是政府可以利用征税手段来解决灯塔等公共物品的建造、维修和管理费用问题，在这一点上私人却难以做到，所以，像灯塔这类公共物品由政府来建造比较合适。这类公共物品主要限于基础性和服务性强的、社会竞争性弱的物品，而竞争性强的社会性需求物则不可能也不必要都由政府包揽下来向社会提供，否则，势必造成政府垄断和官僚经济，甚至破坏公平竞争和市场经济秩序。

5.3.2 单一公有产权制度缺乏效率

某些物品资源实行公有产权制度具有宏观的综合效率，这一点毋庸置疑，但并非所有的社会资源公有化经营都具有效率。单一公有制既无微观效率，也无宏观效率。从历史上看，无论在什么社会制度下的单一公有制、国有制的产权制都是缺乏效率的。尽管随着时光推移及社会条件和环境的改善，同样的公有制、国有制要比历史上的公有产权制度要更有效率一些，但这并没有改变其低效率的实质。原始社会的公有产权主要体现在各个部落对自己赖以生存的环境——地盘的控制上，对他们的控制地来说，地盘是全部成员所有。在本地盘内必须一同出猎，才能战胜和捉住野兽，而不致被野兽吃掉。原始公社是现捕现吃，实行平均分配，基本上没剩余，所以在外部落战争中捕到俘虏就得杀掉。到了奴隶社会，原始公社的酋长制变为国家制，奴隶主是国家的代表和统治者，因此，奴隶社会的土地都是由奴隶主代表国家所有。从这个意义上说，奴隶社会的土地是属于公有制资源，80%以上的土地都是奴隶主的国家公田。在封建社会，农民获得了人身自由，但土地也是归以封建地主为代表的国家所有，封建政府把土地作为对官僚分配和奖惩的主要物质手段之一。一般依官僚等级高低和重要程度由国家政府划给土地，显然封建官员同时也是地主；官僚贵族地主以不容谈判的高额地租抛租给无地或少地的农民耕种。这种土地仍然是国家所有的产权，地主只有使用权和管理权，地主和国家共同享有土地的用益权，最终所有权仍然是国家的。国家政府可以从稳定社会的需要出发，随时调整土地，主要是把一小部分土地分给无地或闹事的农民，分给农民这一部分土地并不影响国家对土地所有权的控制，相反政府通过地主阶级可以更有效地控制土地资源，将其紧紧地控制在国家手中。封建统治集团出于统治利益安全的考虑，限制地主、土豪的土地过度集中而给百姓分口田，即仅仅是向农民发放土地使用权，并不能认定这就是私田。所以在封建社会的土地制度中尚未大规模地诞生真正意义上的私有产权。改革开放前的中国和苏联、东欧各国都曾实行单一的公有制、国有制，包括所谓的全民所有制及集体所有制，不管是全民所有制还是集体所有制，其产权制度都具有典型的公共性、非排他性和外部性等特征。这些特征就决定了公共产权制度的大量“搭便车”行为问题无法解决。苏联、东欧各国的国有农场和集体农庄都具有现代化的技术和农业机械化设备，但效率并不高。同样在改革开放前的中国也存在不少国有农场在不同程度上使用机械化和现代科学技术，但由于土地产权制度的非排他性和外部性，产权制度缺乏效率。改革开放后国有农场和农村集体公社的产权制度解体，实行家庭承包制的产权制度，农民基本上使用的是传统的手工工具，凭借的是传统的生产经验，但效率却很高。这说明在决定生产效率的根本问题上制度的作用比技术的作用更重要。科学技术要发挥效率作用，必须以效率的产权制度作为前提和基础，没有效率的产权制度，即使最先进的科学技术也不能发挥作用。

5.3.3 公有产权在市场经济中的地位与作用

在资本主义市场经济中，虽然是以私有产权（自由竞争时期）和股份产权（资本集中和国家垄断时期）占主要成分，但公有产权并非是可有可无的，它有着私有产权不可替代的至关重要的作用，如市政设施、铁路、邮电、航天航空等基础服务产品是非竞争性的，还有国防、军工产品等这类公共物品提供的竞争性也很小，它们不可能完全通过市场机制来提供，换言之，就是不能完全通过私人产权来提供。无论在什么历史时期、什么样的社会形态和社会制度下都是如此，即使是在资本主义市场经济发达的西方国家。西方国家在20世纪50年代至70年代曾一度在工人运动的压力下尝试把公共物品交予私人经营，由于私有产权企业注重微观效益，与公有产权企业注重宏观综合效益形成明显的反差和矛盾，由此造成两个极端：一个极端是由于公共物品外部性不因为由私人产权来提供而改变，公有产品私人化，使私人投资无利可图而停止；另一个极端是把公共物品如教育、卫生市场化后，收费很高，许多人会因此无法读书和就医。鉴于此，许多国家并没有把公共物品及一切社会资源都私有化经营，国家公营仍然在国民经济中占一定的比重。从宏观综合效益来看，公共物品由私人提供会造成资源的重复配置，进而导致资源的无谓浪费，这一点已引起世界各国的注意和重视。

公共物品私有化并不可取。19 世纪末的斯奇维克和 20 世纪初的庇古都以灯塔为例提出了公共物品非排他性和收费上的困难使私人不愿投资，而强调政府建造和提供公共物品的重要性，斯奇维克说："假如一座在适当地点的灯塔使船只的航行得益，却难以向船只收取费用。"庇古认为，建灯塔在私人成本和社会成本上存在巨大的差异，在技术上难以向船只收取费用，灯塔如果是私营的，收益在边际上低于灯塔对社会贡献的利益。在这种情况下，政府建灯塔是必要的。萨缪尔森认为，与其说是收费困难，还不如说是灯塔服务是公共物品而不应收费，对此，F. 耐特却一针见血地说"没有免费的午餐"。科斯在《经济上的灯塔》中阐明了通过私营解决灯塔等公共物品的收费困难的产权方案是可行的。科斯发现，从 1619 年至 1675 年间英国领港公会 1 个灯塔也没建造，但同期，私人却建造了 10 个灯塔[①]。私人向政府租地造灯塔，租期满后再由政府收回，让领港公会经营。至 1820 年，英国共有灯塔 46 个，其中有 34 个是私人投资建造的，后来政府收回私营灯塔，到 1832 年总共有 56 个灯塔，其中公营（由领港公会经营）的占 42 个。1836 年，政府通过法规把剩余的私人灯塔全部收回，1842 年以后英国的灯塔全部由领港公会经营了[②]。

至于当时英国政府收购私营灯塔的理由，当局的解释不是私人收费困难，而是私人收费过高[②]。然而，科斯调查英国灯塔制度的目的是证明灯塔的私人投资建造和收费是可行的。尽管公共物品私营化可以解决公共物品私有化的收费困难，但科斯却忽略了公共物品私有经营与公共物品的政府配置之间的成本比较问题。"因为灯塔和其他公共物品一样，其自然属性决定了使用权上的'非排他性'，要真正设计或发明一套排他的装置和制度将公共物品'私有化'必须考虑制度设计的成本及执行和监督费用，在一般情况下这些成本是高昂的"[③]，无论在西方国家或东方国家，对公共物品完全实行私有化都不一定是最佳选择。对社会资源的合理利用来说，它导致资源的重复配置和无谓浪费。如在我国南方有个县级市为了解决以路养路的问题，把市区内通往各乡镇的公路及管理权下放给乡镇承包和管理，而乡镇又把它承包给私人经营，结果十几个乡镇都在通入该镇境内的路口设

---

①② 张军. 现代产权经济学. 上海：上海三联书店，上海人民出版社，1994. 120

③ 张军. 现代产权经济学. 上海：上海三联书店，上海人民出版社，1994. 122

关卡收费，每辆车经过一个镇就要停下来交一次费。私有化的结果使本来只需设一个关卡收费就可以解决问题的事情却增加到设十多个关卡，既造成收费站的重复设置的资源浪费，又增加了车主的负担，同时限制了车的流量，降低了交通运输效率。由此看出，公共物品的完全私有化并非是最具效率的选择，如今世界上还没有一个国家的公共物品完全由私人来投资和提供；过去没有，现在没有，将来也不可能会有。

对资本主义来说，虽然私有制产权和股份制产权占绝大多数，但在公共物品领域，公有化的产权仍然存在，这表现为在非竞争性领域的产业如国防、交通、通信等基础服务产业大都实行公有化产权制度，这种产权制度提供的公共物品，并不是要取代私有产权，而是要保护和服务于私有制产权经济，使之正常健康地发展。私人做不到的或不宜私人经营的而又关系国民经济的公共物品必须由政府来提供，以维护市场秩序。尤其在特殊时期，坚持公有产权的绝对优势地位就显得相当重要。如在战争时期，在市场经济环境与秩序被破坏的情况下，如果完全靠私人来提供公共物品简直是不可能的，只有坚持公有产权的主导地位，才能保证国家政府能及时有效筹备战争物资，如武器弹药、粮食、衣服、日用品等，确保战争的胜利；战后经济恢复时期也需要继续发挥公有产权的积极作用，通过对能源、交通、通信等基础服务设施的建设为私人投资建设和市场经济的发展创造条件；在和平建设时期一些具有较强的公共性和外部性的公共物品仍然由国家政府来提供，公有产权制度在国民经济的基础领域发挥关键作用，其作用永远是不可替代的。如今从计划经济向市场经济转型的国家，私有化还将进一步扩大，但可以肯定的是，主要的公共物品仍将是由公共产权来提供。

5.4 现代产权是混合的产权制度

5.4.1 股份产权制度在经济增长中的地位和作用

1. 股份产权制度的产生

股份产权制度是在当今发达资本主义国家最常见并占主导地位的企业制度和经济组织形式，它既不是私有制度又不是公有制度，而是由私有制与公有制优势互补相结合而形成，且比私有制度和公有制度更具效率的产权制度安排。它作为先进的企业制度从附属地位上升为主导地位是20世纪初的事情，而股份制度的出现则已有悠久的历史。股份公司最先产生于中世纪的海外贸易。1600年12月30日英国东印度公司的成立，是股份制诞生的标志。这一公司的股份制度影响深远，其通过股份形式集资，解决了资本缺乏的困难，出航前筹集股本，通航后按股份分红，为缓和私有制与社会化大生产的矛盾起了一定的作用。马克思赞叹道："如必须等积累去使某些单个资本增长到能够修建铁路的程序，那么，恐怕直到今天世界上还没有铁路，但是集中通过股份公司转瞬之间就把这件事完成了。"[①] 东印度公司之所以影响深远，一是因为该公司规模大，影响全球；二是因为该公司的许多制度更接近今天的股份公司制度。

股份制作为一种产权制度诞生在19世纪中叶，在资产阶级革命家所倡导的平等合法主义在英国和法国等确立之后，股份公司便进化到股东权利平等的阶段，股东的大多数决议制度、股东大会是股份公司的最高权力机构等制度，从国家法律上得到肯定和体现。法人概念在经济学和法学上得以确认，这样较完整的具有现代意义的股份产权制度和股份制公司才真正出现。

股份产权制度产生于英国。但英国的股份公司形式主要运用于贸易，十八九世纪的英国忙于到世界各地开辟殖民地，股份制形式未能运用于生产企业界，生产企业界大多仍然是沿用私人产权制度。这也是导致英国经济实力下降，最终让出经济领袖地位的重要原因。美国作为原来英国的殖民地，在19世纪50年代开始实行股份产权制度，不但运用于贸易、基础设施等领域，而且大量地直接运用于生产性企业，从而使美国的社会生产力迅速提高，经济实力超过英国，并取代英国获得世界经济领袖地位。从此股份产权制度作为一种最具效率的产权制度被广泛应用于欧美各国，推动欧美各国由自由竞争时期的资本主义市场经济向资本集中和垄断时期的资本主义市场经济转变。欧美资本主义市场经济到了生产力空前发展的黄金时期。

2. 股份制的特点

如果私有产权制或国有产权制及合伙产权制是最完善可行的制度安排，那么，股份产权制度就根本不会出现。但是对大规模协作群生产的监督和协调需要一种新型的产权制度，这种产权制度在于取得大规模的分散于千家万户及社会各界人士的投资，同时要降低监督这大规模资本营运的巨大费用，以及降低取得利润的成本及重大债务风险，对这些问题，上述的产权制度安排是解决不了的。这样，股份产权制度的诞生和应用就是大势所趋了。股份法人产权具有如下特点：第一，它是一种法律契约关系，即股份公司具有独立于公司出资者的法律存在。资产的委托代理权属于股份公司，所有权是股东的，所有者把权利委托给企业，企业取得法人的代理权，股东可以卖出股份，但并不影响公司的生存。第二，股份持有者或股东的责任是有限的，股份持有者的风险只取决于他所拥有的股份多少，即以出资额作为承担风险的最高限额，而不必承担无限责任。有限责任使人们愿意

① ［德］马克思，恩格斯．马克思恩格斯全集（第23卷）．北京：人民出版社，1972．688

为企业提供资本，企业分摊投资风险也使企业易于筹资。第三，股份公司的股权可以自由转让，股东们通过购买和抛出股票来表达对公司的经营业绩和前景的评价。第四，以股东大会的方式来行使和保障法人股份产权，这类似于政治领域里通过民主程序表决的制度。董事会是由股东代表表决选出的执行机构，全权行使股东们的经营决策权。第五，实现剩余索取权与经营权的分离，使剩余索取权对大规模的其他要素所有者的协调和监督成为可能，这种所有权与控制权、所有权与监察权的分离导致专业经理阶层的产生，并具有许多交易上的优势，使控制权和监察权由职业经理人员来行使，这是一种有效地抑制经理偷懒的制度，有利于企业的长远发展和实现利润的最大化目标。

5.4.2 股份产权经济在发达的市场经济中居主导地位

股份产权有上述特点，使股份公司迅速发展成为推动社会生产力发展的动力，使商品经济进入发达的市场经济，在资本主义国家成为代替私有产权而占据主导地位的经济体制。当英国在1856年颁布联合股份公司法案时，谁也没料到这种公司制度在将来会成为主导产业和商业生活的制度。相反，许多学者担心过度分散的剩余索取权会为经理们偷懒或追求自己的利益目标大开方便之门，尤其是斯密对这种企业管理体制的“疏忽和挥霍”感到很担心。20世纪的股份公司得到发展，一跃成为现代工商企业的象征，其公司制度成为能生存下去的最具竞争力的制度形式，使斯密的担心变为多余。美国股份产权制度下的现代公司的成长发端于铁路。19世纪50年代美国铁路大繁荣时期，也是以纽约为中心的美国资本市场形成时期，修筑铁路需要筹集巨资，且联邦政府也能迅速地筹集到资本，管理这规模巨大的资本营运不能靠无数的分散的出资者，而是要靠管理知识和能力等各方面都明显优于出资者（股东）的专职经理和管理人员进行代理营运。19世纪50年代的西部铁路公司就是美国第一家由专职经理和管理人员按严格的股份产权制度管理经营的现代企业。从此，企业主本人或家族成员在企业中的高层管理决策中居于绝对的支配地位的历史结束。到20世纪50年代，股份产权的公司制度在美国经济的主要部门中已成为工商企业制度的标准形式。如今在美国的700多家大企业中，由股东持股的股份有限公司占总数的95%；在《幸福》杂志每年一度评出的美国500家工业大企业中，股份公司有450家，即占90%，而私营企业只有50家，即占10%。可以说股份制正成为市场经济国家步入成熟期的标志，股份产权是这一时期占有主导地位的公司制和产权制度。

20世纪中叶的亚太新兴国家和地区纷纷实行了股份公司制度，使这些国家和地区如“亚洲四小龙”成功地摆脱了贫穷落后，步入了世界先进国家和地区的行列。到了20世纪80年代末90年代初，以苏联和东欧各国为代表的社会主义计划经济国家，在进行政治体制的激进改革的同时，也开始了对经济制度的改革，实行先私有化后股份化的产权改革。同样是社会主义制度的中国，实行了与苏联和东欧各国完全不同的改革道路，即在稳定政治体制的前提下改革经济体制，走一条比较稳健、渐进的改革道路。在具体产权制度改革方面不是一步到位，而是先从农村公社集体共耕制向家庭承包制改革开始，取得经验后再推向城市经济体制改革。在城市经济体制改革中，先从国有企业内部的扩权与放权到承包制、租赁制入手，同时允许私人投资及外资进入，一步一步地“摸着石头过河”，最后才进入股份产权制度改革阶段。与苏联和东欧各国相比，中国股份制产权改革不仅是积极的，而且是稳健和卓有成效的。其代价和阵痛也相对较小，受到包括俄罗斯在内的东欧各国的关注与好评。

6 产权的市场与流通

产权市场是产权交易和产权流动实现的环境、条件与场所，产权商品和产权市场是商品经济和市场经济的重要组成部分。产权法人化、产权商品化和产权市场为产权流转提供条件和机会，产权流通促进产权市场发育和完善。产权市场和产权转让成为市场经济实现资源配置的前提条件和现实保证。

6.1 产权市场与产权流通的基本内容

产权商品化与产权市场，在西方资本主义产生发展以来，是早已解决的问题。这里提出产权商品化与产权市场，是由于东方国家大都是从封建社会或半封建半殖民地社会直接过渡到社会主义社会的产品经济制度，没有经过资本主义独立发展的阶段，产权商品化这个市场经济的要素概念尚未获得确认和推行。因为在社会主义计划经济体制下，产权是国家的或集体的，国家和集体的产权是不可以转让的，否则就是侵犯社会主义国家和集体财产，在这种情况下，产权市场是不存在的，产权流转就不可能发生。

随着改革开放进程的推进，经过一系列的改革之后，国有企业从下放自主权到两权分离再到承包制，仍然不能改变国有企业经营不善、靠躺在政府身上过日子的局面。有些是经济体制的问题，有些则是技术设备或产业问题，要扭亏为盈是十分困难的事。在这种情况下，因为国有资产要保护就不能把产权当作商品，不能交易转让，就只好任其闲置或亏损。随着企业亏损的扩大，政府负担增加，为了减轻政府负担不致继续损失国有资产，国家颁布了《破产法》，这样，就使产权的市场建立和产权转让成为可能。尤其是社会主义商品经济发展和市场经济体制的建立，社会主义的商品经济的市场要素和市场体系从部分到整体的建立，将一切生产要素都纳入了市场的轨道，通过市场进行转让、交流和变换，也就是从在计划经济下的财产权随着行政调拨，可通过商业程序实行流转，这样产权真正成为商品。这不仅推动了社会主义国内的生产要素优化配置，也推动了国内产权与世界产权资源的优化配置。

6.1.1 产权市场

1. 产权市场概念

广义的市场是指社会全部商品交换关系的总和，狭义的市场是指人们从事商品交换活动的场所。其主要包括：产权交易所、证券交易所、拍卖行、国有资产和资源转让交易所等。广义的产权市场是指社会全部产权交易关系的总和。产权市场是产权体系构成的重要组成部分，由交易关系、交易主权、交易对象、交易中方、交易引为、交易程序、交易能力、交易场所等市场共性要素构成。然而，产权市场作为发育较完善的产物又具有一般商品市场和要素市场所不具有的许多特征，如“企业产权市场上交易的商品具有外移动性和流动性”，“企业产权市场交易品种的对象性、专业性、技术性”，“企业产权市场交易行为范围的广阔性”，“交易活动的多样性”，“交易过程的政策性和制度性”。①

产权交易市场是通过产权交易场所和交易活动而形成和建立的，而具体交易场所是多种多样的。在西方国家，产权交易市场与其他商品市场一样是非常自由和灵活的。国家直接控制下的产权交易市场固然也存在——这主要是国有产权转让部分，但绝大部分的产权交易市场是非政府控制的，而是民间自由进行的交易活动，这是与以私有制企业为主体的资本主义经济发展的特点相适应的。即使到资本主义垄断时期，国家干预增加，国有资产增加，西方国家的产权交易市场仍然是分散、自由和多样的。产权交易是民间化、公开化和多元化的。产权交易可以采取多种形式，既可以在某一公开的具体交易场所进行，也可以不在具体交易场所而采取私下协商的方式进行；既可以在国内进行，也可以在国外进行；既可以通过招标拍卖方式进行，也可以通过从股票市场上大量收购的方式进行，还可以采取承包、租赁，从而获得企业经营权利的方式进行。产权交易市场如此丰富多彩，使产权流动、产权形态转换非常便利，有效地保证了产权市场经济的发展。

在社会主义国家的改革中，产权交易市场正处于兴旺阶段，对如何建立产权交易市场还处于实践和摸索进程中。在中国有的地方试图对产权交易市场的任务和性质作规范性解释，如《河南省产权交易市场试行方案》阐述产权交易市场的任务是“产权交易市场是在各级政府的产业政策指导下，发挥市场机制作用，进行产权转让的交易场所”，以及产权交易市场的性质是“产权交易市场是在遵守国家政策法规的前提下，实行企业管理，独立核算，自主经营、自负盈亏的服务型的经济实体和法人，该市场隶属各级国有资产管理部门”。②

---

① 吴海．企业制度创新通论．广州：中山大学出版社，1997．264－265

② 薄越亮，王民有，王加春，张冀湘．产权管理理论与实务．北京：中国物资出版社，1992．505

2. 产权流通

产权流通是指产权市场要素的流动，它是通过产权交易来完成的活动。产权流通反映了市场经济中各种商品和生产要素的交换实质是产权交换，但这里所要研究的产权交易是有特定内容范围的。在现代市场经济与现代产权制度下，经济主体或市场主体直接将企业产权的各种形式作为交换对象，而不只是交易产权附着物，如产品及其生产要素。换言之，企业产权商品化，不只是企业生产出的产品是商品，企业生产所需要的各种要素是商品，而且企业本身也成为商品，成为市场交易对象。因此，企业产权流通就是通过产权交易，有偿转让企业产权产品和资产（包括出让和受让）的行为。

在市场经济发展的历史进程中，先有产品市场——生产资料产品、生活资料产品市场，再有要素市场——资金、技术、土地、劳动力等生产要素市场。随着市场经济的发展，最后出现了与产品市场和要素市场相适应的产权市场，从而形成包括产品市场、要素市场和产权市场的完整的市场体系。从产权市场角度考察，产权流通包括广义的产权市场交易和狭义的产权市场交易。广义的产权市场交易是指社会主义市场经济体制中各种产权转让关系的总和，也是指产权转让的场所、领域、活动、转让关系、政府法律调整等各种经济关系的总和。狭义的产权市场交易是指在社会主义市场经济条件下，各类产权主体从事产权转让活动的具体场所，包括证券交易所、产权交易中心（所）、承包市场、租赁市场、拍卖市场等。它是由有形而具体的场所、市场规则、市场服务机构等部分构成的。我国的产权流通或产权市场交易主要包括两种基本形式：一种是由国有资产管理部门组建的产权市场交易；另一种是由国家证券委、证监委管理的证券交易所进行的股票交易，即以股票买卖方式进行企业产权转让的市场交易。

3. 产权的市场要素

产权交易市场是由产权的市场要素构成的。产权市场要素从不同的角度划分有不同的称谓。从产权组织形式来划分，可分为资产产权市场、土地产权市场、劳动力（劳务）产权市场及知识产权市场和资本市场；从生产过程划分，可分为固定资产市场、流动资产市场；从物质形态划分，可分为有形产权市场和无形产权市场。这些产权称谓都是人们根据对产权活动的不同角度观察进行分类的。此外，按企业产权交易方式，可划分为企业买卖市场和证券股票市场；按进入企业产权市场的交易品性质和规模，可划分为大中型企业产权市场、小型企业产权市场，国有企业产权市场、外资企业产权市场，民营企业产权市场；按企业产权交易的层次，可分为一级市场和二级市场。一级市场是指企业产权在国家与集体、单位或个人之间进行交易的领域和场所；二级市场是指企业所有权或使用权在企业、单位、个人等主体之间进行横向流动性交易的领域和场所，如股票市场、企业兼并市场等。[①] 在这里，主要介绍从产权的组织形式划分的产权市场。

(1) 资产市场。这个市场主要是交易和转让企业的固定资产，包括机器设备、厂房等，由于一般处于固定状态，故称为固定资产。

(2) 资金（金融）市场。这里所说的资金主要是指企业的存款和流动资金，是企业用于购买原材料、设备技术及企业的销售、服务、广告宣传等费用。这是处于货币状态和流动物资状态即货币与物资的非固定状态的资产产权。

(3) 土地市场。土地产权包括农业用地和城市的工业、商业、旅游业用地的产权。如农业用地，土地所有权是国家的，经营权是农民的，但国家有权随时根据需要，征用土地用于非农目的，给予农民合理的补偿和安置。政府将其批给企业后，企业用于工业、商业目的建设。

(4) 劳动力（劳务）市场。劳动力所有者的产权是指劳动力所有者自己拥有的产权。而劳动力商品产权则是指购买劳动力商品的企业拥有劳动力商品的权利。劳动力所有者在雇用或聘用合同期内，劳动力使用权是企业的，劳动力商品转化形式的劳务产品是属劳动者个人所有，当他把劳动产品用于企业交换时，劳动力的劳动产品变为货币形态。

(5) 知识技术市场，包括专利市场、商标市场、版权（著作权）市场三大部分。由于专利和商标是广泛应用于工业的，两者可合并为工业产权，因此，知识产权可分为工业产权和版权两大类。工业产权市场包括专利权市场和商标权市场，专利权又细分为发明专利、实用新型专利、外观设计专利，商标权包括商标、服务标记、货源标记、厂商名称、原产地名称都可以成为商品转让。版权市场包括文学、艺术和科学作品，演出、录音、广播作品、制图、技术绘图、计算机软件等专业性市场也在大中城市具有相当规模。

以上五方面的产权市场要素是现代产权经济所必须具备的。在商品经济社会初期，这些产权市场要素未必都是存在于一个企业，它可能只有某种的一项至几项，如农业社会初期，产权市场要素一般就只有土地产权，产权市场也没有形成，只有到了工业社会发展上升时期，以上五个产权市场体系才会逐步完善，成为互相依存、不可分割的产权要素市场体系。

6.1.2 产权流通的主要内容

产权流通也叫产权转让或产权流转。产权流通的主体是企业，产权转让是企业的自主行为。企业之间要能进行自主的产权转让，必须以企业拥有产权为前提。假如企业对自身拥有什么对象、范围与程序的产权都不清楚，处于产权模糊的状

---

① 吴海. 企业制度创新通论. 广州：中山大学出版社，1997. 265－266

态，它就会缺乏转让产权的冲动，在产权模糊状态下勉强开展产权转让，也就容易引起产权经济纠纷，产权转让就不可进行下去。因此，实现产权自主转让的前提条件，是确认企业的财产主体地位。确认企业产权的主体，对私有企业来说好办，因为企业产权主体就在企业，私有企业无论是出资者自己直接经营，或者是由他人代理经营都是这样，没有异议。股份制企业虽然出资者众多，但产权是依照法律程序组成和按法律程序操作的，持股者无论是从一级市场还是从二级市场购买股份成为股东，产权主体都在企业，股东享有收益权、转让权、抽回权。作为整体来说，股份制企业的产权主体就是企业，而不是股东个人。对于国有企业来说，出资权是国家的，国家是所有者；经营权是企业的，处置权却是国家的。企业在经营不善时有权转让，但要经过层层申请报告，等到批下来才能交易，这样产权转让比较困难。在市场经济条件下，作为法人的全民所有的国有制企业，应当享有对企业资产的支配权、使用权、处置权和一定的收益权。

产权流通或产权转让主要是通过以下形式进行的。

1. 参股

参股又叫转让使用权，是指一家企业将部分资产作为股金向另一家企业入股的一种经济行为，这是产权转让的一种方式。入股后参股企业的所有权不变但使用权交给了接受参股的企业，由其统一使用。参股者有权享有未来的股息和红利，这是对其转让资产使用权的一种报酬。参股或转让使用权的一般是经营较差的企业，它们将自己的部分资产参股到经营好、效益高的优良企业，是参股企业利用优良企业良好的经营能力给自己参股资产带来较好的收益的行为。参股企业只是使用部分资产参股，所占比重不会超过 50%，接受参股的企业也不会接受超过 50% 比例的资产参股。这样不会改变双方企业的法人地位与性质。

2. 控股

控股是指一家企业收购另一家企业的大部分财产所有权，从而控制参股企业或使之成为控股企业名下的子公司或分公司的经济行为。控股成为一种收购财产所有权的活动，从被收购者的角度来看，是通过出让自己部分财产所有权达到向优良企业参股的目的，转让价格依证券市场价格而定。控股企业并非要收购参股企业的所有股权，只需达到控股所需的股权比例便可。参股企业以部分财产所有权的转让为条件，获得向优良企业参股受益的好处。对控股企业来说，一旦收购部分股权达到控制参股企业之后，就可以按照自己的经营方针、方式、目的来统一运营收购的资产，以及支配使用未被收购的资产，参股企业未被收购的资产将被控股企业变为分公司、子公司或下属公司，有的虽然还可以保留法人地位，但名称已改变，成为控股方的某国、某地子公司，即成为控股方的二级法人。控股是属于企业兼并行为，因为参股企业原来的名称和法人资格通常将被取消，统一冠以控股企业的法人资格和名称。

3. 承包

一个企业通过契约承担另一个企业资产的使用、处置、收益权，按照协定比例分成，一部分作为承包者的收益，一部分作为被承包者资产的报酬，这称之为承包。承包有约定的时限，时限有短有长，短的一两年，长的则达一二十年。承包与发包双方议定承包基数，通过协议、合同形式确定下来，承包者将其经营后的成果的一部分作为被承包者让渡其财产使用权的报酬。承包方不管经营好坏都必须按协议、合同支付报酬给发包方。承包方给发包方支付的报酬，有承包基数，也存在超基数的，超出部分再按比例分成。这实质上是被承包者财产使用权的有偿让渡，这种让渡并不涉及企业财产所有权。被承包者在承包期间仍然拥有其财产所有权，但使用权在被承包期间已经让渡给承包者，被承包者在约定的范围内不得干预承包者行使使用权。由于承包不涉及财产所有权，承包者承包之后，虽然可以将资产一体化经营，但不会考虑或促进被承包企业的资产保值增值的长远发展，而且在承包期限内会导致资产的超负荷运营，加速被承包企业的折旧。所以承包对被承包企业在短期内改善经营有好处，长期而言则不利于被承包企业的保值增值和扩大再生产的规模发展。

4. 租赁

租赁是使用权有限期流动的一种方式。租约合同期通常为 1 ~ 3 年，也有 5 ~ 10 年的。出租方将本企业资产出租给承租方，承租方不论其经营状况如何，都必须定期支付租金给出租方，这种行为称为租赁。租赁与承包有相似之处，就是出租方出租本企业资产仅是对该资产使用权的转让，出租方仍然保留着企业的所有权和法人地位。租赁也有期限，在租赁期间无论经营如何，承租方都要把约定的租金付给出租方，租赁期满后资产仍归出租方。租赁与承包也有不同之处，这就是租赁是固定收取租金，而承包是规定一个最低的承包金额，超出部分归承包者，或规定在超出承包基数的部分再按比例分成，经营得越好，被承包者获得的收益就越多。20 世纪 80 年代我国曾出现过以租赁为主的产权转让，将长期资不抵债的企业或商场租给私人经营，定期收取租金。这种形式短期内效果较好，但承租方不会投资扩大资产规模，企业资产无法扩大，而且会导致在租赁期内企业资产超负荷运行，从而加速企业资产折旧，这是一种短期化行为。

5. 拍卖

拍卖也叫竞买，这是一种按一定程序让买者竞相出价来确定商品售价的买卖方式，发达市场经济中经常使用产权拍卖方式。拍卖行接受委托后，张贴通知，刊登广告，说明货物品种、交付期限、拍卖方法、拍卖条件、存放地点、拍卖的日期和地点，到时由拍卖行主持公开拍卖。把产权售给出价最高的购买者，当场成交。拍卖有上增和下减两种喊价方式，上增是从低价喊起，下减是从高价喊起。上增叫价通常由拍卖人喊一个最低价，由购买者竞相加价，直到无人继续加价时，拍卖人即敲打小锤以示成交。下减叫价是先由拍卖人喊一个最高价，如无买主时，拍卖人逐渐减价，直到有人购买为止。在买卖双方成交后，拍卖的报酬向买方或卖方收取。此外，西方还有一种密封投标的拍卖方式，即在拍卖现场，买卖双方都向拍卖人提出密封投资，货物来自讨价最低而投向出价最高的人。产权拍卖的作用，是能够让真正有实力的购买者购买到产权，并有助于防止和杜绝不公平竞价转让的舞弊行为发生。因此，以拍卖方式来实施产权转让是一种比较科学而公平的转让方式。

6. 兼并

当一家企业并入另一家企业而且失去了法人身份时，就称为产权兼并。产权兼并往往是一个法人企业兼并其他几个法人企业；在兼并实现之后，其他几个企业的法人资格已消失，而并入前一个法人企业之中，成为该法人企业的组成部分。它以强化企业优势为宗旨，打破产权的静止和隔离状态，将生产要素向有经营优势的企业集中。它使亏损和经营不善的资产得到优化利用，也使优势企业的技术优势和商品市场规模得到迅速扩大，因此，兼并是企业产权转让的一种重要形式。产权兼并与我国过去的关停并转并无本质联系，因为兼并通过市场进行，是一种市场行为，而关停并转则是一种行政行为。

7. 合并

合并是指两个以上企业通过协商和契约将各自的财产合并在一起，并成立新企业的一种经济行为。合并诸方的资产所有权仍属于诸方的所有者，这种所有权在合并后并不消失，只是合并后企业的所有权依托的法人产权形式发生转换，即所有权依托的旧法人产权组织消失，进而依托新法人产权组织。从这个意义上说，合并诸方的资产所有权并未转让，但是合并诸方在合并后其法人地位都被取消，并形成新的法人及享有新的法人所有权。如张三、李四、王五合并形成一个新的法人产权，而张三、李四、王五各自的法人地位已消失，而被新的法人所代替，但张三、李四、王五的原有所有权不变，各自以其所有权份额作为股东而存在。合并诸方无偿转让了法人所有权，从而连带把原各自企业资产的使用权、收益权、处置权一并转让给合并后新的企业。合并是一种法人产权的无偿转让，合并诸方都看好未来；合并是集中资产、扩大规模、改变资产存量结构、优化资源配置的一种方式，与其他转让方式比较更有利于资产的效率配置和经济的持续发展。

6.2 产权市场与产权流通的形成与发展

产权买卖和产权流转是伴随着商品经济的发展而发展的一个历史过程和历史现象，它是商品经济和市场经济活动的重要组成部分。从产业形态来说，无论是在农业社会还是在工业社会抑或是在后工业社会，都不同程度地存在着产权买卖和产权流转。所不同的是，自工业社会以后，产权买卖和转让规模在不断扩大，交易更加密集和繁荣。特别是第二次世界大战以后，股份制经济成为西方资本主义国家经济组织的主体形式，产权制度现代化、产权主体多元化、产权主体社会化，持有产权的股东、股民越来越多，产权交易买卖空前活跃和繁荣。20 世纪 80 年代西方国家国有企业的“私有化浪潮”、20 世纪 90 年代苏联和东欧社会主义国家的经济体制激进改革，把产权交易进一步推向高潮。

相对而言，中国的产权市场和产权转让起步较迟，发展较慢。新中国成立前，中国经历的是长达两千多年的传统农业社会，以自然经济为主导，商品经济不发达。进入近代后，个别沿海城市虽然有产权买卖活动，但对全国影响不大。新中国成立后，企业产权交易经过了一个曲折的发展历程。首先可追溯到 20 世纪 50 年代初对资本主义工商业的社会主义改造，国家通过“赎买”政策，通过公私合营把民族资本主义企业转变为社会主义国有企业。这次大规模的产权“转让”，是政治行为而非市场行为。此后的三十多年里，产权买卖一直被禁止。改革开放后，随着商品经济的发展，产权买卖活动开始出现，其历程可分为下述三个阶段。

6.2.1 产生与成长阶段

改革开放初期，中国经济体制改革首先从农村实施家庭联产承包责任制入手，取得了成功。1984 年中国经济体制改革的重心由农村转入城市，1984 年至 1987 年期间全面推行“两权分离”的改革。根据“两权分离”的改革原则，在企业中推行了承包、租赁经营方式，使企业特别是小型国有企业和城镇集体所有制企业的产权结构关系开始发生变化，因为一些承包后取得成功的企业不满足现有规模，需要扩大规模谋求更大的发展。一些不承包或承包后发展仍无起色的企业，希望寻求横向联合。而一些政府财政不再包揽的资不抵债的企业则需要通过产权转移来寻求新生。由于横向联合的深层次发展，便出现了企业兼并活动，企业兼并是发生在企业之间的产权交易行为，引起了企业界、理论界和政府的广泛重视。企业兼并的产权交易和产权转让的社会背景，首先是启动城市经济体制改革后，要求企业摆脱对政府的依赖并走向市场，政府逐步减少了对企业的财政补贴，企业普遍面临着从依赖政府到走向市场的转型。在这个管理体制的转型中，亏损企业增加，一部分企业陷入困境，难以生存。据当时有关资料统计，1986 年全国国有工业企业亏损总额为 47 亿元，亏损企业为 6 479 家，其中三分之一的亏损企业长期靠政府补贴，勉强维持，成为政府的沉重包袱。一些企业负债累累、产品滞销积压，转产没资金、改造没条件，总之，无法通过自身的力量继续经营。在这种情形下，相关主管部门提出了一种新的思路，即在“两权分离”的基础上向前推进一步，在所有权上做文章，希望通过所有权有偿转让，借助外部资金、技术、管理力量把亏损和面临倒闭的企业重新搞活。企业的横向联合的进一步发展受到企业隶属关系的行政条块分割的阻碍。如轻工行业当时就出现了产业结构、产品结构、企业集团组织不合理的状态：①部分行业生产能力过剩。②名优新产品供不应求，低劣产品滞销。③企业横向联合紧密型少、松散型多，横向联合受到企业“三不变”的约束，难以发展成为以资产联合为基础的企业集团。为了解决这些问题，必须冲破“三不变”的限制，推进生产要素在行业之间、区域之间和企业之间的合理流动，形成新的企业发展机制。一些企业开始尝试进行产权转让，并取得了明显的成效，从而坚定了管理层面通过产权转让方式来推进经济体制改革向纵深发展的信心和决心。

6.2.2 发展与规范阶段

从 1988 年开始，企业兼并由之前的企业自发阶段进入了政府认可和规范的阶段。1987 年 10 月，党的十三大报告明确了小型国有企业产权可以有偿转让给集体或个人。1988 年 3 月，全国七届人大一次会议又明确把鼓励企业承包企业、企业租赁企业和实行企业产权有条件的有偿转让作为深化企业改革的两项重要措施。同年企业产权兼并拉开帷幕，在全国范围内迅速发展，在短短的两三年内，许多企业走上了兼并道路。据当时的不完全统计，已有 2 739 家企业兼并了 3 265 家企业。随着兼并的发展，不少优秀企业开始突破地区、行业的限制，在更大范围内选择兼并对象。1988 年跨地区兼并的已有 213 家，跨行业兼并的有 1 091 家。首都钢铁公司通过跨地区、跨行业兼并了 24 家机械、船舶、电子企业，加上横向联合，首都钢铁公司下属企业达 103 家，成为跨冶金、机械、电子、建筑等行业的大型企业集团。

这次兼并的高潮，收到显著的效果：第一，生产要素经过优化组合，提高了整体的经济效益。第二，在竞争中实现了优胜劣汰，推动了经济结构合理调整。第三，用优势企业文化改造劣势企业文化，从整体上提高了企业素质。实行兼并后，优势企业把长期形成的管理思想、行为规范、传统作风等企业文化传播给劣势企业，使其形成新的风貌，重新焕发生机。第四，劣势企业摆脱困境，减少了政府财政负担和社会不安定因素。多年来，各地都有一批长期经营性亏损企业，造成两大矛盾：一是这些企业连维持简单再生产的资金都缺少，靠政府财政补贴维持生存，成为政府的沉重负担。二是由于企业亏损，职工不但没奖金，连基本工资都不能按时拿或拿不到，有的企业职工只能休长假，或回家待业，或自谋生计，生活失去保障，引发社会矛盾，增加社会不稳定因素。企业兼并可以在社会上还不至于随企业破产带来压力而造成不安定的条件下，缓解上述两个矛盾。

这个阶段兼并的主要特点和趋势：一是兼并目标由单纯为了消灭企业亏损向自觉优化经济结构方向发展。二是兼并规模由少数城市中的少数企业兼并在向全面展开的方向发展。三是兼并数量由一对一的单个兼并向一对多的复合兼并方向发展。四是兼并范围由本地区、本行业的企业兼并向跨地区、跨行业兼并方向发展。五是兼并程序由试验探索向逐步规范化方向发展。

6.2.3 传统的产权市场向现代产权市场的转型阶段

股份制企业的出现和股票证券市场的设立标志着产权市场和产权转让由传统方式转入现代方式，标志着中国产权市场与产权转让由形成到迅速成长，也标志着中国产权市场和产权转让开始与国际产权市场连接，逐步步入高级化阶段。如果说传统的产权市场和产权转让主要是以实物市场和实物转让为主，那么，现代的产权市场和产权转让则主要是证券市场和证券交易转让占主导。

1990 年 11 月 26 日，上海证券交易所经中国人民银行批准宣告成立，并作为中华人民共和国第一家证券交易所于同年 12 月 19 日正式开张营业。同时上海人民政府发布了《上海证券交易管理办法》，对股票交易活动作了严格的规定。1991 年 7 月，深圳证券交易所也经中国人民银行批准正式营业。1992 年初邓小平南方讲话以后，我国的企业股份制改造加快，到 1992 年 10 月，上海、深圳两地的上市公司达到了 38 家。1991 年上海证券交易所的股票交易量为 16 亿元，而 1992 年 1—6 月股票交易量上升到 108.64 亿元。1992 年国务院证券办公会议制度正式建立，成立证券交易委员会，相继出台了一系列的关于股份制改造和管理的政策性文件，并成立了国家证监会。至此，我国的股票交易市场逐步发育和成长起来。毕竟证券市场建立只有二十多年，对证券市场的规范和监管还缺乏经验，对破坏公正公平交易的操纵股市、内幕交易等行为的防范、监控与打击不力，且过多用行政手段干预股市涨跌。我国要成为一个以股票证券市场为主的成熟的现代产权市场还有相当长的一段路要走。

6.3 产权市场与产权流通的意义与作用

产权市场在我国商品市场的发育与完善中的地位很重要，产权对不同所有制、不同企业之间的流动发挥着重要作用。从发展地位来看，由原来完全封闭的市场到半开放再到高度开放的市场，形成了由政府配置产权资源到市场配置产权资源的转变。

建立社会主义市场经济体制，就是要建立相应的市场体系和完善的商品市场，包括生活资料和生产资料，包括企业生产的产品、生产要素和企业本身的有形和无形、可动和不动资产。在过去的计划经济体制下，没有商品市场，产权市场就不可能出现。改革开放初期，把生活资料作为商品，而生产资料仍然不能成为商品进入流通领域；随着改革的深入，生产资料也从部分到全部成为商品进入市场。生活资料商品的丰富有赖于生产资料商品的自由流动来实现优化配置，因而，产权市场已成为市场经济体系中非常重要的、不可分割的组成部分。

产权市场的建立标志着产权可以改变自己的形态，可由有形产权变为无形产权，可由实物形态变为货币形态，只要有利于资源配置就可以自由变换。作为产权资源具体形态之一的生产资料可以全面流动，不仅可以在不同性质的企业间流动，而且可以在国际产权市场流动，这样，产权市场的建立就能起到开拓国内国外商品市场的作用，从而推动整个商品市场全方位发展。

产权市场促进了产权在企业之间的自由流动，避免了产权资源浪费。不管是在不同所有制性质的或者是在同一所有制性质的企业之间，交易都可以进行，这个交易是完全遵守市场规则，公开、公平、公正地依法进行的。产权交易市场的建立，使优秀的企业能够从产权市场购买到要素产权，扩大再生产规模。长期亏损的企业可以在产权交易市场把企业的要素产权变成货币，再把货币转换为新的要素产权用于发展新的产业，以实现东山再起。对一个出售要素产权的亏损企业来说，产权交易不是简单地从产权实物形态向货币形态转换，再从货币形态转向实物形态的往复回归，而是产权在交流变换中实现了一次新的飞跃。

产权市场促进了社会企业的产权资源优化配置。产权交易市场的建立，使长期闲置、亏损和浪费的产权资源有转让的机会和场所，使一些因种种原因经营不下去的企业、一些有意拍卖转让的企业，能够及时地转让出去，把产权的实物形态变为货币形态，避免更大的浪费和积压；同时还可以把亏损产权的转换形态——货币投入新的企业，发展新的行业，重新实现产权的保值增值。亏损企业产权经过市场的交易过程，既保存了产权的原价值，又给亏损企业带来新生和发展机遇。因此，亏损企业产权经过产权市场两次交易过程，一方面使亏损企业的行为终止，另一方面又是企业产权重新配置运行行为的开始。产权交易市场可以改变一个企业亏损的命运，这就是产权交易市场在产权资源配置上所发挥的功效。

产权市场使全民参与投资，扩大企业筹融资渠道，保持投资就业和经济增长。在计划经济体制下，企业扩大经营规模大都依靠政府财政投资。企业由于产权主体不清，缺乏权、责、利的约束与激励，令政府的投资成为无底洞，甚至引发“投资饥饿症”，因此很难实现经济的持续稳定增长。证券股票市场的建立，使全体国民都有机会参与产权交易活动，有机会成为持股数量大小不等的股东；同时也使优良企业能够直接从资本市场即证券交易市场快速地实现筹融资来扩大企业经营规模和生产能力。自2006年我国股市振兴以来，除了机构外，广大股民也成为股份制公司的投资者，有利于保持和促进投资、就业率和经济持续增长。

6.4 我国产权市场与产权流通的规范与完善

我国的产权市场与产权流通随着社会主义市场体制的建立和加入世界贸易组织发展迅速，但也暴露了一系列的问题，集中表现为国有资产的流失。有材料分析认为，自20世纪90年代中期以来，我国平均每年国有资产流失1 000亿元人民币，其中股份制改造是资产流失的一个重要因素。国有资产流失其根源不在于产权股份制改造本身，也不在于产权市场和产权转让，而在于产权转让不规范，需要得到正确认识和解决。

6.4.1 产权流通市场不规范

产权市场与产权转让是产权流通的交易场所和交换形式，产权市场和产权转让有助于实现资源的优化配置。市场反映的是一种平等协商的权利交易关系，市场为要进行交易的各方对自己的产品产权进行市场评价，交易的目标是使得交易双方都满意，也就是实现双赢。经过产权市场进行产权转让，交易双方改变的是自己的价值存在形态，而不是价值量。在一开始建立产权市场和对国有企业进行联合和兼并时，人们在观念上还转不过弯来，认为转让国有企业产权是私有化。经过多年的实践，人们开始在观念上逐步转过弯来，至今还持有那种观念的人越来越少了。然而，对在产权市场和产权转让实践中存在的问题却不可忽视和低估，这些不规范的行为多种多样。产权转让是一种市场交易行为，必须是等价交换，因此规范的产权交易就必须有明确的交易主体、明确的市场交易规则、公开的交易程序。然而，产权市场和产权交易行为不规范，为国有资产流失留下隐患。产权市场和产权转让存在的误区，最常见的有以下六种。

1. 产权转让的内容和范围不明确

国有企业产权转让是一种由实物形态向货币形态转换，又由货币形态向实物形态轮回的过程，实质是一种对国有企业产权资源的优化配置的行为和过程。所以，产权转让的原则必须有利于资源的优化配置，这就要求产权转让必须有明确的交易范围和内容。在进入产权转让市场之前就要搞清楚哪些行业的企业可以转让，哪些行业的企业不可以转让。即便是同一类行业，也要搞清楚什么状态下的企业可以转让，什么状态下的企业不可以转让。有些企业资产涉及国家产业安全，不能全都让给外资企业，然而，在现实经济活动中，不管什么行业、不管是优良企业还是长期亏损企业，只要想转让就转让，处在一种混乱无序的自发转让的状态之中。

2. 国有企业的产权交易主体模糊

从理论上看，国有企业的财产所有权属于国家，只有财产所有者才有企业产权交易的资格和权利。如中央企业由国务院统一管理，各级政府监督；地方国有企业由地方政府管理，地方上级和中央政府监督。企业自身作为法人和经营组织者是无权处理有关企业财产的所有权交易的。换言之，国企的财产所有权转让主体必须是国家授权的投资主体，如国家投资公司、国有资产经营公司、国家控股公司等。一般的国有企业和企业法人是不能成为转让主体和无权转让国企资产的。在实际的产权交易中，一些国有企业自作主张自己卖掉自己，不经所有权主体同意，实际上是擅自变卖国家产权，而没有受到任何追究，由此造成国有资产流失。

3. 国企产权转让程序不规范

在国企转让的过程中转让的程序不规范，在转让前的资产评估中，不交由第三方即专门机构和专职专业人员按法定评估程序评估，而是由自己组成的班子来评估，由董事长、总经理或书记、市长担任评估委主任或评估领导小组组长，而评估中又以长官意见为准，评估成为走过场的形式主义。各地都不同程度地存在着国有资产评估的粗评、漏评、粗估、少估、漏估的现象。有的企业随意性很大，根本不按产权交易的规定程序和原则行事，不作认真的资产评估，有的干脆直接进行场外交易。更多的地方和企业资产评估流于形式，最后由党政主要领导拍板决定出售价。有的地方为了吸引外资出让产权，与外商合作时，资产评估范围只有固定资产和流动资产等有形资产，对无形资产如知识产权、企业商标、品牌、知名度、信誉和销售网络等不作评估。更为严重的是，承载企业资产的土地不被列入评估范围，全部附着企业资产免费送人，致使一些商家通过少量投资收购企业资产而附带获得建筑物下的土地，将获得的大片厂房的土地用于开发商业房地产楼盘出售，牟取暴利。

4. 产权交易机构和从业人员不规范

国企产权转让与其他产品的市场转让不同，需要专业的交易机构来进行，以保证交易的科学性和公正性。然而，长期计划经济体制下没有产权交易的实践和经验可循，以致产权市场和产权交易进入无序状态。国有企业产权的交易机构五花八门，普遍缺少准确的法律定位和权威性，名称叫法不一，资质良莠不分，操作也极不规范。各地对交易机构的性质、责任、资格、审批办法、转让规则的认识和要求不明确、不统一。一哄而起建立的产权交易机构，没有经过严格的规范审批，评估和交易人员没有经过系统和严格的业务培训就仓促介入产权交易，使产权交易缺乏法律规范和交易程序规范，因而缺乏公正性和科学性，难以担负起产权交易机构对产权交易主体及标的的真实性和合理性进行客观公正的评估、审查和审核把关的重任。产权交易机构和从业人员的不规范是导致国有资产大量流失的一大重要原因。

5. 国企产权交易审批机构不统一

对国企产权交易的审批政出多门，审批机构、审批标准和审批程序不统一。根据国家有关规定，国企被兼并和国企产权出售，统一由各级国有资产管理部门负责审批；未设国有资产管理部门的地方，由同级财政部门会同企业主管部门报同级政府审批。这样一来，国企产权出售交易便出现许多不规范的做法，如有的由国资局审批，有的由财政局审批，有的由所属部门或有关管理部门如财委、发改委等审批。有的地方各部门要么互相争夺审批权、要么互相推诿，有的地方甚至由党政机关直接成立投资控股公司，市（县、区）委书记当董事长，市（县、区）长当总经理，企业产权出售由董事长和总经理拍板决定。这样，无论是由政府集中审批还是分散由各主管部门审批，都容易因缺乏管理秩序和监督而造成国有资产的流失。

6. 国企产权转让收入处置不规范、不透明

事实上，国企产权转让后的净收入处置已造成国有资产流失。国有产权转为净收入后应当属于所有者权益，即归国家所有。但国家是由国家政府各部门和地方各级政府及部门组成的，笼统地说归国家所有肯定无法准确地界定产权转让收入应属的具体主体。如果是中央企业归中央财政和国家国资委，那么，地方国有的如省、市、县三级地方国有的则归省、市、县的财政和地方国资委。然而，各地区间的收缴部门不统一，不少是主管部门和企业自卖自花，使用方向缺乏明确的规范，也缺乏纳税人对国企产权转让收入用于何种用途的听证、质询、问责的监督机制和审计制度，于是在一些地方，国有资产转让所得被以各种方式侵占和瓜分。

6.4.2 产权市场与产权流通的规范

制止产权市场和产权转让中的国有资产流失，必须通过规范与完善的产权市场和产权转让制度来实现。

1. 规范交易主体和范围

国有企业交易主体应当是国资委，此外，任何单位团体和个人不得插手，国有企业不能自己决定转让自己。国有企业交易的范围是竞争性的行业，非竞争性

的行业以及关系国家民族经济安全的产业不应也不得纳入向外商转让的范围。至于哪些是竞争性行业的企业产权、哪些是关系国家民族经济安全的国企产权，由各级政府的国资委根据不同时期需要来确定，并经人民代表大会表决确定。

2. 规范转让净收入的主体

国企产权转让所得应无条件全额缴交财政部门，财政部门设立专门的国企资产转让收入账户。国企资产转让收入账户的收入来源于国企产权转让，必须用于公益性企事业投资和公共设施投资等用途，专款专用，不得挪作他用，特别是不能用作盖政府的楼堂馆所或挪作行政办公费用。国企产权转让后的净收入，原则上用于国企投资的支出及为大众服务的公共设施建设，即使如此，此类项目需要动用账户时，要由财政部门、国有资产管理部门和监察部门的人员签字才能放款。

3. 要加强国企产权转让的交易审计

每宗国企产权转让过后，同级审计部门必须同时跟进审计，审计其交易行为和交易过程是否有违法违纪行为，特别是国企产权转让净收入的资金流向何处，发现漏洞及时堵塞。极力防止政府官员的“长官意志”的行政干预，杜绝政府官员在产权交易中的官商勾结、营私舞弊等“寻租行为”和渎职行为。

4. 规范产权交易市场的组织建设和运行管理

要加强对国有资产管理部门、非专职管理部门、财政、审计和行业自律性组织对产权交易的管理，提高对产权评估、交易机构的准入门槛，提高业务素质，严格规范其职能与业务行为。要统一规范明确资产评估、财务审计、公证等各类中介组织的资格、职责、权利、义务及相应的法律责任和经济责任，使交易和运行规范有序地进行。

5. 加强产权交易立法

过去一个时期，国家有关部门就产权交易陆续出台了一些政策性文件，对产权交易有一定的规制作用，但这代替不了法律的规范。市场经济是法制经济，对现代市场经济要求来说，更需要有明确的法律规范。因此，国家要尽快制定一部适合社会主义市场经济发展需要的具有规范性和权威性的《产权市场和产权交易法》，以规范产权市场和产权转让。

6. 建立产权市场和产权交易运行规则体系

遵照国家有关法律、法规，建立产权市场和产权交易运行规则体系。从产权主体资格认定，到产权交易范围、交易内容、交易方式、交易程序、价格形成、交易费用、付款方式、转让收益处理、中介机构管理等各方面，建立一整套的规则体系，确保产权市场和产权交易规范有序地运行，不但使国企产权，也使其他性质的企业产权均能进入公开、公平、公正的产权交易市场。

7. 加强对产权交易机构整顿和对从业人员的职业业务培训与资格认证

相关部门要切实提高从业机构和从业人员的素质，确保产权市场和产权流通业务健康有序地展开。

6.5 开放产权市场与保护国家产业安全

6.5.1 产权流动国际化不可逆转

与全球化和市场一体化潮流相适应的是产权流转的国际化，这是一个必然趋势。我国企业产权市场对外开放，促进我国产权资源在更大范围内进行优化配置，对提高我国企业的产权运行效率是十分有意义的。

6.5.2 关键产业要保护

我们应看到发展产权市场并不等于完全放弃我国对关键产业的保护，放开产权市场并不等于无条件地让外国资本进入。发展产权市场与有选择地保护我国某些重大的关键产业的思想是一致的，任何国家即使是发达国家在发展本国产权市场时，也十分注意本国的产业安全，对某些国内关键产业即便是转让也只是让本国企业进入，而不向外国公民法人的企业开放，这一点值得我们重视和借鉴。因此，我们在发展产权市场时，必须强调同步保护国家的产业安全，对某些关键行业，如金融、房地产、航空、航天、高等科技研发等涉及国家经济安全的产业，其产权应立足向内资开放，不能以提高管理和技术水平为由向外资全面开放。事实上，单靠引资来提高管理和技术水平，从以往二十多年的经验来看并不成功。对许多高新技术产业中的核心技术外商并没有让国内技术人员掌握，反而市场被他们牢牢地控制着。一些外资掌控的传统产业在获得高利润的同时造成严重的环境污染和生态隐患，由我国地方政府买单而得不偿失。况且提高管理和技术水平的渠道很多，并非只能通过将资产交予外商管理的单一方式。例如，出国学习培训和考察访问以及请外国专家来华讲学、交流和到企业任职等都可以达到上述目的，而且付出的成本代价要低得多。

向国外投资者出售某些国内企业产权是必要的，但不能把所有的产权都向国外开放，事关国民经济命脉及国家经济全局和长远利益安全的产权，该保护的要坚决保护，不可轻易外卖。如银行等产权，这在任何国家即便是发达国家都是被列入重点保护范围的产权。随着股份制的推进，以及人民币对美元的汇率持续上升，境外投资机构看好我国产权市场，大量热钱以各种方式和渠道进入中国的产权交易市场，对国有企业产权进行收购和并购。人民币持续升值决定了外商收购和并购中国企业产权这一态势的持续性。某些外商利用国内产权市场需求不足、法律法规不健全和监督措施不力等薄弱因素，进行隐瞒性不公平交易。特别是一些早期的并购者，利用我国国有企业产权交易的不规范和疏忽，有的只谈收购或并购厂房和设备，只字不提工厂下面的土地，表面是收购工厂企业，实际是要占有厂房下面的土地；有的把企业场所的土地连同机器设备一起以极低的价格收购，然后直接把厂房场地的土地转手出去牟取暴利，或与房地产开发商在厂房场地上联合开发楼盘出售。这些转让国有企业的管理者从中得到好处，却换来国有资产的巨大流失。外商进行投机性收购和实行垄断性收购所导致的负面效应已逐步引起有识之士的关注。一些投机收购者借产权转让之机“炒产权”，外商凭借买方市场的有利地位，极力压低我国企业产权价格，以远远低于实际价值的价格购入，并把资金兑付期限拉得很长，以便对所购得的企业进行表面包装或重新开发后，在国内或境外市场高价抛售，从中牟取巨大利差后再向我方兑付。外商这种炒作产权行为导致我国国有资产大量流失，阻碍了我国产权市场健康有序发展，这应引起足够的重视。

随着我国加入世贸组织的关于开放服务业市场的承诺期限到来，适逢人民币升值，外商竞相进入我国收购服务行业的产权，如银行、投资、保险等，除整体兼并外，普遍要求控股。他们通过各种手段掌握控股权，进而控制某一产业市场，占据市场优势份额。然后，由外方控股的企业纳入其生产经营体系，使该企业按有利于外方的方向发展。如果全行业的重要企业大规模地被外方控股，就会形成由外方主导的垄断和不正当竞争，必然不利于民族工业发展和消费者合法权益的保护以及国家经济安全。

我们要从指导思想上摆正发展产权市场与保护国家经济安全的关系，要把两者统一起来，增强既要建设产权市场又要保护国家经济安全的观念，对外出让企业产权，一定不能以牺牲国有产权正当权益为代价。转让企业产权不能损害国家利益，要抓紧相关法律法规的制定，对外国商人进入我国产权市场收购或并购国企产权的准入范围、条件、程序、市场份额和监督机构等尽快在立法上加以明确规定。国际上，无论是发达国家还是发展中国家，对外资收购本国企业的产权以至控股本国企业都严格控制，并在法律上有明确规定，我国应当借鉴。要建立有效的政府监控体系和问责制度，对外商要求购买国企产权的行为，一定要经过专门合法的资产评估机构进行严格评估，并且要经过公开拍卖的竞价方式来实现产权转移，使转让价格更趋于市场化和合理化。对于关键产业和重点企业的产权，不得向外资企业转让，特别是服务行业中高端的关键行业，如银行、信托、按揭公司等金融企业不宜向外商全面开放，即使已开放，外商也不能以控股股东的身份出现，应坚持由内资企业作控股股东。如有特殊个例必须经人大讨论表决，保留控股权，保护我国关键产业的安全，这要成为法定程序的制度安排，通过立法规范。

7 产权与分配

产权制度是与一定的分配制度相联系的，有什么样的产权制度，就有什么样的分配制度，产权制度决定了分配制度，分配制度又作用于产权制度。如资本主义社会实行按资分配制度，社会主义社会实行按劳分配为主体，多种分配方式并存的分配制度。相对于按劳分配名义下的单一的平均主义分配制度，我国现在的分配制度是与社会主义市场经济和现代企业制度相适应的分配制度创新，有力地推动了社会生产力的发展。

7.1 三种分配观

关于什么样的产权制度安排才能做到分配公平，什么样的产权制度是不公平的，从来没有一个绝对的标准，也无法找到这一标准。因为任何公平都是相对的，就从相对公平的角度也因观察公平的立场不同而存在差异，这里有经济标准，或者说市场标准，也有道德标准，在一定产权制度条件下，同一种分配制度下的经济分配被认为是合理的，合乎生产力发展逻辑的，但从道德分配观来看则是不合理的。同样会出现道德分配观认为是合理的，经济分配观却认为是不合理的情况。因此，公平分配就有一个站在什么角度来观察和认识的问题，同时，也有一个谁为主谁为辅的问题。较为公平的分配，应当是选择最合乎生产力发展的效率分配形式的同时，又兼顾有利于社会安定的非效率的分配形式，经济分配观与道德分配观的互补统一，就是市场分配与平均分配的互补统一的公平观。

7.1.1 市场分配观

自由资本主义时期的社会是典型的商品经济社会，市场分配观念比较突出，一切都已商品化、市场化。在资本主义社会以前的经济社会里，虽然也有商品生产和交换，但市场经济还没有成为主导，而是作为自然经济或统制经济的必要补充而存在的。因此，市场经济是在资本主义商品经济充分发展的基础上形成的，包括产权在内的一切都被商品化，市场分配观就是由此而形成的。所谓市场分配观，就是按照市场经济竞争的效益来分配，一个企业不管拥有多少资产，如果竞争力不强，在市场经济中站不住脚，即使资金雄厚也难以在竞争中取得较高的利润。为什么说市场经济的分配在于市场而不在于权力？这是因为在一定的社会制度下，实行市场经济是有特定的要求的，一是社会分工，二是等价交换。社会分工会产生许多的不同所有者，而等价交换使企业在利益调整和转换时能够平等地实现各自的价值。在统一的税收政策下，企业市场竞争就决定了企业从社会“索取”收益的丰厚程度。这样，那些管理好、成本低、质量好、技术先进的企业就能在同行企业竞争中占优势，并从社会竞争的分配中获得最大的收益；反之，则获得不了那么优厚的社会分配收益，更有甚者，不但没有获得社会分配收益，反而倒亏。那样，竞争能力强、收益高的企业中的员工的收益分配自然提高；反之，亏损企业中的员工则收益低、报酬低，只能维持在社会最低工资的水平或社会平均工资以下的水平。在法治经济和市场发育较好的市场经济国家里，以市场为主导的经济分配较为客观公平。

7.1.2 道德分配观

所谓道德分配观，就是把道德规范引进经济分配领域，在同一国家或地区，同为这个国家的企业，或同为一个企业，无视出资者和劳动者的任何差异，在分配上一律平均。道德分配表现在宏观分配上，不论地区差别、贡献大小，实行地区拉平；表现在微观分配上，不论个人劳动贡献大小，也不论企业投资比例的差别，一律按人头均等分配。按地区和人头的平均分配观，看起来似乎是道德的。在东方儒家思想看来，讲道德可以超越物质利益的计较，并成为人们对物质利益分享的自律准则。其实，按道德分配不管在西方还是东方都是行不通的，19 世纪西方空想社会主义思想家和实验者欧文在自置的数万亩土地上实行公社制度的试验，实行社会主义，不计报酬，共同劳动，均等配给消费品，结果过不了多久，就维持不下去了，成为“乌托邦”。太平天国曾经提出“有田同耕，有饭同食，有衣同穿，有钱同使，无处不均匀，无人不饱暖”的道德经济分配观，显然，这种道德分配观也是无法实现的。然而，在计划经济体制下的中国曾一度盛行以平均主义为特征的道德分配观，这种分配观是靠高度的思想和舆论控制，以及对民众灌输社会主义单一公有制观念思想为手段和条件的，是以牺牲人的自主性、积极性和创造性为代价的，因此，对社会生产力是严重的束缚。

7.1.3 权力分配观

权力经济是一种凭借权力来实现社会分配收益的经济形态。权力是一种公共资源，来自国家代表的公众意志，具有莫大的威力，一旦拥有并介入经济活动中，就会使经济分配关系变形。权力作为公共资源，可以用来为市场经济服务，保护和促进社会的公平竞争。如果滥用权力，把权力运用到经济活动中谋利，就会破坏市场经济的公平竞争。在经济社会里，从历史纵向来看，以往历史的产权制度无不与权力紧密相连，权力也就成为以往产权经济分配的基础。

奴隶社会和封建社会实行的集权经济不可能做到经济上的平均分配。当时，土地是主要的生产资料，为奴隶主和封建地主代表国家所有，土地产权也是为以奴隶主和封建地主为代表的国家掌握。奴隶主贵族以及奴隶主最高首领国王直接管理土地产权，不仅占有土地，也占有奴隶本身及其他一切，对奴隶的劳动生产过程全面督促和控制。例如，在春耕冬种、夏收夏种时，奴隶主以及国王就会到公田去巡视，以监视奴隶的劳动。封建社会的农民必须租种地主的土地才能生存。封建地主课以很高的租税，一般占农民总收入的60%，有的高达80%，遇上灾荒年份，农民根本交不起地租，有的农民被迫重新沦为地主的家奴。因此，农民对土地并没有因为有一定人身自由和租赁关系就拥有所有权。国家权力被封建地主的最高代表——皇帝所拥有，皇帝以国家的名义控制国家全部土地资源，并把这些权力和土地资源分配给皇家子弟、统治集团的各级官吏，由中央政府对全国的经济进行干预。因此，无论是奴隶社会还是封建社会的经济分配，都是超经济、凭权力的不平等分配。

我国从苏联移植的社会主义模式，不仅脱离社会生产力水平，而且还带有旧中国的封建元素。国家政府通过各级地方政府运用权力直接管理和控制企业，企业是国家的附属物，因此，不可能以公平竞争来实现社会的分配和再分配。在计划经济体制下，国有企业财产的所有权、经营权都是政府运用国家的权力直接实现分配。计划经济强调权力管理经济的合理性。不论在何种社会形态下，权力经济都是一种以国家名义对企业利润进行超经济的行政掠取性的分配，分配的最大受益者是统治集团和少数社会阶层。在传统社会主义计划经济中，国有企业的利润绝大部分是以税利形式上缴国库，由国家各级行政机关所在地的中心城市使用。这种分配结果，大部分税收运用于以城市建设为主体的开支，广大农民是无法分享到的。因而，这种分配缺乏涵盖面，也无法做到公平、合理。

7.1.4 对三种分配观的评价

以上三种分配形式在历史上都曾先后出现过。权力分配观主要出现在奴隶社会和封建社会。奴隶主和封建地主及其最高统治者是国家权力的象征和财产的最高所有者，也是土地收获分配的最大收益者。其土地和收益都是靠权力带来的，他们的一切收入不是通过商业程序来取得，而是直接榨取生产者或从生产者贡献中获得的。它严重压抑生产力发展，使工商文明难以产生。资本主义市场经济的分配，表面上看来资本所有者按出资来分配，谁出资多收益就多，出资少收益就少。事实上，出资多未必就收益分配多，出资少也未必分配收益少，关键是看市场的竞争能力。市场竞争能力强，出资少也可以转化为较多的收益分配。反之，出资多也可能收益分配少，甚至破产。在资本主义社会，除了一些地主与资本家联手利用土地转化为资本而成为工商资本巨头外，大部分的资本拥有者是靠勤劳起家的。在工商实业界有所成就者开始大多是从被雇用的劳工或小职员做起，然后凭自己的资本积累创办公司，进行商贸活动，一步步发展成为大企业家的。即使是敢于冒险的创业者，真正成功的还是少数，大多数是在竞争中被淘汰。为什么有人成功有人失败？这就是市场竞争机制所起的作用，是市场评价的结果。在完善的市场经济面前，权力已不再起主导作用，因为市场经济的社会环境是法治竞争的经济，在法律规范的市场条件下，权力的作用非常有限，它不能再像奴隶社会、封建社会那样，靠权力就可以从生产者手中获得一切财富，而必须经过商业程序，以等价交换来取得。在法制健全的市场经济国家，权力在法律面前已丧失直接插手和垄断经济的权威性，它实行的是一种市场分配观。

传统社会主义计划经济实行的是道德分配和权力分配相结合的分配形式。改革开放前的中国，国家以社会主义名义全部占有工商企业的所有权和经营权，无论是国有工商业还是集体农业，其最终产权都归国家所有。国家政府可以随意调整、合并或解散企业，没收动产和不动产。它根据的不是市场，而是政府计划的需要。国家政府不仅具有资产和土地资源的所有权，而且中央政府通过各级地方政府直接指挥工商企业和集体农业的生产经营活动，“反瞒产”是当时最重大的监督行动，从中央到地方各级政府一年四季不停地对农民催耕催种、催收催缴。集体组织和农民个人没有自由的经营权，完全是被动地从事生产活动。作为生产经营的重要内容之一的分配活动，临近收获时节，从中央到地方各级政府除了发文指示怎么做好分配方案外，还派出大批工作队下乡进行监督或者代替生产队管理人员直接进行清仓核算，制订分配方案。丰收不忘爱国，减产不减贡献，“千方百计超额完成公购粮任务”，这就是当年农业的初次分配的生动写照。“爱国粮”是一个没有法律规范的概念，凭此就可以把农民的收益无偿调拨，即使遇上自然灾害生产失收或歉收，作为第一次分配，提交给国家的公购粮一粒也不能少。

这种分配还表现在个人分配方面，如不同级别的政府官员的分配，官职级别高的在住、吃、行方面都比低一级官员优越一点，以此类推逐级递增。什么级别的干部可以坐什么交通工具，从坐汽车到飞机坐几等舱，住多少平方米的房屋都有一套严格的待遇标准，不能僭越。在城乡公民的物价补贴上，同样是全民企业缴上来的国库财政开支，市民可获得补贴，农民则不可以。至今城镇大多数市民可享受社会保障，而对大多数农民来说仍然无缘享受。

改革开放前，我国重视道德分配，表现在企业内部的分配，是在国家政府得大头，地方政府得中头，企业得小头的前提下进行的再次分配。在企业的内部分配中，利润全部上缴国家和地方政府，然后返还40%左右给企业，企业除扣除5%作折旧，25%维持简单的再生产外，只有10%左右作为工资分配给工人，这10%的分配，是以平均主义政策进行分配的。道德分配是在权力分配完毕之后，结合施行的另一种分配政策，表面上看来，权力分配与道德分配是矛盾的、不可兼容的，实际上两者是一体的，权力分配是主导，道德分配是辅助形式，是为了更好地维护和服务权力分配的。因为权力分配之后，留下可供分配的本来就不多，给予民众的分配基数本来就少，人们本来就对权力分配怀有强烈的不满，如果不从道德分配上搞平衡，让人人都有份，那么就会进一步激化矛盾，形成不稳定的社会因素。实施道德分配观，可以掩盖和转移民众对权力分配的注意力，平息既往怨言，达到“安定团结”。显然，这种分配观是以对民众的积极性和创造力的压制及对生产力的破坏为代价的。因此，这两种分配方式成为发展的障碍，必然要受到改革浪潮的冲击。

改革开放从农村开始试点，从划分作业组到承包到户，落实农业生产的联产承包责任制，把权、责、利结合起来，调动了农民的生产积极性和创造性，这就标志着我国开始实行真正的“按劳取酬”而非道德分配观。随着道德分配观的裂变，改革的浪潮进一步向前推进，开始冲击着权力分配观。虽然受到历史习惯的阻碍，但随着西方现代文明的渗透和社会主义市场经济体制的逐步建立，权力经济也如道德经济一样，已被市场经济渗入和改造。尽管社会主义市场经济要真正代替社会主义权力经济还会遇到许多意想不到的阻力和曲折，但市场分配代替道德和权力分配是不可抗拒的历史潮流。

7.2　机会均等与产权分配

机会均等可产生效率产权，但在以往的社会制度中，由机会均等而产生效率产权的并不多见。在奴隶社会里，土地产权连同奴隶都是以奴隶主为代表的国家的，奴隶和土地产权结合所带来的一切，都是归奴隶主及其代表的国家支配，奴隶主土地产权所带来的农产品，主要用于满足奴隶主贵族奢侈生活及以奴隶主为代表的国家的政务费用开支，奴隶没有享受分配的权利，只有维持生命形式存在的最低消费供给，换言之，奴隶只有维持劳动力再延续需要的补给，这种奴隶主国家所有的产权制度是高度垄断的。奴隶连人身自由都没有，又何谈机会均等？

在封建社会，农民虽有人身自由权，但土地仍然是封建地主的，农民向地主租赁耕种也没有任何经营权，种什么和不种什么都要受到封建地主及其代表的中央政府所制约，封建地主以不可谈判的高额地租把土地出租给农民，迫使农民以每年收入的60%或更多作为地租，此外，农民还要支付国家的各种苛捐杂税。通常农民交租后，所剩下的仅仅够或者根本就不够维持生活。农民长年累月地劳作与其说为自己不如说纯粹是为地主阶级及其代表的国家所劳作。农民不可能通过租地耕种来过上好日子。不少农民因天灾人祸而交不起租，有些负债终生也还不清，沉重的债务还累及后代。农民除了租种土地，无务工经商的权利，这也谈不上机会均等，因此封建土地产权制度和官工官商制度也无任何效率可言。

有人认为在封建集权经济中，农民交给政府的租税贡赋除了满足社会上层奢侈的生活和封建国家政府的行政和兵役及战争开支外，所剩虽然不多，但也可用于对国计民生有用的重大工程，如治理江河、开运河、修筑防洪大堤等。这些历史上曾出现过，但并不是所有封建统治者都会这样做。更多的统治者搞的工程是与民生和生产无关的工程，银两的投入主要是与皇帝享受的设施需要有关，如避暑、游乐的行宫乃至逝后的陵墓建筑等工程。这些重大工程自然说不上是什么生产积累，而是作为封建皇家享受的历史见证，让后人了解封建社会统治者腐败的本性还是有意义的。这种工程越多越大，非生产性开支越大，对当时社会经济造成的负担及破坏性就越大。所以，封建社会的土地产权制度及其相应的地租制是不具效率的制度安排。这种土地产权制度无益于国计民生，无法积累和扩大再生产，只是奢侈的浪费。这样，社会经济只能维持在一个简单的以小农经济为特征的农业文明的水平上。

进入资本主义商品经济时代，农民大都成为自由者，可选择职业和谋生机会增多，产生和出现了相对有效率的产权。封建主义基础是以土地为主要产权，垄断占有生产农产品，资本主义经济与封建主义经济正好相反，资本主义不是以土地为主要生产资料，而是以货币和机器设备为资本的。资本不像农业土地那样因生产条件限制而难以增值和扩大，而是可以在短时间内通过市场积累扩大生产规模的。这样，资本拥有者必须把自己收入的货币不断用于扩大再生产的投资，转化为固定资产、流动资金，让货币处在生产运作之中，实现资本的循环与周转。资本主义社会的效率之所以能实现，就是因为市场经济的社会环境对平民的私有财产给予了法律保护，个人有权取得资本和扩大再生产，从而不断积累资本，任何个人和组织，包括国家政府都不可以随意对其取缔或没收。这就使资本所有者解除了后顾之忧，能够努力创业，并实现产权原始积累。同时，企业主可把生产增值所得不断投入再生产过程，将资本这个蛋糕越做越大。因此，产权的原始积累和扩大再生产的神圣权利只有在资本主义制度下才出现。这一产权权利能够实现，也表明资本主义市场分配制度较封建社会权力分配的产权制度更具先进性。但当资本主义处于加速发展的时候，对剩余价值的追求使一些企业通过延长工作时间来榨取剩余价值，也存在其消极的一面。

传统社会主义的计划经济时代，企业附属于国家政府，企业的权利自然隶属于国家。因此，企业的自主权是不存在的，企业一切都得听从于国家政府的安排。积累和扩大再生产是国家政府考虑的事，企业无权也无法考虑。除了留下折旧及原材料和维持简单再生产的费用以及职工基本工资外，其余利润全部上缴国库，亏损了再向政府申请补贴。20 世纪 80 年代初实行利改税后，利润形式变为税收形式，从利润到税收，形式改变而实质未变，只是亏损的补贴开始减少。企业被收缴规定的税额后，若还有剩余则还要按比例分利润，如三七开或二八开，即国家政府为七或八，企业为三或二。这样，企业一般不愿也不放心把利润用于扩大再生产，通常用于给企业职工增发奖金，因为社会企业都在发奖金方面攀比，别人发你不发，别人发多你发少，企业职工就有意见，企业厂长就有压力。为了迎合职工和缓和矛盾，企业剩余价值也只好用于增发奖金，但奖金发高了便降不下来，且难以为继。有的企业便只好挖空心思，甚至变卖企业的资产用于发放奖金。显然，这种把企业或国家资产分光吃光的做法是没有任何效率可言的。同时，计划经济下，人们只能待在企业里，离开企业就意味着失业，因为私营和个人经济一般是不被允许的。随着改革开放纵深推进，打破了单一公有制一统天下的局面。多种所有制形式和多种产权制度开放，多种产业向私营和个体开放，使企业主们真正享受到机会均等、自由竞争的阳光雨露。诞生和建立在市场经济和现代企业制度基础上的多元产权混合经济体系，成为我国初具效率的现代经济体制和产权制度安排。

传统社会主义的实践中，实行单一公有制，即国有工商业和集体农业，与此相应地实行单一的按劳分配，实际上也是平均主义分配。因为无论在国企还是在生产队集体干活，干多干少，技术高低，贡献大小，人们的收入都一样，很难获得竞争和增加收入的机会。改革开放后，经济产权多元化打破单一按劳分配形式，实行分配形式多元化，实现机会开放，允许竞争，出现由部分先富到共同富裕的和谐发展，社会生产力得到持续快速的提高，这一切源于产权的高效率。

7.3 产权制度与分配制度的互动

产权制度与分配制度二者有内在的必然联系，在通常情况下，是产权制度决定分配制度。然而，在一定条件下，分配制度又反作用于产权制度。

7.3.1 产权制度决定分配制度

有什么样的产权制度就有什么样的分配制度。在封建社会，土地产权制度是实行按官职等级分配土地产权和贡品的。资本主义社会的私有制和股份制是实行按资分配和市场分配机制的，在同等的市场环境和市场评价下，谁出资多，谁就收益多；在不同的市场环境和市场评价下，同等的出资未必获得同等的收益报酬。因此，私有制既受按资分配约束又受市场约束，既不是单一的按出资分配，也不是单一的按市场分配，而是按出资分配和按市场分配的结合体，这是资本主义的产权制度和分配制度的特点。社会主义公有制决定了分配制度是按劳取酬，按劳分配。因为生产资料由国家代表全民进行经营，劳动者只有付出劳动量（通常以劳动时间来计算）才能获得报酬，而不能以所有者的身份来获得任何收益报酬。共产主义的纯公有制和生产力高度发达、物质极大丰富而形成与之相应的按需分配制度，按权力分配或按劳分配已不适应，也不必要，因为物质那么丰富，人们可随要随取，不必以特权来占有自己用不着的消费品。当然，共产主义社会如真能实现，一切特权都不复存在了，也不必要以劳动量来领取报酬，即使科学家、发明家的劳动价值与道路清洁工的劳动价值相差千百倍，但科学家、发明家对生活必需品的需求量未必比清洁工的需求量大千百倍，因此他不必按劳动贡献来领取报酬。因科学家与马路清洁工的社会分工不同，都是社会需要，他们劳动的贡献和价值有大小之差，但劳动者的人格和劳动性质没有高低贵贱之分。

7.3.2 分配制度反作用于产权制度

产权制度决定了分配制度，而分配制度并不是完全被动的，分配制度对产权制度也有反作用，在一定条件下，分配方式甚至对产权制度起决定作用。在不改变分配制度就不能发展生产力时，分配制度的调整便成为改善调整产权制度的先决条件。例如，封建社会按权力分配土地，无权的农民便只好向地主租赁，或者遇上开明君主才能分到一点土地，暂时维持生计，不久又会被地主权贵和土豪以各种手段把土地从手上兼并过去，农民得而复失，重新沦为无地者。在这样的分配制度下，无土地的农民不能离开村庄自由流动进城谋求其他出路，封建社会禁工商的目的就是防止农民离乡离土，以断其后路。这样，农民为了生存只好被迫租耕地主官僚的土地，由于地租高得惊人，农民是不可与地主官僚谈判的，农民租耕种地，不但无利可图，遇上灾年还可能因交不起或交不足租税，欠下一身债务。有的甚至还被重新罚为奴，失去平民身份和人身自由，这时改变分配制度就成为农民革命的目标，而改变分配制度也就意味着改变土地产权制度。

在资本主义的私有产权制度下，社会经济发展处于个别企业有计划有组织的发展与整个社会无计划发展的状态，由于资本主义社会这一特殊矛盾的运动，造成了社会生产的物品日益丰富与社会购买力日益下降的现象。为了克服这种现象，就要改变这种按资分配方式，而改变这种分配方式，也就意味着改变资本主义的财产私有制度。这样，无产阶级革命的目标就是把按资分配改为按劳分配，把私有制改为公有制。

社会主义公有制本来为实现社会主义按劳分配创造了现实条件，但实践中按劳分配却被扭曲为平均主义。这使社会主义公有制的优越性未能得到发挥，以致公有制没有成为实现按劳分配目标的产权制度，反而成为低效率的产权制度，这就必须改变平均主义分配方式。然而，改变分配方式不仅要在公有制内部进行，还要跳出公有制按劳分配的局限，实现多元经营形式和分配方式，因为只有多种分配方式的并存与竞争才能促进公有制内部分配制度的改革和转变。

7.4 公平分配与效率产权

分配具有两种形式，一种是生产资料的分配，一种是消费品的分配，前者是生产过程之前的产权分配，后者是生产过程之后的成果分配。如平均地权，人均占有一小块土地或者人均或户均开一个小作坊、小商店等，是生产过程之前的分配。在生产开展之前把产权平均分配给个人，这种形式历史上曾出现过多次，封建社会的产权主要是不动产权的土地。封建政府把国家的土地大部分按官级、职位（西方是爵位）分配，有时也按人口均分给全国农民，但每一次均分最终都是朝着兼并集中回归，为地主土豪所兼并占有，农民得而复失。土地被兼并集中之后，农民又不能获得土地之外的其他产权（如工商产权——为封建制度所不容），这就是小农经济的脆弱性和局限性，体现了生产过程之前产权平均分配的不可取性。那么，按结果分配怎么才分得合理？按结果平均分配势必会影响生产过程，按结果分配不能不考虑对生产过程的影响作用，因此，对生产结果分配必须有利于生产发展，否则，它就是一种既不合理又不公平的分配制度。

为了说明分配的合理性和科学性，我们以做蛋糕和分蛋糕为例作一个分析借鉴。蛋糕是一种美味的食品，人们庆贺生日和亲友团聚都以吃蛋糕为乐事，但蛋糕好吃，做蛋糕不易。它是靠人们精心劳动制造出来的，凝聚着人们的辛勤劳动。做蛋糕需要多种原料，如大米、小麦、糖、香料，要经过机器加工变成粉状，再由制糕师傅进行佐料搭配，还要有烹调师烹调、食品美术师进行挑花刺绣等，最后成品才送到商场售卖。做蛋糕的原料和工序之多，劳动之复杂，许多人吃蛋糕时大概不会想到。在还没有蛋糕时，谈论蛋糕必然会遇到两个问题，即做蛋糕和分蛋糕。是先考虑怎样才能把蛋糕做大，还是考虑怎样分才能把蛋糕分得公平，在中国人传统观念中总是把后者当成一种理想的东西。因为还没有现成蛋糕可分，所以要把怎样做大蛋糕放在第一位。如果首先考虑怎样做蛋糕才能做大，就要讲究效率，可采用有助于提高效率的分配方式。一旦蛋糕做好了，分配就不能光强调按效率分配，还要考虑按效率之外的其他因素来分配，以实现分配的公平。分配蛋糕涉及出资人和做蛋糕人的切身利益，如果分配不公，就会影响出资人和做蛋糕人继续做下去的积极性。这时，蛋糕分配面临三种选择：一是按劳分配，二是按资分配，三是按人头分配。这三种分配方式各有优缺点，仅选其中任何一种分配方式都不能兼顾到三方的利益，都不能做到公平和完美，三种分配方式必须结合起来才能兼顾到三方利益。这三种分配方式归纳起来不外是两种，即按产权分配和按人头分配，按资和按劳这两种分配方式是属于按产权分配，按资分配是按出资的产权分配，按劳分配是按劳动力产权分配。按产权分配和按人头分配这两种分配方式必须同时并用，才能体现效率与公平的统一。

由此看来，分配方式的选择对蛋糕的做大做小具有直接的决定作用。按劳分配和按资分配可把蛋糕越做越大，按人头分配可把蛋糕越做越小，到最后甚至没有人愿意做。实行按资和按劳分配，体现了按产权分配的原则，让出资人、出大力者、献技者在做蛋糕时比别人付出更多的资金、劳动力和技术，也相应获得比别人更大的一块蛋糕，少出资或不出资、不出力、不出技术的人，对做蛋糕没有贡献或者贡献较小，自然分到的蛋糕就相对较少。这样分配使人们获得蛋糕的大小相差悬殊，却把蛋糕做大了，做多了。然而，做出蛋糕是为了满足人们的消费，在坚持按产权分配外，不要忘了把一部分按人头分配。因为各人的经济基础不一样，有的人没有出资能力，有的人尽力劳动，在按劳分配下也仍然收入不高。然而，人的先天条件的智力和体力的差异也决定了劳动能力的差异，在这种情况下，完全按资或按劳分配，这部分人就永远只能吃一小块蛋糕，有的人甚至因丧失了劳动能力而品尝不到蛋糕的滋味。因此，完全按资或按劳分配也有某些不足。但社会财富增长要靠资源投入和人力投入才能做出来，不能不实行按资和按劳分配，因为它体现了按产权分配的原则，这样做既有利于把蛋糕做大，也有利于积累和扩大生产。在按劳和按资分配的前提下，把蛋糕做大时，还需以平均分配作为补充，让弱者也分享到一份蛋糕，也能从效率产权制度安排带来的丰硕成果中受益。

总之，做蛋糕时，为了把蛋糕做大，效率是第一位的，因此有助于效率的分配方式应当优先考虑。此时，按出资权即产权分配是第一位的，旨在解决投资的动力和来源问题；按劳动力产权分配是第二位的，旨在解决加工和制作蛋糕的问题；按人头分配是第三位的，让因种种原因不能或无力参与投资和出力制作蛋糕的人也能分到一小块蛋糕。三种分配方式要同时使用，在次序上，先按出资产权分配，接着按劳动者的劳动力产权分配，最后按人头分配。这三种分配方式同时并用，在较大程度上兼顾和体现了效率与公平这两者的有机统一。这样分配因有无产权和产权多少而获得的蛋糕数量不尽相同，甚至差别较大。虽然每人分到的蛋糕大小不等、重量不一，但毕竟大家还能分到和吃上一块蛋糕。如果不按这样的次序分配，把它倒过来，或者干脆宣布取缔按出资产权和按劳动力产权的分配方式，一律按人头分配，除非是由国家直接投资，如果依靠市场配置投资，可以肯定地说，这个蛋糕永远做不成，更不用说做大了，那么谁也分不到、吃不上哪怕是一小块的蛋糕。这就是效率与公平在蛋糕生产和分配上的辩证关系。

企业收益如同蛋糕，要把收益按一定的比例进行多次分配。按蛋糕制作的全过程中的贡献大小来确定分配次序，第一次分配按出资产权分配；第二次按劳动力产权分配；第三次按人头分配。三次分配的比例不是固定不变的，是可适时调整和变动的。在蛋糕很少时，为了刺激生产，要强调产权分配优先，体现效率优先，就要再适当提高按产权分配的比例。因为按产权分配比按人头分配更具有激励投资、激励出力和献技的促进蛋糕继续生产和扩大再生产的效应。当蛋糕做得很大、很多，不及时消费就要坏掉造成浪费时，则要适当强调公平优先，提高和加大按人头分配的比例，适当调低按产权分配的比例。当按人头分配比例提高到一定的高度，同时按产权分配的比例降低到一定的临界线时，即产生惰性的负效应时，则要停止下降比例，朝相反方向调整，以便达到一个新的平衡。

7.5 福利——效率产权的补充

7.5.1 福利制度的产生

福利产生于资本主义社会自由发展时期，是一种辅助分配制度。而在资本主义成熟时期则为一种重要的分配制度。

福利制度的产生，主要是由于资本主义自由竞争时期，一部分有能力、有智慧的人开始了原始积累，社会财富集中于少数人手中，而众多的劳动者则成为劳动力的出卖者。贫富差别悬殊，尤其是一些失业的劳动力，连基本生活都难以保证。在这种情况下，代表劳动者利益的工会组织经过无数次的抗争，迫使国家议会和政府关心、尊重和保障人的生存权利；对失业者和无业者进行救济，使人享有取得维持生命存在的最低的生活资料的权利；通过议会立法把这种救助法制化，使之成为一项基本的社会制度，从而起到保护社会弱者基本生存权利的作用。这体现了资本主义现代文明社会的人道精神，从而也稳定了社会。

7.5.2 福利是一种社会再分配

福利的再分配分为企业行使和政府行使两种。企业行使，是企业对本企业就业人员进行的福利补贴及对离退休人员的退休收入保障。政府行使，是政府从国家的财政预算中划出一部分来作为社会福利开支，专门用于福利事业的发展，包括给弱者直接发放救济金，让消费者直接用于消费，这是一般的做法；后来更多的做法是扶持弱者创办福利事业、企业，如为残疾人投资创办适合残疾人就业的企业。此外，政府对残疾人的企业和产品及劳务活动采取免税让利的办法，对残疾人用于生产的进口设备、原材料和出口产品等都实行免税，这就等于把一部分财政收入直接捐赠给了残疾人。总之，政府通过各方面扶持残疾人，以弥补和解决他们因身体缺陷而造成的诸多困难，使社会弱者免遭贫困。政府用于福利事业的开支和投资的财政，主要是来自社会企业的税收，企业实行有效率的分配形式可以激励企业劳动者提高劳动生产率，从而为企业创造和提供更多的税收创造了现实条件。

自从资本主义国家产生以来，福利制度至今已有几百年的历史，它不但没有消失，反而在发展，有些国家社会成员的福利受益和涵盖率几乎高达100%，难怪人们称之为“福利国家”。这样高的福利经济，并不是传统观念所认为的那样——是资本主义腐蚀和收买工人阶级的腐朽没落的表现，而是社会生产力发展到一定程度的结果。如果没有生产力作基础，在一个贫困落后的国家是不可能做到“全民福利”的。如果没有物质基础，“腐朽”和“收买”也只是一厢情愿。资本主义使生产力高度发达，创造丰硕的社会财富，保障了全民享受福利生活，从而免遭贫困和饥饿。这正是资本主义生产关系内部调整适应生产力发展的需要，是资本主义为什么垂而不死并仍具有生命力的根本原因之一。福利制度在资本主义国家产生发展是符合社会历史进步的内在规律的。

福利制度不仅在资本主义国家具有合理性，在社会主义国家也具有合理性。20世纪下半叶的社会主义国家都认真实行过福利制度，但限于社会主义经济制度的弊端和缺陷，造成社会生产力发展的相对滞后，因此，福利无论涵盖面还是发放量，都是微不足道的，也就是说社会主义国家的福利投入是极其低微的。如中国的农民隐性失业人口占总人口的70%，城乡受到福利救济的人不到千分之几，绝大多数失业的劳动者是享受不到福利的，其他社会主义国家也有类似的情况。就福利制度建设而言，当代社会主义国家远远落后于资本主义国家。

在传统的社会主义观念中，一提起资本主义国家福利制度，就条件反射地斥责其为资产阶级缓和阶级矛盾的手段，认为福利并不能从根本上解决工人阶级越来越贫困化的问题。然而，在今天发达的资本主义国家中，无产者不是日益增多，而是日益减少，无产者已变为有产者，甚至中产阶级。例如，美国50%以上的普通劳动民众变成了中产阶级，呈现了无产者日益减少，有产者日益增多的趋势。当代资本主义的现实说明，马克思在19世纪预测的无产阶级越来越贫困的状况和结论已发生了变化，再把这种预测的结论教条化，就有碍于对现代资本主义的了解和认识。多年来，社会主义国家在批判资本主义福利制度的同时，也声称社会主义的福利制度是真正的比资本主义优越得多的福利制度。这种福利制度主要体现在国有企业的单位劳保、津贴补助及对农村受灾、饥饿农民发放救济物资等。

其实，企业的福利是工资的报酬形式之一，对农村的救灾是属于人道施救，还谈不上是福利保障制度。这种不定期的临时救济办法，不是一种常态的制度化的救济，而且受到救济的人数非常有限。换言之，绝大多数的人连这些救济物资也享受不到，这样的福利制度是生产力落后的表现，与资本主义在发达的社会生产力基础上的福利制度差距甚大。只有承认这一基本事实，才能推动社会主义的改革，促进社会生产力发展，才能建立一个真正有优越性的福利保障制度。

福利来源于社会生产力的发展，而社会生产力发展又依赖于具有效率的产权制度安排。资本主义以私有制为主、国有制为辅的产权体系，使资本主义国家政府能够获得来源丰富的税收。这些财政除了用于国防和行政开支外，就是用于建设为社会企业服务的公共设施和对国家有利的而单个社会企业不愿或做不到的行业投资，再就是用于对民众的福利救济，这就是“取之于民，用之于民”。社会主义国家虽然是国有制，生产资料是全国人民的，按理说应比资本主义国家为全国人民提供更多的福利，但事实上除了国有制的企业职工外，占全国总人口70%以上的农民根本享受不到国企和政府提供的福利。

因此，社会主义的福利制度理论上是为全民的，在改革开放前，实际上只有少数人能够享受福利，福利对于被户口限制在农村的种小块土地的农民，只是一种美好的愿望。即使是在改革开放后的很长一段时间，国家的社会福利保障仍然没有落实到农民头上。今天虽然受国内外的广泛关注和重视，也有少数地方在搞试点，但大多数地区由于受经济发展水平限制及当地政府缺乏足够重视等因素的制约，农民享受到的社会保障仍然很少。

7.6 建立公平与效率兼容的分配结构

公平是社会主义国家一向探索和追求的战略目标。国家在几十年的中国社会主义的实践中，把个人收入分配均等作为公平的途径和手段。为了实现公平，在所有制上实行单一的公有制，杜绝任何个人拥有个人财产，以防止个人因拥有私有财产而获得较高收入，在对公有资产的分配上强调“按劳分配”，结果前者是做到了——人人都没有私有产权，后者——按劳分配却没有做到，按劳分配在实际生活中往往变形和扭曲，成为平均分配，按劳分配的“劳”的“质”和“量”如何量化计算，迄今也不能找到一种行之有效的办法。

当今世界，在公平战略的实施中，存在两种途径和走向，一是强调公平是生产结果享有的均等，二是强调机会享有的均等，即通常说的同一起跑线上的机会均等，这是两个极端。后者主要存在于资本主义国家，它是通过一整套完善的制度，包括财产制度、教育制度、法律制度、社会民主政治制度来保证的。这种公平强调消除作为生产过程前提的生产资料占有、劳动力（包括具体的“质”和“量”的规定）占有以及信息占有与分享上的相对公平。前者是以“社会产品占有与分享的无差异性”，即“结果均等”这种公平为终极的、绝对的平等，但这种分配不可能长久，因为任何一种分配都不过是生产条件本身分配的结果。只要作为起点的“生产条件”的差异不消失，结果的不平等经过一个时期后，又会被不断再生产出来。因此，单纯依靠前者，或是单纯依靠后者都不可能做到公平地分配。

按财产所有权占有产品以及按劳动贡献分享生产成果，是迄今人类社会分配中的两大公平标准。在人类社会早期，财产所有权尚未产生，生产成果的分享和占有是通过劳动来实现的，进入奴隶社会后，所有权产生了，按财产所有权分享和占有生产成果分配构成了另一种社会产品分配方式。

资本主义社会以按财产所有权来分享和占有产品为主，通过劳动来分享和占有生产成果则从属于按财产所有权占有产品这一原则，这构成了资本主义公平准则特征。马克思在揭示剩余价值来源时，曾指出资本家获取剩余价值符合两大原则：一是等价交换，二是按财产所有权占有产品，并把从分配角度出发否定资本主义生产方式的做法斥之为空想社会主义。在马克思看来，从资本主义生产方式的内部看，剩余价值的获得完全符合社会经济运行的准则，在资本主义生产方式和资本主义制度不改变的条件下，资本家凭借资本所有权占有产品是完全可以理解的，在这一点上资本主义是无懈可击的。

在社会主义社会，实现了生产资料公有制之后，大家都是财产所有者之一，按所有权来分配劳动产品被否定了，即不承认个人按财产所有权占有产品的合理性，然而，又认为国家或其团体凭抽象所有权分配社会产品是正当的，于是出现了国有大小集体联合和股份制的多元所有制形式。这种所有权等级和企业等级制导致了社会经济生活中分配不公的表现。

此外，社会主义把按劳分配作为公平准则。在以计划经济为特征的产品经济时代，除按件计酬能反映劳动贡献的质和量外，按时计酬还不能反映劳动贡献的质和量。进入社会主义市场经济时期，按劳分配实际上也不可能完全实现。因为每个人付出的劳动要经过市场的检验和承认，才能确定是否成为社会劳动。不同国有企业的劳动者，在各自的企业中付出同等数量和质量的劳动贡献，但甲企业的产品被市场承认转化为货币和工资，而乙企业不被市场承认，因而无法变成货币和工资。不成为社会劳动的劳动是不能分配的。社会主义社会从计划经济进入市场经济后，以劳动为尺度的劳动必须经过迂回曲折的道路，即通过市场才能直接地作为总劳动的构成部分存在。反之，没有经过市场的检验和承认的劳动就不能被看成是社会劳动，这样的“劳动”就不能成为分配消费资料的尺度。因此，马克思设想的“一张证书”可以在自然经济时期有效，而在商品经济时期就不起作用了。因为劳动者需要的是市场化的货币工资，而且，这种货币工资并不是劳动者的全部劳动成果所得，而是在扣除了社会各项服务费用之后的工资货币。劳动者被扣除的那部分劳动成果作为社会服务设施的投入与积累，当劳动者从社会提供的公共物品、公共设施中得到免费或低收费的服务时，也意味着劳动者从“另一个渠道重新领回来”被扣除的那部分劳动成果。从这个意义上来说，劳动者的劳动成果通过工资及享用社会公共服务设施这两种渠道已全部领回来了。

社会主义中国虽然已有60%的产权属于公有，广大国民都拥有其中的所有权，但这些所有权却不能量化到具体个人，更不能以所有权作为分享产品的理由。比如，按理说农民也有国有工业企业的产品所有权，但农民却不能以所有权份额来分享工业品，而必须依靠耕种承包土地的收入换成货币去交换工业品。由于商品经济和多元所有制仍然存在，所有权范畴尚未退出舞台，所有权在经济上的实现必然要求介入对社会产品的分享。社会主义的历史使命是为共产主义奠定物质基础，实现人的个性全面解放，按劳分配成为“普照之光”。与资本主义相反，按财产所有权占有产品的原则从属于按劳动贡献分享生产成果的原则，这构成了社会主义分配的双重特征。然而，社会主义的分配实践证明，作为资产阶级用来批判的社会主义分配的双重规则，面对个人分配收入的差别拉大时，又认为按劳分配有问题，与平均主义产生反差，分配不公又不断地被尖锐地提出来，使社会主义公平与效率的抉择长期陷入低效率和平均主义的怪圈中不能自拔。

要走出这种超稳定循环的怪圈，就必须按照社会主义市场经济制度重新确立社会主义分配体制。要打破社会主义分配制度就必须走出单一的按劳分配的人为禁区，实行以按财产权分配社会产品与按劳动力产权即劳动贡献分配相结合的多元分配方式。第一，坚持和完善按劳分配制度不动摇。第二，大力提倡按资本产权分配，包括所有权分配和使用权分配。在现代企业制度中，股东作为所有者，以所有者的身份参加股份的派息分红。第三，按劳动力产权分配，包括按劳动能力分配和按知识产权分配等，特别是要把技术和管理知识、经验作为重要的生产要素来参与分配。科技人员可以通过把科研成果和技术专利等知识产权入股的方式参加企业的分配，管理人员可以通过以管理知识和管理经验入股的方式参加企业的分配。

8 社会主义产权体系

8.1 社会主义公有产权的产生

8.1.1 社会主义公有产权的形成背景

社会主义产权制度是20世纪初诞生的，社会主义从空想到实践经历了一百多年，早在十八九世纪的思想家，如莫尔、欧文、傅立叶、圣西门等，都先后提出过空想色彩的社会主义理论。在资本主义产权制度下，一部分拥有产权的人变为雇用者，另一部分不拥有产权的人成为被雇用者；资本主义的商品交换关系渗透到一切领域，商人斤斤计较、唯利是图，思想家们对此感到不可理解，因而表示厌恶，认为资本主义制度是不平等的制度，资本主义社会是人吃人的社会。于是，他们要建立一个与资本主义社会相反的理想社会，这个社会产权公有，分配均等，产权资源都是全民所有的。他们认为这种社会是理想社会，可以克服和避免当时资本主义的一切弊端，可以解决由于财产权占有不平等而产生的一切社会矛盾。

马克思在分析空想社会主义思想家的理论后，发现和纠正了他们的理论缺陷，并指出在不触动资本主义制度的前提下利用和平改良的办法来搞社会主义是不可能成功的，是空想社会主义。同时，马克思吸收了空想社会主义理论的合理成分，摒弃其糟粕，提出了剩余价值理论和无产阶级暴力革命推翻资本主义制度理论。这样，社会主义便从空想变为科学。1817年的法国巴黎公社起义被誉为无产阶级利用暴力革命推翻资本主义制度的第一次尝试，虽然失败了，但马克思仍然对其给予了高度评价，在马克思后来的著作中，始终认为无产阶级是资本主义的掘墓人，共产主义是人类社会最理想的社会，并通过《共产党宣言》鼓励人们为建立这一理想社会而努力奋斗。

8.1.2 社会主义公有产权的产生

把社会主义理论付诸实际行动，并获得成功的第一个国家是苏联。俄国资产阶级在1917年2月推翻了封建沙俄政府，建立了资产阶级政权，过了8个月，列宁领导的布尔什维克的社会主义革命就把新生的资产阶级政权推翻，建立了世界上第一个社会主义国家，实行无产阶级专政。但是列宁十分清楚地意识到，他建立的社会主义制度不是马克思所说的在生产力高度发达基础上的社会主义制度，而是刚从沙俄封建制度推翻不到一年，资本主义生产力极不发达的国度上建立的社会主义制度。为此，他选择了补生产力这一课，在政权稳定的时候，即实行新经济政策，由战时共产主义转入和平建设的“国家资本主义”。对外开放引进外资，资本主义国家的资金、技术、人才像洪流一样涌入苏联这个年轻的社会主义国家，给这个新生的社会主义政权创造了坚实的物质基础。然而，列宁过早逝世，斯大林改变了列宁的新经济政策，实行一套高度集中统一的政治和经济制度，以致在斯大林统治时期，形成了一套有悖于马克思科学社会主义学说思想的僵化的社会主义政治与经济制度。“二战”后，苏联利用其大国的地位、势力和意识形态的强制输出，迫使周边的东欧国家推行苏式社会主义制度，苏联以“老大哥”自居，对东欧进行全面控制，形成以苏联为中心的社会主义阵营，并成为与资本主义对抗的两大阵营中的一极，这一极势力随着苏联的解体而消失。

关于马克思主义传入中国，当代文献中是这样描述的：十月革命一声炮响，给中国送来了马克思主义。十月革命的胜利，苏联社会主义政权的建立，极大地鼓舞着中国追求光明和进步的革命青年。社会主义思潮在当时诸多思潮中占了上风。1921 年中国共产党的诞生，确立了带领中国走向社会主义的核心力量，马克思主义也成为指导中国共产党夺取政权建立社会主义制度的理论基础。中国共产党经过十年内战、八年抗战、三年解放战争的艰苦卓绝的斗争，推翻了国民党政权，确立了中国共产党在中国的领导地位，使社会主义产权体系的建立成为现实。

中国社会主义产权的产生，最初是通过土改和“一化三改造”运动，建立了人民公社的集体产权制度。人民公社是实行三级所有，以生产队为基础的核算单位。后来还允许保留农民的自留地、自留田，但自留地、自留田产权的收益权、使用权和部分的支配权是集体的，公社保留着对自留地经营权的干预和控制。

在工商业方面，通过没收官僚资本和对民族资本进行赎买的政策，改造成为国有工业和国有商业，即形成国有产权经济体系。以后对某些集体产权也进行了国有化的改造升级。而城市工商业属于集体所有权的集体工业和集体商业升级过渡为“全民”的“国有制”，由于升级过渡被看作是对管理者的一种荣誉和待遇，因此，原来集体企业的厂长、经理也希望并创造条件实现这种升级和过渡。从 1966 年至 1976 年的十年“文革”期间，城镇工商业几乎成为清一色的国有工商业，个体和私有工商业几乎绝迹。1978 年以后实行改革开放，社会主义商品经济被逐步承认，城市工商个体户被允许作为补充而存在，农村开始了从分作业组到分田承包到户的联产承包责任制。城市国有制企业放权、两极分离和承包制全面推行，私有经济脱颖而出，与之竞争而加剧对国有企业改革的压力，出现与市场经济发展相适应的多种所有制形式，与多种经济成分相适应的产权制度。

8.2　社会主义产权结构

社会主义产权结构处于动态的变化之中，要静态地描述社会主义的产权结构是困难的。各个时期的产权结构状态是不相同的，但不管怎样变化，一定时期的社会主义产权结构中的起主导和支配作用的产权是相对稳定的。同时，我们考察社会主义产权结构时，既要考察它的一般性，又要考察它的特殊性。这样，我们考察一般性时，也要和特殊性结合起来，考察特殊时要上升到一般。只有这样，才能对社会主义产权结构有一个较全面立体的认识。

8.2.1　社会主义产权的一般结构

社会主义产权的一般结构是什么，社会实践效果如何，这些均为中外人士所关注，并希望从中得到回答。

对于社会主义产权的一般结构，马克思、列宁、斯大林的设计都是不尽相同的。按照马克思的共产主义理论，社会主义是属于在资本主义社会和共产主义社会之间，由前者变为后者的阶段，在这个阶段中仍然保留着旧社会的痕迹，保留着资产阶级法权，在一定范围内存在等价交换等。我们把按照马克思的这一理论构成的社会主义产权制度称之为社会主义产权的一般结构，这个产权结构的一般特征表现如下。

1. 所有制结构不是单一的，而是多元的

这是指不但有国有制、全民所有制、集体所有制以及个人私有制等产权制度同时存在，而且允许资本主义向共产主义转变有一个过渡时期，就是要利用这个过渡时期——社会主义初级阶段来发展商品经济和发展社会生产力。

2. 社会主义商品经济是有限制地存在的

社会分工仍然有存在的必要和作用，在分配上实行按劳分配为主，多种分配方式并存，允许因各个劳动者能力差别和家庭差异而带来的收入的不均等。

3. 实行以按劳分配为主体的分配形式

其他分配方式作为按劳分配的补充，但要受到严格限制。

列宁曾经认为：由资本主义过渡到共产主义是不能一下子实现的，必须经过长久的过渡时期。无产阶级的目的是建成社会主义，消灭阶级划分，使社会主义全体成员成为劳动者，消灭一切人剥削人的制度。这个目的不是一下子可以实现的，需要一个相当长的从资本主义到社会主义的过渡。因为改组生产是一件困难的事，根本地改变生活的一切方面是需要时间的，按小资产阶级和资产阶级方式经营的巨大的习惯力量只有经过长期的坚韧斗争才能克服。

在全世界无产阶级联合起来用暴力推翻资产阶级、统一实现共产主义这一点上，列宁与马克思有所不同。他提出，在生产力落后的一国范围内是资本主义势力的薄弱环节，无产阶级可以推翻资产阶级。但是，在资本主义向共产主义转变的过渡时期要实现保持集体所有制、商品交换等方面，列宁与马克思的理论思想是相一致的。正因为这样，列宁在夺取俄国政权不久，即宣布实行新经济政策，发展“国家资本主义”来弥补社会生产力落后和经济基础薄弱这一不足。然而，列宁逝世后，斯大林却不顾苏联刚建立社会主义制度这个特殊的背景，停止执行列宁的新经济政策，照搬照套马克思关于共产主义高级阶段的理论，取消商品交换，推行计划经济，限制和缩小集体经济，强化和扩大公有制的比例。20 世纪 50 年代后期，苏联工商业都是国有制，集体农庄不断减少，国家农场日益增加，从而导致苏联经济长期徘徊和停滞。

应当说，社会主义产权的一般结构至今还是一个理想中的结构。虽然有的国家如苏联曾试图努力按这个理想结构去建立社会主义产权体系，而且坚持了长达 70 年之久，但由于种种原因最终没有坚持下来。有人说，这是经济体制所致，有人说这是政治体制所致。但不管怎样，苏联经济体系和发展模式的僵化，以及人们日常消费品的长期短缺是该国人民不满意的一个产权制度选择，也是为世界所关注的一种产权制度。

苏联的最终解体，固然有政治上的原因，但与社会主义单一公有制的产权制度也有很大关系。为什么政治上解体，苏联就走向全面私有化的极端？这显然是对过去社会主义单一公有制的产权结构的否定。并不是说苏联的社会主义产权制度选择错了，也不是社会主义这种理想本身有什么过错。它作为一种理想社会制度仍将是人类的子孙后代的憧憬和追求的社会制度。而苏联解体和私有化的行为，说明其在产权制度安排和产权结构选择上，不顾社会现实生产力的基础，过早地实行高度集中统一的产权制度，即实施本来该在社会生产力水平极大提高基础上才能实施的产权制度，提前在过渡时期就实行了。把马克思从资本主义向社会主义过渡的历史缩短到几年内就完成了，在生产力水平并不高的基础上建立社会主义制度，并企图依照马克思的在生产力高度发达的社会主义的一般结构来发展社会生产力。这种试验在苏联和东欧各国都没有成功，在中国也行不通。中国 20 世纪 50 年代至 70 年代刮共产风、搞穷过渡，跑步进入共产主义，其结果不是发展生产力，而是阻碍生产力发展，拉大了中国与世界同时起步的国家与地区的经济差距。越南、朝鲜、古巴等曾效仿苏联的社会主义国家，其社会生产力都处于落后状态。这表明，任何国家和地区，脱离了一定的社会生产力基础去人为地拔高产权结构体系，都不能促进生产力发展，反而有碍于社会生产力水平的提高。

8.2.2 社会主义国有产权

1. 社会主义国有产权特征

社会主义国有产权的传统管理分为宏观管理和微观管理，宏观管理是对全国的国有产权管理，微观管理是单个企业内部产权的管理。社会主义国有产权的微观管理是由宏观管理决定的，因此，宏观管理与微观管理是一致的。社会主义国有产权主要包括国有工业、国有商业、服务业和国有农场。我国国有资产在20世纪90年代中期约为5万亿元，到2006年已超过10万亿元。国有资产产权结构和运行体制虽然几经改革，但其基本特征是不变的，社会主义国有产权的管理特征如下：

（1）资产国有，中央政府和地方政府分别派遣官员对同级企业直接经营，即企业经营管理人员由政府及有关主管部门直接任命。

（2）实行计划指令或计划指导。建立社会主义市场经济体制，计划由指令变成指导企业的生产流通，仍然离不开计划的影子。

（3）从统收统支到负盈不负亏。改革前的国有产权企业，由国家投资，盈利全部上缴，企业费用全由国家投资，改革后企业承包，盈利企业可以多分，而亏损还是把包袱扔给国家，因为企业职员无力承担这些亏损债务。

社会主义国有产权管理的职能主要有如下四点：

第一，预测和计划。其理论根据是列宁指出的："没有一个使千百万人在产品的生产和分配中最严格遵守统一标准的有计划的国家组织，社会主义就无从设想。"社会主义把所有国企当作一个总厂的各个车间或分车间，对全国各工厂进行产业安排、分配计划。社会主义国家依据已形成的国民经济发展水平、结构、科学技术和人民生活各方面现状，对科技发展，人口数量和劳动力资源、燃料、动力原料资源分布以及对外关系进行预测，制订统一计划，企业就按照国家的指令或指导性计划去完成。计划经济依据在国计民生中所占地位的不同，企业产品的种类不同，规格多少和重要性的不同，实行不同的管理方法。大体分为五类：一是控制国家经济命脉的骨干企业或关系国计民生的主要产品，按国家指令计划生产，实行计划调拨和统购统销；二是品种繁多的小商品分散在小企业和个体劳动者中，实行无计划的自产自销；三是部分产品按国家计划生产，小部分产品企业自行组织生产；四是大部分产品按照市场变化组织生产；五是对国有农场也实行计划管理和合同订购等。

第二，组织指挥。通过各级政府主管部门组成强有力的自上而下的组织系统指挥企业执行计划。

第三，调节和监督。政府主管部门利用行政手段对国有产权企业的运行进行关、停、并、转等调控，不仅实施调控，还实施监督。

第四，核算和反映。各级管理机构为了了解所属系统的国有产权企业的目标计划任务、生产消费成本和利润的情况，定期对企业的各项经济指标进行核算，掌握反映各管理系统经济活动的信息。

总之，以苏联为模式的社会主义国家是用行政命令、行政层次、行政法规的办法来领导经济的。此外，还辅以经济手段，如价格、税收、成本、利润等，调整处理各方面的国有产权企业的经济利益关系。

2. 社会主义国有产权改革

社会主义自20世纪中叶以来，已经过了半个世纪的产权制度改革运动。20世纪60年代东欧社会主义国家南斯拉夫最先拉开了社会主义产权制度改革的序幕，实行社会企业的自治制度，曾经轰动一时。但始终未能使产权制度改革获得关键性的变化。真正使产权制度发生变化是在20世纪70年代末至90年代初，即1978年以来的中国率先开展由农村到城市的经济体制改革，从此结束了毛泽东时代的人民公社制度和计划经济体制，破除了把马克思理论当教条，不顾中国实际而简单照搬照套的做法。在经济领域中，“左”的祸害被逐步消除，原来被一味批判的资本主义创造的科学知识、文明成果开始为东方社会主义国家所重视和利用。最初从经营制度的改革入手，进而转入产权制度改革。实现由浅入深的全方位纵深改革，最终目标是确立现代企业制度。在确立现代企业制度方面，中国和其他东欧社会主义国家的不同之处是，中国实行的是坚持在社会稳定的前提下“摸着石头过河”式的改革，走中国特色社会主义，强调以公有制为主导前提下的产权制度改革。苏联和东欧各国的改革进程是从政治改革开始再转入经济制度和产权制度的改革，而中国则是在政治体制稳定的前提下进行经济体制和产权制度改革。因此，苏联和东欧各国的改革是付出沉重的政治和经济代价的改革，中国有效地避免了这个沉重的代价，而又保持了经济快速稳定持续地增长。

中国改革后重构新型的产权制度，是在市场经济体制建立之后确立的。也就是说，在1992年之后产权制度才逐步构建起来。在这之前的产权制度还处在酝酿和量变阶段。到1992年之后，便是质变阶段，1992年之前产权改革经历了先是计划经济到有计划的商品经济，然后到利改税，又到简政放权，进而到两权分离改革。这些改革都是浅层次的改革，但正是经过这些浅层次的改革，使之真正深入到产权制度的深层次的改革。

在市场经济条件下，政府与企业是平等的法人与法人的关系，不存在等级所有关系，在市场经济条件下，政府管理经济的职能发生了变化。

第一，对产权宏观管理，取消了计划管理，即国有企业不再受计划管理部门的计划控制和计划分摊，由企业自行决定生产什么，价格多少。确立现代企业制度就是摆脱公有产权企业的行政部门隶属关系，企业不再归属中央和地方政府的各个部委办行政领导和管理，切断政府部门与公有产权企业的脐带关系。

第二，公有国有产权企业隶属国资委的宏观管理和微观业务指导。由国资委对国有产权企业的设立、经营、破产和解体全过程实行管理，国资委有权参与对国有产权企业和由股份制企业控股的企业高层主要管理人员的任免。

第三，国资委作为人大的一个常设机构，代表全国人大对国有资产进行管理。国资委的主任应由人大来任命，而不是由国务院任命。国资委目前作为国务院直属机构部门，是向全国人大负责的一个行使股东权和对国有资产产权管理的法定机构。如果国资委仍然作为政府直属部门，也就重蹈政企不分的覆辙，不利于行使国家股东产权的职权。

8.2.3 社会主义集体产权

1. 集体产权特征

集体产权是社会主义国家的一种公有产权形式，也通称为社会主义劳动群众的集体所有财产权。不同的是社会主义国家对集体产权采取不同的产权管理的具体形式，同一国家也有几种形式，但其实质都是一样的。其公有化程序比国有产权组织低一层次，其产权归属是团体或合伙人的产权形式。在我国，集体所有制的产权制度的具体形式有农村人民公社、农业生产合作社、手工业生产合作社、城镇集体工厂和生产组织、合作商店、农产品贸易或合伙企业等。

中国传统的集体产权企业有两类：一类是城镇集体产权单位；另一类是农村集体产权单位。城市集体产权单位又分两种，一种是由城市区、局或国有企业创办和直接管理的集体工厂、商店和服务性企业等，即通常所说的大集体，绝大部分资金来自国有企业，因此，它在计划、报酬和产品支配上接近于国有产权企业而区别于其他形式的集体产权企业；另一种是街道居民创办经营的手工业生产合作社、集体工厂、搬运队、修路队、生产小组、饭店、旅社、合作商店、代销店等，通称小集体。第二种城市集体产权单位是典型意义上的集体产权单位，这种集体企业一般规模比较小，产值不大，它适合于一些日常小商品的生产、短途运输、饮食、零售商业等，自负盈亏，贴近市场，具有比较大的调适性和灵活性。

集体产权企业与全民所有制的国有企业存在的差别在于公有化的范围和公有化的程度不同。集体产权属于每个集体单位的人们所有，为这个集体的劳动者共同占有、支配、使用、收益和处置等，集体产权单位之间在产权资源各自占有的数量上是不相等的。在企业管理上，集体产权企业比国有产权企业灵活，如在计划安排、产品销售和收入分配方面都具有较大的独立性和灵活性。传统农村集体体制以生产队为核算单位，独立核算，自负盈亏，合作社生产队不仅是一个独立的核算单位，也是生产资源的实际占有者。它对自有的生产资料享有支配权和使用权及一定的收益权，但没有处分权。它接受国家政府的计划指导和平价征购指标。

2. 集体产权管理改革

社会主义集体产权制度处于一个不断改革与选择的过程。如果从20世纪50年代算起，至今集体产权改革已出现过几次反复。如城镇集体产权企业在20世纪50年代的“一化三改造”后，集体产权占整个国家产权结构体系的三分之二。私有企业变成公私合营企业，私有成分减少到最低程度。1958年搞“穷过渡”，集体产权组织受到了损害。1958年开始全面实行人民公社制度，农民分到的土地得而复失，公社体制下的生产队核算并未能克服公社化的产权制度缺陷，农业生产力长期徘徊不前，这种局面一直延续至1977年。1978年中国部分农村生产队自发实行包产到户，取得较好的效果，后来中央在总结这些地方的经验的基础上，在全国范围内推行家庭联产承包责任制。这次集体产权制度的改革实际上是把土地的使用权、支配权承租给农民家庭经营和独立核算，这种产权形式除了所有权还属集体外，使用权、支配权、收益权等权利已为农民所有，劳动生产率有了很大的提高，农业生产收入随之增加。但是它毕竟是历史上的均田制经营方式的一种回归，或者说是对所有权与使用权分离的产权制度的一次再选择和再安排，算不上是产权制度变革，但可以说是产权制度安排上的创新。由于小农经济的固有特点，不可能解决人地矛盾，不可能形成商业化、规模化的现代农业经营。历史上的“均田制”已反复出现多次，并没有解决农业出路问题，因此，无法从根本上改变农村面貌和农民命运，小农经济依然存在着。

8.2.4 乡镇企业产权

1. 乡镇企业产权的定义

什么是乡镇企业？对此有两种解释：一种是“乡镇企业是诞生于农村社区环境中的非农业企业，即出现在农村社区中的一种新的财产组合和增长方式”。[①] “‘乡镇企业是指乡镇政府职权管理范围内的工商企业’，据此，那些办在某一乡镇的国有企业不属于‘乡镇企业’之列。而那些办在城市或其他特别区位的农村企业则仍属于乡镇企业”。[②] 由此可见，乡镇企业包括乡（含村）镇集体所有企业、村镇内居民办的私有企业、个体工商户以及由此派生出来的合伙企业、股份合作企业和合资企业等。本书主要以乡镇政府和村委会拥有所有权的企业为代表

① 陈剑波．人民公社的产权制度．经济研究，1994（7）

② 田国强．中国乡镇企业的产权结构及其改革．经济研究，1995（3）

来谈乡镇企业。

乡镇企业是在改革开放后在原来社队企业基础上发展起来的一种产权经济组织。乡镇企业的前身——社队企业是计划经济的产物，虽然早就存在，但是发展极其缓慢。改革开放后农村承包制解放了农村劳动力，在乡村工业发展的政策导向下，乡镇工业发展迅速，在20世纪八九十年代一度成为推动农村经济增长最快的产权组织。20世纪90年代后期随着社会环境意识的增强，由于对由乡镇企业的分散性带来的环境污染的治理和管理难度加大，以及使用设备的破旧带来的资源浪费等原因，乡镇企业的迅猛发展受到越来越多的质疑和限制。进入21世纪后乡镇企业发展有减速的势头，也变得更加理性化。

2. 乡镇企业效率高的原因

以今天的眼光来看，乡镇产权存在着缺陷，但从历史观点来看，当时乡镇产权之所以具有较高效率，在于它比国有企业产权具有较灵活的机制。对于乡镇产权的解释，西方经济学家认为："乡镇企业实际上是集体所有制幌子下的一种私有制企业，乡镇企业的产权是清楚的，因而导致了较高的经济效率。"另一种解释认为："中国人具有较好的合作精神和利他精神，可应用中国文化和中国人的独特性来解释乡镇企业的成功。"其实这两种观点都未能清楚解释乡镇企业产权高效率的原因。因为客观来说，乡镇企业虽然存在打着乡镇所有制幌子的私有企业，但毕竟只占少数，真正的乡镇集体所有的企业还是占绝大多数。另外，乡镇企业从管理者到员工都来自农民，长期小农经济养成的封闭、自私、散漫正是他们的特征，而合作精神和利他精神正是中国农民所欠缺的精神。因此，中国传统文化和独特性并未能解释乡镇企业成功的原因。

田国强认为，乡镇企业的成功"在于乡镇企业较好地处理了个人和企业的关系"、"乡镇企业在生产活动中有较大的自由度"、"乡镇企业在生产活动中有较多的经营自主权"。这三条当然是相当重要的，但从产权角度来看，乡镇企业产权相对国有企业而言，委托代理成本和监督成本比较低也是其中的重要原因。从委托代理关系来看，乡镇企业的厂长、经理一般为乡镇干部，由乡镇领导直接任命企业代理人，也由村委会和乡镇政府直接监察，镇（乡）的企业办公室也通常只起统计和对口汇报数据的作用，对乡镇（村）企业实际上没有管理功能。因此委托代理的层次单一，而且企业通常就在村镇附近，企业代理人和管理人员大部分都住在村镇里，空间上的近距离便于监督，便于把问题解决在萌芽状态中，因而监督成本比较低。对企业来说，不必像国有企业那样面对多个层次的主管部门，"婆婆"只有一个，因此信息收集速度与决策效率都比较高，相对的决策成本和费用就比较低。然而，发展较快的根本原因不是产权本身的效率，而是由于"乡镇企业更容易筹集到开办企业的资金"、"开办乡镇企业在改革的初期，意识形态上更容易被接受，政府对乡镇企业的政策和法规也比较宽”、“更容易得到当地乡镇政府官员的批准和支持”。所以，乡镇企业发展迅速是特定的历史条件下的产物。

3. 乡镇企业的产权缺陷及其改革

随着市场经济体制的建立，个体、合伙企业，股份合作企业，股份企业一起进入市场经济中同台竞争，乡镇企业原有的灵活机制就相形见绌而逐步失去原有的优势。由于乡镇企业产权不清，暴露出诸多的问题，如企业短期化行为日益严重，经营者厂外办厂，变相化公为私，滥用企业资金吃喝玩乐，财务账目混乱、造假、行贿等。此外，企业无序布局损害生态、污染环境等，使乡镇企业在一定程度上扭曲了资源的有效分配，越来越不能适应市场经济的发展。由于产权制度的缺陷，银行担心还贷风险而不敢贷款，使得企业难于扩大再生产规模，加上对环境污染的处罚变得严厉起来，使乡镇企业的生存发展空间受到限制。

解决乡镇企业存在的问题唯一的出路在于产权制度改革。首要任务是对乡镇企业的产权明晰化。关于如何明晰产权要有规范化的实施办法，以实现从自我摸索、自我发展的无序化阶段转入规范化的有序化健康发展阶段。乡镇企业产权改革和产权明晰，主要是通过出售、拍卖、股份合作制、股份制等多种方式实现。出售或拍卖虽说使企业产权达到完全清晰的界定效果，但企业最终被一人或几人所拥有，看起来不大容易被人接受，而通过股份合作制和股份制则比较可行。股份合作制是由内部人出资合股合作创办的企业，企业的资产为股东共有，实行按劳取酬和按资分配相结合的原则。股份合作制的主要特征是内部人持股，外部人员不能入股，合资合劳，股份转让只限于转给本企业内其他持股人。它具有产权明晰、机制灵活、利益直接的特点，这种方式虽说容易被接受，但也存在着企业股权仅限于企业内部股东流动和外部资本不能注入的弊端。要使企业产权明确而产权在企业内外流动自如，股份制就是目前的最好选择。股份制采取乡镇政府、企业代理人、管理者和员工分别持股的方式，则比较公平和可行。无论是实行股份合作制还是股份制，乡镇股份比例都要适当，并且尽可能少，因为这部分产权是不清晰的。不论集体持股份多少，集体股应只是一种特别股，比如它有优先分红的权利，但企业管理要引进现代企业制度的管理方式，即企业的厂长、经理或董事会应由法人股和个人股东选举产生。事实证明引进现代企业制度的乡镇企业，能突破传统乡镇企业的局限和困惑，找到了生存与发展的广阔天地，这种股份制在全国许多地方推广之后，取得了相当好的效果，因此，包括股份合作制在内的股份制改造已成为乡镇产权制度改革与选择的主要方式。

8.2.5 个体和私有产权管理

在传统的社会主义产权结构中，是不允许和容忍除了公有制以外的产权企业存在的。20世纪上半叶的苏联、东欧各国、朝鲜都先后消灭了私营和个体经济。中国从1957年开始至1978年，私有产权经济被全部国有化改造而几乎绝迹。消灭私有经济和个体经济曾成为社会主义的使命，私有产权在社会主义国家曾被视为万恶之源。对拥有私有财产者，不但将其经济搞跨，而且将其政治搞臭。因此，私有产权经过政治舆论的指责，“文革”时成为人人憎恨，人人讳忌的字眼，甚至对“私”字闪念一下都不行，都要在思想上狠斗，以达到在灵魂深处根除私有经济和个体经济的观念和意识，全国变成清一色的国有经济与集体经济。公有制企业分工单一、服务态度差，成为社会的通病，商品交换在很大程度上被取消。物资短缺，生活用品凭票证定量供应，由于强大的政治和舆论压力，人民有苦难言，默默地忍受着困苦而单调的生活。

在此期间，东欧社会主义国家如匈牙利、南斯拉夫、波兰等，由于早期单一公有制造成的弊端暴发，普遍开始民主改革。改革目标除了政治上要求改变以党代政的集权制外，还要求解决长期得不到解决的经济问题，以改善人民生活。私有企业个体经济强烈要求有合法的发展权利和机会。东欧的风波引起中国的反应：在政治上强化阶级斗争，强化政治舆论的管制手段，更加重视对社会主义思想的教育运动等；在经济上强调铲除滋生资本主义的土壤，割资本主义尾巴等。改革开放大门打开后，中国人才发现单一公有产权制度并没有带来繁荣和富裕，反而使中国与周边国家的发展差距拉大。

一些有开放意识的知识分子首先提出要正确评价和认识个体经济的作用，一些城市待业人员要求工作，“上山下乡”的知识青年纷纷回城，就业压力很大，国有和集体企业的容量很有限。这样，一些人开始自谋职业，搞个体经营。知识分子的舆论起到了积极作用，政府决策部门看到这样做的确可以减轻国家的就业压力，对个体经营没有过多指责，抱着试试看的态度，让其在一定的限度内发展，但时时提醒不要滑向私营经济。为此，有些地方规定雇用人员数量不能超过马克思著作上界定的数目，否则就是私营经济，就是剥削了，就随时有被整顿和取缔的风险。尽管如此，一些发展较快的个体经营者积累了第一桶资金之后，还是扩大经营规模，向私营经济转变，雇用员工远远超过马克思著作上界定的数量。当有关部门检查时，他们便以亲戚朋友帮忙为借口，以应对检查和整治，私营经济一度在风雨飘摇中顽强地生存下来。为了给个体经济一些生存空间，政府需要从理论上给个体经济的存在作合理解释：

（1）拾遗补缺。与人民日常生活密切相关的大量小商品品种很多，不可能都由国家来直接投资和生产，个体经济在一定程度上正好补上这一缺陷。

（2）竞争效应的作用。个体经营以其热情周到的经营服务态度赢得顾客，有助于促进国有企业改善服务态度，提高服务质量。

（3）船小好掉头。经营小商品所需资金不多，个体经营者可以筹集资金，直接面向市场生产，一旦市场发生变化，也可随之应变，正所谓“船小好掉头”，经营风险相对较小。

但是理论的解释和实践的容忍并没有解决个体经营者的后顾之忧，一些起步较早的个体经营者积累了资金之后，需要扩大经营规模横向发展和由个体经营向私营经济过渡，虽然舆论没有过多的谴责，但观念上的压力和社会流行的仇富心态，使私营者背着许多无形的莫名的压力。这样，那些先富起来的个体户有三种分化途径：一是利用乡镇企业之名，把个体经营扩大为私营经济规模，在集体名义保护下，公开招兵买马大干起来；二是把实体经营地址和员工分散，仍然挂着个体经营的牌子；三是获得一定资产之后，不再向私营经济规模发展，继续小打小闹又没有意思，留着钱又怕面临通胀贬值，于是只好将其耗费于享乐。

随着对社会主义商品经济理论的讨论和对真理标准的深入讨论，理论界要求思想解放和实事求是的呼声日紧，社会实践又迫切需要理论给予正确认识和评价，维护其正当权益，否则整个活跃起来的城乡经济就会倒退。1984 年 4 月，国家以宪法修正案的形式，在《中华人民共和国宪法》中明确规定个体经济可以作为国家集体经济的补充。而真正具有历史转折意义的是在 1988 年 6 月，国务院颁发的《中华人民共和国私营企业暂行条例》，标志着社会主义国家第一部保护和规范私营经济发展的法规性文件的诞生，社会主义私有经济开始以合法公开的身份跻身于社会主义经济的舞台，与社会主义公有制经济同台竞争，互补发展。1988 年形成了私营经济发展的第一次高潮，随之三年治理整顿，1992 年又形成第二次高潮，私营企业加快发展到 13. 9 万家，从业人员 231. 8 万人，注册资金总资产值和商品零售额均达到空前的高水平。但由于政治法规上存在的局限性，私营经济还停留在“拾遗补缺”和“适当发展”的阶段，诸多行业不允许私营经济涉足，由此，造成存在的局限性日益突显。

目前，对私有产权经济进行管理尚未形成一套章法。作为一种理论探索，对私有产权不能不管，关键是如何管。这个管，不是搞死企业的管，而是搞活企业的管。这就要依法保护和引导服务，而不是超越法律的人为整治。

（1）立法保护。要出台一部专门对私有民营企业提供法律规范和保护服务的私有民营企业法，明确私有民营企业产权的权利与义务。

（2）加强对个体私有企业的税收改革，实行自动报缴税务制度，缴交税款要与国有企业一视同仁，不能厚此薄彼。

（3）鼓励私有企业向海外寻找商机、投资发展等。鼓励私有企业出口创汇，为私有民营企业提供出口方便，为产品、人员、资金和物资的进出提供方便快捷的服务，提供法律支援，解决贸易摩擦，消除贸易冲突隐患等。

（4）建立创业板市场。为以中小企业为主的私营企业提供上市流通和融资的条件。

8.3 产权代理的成本与风险

产权代理是商品经济发展到一定阶段的产物。在自然经济占主导经济的社会里，产权代理是不存在的。在简单经济时期的产权所有者请专人做监工或管理账目，而产权所有者则从中分离出来，专注于管理，这就是某些产权代理的萌芽。真正的产权代理是在资本主义生产方式下形成的。资产所有者把企业资本委托给有管理能力的经理人员管理，这些经理并不享有企业资产的所有权，他是受资产所有者的委托来管理企业的，对企业实现全权代理，成为资产所有者的代理人，享有除所有权和处置权以外的其他权力，代理人只对资产所有者负责而不对其他任何人负责。产权代理是有成本和风险的，减少和降低产权代理的成本和风险一直是市场经济国家探索的重要课题之一。

在产权经济中，无论什么社会制度和意识形态下的产权代理都具有成本与风险。如公有产权、集体产权、私有产权、股份产权等都不会因为社会制度和意识形态的差异而不存在代理成本问题。公有制的产权代理成本，无论是在社会主义国家还是资本主义国家都存在，不能说只存在于社会主义国家，资本主义国家就不存在。和国有产权一样，股份产权也存在产权代理成本和风险。这关键不在于有无代理成本和风险，而在于选择什么样的产权制度管理形式，才能使产权的代理成本和风险降到最低限度。

在自然经济社会里，产权既有自理的，也有代理的，但代理不占主导地位，因此，产权的代理问题并不突出。进入商品经济社会之后，由于竞争的产生、产权规模的扩大、生产经营的复杂化，产权代理普遍通行起来并占据主导地位。但产权代理是有成本和风险的，在实行计划经济的社会主义国家中，产权的代理成本和风险也同样存在。不过，这种成本和风险并没有通过市场竞争表现出来，而是隐性地转嫁在国家的统收统支的财政上。这就要考察不同的产权制度安排的代理成本和风险，从而选择效率与效益最大化而风险最小化和成本合理的产权制度安排。

8.3.1 产权代理的成本

产权代理需要代理成本，代理成本包括生产经营成本和监督成本两大部分。生产经营成本是企业内在生产过程产生的成本，而监督成本是独立于企业生产过程的对企业进行外部监控的成本，二者共同构成产权代理成本。在有的产权安排中，产权的监督成本有些是在企业中形成的或主要由企业内部形成的，有些是由外部监控而形成的。这样，选择具有内在监控机制的产权安排，就有利于降低产权的代理成本。产权代理成本包括三个方面：一是生产经营过程损耗的成本，二是监督成本，三是代理人的工薪报酬。有些人认为代理成本仅局限于支付给代理人的工薪报酬，这是不确切、不全面的。代理人代理产权，把产权的全部债务、债权都承担起来，产权运作效益如何，相当程度上取决于代理人的才能、智慧、能力和贡献。代理人有全权负责代理产权企业公司的营运权利，当然，在不同产权制度安排的企业中，成本大小是不同的，有的产权有广义的产权代理成本。经营者是代理者，不管是聘任或租赁、承包还是产权占有，使用权者是否是产权所有者，都属于代理人。这样，代理人对代理成本的高低有直接的决定作用。有的产权制度安排则对广义的产权代理成本只有间接的决定作用，如股份产权的代理成本就是这样，股份公司的经营决策完全由董事会作出，作为产权代理人的经理只是执行而已，因此，他对产权代理成本没有直接的决定作用。这样，由企业生产经营所开支的成本并不完全归结于代理人，这种情况下对狭义的代理成本是直接起作用的。在工薪报酬方面的代理成本高低也因产权制度安排不同而异。中国国有产权的承包或租赁，其工薪报酬的代理成本较低，而其他的生产经营成本则高；私有产权的工薪报酬高，而其他生产经营和监督成本则低；股份产权的工薪报酬的代理成本高，而生产经营、监督成本则低。在工薪报酬方面的代理成本，股份产权与独资企业产权的代理人相互依赖。除了这两类产权外，国有产权中实行承包或租赁的产权企业的工薪报酬的代理成本也是较低的。在监督成本中，国有产权、集体产权监督成本是较高的。如国有产权企业的监督机制是政府部门，而政府部门又远离企业，这使得监督的困难和监督费用增加，相比之下，私有产权的监督成本较低，因为产权是他自己的，具有高度的自我监督能力，不用外部力量推动就能自我监督。股份产权有内部和外部双重的默契的监督机制，因而监督成本也是比较低的。除此之外，在实行租赁承包制股份产权企业中，也产生了一种自我监督的机制，因而其监督成本也是较低的。各种产权的代理成本虽然不同，但从整体而言，私有产权、股份产权和承包租赁产权的代理成本是比较低的。

8.3.2 产权代理的风险

在诸多产权制度安排中，私有产权制度的股份产权的代理风险是较小的。这是由于它的监督代理成本低和产权社会化的原因。在租赁承包的国有产权企业，其代理风险小，因为权、责、利清楚，代理人自觉地把风险控制在最低限度内。虽然由于经验和能力的限制，承租者或承包者努力经营也可能难免在市场经济竞争中被淘汰，因而仍不可避免风险的存在。但就总体而言，风险度已比非承租或承包的国有产权企业要低得多。无论是产权所有者直接经营还是委托代理人经营，由于产权排他性的特点，产权所有者以最高的效率进行决策和经营，一般代理风险是比较低的。

产权运行的效率是由代理成本和代理风险决定的，产权的代理风险也因产权制度安排不同而异。从整体上考察，产权的代理成本与产权风险成本呈正比关系，产权代理的成本越大，产权的风险越大；成本越小，风险越小。在代理成本中，主要是经营成本和监督成本大。由于这两方面的高代理成本导致了企业风险的扩大，因此，要减少风险只有降低代理成本。在国有产权企业中，过去的传统观点认为没有什么风险，或者认为风险很小，其实国有产权企业的风险是很大的，只不过这种风险的责任和造成的后果不是由企业承担。国有产权企业亏损风险由国家承担，与企业无关，这在理论和实践上都合乎实情，但若说国有产权没有风险或风险很小，那也是不正确的。国有产权之所以风险大，是因为它的代理成本非常高。

在私有产权代理中，具有经营风险和监督风险，风险承担者是私有企业主。同时，产权代理者也有被解聘的风险。在国有产权的企业中，代理风险的承担者是国家，对代理者本人来说基本上没有什么风险，经营不好照样当厂长、经理。在集体产权代理中，风险承担者是集体的全体成员，代理者本人有一定的风险，做不好就落选，失去代理人的职务和地位。但由于集体产权代理人的报酬并不比其他集体成员高多少，因此代理人的责任心不强，落选也不在乎，缺乏风险意识与压力。股份产权的代理应当说是具有风险的，但风险分散在无数股东可以承担的限度内，不像其他产权代理那样，风险集中在单一的出资者身上。同时，股份产权代理人也有一定的风险，在经理市场的激烈竞争中，经营不善，不但利益不能实现，还有失去经理位置的风险。为了保住与实现代理人的利益目标的最大化，股份产权代理人必须把自己的利益与集体目标结合起来，在实现集体利益的同时实现代理人自身的利益目标，也达到保住其经理位置的目的。

8.4 不同产权的代理成本与风险比较

8.4.1 国有产权的代理成本与风险

国有产权也就是共有产权，即产权为一国之内全体人民共同所有，由国家政府代表全体人民进行直接经营管理。但这样的代理不可能由国家政府的所有官员亲自经营，而只能委托少数官员去直接管理，受委托者就是国有产权的直接代理人，而国家政府则是委托人。国有产权的代理是存在风险的，但风险的承担者不是直接代理人，也不是作为委托人的国家政府，而是全体人民。但如果财产不是全体人民的，或者名义上是全体人民的而实质上是国家政府机关管理人员的，那么，风险承担者就另当别论了。在国有产权代理中，国家政府被称为一级代理，由国家政府委派直接从事企业经营的官员则称为二级代理。由于出资者是全体国民，国家全体人民中包括直接代理人，他们也是出资者之一，至于他们出资应占多少是模糊不清的。当然，如果一定要分清也是可以的，他们只占全国总资产中的极其微小的一部分。以企业的资产为分子，以全国人口数为分母，就可以算出代理人所占的产权份额。我们假设某企业的固定资产和流动资产共13亿元，那么，每个国民出资者的资产产权值应是1元钱。因此，在实际经济生活中，代理者在企业中的产权资产份额是可以计算出来的。如企业损失2.6亿元，那代理人自己只损失0.2元钱；如企业倒闭破产，那代理人自己只损失不到1元钱，微不足道。因此，代理人几乎是没有风险的。

不仅企业第一线的管理人员没有风险，一级代理也不需要承担风险，整个风险由全体国民共同承担。而全体国民由于他们远离企业，无缘直接参与企业决策、监督活动，对于自己拥有的模糊的那份产权能得益多少，他们是心中没数的。这样他们对企业亏损多少，或是倒闭也是不会关心的。由此，此种公共化的国家代理产权，企业代理人员不但不会努力经营，反而会运用代理权谋取自身利益的最大化。这样，贪污腐败便成为国有产权企业中司空见惯的现象，也成为国有产权代理的主要风险和成本之一，公共国有产权企业对企业和代理者来说可能是没有风险的，而对全体国民来说是有风险和成本的，而且代理成本是很高的。

然而，国有产权的全体国民对国有产权的代理风险和成本是漠不关心的，即使宪法规定可以派出自己的专业监督机构去监督，可以举报等，但国民却不会去做。因为，举报要冒风险和付出成本，即使举报成功，其对个人收益甚微，几乎为零。假如在1.3亿的国有资产企业中，举报只是为维护自己仅占0.1元钱的资产产权，这样低的利益，他认为不值得，故他对公共产权的利益的关切度是很低的。在职工看来，即使举报放倒了代理人，维护了国有产权的利益，他的举报成本也超过了他的利益值，自己的利益只有0.1元钱，而举报成本却在十倍以上，因为举报信要贴1.2元邮资，还要花时间与精力，如果举报不成，还有被打击报复的风险，轻则被处罚，重则丢了饭碗，甚至坐牢。显然举报成本与风险远远高于举报成功对举报者个人所带来的收益，这样，一般国民对公共国有的产权是不会关切的。也正是因为如此，使公共国有产权的代理人的贪污腐败行为屡禁不止，像割韭菜一样，割了生，生了割，再生再割，循环不息。这是国有产权代理风险与成本居高不下的原因所在。

8.4.2　集体产权的代理成本与风险

1. 工商业集体产权

工商业集体产权是由集体成员共同投资而成的。中国的集体产权一种是由国有产权企业进行福利性直接投资形成的直接隶属于国有产权企业管辖的；另一种是街道政府部门创办的，但不是由国家统收统支，甚至可以免税，主要是解决本系统企业子弟就业。这两类工商业产权都是由国有企业投资而形成的。还有一种是社会成员自由联合起来投资的合伙企业，在中国，工业集体产权的典型状态是前两者，后者只是补充而已。对前两者工商业集体产权的管理也是采取近似国有产权企业那样的委托代理人经营。而典型的合伙企业的管理采取的是所有合伙出资者直接参加管理，不委托代理人。这样一来，所有合伙出资者都直接经营，难免各人意见不一，大多数都以散伙而告终。

2. 农业集体产权

在我国很长一段时期内曾经实行人民公社三级所有的集体产权，农村土地为公社、大队、生产队三级所有，公社拥有山林、水库、水利设施等用地，大队也有大队山林、水库、水利设施等用地，生产队则拥有直接耕种的土地。如果生产队也耕种大队或公社所有的土地，则除了交农业税外，还要交一份租赁费给公社和大队。至于生产队的土地，生产队只拥有使用权，所有权是国家的。因此，生产队的土地在“文革”前和“文革”时也是属于代理制的。

公社的集体产权一般是对公社林场、公社副业场、加工厂等厂场实行代理制，由公社政府选出代理人直接经营，代理人必须根据公社的行政指令去生产，生产的成果也按照公社的指示去分配。对于公社集体产权企业代理人来说是不存在风险的。他唯一的风险就是怕没有讨好公社领导，所以，公社的全部经营活动必须听从公社领导人的指挥。大队的集体产权是介于公社产权与生产队产权之间的产权组织，大队一般以一个大自然村或若干小自然村为单元。大队并不直接占有社员耕种的土地，也和公社一样，拥有一级厂场，大队办的副业场、林场、园艺场、加工厂等，还有大队的机耕队。凡事由大队管委会作决策，无须召开大队群众代表会议来讨论。有的地方大队产权组织则把大队管委会已拟定好的决策指令在群众大会或代表会议宣布，由群众以举手或鼓掌的形式表示通过。大队管委会的代理人完全听从大队管委会的指令，大队厂场产权代理人为了博取大队管委会主要负责人的信任和欢心，会不择手段，不惜损害和牺牲大队集体产权的利益。如大队负责人可以在大队产权场里随意吃、喝、拿、贪、占，而代理人为了自身的代理地位，只好满足大队管委会负责人而不敢阻拦和抵制，甚至还有意主动为其提供方便。所以，为什么集体产权搞了几十年却没什么效益，大概源于此。对于全大队的社员来说，大队集体产权毫无意义。它的存在不过是借大队所有社员的名义，为大队管委会和代理人所操纵和谋利而已。因此，大队产权组织也和公社产权组织那样是无效的产权制度安排。

生产队是人民公社管理体系中最底层的一级产权组织，是构成公社和大队集体产权组织的最基本的单元。一般生产队由一个中小村庄组成，大村庄则划分成若干生产队，山区较小的生产队为几十人，平原地区的生产队一般为几百人。生产队产权规模较小，成员居住较为集中，生产队的管委会和管理干部一般都经生产队召开的社员大会推荐，但多半是由大队管委会主要负责人审定提名后实行定额选举，由生产队召开社员大会举手通过。生产队管委会的领导班子由 5 ~ 7 人组成。设有队长一名，指导员一名，会计、出纳、保管员、贫协组长、妇女主任等各一名，其中核心人员是队长、指导员、会计和出纳，许多重大的临时决策都是由这几个主要成员作出的，他们是生产队中的“常委”。生产队产权的代理人是生产队管委会的全体成员，但其中主要代理人是队长、指导员、会计和出纳，通称“四架马车”，指导员管政治思想，队长管生产，会计管规划与预算，出纳管财产，形成互相制约合作的关系。与公社产权组织相比，生产队的产权组织比较容易接受社员的直接监督。因此，代理人的好坏，社员很容易比较和鉴别出来，所以，生产队产权对代理人具有一定的约束作用。

在人民公社体制时期，凡搞得比较好的生产队组织都是因为选择了较好的产权代理人。生产队产权为代理人发挥作用提供了一定条件，但他必须接受大队和公社委托人直接与间接的双重行政指令。如公社根据国家指令下令统一春耕、夏收夏种、秋收冬种，甚至分配和催交公购粮，大队则根据公社命令直接传达到生产队，公社会派工作组进驻大队、生产队，大队又派出大队干部到生产队去推行、贯彻实施公社的命令。这样，生产队的生产经营自主权实际上是非常有限的，它不过是一个执行上级命令的组织而已。由于高度的集中统一脱离了各生产队千差万别的实际，因此犯瞎指挥的错误是屡见不鲜的。如各生产队所处的环境和选用的品种不同，水稻种植的时间也应是不尽一致的，但公社非要在同一天全部开始插秧，秧苗不宜插的也要插，结果被强行提早插下的秧苗不是被冻坏就是不长谷子。在人民公社体制期间真正搞得好的是对来自上面的瞎指挥不盲从，从实际出发安排生产的生产队。但这样的生产队代理人面临的政治压力和个人承受的风险是较大的，一般生产队的代理人难以做到，因此，生产队的产权制度安排也是无效率的。

8.4.3 私有产权的代理成本与风险

按传统的观点，私有制产生于原始社会末期，存在于奴隶社会、封建社会和资本主义社会。私有制在社会主义的存在和出现被认为是残余或补充。其实，真正的私有产权是指动产的私有产权，而劳动力产权作为主要的私有产权资源源于资本主义时期。在资本主义以前的产权资源，主要是土地不动产产权。在奴隶社会和封建社会里，土地产权都是主要的产权资源。奴隶社会的土地是奴隶主国家的，由奴隶直接使用，奴隶主为减轻直接管理的负担，从奴隶中挑选看管人即后来的作为奴隶主的代理人，代表奴隶主对奴隶使用土地过程进行监督，奴隶主把土地让农奴、平民去经营，所得全部是奴隶主的，因而不存在代理成本问题。封建社会土地所有权是以国家名义由统治者及地主阶级委托农民经营，封建地主委托农民代理，高额地租"雷打不动"，即使农民当年交不足租，来年以至永世累积下来也要交完地租债务。因此，封建土地产权的代理对地主来说也不存在风险和成本问题。但封建土地产权的效率极其低下。

真正的私有产权代理成本和风险产生于资本主义时期。资本主义动产私有产权并不是一开始就存在代理风险和成本的，而是资本主义发展到一定时期之后，才产生私有产权的代理成本和风险问题。资本主义自由竞争时期，农民从封建土地产权制度束缚下解放出来，能够自由离开乡村土地的束缚进城务工经商。大多数私有者是从打工开始白手起家的，他们从打工开始自由创业时，都是小规模的经济活动，拥有的动产资源是非常少的，一般是自己直接经营，不要代理人，即使请一些帮工也是直接从事业务的具体事情，并不是产权的代理人角色。到资本主义自由竞争后期，资本主义垄断开始，竞争加剧，引起了联合经营规模扩大。这样原来产权私有者一个人直接管理是忙不过来的，如果说规模小时，生产分配和市场流通等一个人可以直接拍板决策，但规模扩大之后，则需要把生产与市场的管理专门化。产权私有者也不可能样样都包揽了，需要把一部分产权权能分离出去，这就出现了委托经营的代理人，这类人员都具有代理性质，但这仅仅是初级代理的开始，即部分代理，并非全权代理。这时产权私有者本身也还掌握着其中一部分经营权，把部分权能分离出去让人代理，只不过是对私有产权的运作起到补充作用而已。因而，全权的代理在私有产权的独资制时期尚没有出现。由于私有产权独资者始终处在管理过程，一旦有违背私有产权利益的行为就将遭到及时制止。同时由于产权私有者直接在管理层中，使享有部分代理权的代理人产生有利于产权私有者利益最大化的行为，因此，这种产权代理风险和成本并不高，但产权效率则相对较高。

8.4.4 股份产权的代理成本与风险

股份产权首先产生于英国，然后普及于美国、法国、德国和日本等资本主义国家，这是适应生产力发展的要求的，是社会化大生产的结果。股份产权是由无数股东出资组织的产权组织，由股东代表大会选举产生董事会，作为股份产权组织常设机构，董事会任命经理作为股份产权企业代理人，产权代理人按照董事会决策开展经营业务。股份制的股东众多，而把经营风险分散到所有股东所能承受的范围内。股东一般不直接参加经营过程，而是由股东大会选举产生的董事会对经理人员实行聘任和委托经营，经理人员就成为股份产权企业的代理人。代理人的报酬待遇，一般采取固定月薪制、年薪制、浮动工资制或半浮动工资制四种，固定月薪制是按月支付报酬，工资较高，收入稳定，不受企业经营盈亏的影响。年薪制按年支付报酬，一般是实行固定工资制，收入一般比较高，不与企业效益挂钩，但做不好则容易被解聘，让更有能力的经理人员来代理。浮动工资就是效益工资，全部是浮动可变的，代理人员收入随着股份企业的效益增长而增长、下降而下降，按比例提成。实际是以代理人的代理业绩直接参加企业的分配，依企业规模大小和效益增长额度大小而确定提成的高低。半浮动工资就是基本工资和浮动工资相结合，基本工资是固定的，另一半工资则根据效益而定。在市场经济尚未发育完善的国家与地区，对高层代理人实行半浮动工资与基本工资相结合的制度，中低层代理人则实行月工资制；市场经济完善的国家则对高层代理人员实行年薪制，对其他中层代理人及职员则实行工资制。可见，浮动工资实际上是对高层代理人的约束与激励。

代理人的利益最大化不能脱离股份公司的利益最大化目标，只能通过实现股份企业利益最大化目标去实现。一方面，由于股东众多、股权分散，股份产权企业的代理风险和代理成本总体上是比较大的，但它分散在股东身上，使成本和风险大为降低，因此变得相对较小；另一方面，股份企业受到市场和股市约束，使经理人员不能利用代理权来“搭便车”，有效地抑制了机会主义倾向的产生。因此，无论从哪一方面考察，股份产权企业比其他任何产权组织的制度安排都更具有监督力和约束力以及内在化的激励能力。其代理成本和代理风险都是最低的，是目前最有效的产权制度安排。基于这个原因，股份制公司是以股份产权制度为标志的现代产权制度的实现形式。

9　中央产权与地方产权

中央产权与地方产权无论是在社会主义国家还是资本主义国家都存在。长期以来，在我国社会主义经济建设事业中没有处理好中央产权与地方产权的关系，一直在中央产权与地方产权的放权与收权之间轮回转换，通常在企业无利时往下放，当企业盈利时又往上收，陷入收与放的拉锯式循环怪圈。由于中央产权与地方产权的涵盖面不同，运用行政手段调整和处理地方产权的关系难免挫伤地方产权的积极性，导致中央产权强化而地方产权弱化，地方产权弱化又导致整个国有产权结构体系的弱化。如何处理好中央产权与地方产权的关系，是我国在深化经济体制改革中面临和必须解决的现实问题。为此，要探讨中央产权与地方产权的界区、相互关系和双方产权设置的制度安排，以理顺中央与地方的产权经济关系。

9.1　现行中央产权与地方产权的弊端

改革开放以来，实行以公有制经济为主体的多种所有制形式与多种经济成分并存的体制。由于经济多元而带来了生产关系调整，促进了生产力的发展，使非公有制经济占了国民经济发展中的半壁江山，并成长为未来的支撑中国经济发展的重要力量。相比之下，国有资产体制改革则落后于所有制形式的发展，其深层次的原因之一就是国有资产的产权存在中央与地方产权不清，地方与地方之间及地方内部各级之间的产权边界不清等问题。我们通常把县以上创办到中央直属的企业通称为国有企业，国有产权在操作中存在许多漏洞，导致责、权、利归属的不对称，其流弊是显而易见的。

传统体制下的计划经济对中央与地方也曾有产权划分，但这种划分是靠行政手段与命令进行的，基本做法是：企业盈利时，企业上收归中央所属，亏损时划归与下放地方管理。当中央把原本盈利的地方企业上收之后，又由盈转亏时，又将面临再次下放，以下放权力为名划归地方管理，如此不断地循环往复。在分税制改革中，分布地方的盈利大户几乎都划归中央企业或国家税收直属企业，剩下一些规模极小的企业划归地方管辖。通过税制改革强化了中央产权而削弱了地方产权，提高了中央税收而削弱了地方税收。随着经济社会的发展，中央政府适当集中和适度提高税收，对提高国家公共设施建设如教育、卫生、科研、国防等是必要的，但必须控制在一个合理的范围内，否则会影响地方经济发展。自从1994年实行分税制后①，中央财政收入占全国财政收入的比例在持续增加，而地方财政收入占全国财政收入的比例在减少。以2006年为例，全国税收34 809.72亿元，其中中央税收19 576.34亿元，占56.2%；地方税收15 233.38亿元，占43.8%。同期全国财政收入38 760.20亿元，其中中央财政收入20 456.62亿元，占52.8%，地方财政收入18 303.58亿元，占47.2%。2006年中央财政收入比1978年提高37.3个百分点，1993年提高30.8个百分点，地方财政收入所占比重则大幅下降，2006年地方财政收入比1978年下降37.3个百分点，比1993年下降30.8个百分点。与此同时，中央财政支出比例减少，而地方财政支出比例扩大。2006年中央财政支出为9 991.4亿，仅占24.7%，地方财政支出30 431.33亿，却占75.3%②，2006年中央财政支出占全国比要比1980年下降29.69个百分点，比2000年下降10个百分点，比2004年下降3个百分点，比2005年下降1.2个百分点，中央财政支出所占比重呈现持续下降趋势。从中央与地方财政税收所占比重来看，中央财政税收在全国财政税收中的比例有所提高；地方财政税收的比例则大幅下降。中央财政收入有如此大的增幅就是由于地方搞活经济使中央财政增加。试想，如果仍然是计划经济时期中央高度集中统一的财政税收体制，没有地方开放搞活，经济能提高这么快？所以地方发展了，中央适度集中财政税收由中央支配是必要的，也是可能的，但不能过度。以减少地方收入、削弱地方发展后劲为代价的过度集中则是不合适的，最终因要增加中央的支付性财政转移而增加中央财政的压力，其弊端显而易见。

（1）削弱地方经济，挫伤地方积极性。地方的好企业一般都是技术资源和市场与管理经验有历史积累的企业。一旦被中央收了，势必减少地方财政收入来源，挫伤地方积极性，影响地方经济发展，如果是东部地区的省份则会导致经济发展放慢与停顿，乃至后退；如果是西部地区省份则会断其财源，在本来就脆弱的经济上雪上加霜。许多地方不愿对企业的盈利作真实的公布，或者不愿对企业作扩大再生产的投资，而把资金用于非生产经营的住宅、奖金等福利方面，导致地方

① 1994年分税制财政体制后属于中央财政的收入包括：关税，海关代征消费税和增值税，消费税，中央企业所得税，地方银行和外资银行以及非银行金融企业所得税，铁道、银行总行、保险公司等集中缴纳的营业税、所得税、利润和城市维护建设税，增值税的75%，证券交易税（印花税）的50%和海洋石油资源税；属于地方财政的收入包括：营业税，地方企业所得税，个人所得税，城镇土地使用税，固定资产投资方向调节税，城镇维护建设税，房产税，车船使用税印花税，屠宰税，农牧业税，农业特产税，耕地占用税，契税，增值税的25%，证券交易税（印花税）的50%和除海洋石油资源税以外的其他资源税。（引自《中国统计年鉴》2002年版284页）

② 中华人民共和国国家统计局．中国统计年鉴．北京：中国统计出版社，2007.284

企业的隐性盈亏的扭曲发展。

（2）影响地方积累与扩大再生产。地方贫困最终又只好向中央要投资、要资金，指望中央财政支持，而中央直属经营企业又不能保持企业盈利，最终又要从东部地区打主意，增加对东部地区企业的财政上缴额度，以作为中央财政来源的积累，通过支付式的财政转移提供给贫困地区。

（3）容易导致中央集权体制的复归。计划经济具有中央集权的产品经济社会特征，它是对地方分权的一个否定，其危害性已尽人皆知，不必赘述。市场经济是一个分权的公平竞争的商品经济，它是对中央集权经济的否定。我们好不容易经过三十年的改革开放，解除了中央集权体制的计划经济桎梏，建立市场经济竞争机制，好不容易把各地积极性调动起来，各地在市场经济规律的作用下，迅速拉开差距，形成先进带动后进的健康发展势态。如果中央集权通过集中产权取得财政来源，很容易回到集权分权的循环折腾的老路上去。

9.2 处理中央产权与地方产权关系上的误区

我国的国有产权资源包括不动产产权和动产产权，不动产产权包括土地、森林、河流、湖泊、房屋等非流动性的自然资源和社会设施；动产产权包括机器设备、软件技术知识、设计图纸等。我国的不动产资源，仅从企业固定资产来看，资产价值约为 15 万亿元人民币，其中中央与地方各占多少，至今没有准确的衡量、统计与区分。但据从宏观总量上的预测，这 15 万亿元国有企业固定资产中，中央国有产权原值约占 60%，地方国有产权原值约占 40%，由此看来，中央国有产权高于地方国有产权，居主导地位。中央产权与地方产权在产业分布上呈交叉关系，许多方面是相似的。然而，又分别有所侧重，如中央产权动产资源集中于冶金、民航、邮电、国防军工、电子技术等基础产业和高科技产业上，而地方产权动产资源主要分布在机械、电子、化工、五金、食品、纺织等与社会生产生活直接相关的生产性和消费性产业上。我国的国有动产资源是经过社会主义建立以来半个世纪的积累而成的，然而，由于国有产权机制上的原因，产权增值和积累所达到的总量比以私有制为主导的发达国家的国有产权的拥有值要低得多。专门发展国有产权经济的我国所拥有的国有产权资源原值反而没有专门发展私有制产权的国家所拥有的国有产权资源原值高，这是值得深思的。这里既有历史的原因，更有产权制度安排和产权运行机制的原因。长期以来，我国在国有产权运行机制上，在处理中央产权与地方产权关系中存在着许多误区。

9.2.1 实践上的误区

第一，国有产权在中央与地方之间进行集权与放权循环。由于国有产权包括中央产权和地方产权，两者之间没有所有权的限制，因此，国有产权可以在中央产权与地方产权之间改变角色。必要时中央产权可以下放为地方产权，更多的是地方产权上收为中央产权。我国社会主义国有产权的内部调整，就是在中央与地方之间的产权调整与配置。每调整一次，都对国有产权整体产生重大的影响，其影响是利弊并存，有时利大于弊，更多的时候是弊大于利。国有产权调整配置在收权与放权关系上对经济发展势态有截然不同的影响。中央集权把地方产权集中到中央直属和管理，地方经济受挫，全国经济出现萎缩与停滞，以致后退。在中央放权给地方时，地方发展经济的积极性就高，经济便会出现反弹式增长的高潮。在中央收权时，经济就从高潮转入萎缩。如 1958 年中央集权达到顶点，1959—1963年进行四年调整放权，1964—1965 年进入了经济上升时期，1966 年经济上又往中央集权而收拢。“文革”后 1977—1978 年中央再度集权搞“洋跃进”，1979 年开始改革与放权，1980 年首先从农村改革开始进行放权，促进了农业和农村经济的发展，至 1984 年农业和农村经济达到高潮。在 1985 年中央在农村放权取得显著成效的基础上，把改革重点转入城市经济体制，向城市企业放权，至 1988 年达到高潮，1989 年开始回落延至 1991 年。1992 年初邓小平南方视察后，中央扩大开放与开发，经济开始回升，并持续到 1993 年上半年，延续了一年半时间。1993 年下半年全国宏观经济调控，经济开始回落，往后逐年下滑，到 20 世纪末结束，再转入 21 世纪初，经济增长维持 8% 左右。由于经济增长缓慢导致物价回落，有效需求不足，农民收入递减，城乡差距拉大，失业率增加等经济低增长的综合征，这次低潮延缓时间整整 10 年。2004 年开始经济发展又由慢转快，至 2007 年 4 年年均经济连续保持 11% 的增长速度，又出现经济过热议论和要求控制的舆论，于是又面临着新一轮的宏观调控。然而，从工作出发，1993 年以前，每一次调整都是中央政府运用行政权力对中央与地方之间的产权关系的调整和再配置。中央每收权一次，地方产权经济发展放慢一次，全国经济便会陷于一段时间的低迷。

第二，以加强宏观调控为由，加强中央产权而削弱地方产权。在中央产权下放时，一般都是经济陷入最低潮时，不放权不行，到了不放权不足以使经济回升以摆脱经济低谷持续造成的经济损失时，中央政府便把中央拥有的亏本企业划给地方以甩掉包袱。甩包袱就是放权，地方接过包袱，地方就有占有、使用、收益、分配和处置权，能够从实际出发对产权企业进行改革改造，使之增盈，转变为优良的企业。但当地方产权带来地方经济发展和繁荣时，地方产权收益与中央产权收益产生不平衡时，地方经济增长快，收入高于中央产权，而中央财政收入低了少了，这时新一轮的中央集权又将孕育和开始，刚开始发展起来的地方产权又将被上收为中央产权，被划为中央政府或部门直属，地方产权企业经济的力量随之陷入萎缩和走向低谷。我国中央产权与地方产权几十年来始终未能走出收与放的高潮与低潮的循环怪圈，其缘由正出于此。1993年以后的宏观调控以及2007年下半年开始的宏观调控，由于大多数国有企业完成了股份制改革，中央产权与地方产权的划分也比较清晰，因此宏观调控不单是传统意义上的放权与收权，而是运用货币政策和财政政策进行宏观调控。

9.2.2 观念上的误区

我国在历史上是以自然经济为主的传统农业国，小生产者的平均主义思想根深蒂固，较低的社会生产力水平，贫穷的生活使人们把土地平均所有作为人生和社会理想追求的最高目标，我国就是在这样的背景下接受马克思关于社会主义的思想和模式的。在实践上，我国是在20世纪50年代末全盘照搬苏联社会主义模式的，高度集中统一的社会主义经济体制的建立，催生出一套僵化的观念、理论和政策，并上升为指导思想，束缚和左右着我国的经济行为和经济生活。

一是越大越公越先进，这是在长期的计划产品经济中形成的一个观念。我国在照搬苏联的模式中，认为全民所有制是最好或最先进的。公有化程度越高就越革命、越先进，公有化程度越低，就越不革命。在公有制中国有比集体先进，集体比个体先进，在国有产权中，中央产权比地方产权先进，在地方产权中，市县产权比乡镇产权先进等，于是形成了产权的等级化，把行政权力以及等级关系也渗透到产权中。形成下级产权服从上级产权，全国地方产权从属于中央产权的状况。尽管人们在语言上并没有那种提法，但现实经济是如此运行的，经济生活观念和沉积在人们的思想中的观念都是潜移默化地直接或间接地影响和制约以至决定着国家政府的指导思想和经济行为，这些观念在现实的产权经济关系和经济生活中产生，成为人们相对稳定的观念，又反过来影响和制约着经济实践，并成为思想和经济生活的指导。从而适应和维系着这种集权经济机制的运行，使观念与机制之间形成一种恒定的产权体系。

二是中央产权等于国有全民产权，这一种观念植根于中央，也存在于地方和大多数国家公民之中。这种观念认为，中央集中的产权代表全国人民所有，换言之，中央直属的产权是代表全国人民所有的。因此，国有产权就是中央产权，中央产权也就是国有产权，这就从中给中央产权与国有产权之间画上等号。而除此之外的其他产权则不算或不完全算国有产权。例如地方各级政府直属的国有产权企业被认为不是正宗的或纯正的国有产权企业，因为它们并不代表全国人民所有，所以不代表真正的国有，而只能是准国有的产权。因此，在经济地位和习惯观念中地方产权企业是比全民所有的国有产权企业要低人一等的产权组织，很难得到国有产权企业应有的平等条件和待遇，为此，也容易使地方产权代表产生希望上升为全民国有产权企业的动机和欲望。这样，搞得好的企业往往成为跃身为中央产权企业的阶梯，而中央政府对于搞得好的地方产权企业又往往是上收为直属中央产权企业，如中央企业亏损时，则以加强地方产权企业和放权为由，把亏损的企业下划给地方，实际上是把产权企业的亏损包袱转嫁给地方，以减轻中央政府的负担。而地方产权企业发展起来，地方财政收入增加，意味着中央财政收入减少时，地方产权中盈利的产权企业将又面临着新一轮的向中央产权企业的回归。

9.2.3 理论上的误区

除了实践观念上的误区外，理论上的误区也同时存在，如认为平衡就是同步，同步就不能有差异，有差异就是分化等。这种形而上学的理论，长期束缚着我国人民的思想和行为，对产权经济发展是一个无形的障碍，对此必须有一个正确的认识。

首先，共同富裕不是同步富裕。共同富裕是社会主义的共同目标，为人们所普遍认同和接受，但是怎么去实现共同富裕这一深层次的认识和理论问题却鲜为人知。因此，许多人常把共同富裕误认为是同步富裕，持这种理论观点的人不能看到和容忍有差异的富裕存在。然而有差别的富裕又是共同富裕的前提和条件，是达到共同富裕的引擎和动力。由一部分人先富起来带动另一部分人也富裕起来，这是异步和有差别层次的富裕，如同人们走路那样，步子有先有后，任何情况下都存在富裕程度的差别，这个差别或差异就成为推动经济向前发展的势差，这种势差运动就产生和转化为势能，成为经济发展的目标与动力。正是这种势差的存在才推动人们在更高水平的基础上实现有差异的共同富裕。形而上学的认识者把时空上的富裕看作是同时同步的无差异的，其实这种同步富裕是不存在的，单一公有产权的计划经济和平均主义时代，大家收入基本相同，差异不大，但也还存在着差异。贫穷中的平均收入并不是共同富裕，而只能是“共同贫困”，即使在“文革”时期平均主义盛行的“共同贫困”年代，也还有贫困程度的差别，因此，贫困也和富裕一样，不可能做到同步拉平，然而，要通过单一公有产权来组织与配置资源以实现共同富裕，会导致其结果和愿望适得其反。

其次，地方产权经济不是诸侯经济。本来地方产权是属于一定行政区划的全民的国有产权，其全民覆盖面虽然没有中央产权的范围大，但也被认定为是属于国家的产权。国家由各个地方构成，地方是国家的组成部分，地方国有产权企业的盈利同样要按盈利收益比例上缴给中央国库，这部分地方产权税收也是形成中央产权收入的重要来源。然而，在人们的认识中，地方产权不算且不属于中央产权，不是国有产权企业。既然不是中央产权，就是诸侯产权和诸侯经济，在两者之间非此即彼，不能兼容和并存发展。因为对地方产权经济快于中央产权经济的发展和增长感到忧虑，有的地方把行政隶属关系运用到中央产权与地方产权的关系上来，动辄施以宏观调控进行调整，限制或削减地方产权，使地方产权经济长期缺乏自我生长和繁荣发展的能力和活力，使全国的地方经济都处于中央产权的高度集中统一的产权制度控制之下，整个国家的经济由于缺乏地方产权的积极性而发展缓慢和停滞。

9.3 中央产权与地方产权划分的意义

9.3.1 建立与完善市场经济体系的必然要求

市场经济是在不同产权主体之间才能开展有效竞争的经济体系，商品交换是一种以使用价值实现为目的的价值交换，市场经济是在商品经济基础上发展起来的，是更完善和更高级的商品经济。商品交换不仅是在不同的所有者之间进行，而且是在不同的产权主体之间进行，所以市场经济交换的基础不仅是所有权明确，而且更重要的是产权主体明确。只有产权主体明确才能在更广泛的空间范围内进行市场经济交换活动。中央产权与地方产权虽然是属于社会主义公有制或社会主义全民所有制的企业，但由于它们代表全民的范围不同，因此属于两种不同的产权主体。这两种产权主体代表的利益是不同的，它们的资源要通过市场才能进行交换，而且必须计价核算、等价交换。所以，应明确中央产权与地方产权的关系是市场经济条件下的法人产权关系。市场经济是法治经济，必须通过法律形式来界定，只有明确了中央与地方各级的产权范围，才能克服收权与放权的循环折腾，才能适应与促进我国市场经济发展的客观要求，从而促进市场经济体制的建立与完善。

9.3.2 保护地方积极性，加快地方经济发展

全国的经济是各地经济发展的汇总，所以各地经济是全国经济的重要组成部分。地方经济发展直接影响着全国经济发展，要使地方经济更好地发展，历史已表明，仅靠放权、扩权让利或减少行政干预是远远不够的，也是不能奏效的。必须使地方的产权明确，建立地方各级的明晰产权关系，才能调动各地发展地方经济的积极性。如果产权不清，仅仅依靠放权或扩权让利，就会陷入无休止的放权与收权之间的折腾中不能自拔。这种“说不清，理还乱”的产权关系格局不但无

益于地方经济发展，反而会成为地方经济发展的障碍。

9.3.3 更好地执行与完善分税制

由于中央和地方产权关系不清，导致税收权限不清，造成该中央收的税给了地方收，该地方收的税却被中央收了。这两种情况都存在，而后一种情况居多。企业盈利被中央上收，企业无利或亏损则下放给地方管理，挫伤地方积极性，对地方经济发展产生负面影响。明确中央与地方的产权关系，能使地方利用地方产权，充分地调动和发挥地方积极性，发展地方经济，而不用担心企业搞好了就被收归中央管理。便于中央与地方按照各自的产权企业进行收税，防止产权主体与税收权主体的脱节，以促使地方加快经济发展，增加财政税收收入，满足地方公共设施建设与公益事业发展投资的需要。

9.3.4 防止产权在中央与地方之间上下摆动

过去，中央与地方产权关系不清，产权关系经常上下摆动，造成产权关系的不稳定，最终影响了地方经济快速、稳定、持续发展。中央与地方产权界区划分清楚，各自拥有界区明晰的产权，就使中央与地方产权有了一个较为稳定的产权制度环境，就会在实践中努力去实现产权资产的优化配置与增值。在中央产权亏损时，不再下放给地方，而是直接由中央企业改制，或进行资产重组，或进行资产处置。地方产权盈利时也不必担心要上交。中央与地方产权之间的产权交流可以通过产权市场转让，而不再是用行政收放与调拨的手段来实现。

9.4 国有资产体制改革的核心问题与目标

国有资产体制改革的核心问题是中央产权与地方产权的边界划分，国有资产体制改革的目标是建立现代企业制度。建立新的国有资产管理体制首先应建立产权界区清晰的中央与地方产权及地方各级行政区间的产权关系；其次，建立以产权为纽带的股份制现代企业治理结构。中央与地方产权边界的划分代表产权归属的划分与明确。产权关系必须明确，丁是丁，卯是卯，不能含糊。

中央与地方产权虽然都是国有产权，但它们是两个不同层次的产权，即分为中央直属的产权和地方直属的产权，中央产权属于全国人民，地方产权属于地方全体人民。两者是两个不同的产权主体，不能混为一体。因此，必须对国有企业按行政所属及出资关系进行分级界定和明确其产权关系。国有资产管理体制本质是使分级所有产权明晰，理顺各级政府的职权，建立与现代国家相适应的高效率的国有资产管理体制。国有资产管理由条块结合，以条为主，变为分块管理，产权主体明确。在国有资产管理机构设置上，中央国资委与地方国资委没有上下隶属关系。中央与地方各级国资委分别隶属于全国和地方各级的人大而不是隶属于中央和地方各级政府。中央国资委和地方国资委分别代表不同范围的国有产权股东和出资人身份，它们分别是不同的股东、出资人等产权主体。中央国资委代表中央政府的出资人，主要是管理中央产权，地方国资委代表地方政府的出资人，中央国资委对地方国资委可以发挥指导和监督性作用，但不能代替或取代地方国资委出资人的代表和管理及监督作用。地方国有产权的管理主要是由地方人大通过的地方国资委管理条例规定。各级地方国资委有权根据各地实际情况制定符合本省、市、县发展需要的资产管理条例。中央国资委条例只适用于中央产权而不能照搬于地方国资管理，否则就成为包办代替，削弱地方的资产管理权力，干预影响地方企业的发展。

至于国有资产在产业上的分布与位置完全由中央或地方产权主体决定，不必千篇一律地按照中央产权的设置与处置方式办理。其所属的企业资产是促进发展还是转化或拍卖完全取决于产权所属的主体，而不是其他产权主体。即使是中央产权主体也不能行使法律之外的干预权。这样，各省国有企业产权如何设置与分布，对现有地方国有企业产权主体的管理和监督由当地所属的人大常委会决定，而不是取决于中央和上级主管机构。只有这样，中央与地方的产权划分才能有实质性进展，达到国资管理的分级所有的本质要求和目标取向。中央与地方各自行使自己的产权，不能混淆和相互替代。具体地说，在市场经济中中央的国有企业产权与地方的国有企业产权是两个不同的法人产权主体，法人产权主体之间的地位是平等的，不存在行政从属关系。

9.5 重塑中央产权与地方产权的关系

中央产权与地方产权是流与源的关系，不能靠削弱地方产权来发展中央产权。中央产权与地方产权是怎样一种产权关系，长期以来人们通常用全局与局部、大河与小河的关系来比喻，认为全局决定局部，大河决定小河。有句顺口溜被人们反复引用来说明中央与地方、全局与局部的关系：“大河有水小河满，大河无水小河干。”这里涉及一个流与源的关系，有常识的人都知道：大河的水是靠小河水汇合而成的，如我国的第三大河——珠江，它是由东江、西江、北江汇合而成的，而其中西江作为珠江水系的最大干流，又是由浔江、郁江、柳江等上游江汇合而成，最后汇合成珠江。因此，珠江水是由多条江水汇合而成，然后汇入浩瀚的大海。可见，自然界的规律性是“小河有水大河满，小河无水大河干”。在这里，大河是流，小河是源。在对中央产权与地方产权的关系的认识上，地方产权是源，中央产权是流，中央产权的形成要靠地方产权上缴税收形成国家财政用于中央产权的财政税收和投资，没有地方产权提供税收，中央产权是无从形成的。一个国家是由若干地方组成的，没有地方就没有中央，地方产权经济的源泉反映和决定中央产权的流量，要使中央产权强大，首先要使地方产权强大，反之，地方产权弱小，中央产权再集权也无法真正强大起来，因为中央产权经济流缺少地方的源泉作为依托。这就是说中央产权源于地方产权，国家经济的发展取决于各个地方经济的发展。只有保证地方产权的充分发展，才能为国家经济发展和中央产权的形成提供源源不断的财政流和物质流。

在产权关系上，中央产权与地方产权是平等的法律关系。中央产权与地方产权虽然在财产形成上是流与源的关系，然而，在财产权利与义务上是平等互利的法律关系。中央产权是代表全国人民所有的法人产权组织，包括地方产权在内的任何社会产权组织和单位都不得非法侵占、挪用或赠送。同样，地方产权也是一种法人产权组织，包括中央产权组织和单位在内的任何社会产权组织都不能随意侵占、挪用或赠送。因此，以往那种以行政手段把盈利的地方产权企业收回中央变成中央产权，而把亏损的中央产权企业下放给地方成为地方产权的做法，违背了产权的法律规范。地方产权收归中央产权，从行政关系看似乎是地方产权组织的服从或升迁，而从法理上看则是对地方产权的掠取与占有，中央把亏损企业资产与债务转嫁给地方，在行政关系上是企业权力下放。这种以行政权力关系代替产权的法律关系，使得中央与地方之间的产权界限被取消，这是造成地方产权不能正常流转的主要原因。

中央产权的法人主体转换必须经过市场来进行。传统的行政调整中央产权与地方产权关系，是以通过行政权力改变所有制关系和丧失产权原值为标志的，这种做法既挫伤地方积极性，又不能达到强化中央产权的目的。中央产权与地方产权的转让必须通过市场进行，在市场竞争中，无论是中央产权企业还是地方产权企业，都难免会出现一些企业盈利而扩大发展，而一些企业亏损需流动转换产权法人主体关系，优胜者兼并被淘汰者，被淘汰者成为优胜者的法人企业的一部分，而被淘汰者失去法人资格的现象。中央产权企业兼并地方产权企业，必须通过市场进行，反之亦然。这样无论是中央产权企业兼并了地方产权企业，还是地方产权企业兼并了中央产权企业，虽然被兼并者的产权法人地位不复存在，但被兼并者产权企业通过市场的平等交换仍然可收回货币资产，这样，被淘汰的产权企业可以用于新的投资或者加入优胜产权企业，成为优胜产权企业的股份产权。总之，通过市场机制流转，配置转换的产权主体，失去的是被淘汰一方的产权企业法人地位，而并没有减少或损失被兼并一方的产权现值。竞争中被淘汰的一方失去的是法人地位，而产权资源仍然存在，这是市场转换与行政调整的收权与放权的根本区别所在。

9.5.1 中央产权与地方产权的产业设置

尽管中央产权与地方产权同属于国有产权，但两者都是独立的法人组织，而不是从属关系和依附关系。为什么长期以来一些国有企业在中央与地方之间轮回调整所属关系？除其他原因外，与中央产权与地方产权配置范围和各自分工侧重点不同有很大的关系。应当看到，中央产权与地方产权两者的产权目标有共通的一面，也有不同的地方，这是由中央产权和地方产权所处的地位和实际需要所决定的。

1. 中央产权的产业设置

中央产权的选择应当立足于和服务于对全国有举足轻重的影响和起决定作用的产业，这些产业主要是地方和单个社会企业所不愿或不能从事的产业。如冶金、钢铁、航空航天、邮电、交通、铁路、国防军工、某些高科技产业等，应由中央投资发展，产权归中央直属和所有，这些基础产业的设施一般设在中心城市，因其对全国经济发展有举足轻重的影响，必须由中央财政直接投资。对局部地区受益的可由中央与地方合作投资，产权由双方共同所有，但产权份额的分割必须明确，原则上以出资比例来确立产权份额，谁出资多谁受益大，出资比例最大者享有控股权。中央产权体系应由以下产权体系构成：第一类是金融，主要是银行、信托等，如中央银行和商业银行及各类保险、风险资金以及信托投资公司；第二类是铁路、邮电、航空航天等基础产业；第三类是国防军工产业；第四类是特大型项目的高新技术产业。

2. 地方产权的产业设置

地方产权配置包括两方面：一是对直接为地方生产生活服务的基础产业进行投资；二是对地方经济社会发展有全局影响和制约作用的产业。这些产业可分为三大类：第一类主要是立足于为地方经济发展服务的基础设施，包括能源交通、运输、通信、城市和市政建设等；第二类是适应地方优势发挥，具有地方特色的优势产业，并有望发展成为支柱产业，这类产业大都为劳动密集型产业，有利于积累资金；第三类是当地市场有需求潜力并能发挥地方技术资源的产业。特别是第一类产业的发展决定着后两类产业的发展。而且发展第一类产业是地方政府必做的功课，因为地方政府的任务是提供良好的投资环境，吸引外资或私人资本进入本地，修路建桥，搞教育、建医院、建住宅等公共服务是地方政府应重视与承担的社会责任。搞生产经营获取利润是企业的事情，地方可以从营利企业获得税收收入，但是许多公共服务设施企业没有能力与兴趣来搞，地方政府应承担的这部分社会责任就是要有足够的财政来源。所以，在发展第一类产业的同时，又需要发展第二、第三类产业。

这三类产业应根据地方经济发展的进程和速度而设置，在地方经济发展的前期，第一类产业要首先设置。在经济发展中期，要设置第二类产业，从而把第二类产业发展成为地方经济支柱产业或龙头产业，作为地方经济的主导。一旦地方经济发展进入成熟阶段，则要设置第三类产业。利用地方的人才、技术、市场容量和外来的资源发展这类产业也是大有可为的，同时可以把原来已驾轻就熟的劳动密集型产业和第二类产业向外扩散或转移出去，专门从事知识技术密集型产业发展，并逐步取代第二类产业跃居地方主导产业。

3. 中央与地方的共有混合产权

这种混合产权是中央与地方联合投资，按出资比例确定收益比例，混合产权在市场经济国家的产权体系中也是存在的，占国有产权总值的四分之一至三分之一。在我国也存在这种产权形式，但是这是用行政手段来维持的产权关系，而不是以法律维持的产权关系。在混合产权中，中央与地方产权的产权份额、产权双方权利与义务关系是不明确的。以地方投资为主，中央投资为辅的产业和项目，中央投资往往成为支援和赞助的性质，而没有明确的法律的产权份额与责任，这种做法弱化了中央产权，使一些地方为了获得中央支持而盲目攀比报项目、列清单、跑部门，形成通常说的争项目、争投资现象。这样做除削弱了中央产权外，还造成地方产权的不合理配置，造成地方与地方之间享受中央产权配置的不公平，增加地方之间对中央产权的依赖和相互攀比地索取。

总之，我国的国有产权体系应是一个由多层次构成的国有产权体系，中央产权与地方产权长期并存、彼此消长。因此，既不能以行政手段使地方产权服从中央产权，对地方产权进行中央级国有化，又不能以地方产权融化中央产权，无论是谁的产权都应得到法律保护。尽管我国的国有产权体系国有化程度或公有化的涵盖面不同，但它们都是由具体的法人产权企业构成的，无论是中央企业还是地方各级产权企业的法人主体，在市场经济条件下，其法人资格和身份都是平等的，不因行政区划大小和公有程度的高低而产生不平等。它们必须通过市场机制来决定自己的生存与发展，包括所有的国有产权主体的流变都必须通过市场来实现。

9.5.2 公有产权的层级结构与法律界定

1. 公有产权的所有权界区的模糊与缺陷

公有产权的所有权是模糊的，我国社会主义公有制分为全民所有制与集体所有制两种，全民所有制指县级以上至中央直辖的国有企业，集体所有制指乡镇以下的农村企业和街道企业以及国有企业内部办的企业，这种划分延续了四十多年。

从实际效果来看，这种划分是笼统而模糊的，也是不科学的。首先是全民所有制企业并非都是全民的，除中央直属的企业外，省属、市属和县属企业不是全国全民所有的，而只是省内、市内和县内全民所有的，因此使用全民这个概念过于笼统，使人对全民的内涵范围搞不清，也不利于国民经济核对、统计和管理，给企业微观管理和国家的宏观经济管理都带来许多麻烦和混乱。其次是投资来源不清，现行的一律叫全民所有权，事实上按投资来源渠道不同，已有中央投资和省市县投资之分。按照谁投资谁所有的原则，省市县的投资就不属于全国全民所有，而是相应为省市县内的全民所有。显然，这类企业也称为地方企业，但在所有制关系上必须明确是哪一级的全民的，或者是哪一级地方的，否则，不能解决产权的模糊问题。

在现行的全民所有制企业中，产权存在严重缺陷。首先，从中央到省市县各级国有企业产权主体缺失，就是说除中央直属的全民所有的企业外，地方省市县直属等地方局部全民所有的企业，其产权主体属于中央还是地方省市县，这是不明确的。由于产权不明晰，所以中央可以随意对地方省市县内全民企业进行关停并转。其次，由于产权主体不明，而各级政府和地方官员没有意识到，地方各级企业产权成为随意支配的无主公物。当地方企业效益好时上级组织把下级组织管理的企业上收。中央把省级、市级的产权上收，或地方的省市级把县级产权上收，一旦产权投资资不抵债时，上级便向下级甩包袱，这种做法使企业成为无主公物而被随意支配。不但企业自身利益不能保障，也损害下级的利益。因此，把地方各级企业产权统称为全民所有是不能解决企业产权主体问题的，至今地方各级企业中产权主体是中央、地方各级，还是全民企业自身尚未清楚。

2. 公有产权的层级构成

公有产权的五级所有制目标就是依照现行的行政区划为单位实行清产核资界定产权，各级行政区划的产权一旦核定就具有法律效力，不能再使用传统的行政调整手段和办法。新产权形成依此办理，实行谁投资谁所有，跨行政区划的双方投资或多方投资的由双方或者多方所有。界定后的公有产权体系分为国有产权、省产权、市产权、县产权和镇产权，共五级产权所有制体系，通常习惯上将国有产权称为中央产权，省产权、市产权、县产权、镇产权通称为地方产权。但在市场经济生活中，使用各级概念必须具体化、规范化和法制化。中央产权相对于国务院与各部委办可分为中央一级产权、中央部门直属产权，它们可合并为中央一级产权。地方级产权分为省级、市级、县级、乡镇级产权，由省到镇四级行政区划，相应地称为地方一级产权、地方二级产权、地方三级产权、地方四级产权。

（1）国有中央产权。国有中央产权指1950年从旧中国直接没收过来的官僚资本和民族资本的产业及新中国社会主义过渡时期由中央直接形成的主要产业。它包括四大类：第一类是金融，如银行、保险、信托等；第二类是重化工业、冶金、钢铁、石油化工；第三类是基础设施产业，如港口、铁路、交通、运输、民航、国防等；第四类是大型新、高、精、尖的技术产业。这四类是中央产权的主要界定范围和发展范围。

（2）省有产权，即地方一级产权。省有产权形成的范围是从旧中国直接接管和没收过来的长期属于省管理和收益的产权以及省级财政投资形成的产权企业。省级产权产业发展的范围：一是基础产业和基础服务设施，如能源、交通通信、城市和市政建设等；二是石油化工、冶金、机械；三是电子信息产业、生物技术产业和海洋经济产业等新、高、尖产业。

（3）市有产权，即地方二级产权。市有产权的范围主要是1950年直接没收为市管辖与收益的产权企业，主要是一些纺织、食品加工、工艺、制革等传统产业。发展范围一是对市发展起制约作用的基础产业，如邮电、通信、城市市政建设与维护、环境保护、城市交通道路建设等；二是城市的主导和龙头特色产业，包括工业主导和旅游主导两大类，无论是工业主导还是旅游主导都要从当地的基础和优势出发；三是引进和发展电子信息产业和追踪当代科学技术发展的应用产业和开发性的高新技术产业。

（4）县有产权，即地方三级产权。县是一个适应传统农业社会管理的历史悠久的行政区划和行政机构设置的所在地。随着市场经济的发展，县级管理体制向城市管理体制转轨。然而在一定历史时期内，县级管理体制仍然存在。这样就要根据县级管理体制历史形成的特点，除界定现有产权外，同时发展新的产业。县有产业体系，一是原有的传统产业，主要是纺织、食品、加工、小五金等；二是新发展的产业，依各县实情而定，主要是承接周边附近的中心城市转移过来的产业，包括传统产业和新兴产业。

（5）镇有产权，即地方四级产权。镇是中国最基层的行政区划和行政机构，过去习惯把这级所有的产业通称为集体产业，这是不科学的。乡镇既是一级行政区划和行政机构，与其他行政区划和行政机构相比是范围小了些，层级低了些。但是，其投资形成的产业用集体之名冠之，便与其他几个集体相混淆。因此，镇有产权不应再称为集体产权，而应称为镇有产权。其产业范围：一是农业，农地确定为乡镇产权，在乡镇主要发展农业和适度规模的家庭农场，旨在引导农业向开发化、商品化、机械化的现代农业过渡；二是传统产业，有的城乡工业镇以传统产业为主；三是城市转移过来的、扩散过来的新兴产业，包括为城市服务的产业，生产零配件的辅助产业。

3．各级行政区划企业之间的所有权的法律关系

（1）法律平等关系。来自不同层级行政区划的产权企业，它们作为背景的行

政区划的级别不同，但在法律上是平等关系，并由此决定它们之间的关系是市场交换关系、竞争关系和互补关系。上述五种所有制的产权企业之间虽然归属的行政区划、全民范围大小不同，企业虽然属于不同级别的行政区，但行政级别并不构成代表各种所有制企业的级别，各种所有制企业的地位和身份不是由所属的行政区划的级别决定的，而是由市场和实力来决定的。它们不管是属于哪级行政区所有的企业都具有法人地位。既然是法人就具有平等的关系。企业所属的行政区划的级别背景，并不体现在法人资格上。镇属产权的企业与县属产权企业之间，省属产权企业与中央属产权企业之间在法律关系上是平等的。

（2）市场交换关系。五种所有制的产权企业之间的生产资料和消费资料的流转必须经过市场的商业程序进行等价交换。不再是计划经济和行政隶属关系那种调剂余缺的调节关系。无论是国有产权企业物资转让给地方各级产权企业，还是地方各级产权企业的物资转让给国有产权企业都不再是无偿的，而是有偿的，不再是强制的、超市场和超法律的不平等的占有和被占有关系，市场化的交易得到了保障，有效维护了各种所有制的产权企业的合法权益。

（3）平等竞争关系。五种所有制的产权企业之间在市场经济体制下进行公平竞争。行政上的级别关系，不能成为影响平等竞争的因素。资源要素配置是平等的，不能以行政手段进行垄断。如市场经济发育和市场经济体制的建立和完善，为各种所有制产权企业的平等竞争创造了既定条件。公平竞争条件是依据经济法规和社会法规对中央所有和地方所有的产权企业一视同仁，在市场经济法律法规面前不存在特权企业。

（4）共存互补关系。五种所有制的产权企业之间是长期共存的。各种所有制企业产权经济的发展壮大，完全依靠自身机制的作用实现增值，而不是通过行政关系改变所有权关系，也不是通过外部强行关、停、并、转等来人为改变各种所有制企业的产权主体。国有制中央产权和地方所有制各种产权之间是在市场经济竞争中优胜劣汰的。既有中央产权企业兼并地方产权企业，又有地方产权企业兼并中央产权企业，两者都是正常的。但不管怎么竞争，只要是在市场经济体制下运行而不是用行政手段调整，那么，国有产权与地方产权企业将长期共存。在公平竞争中互相兼并和分化，是产权资源流动和优化配置的表现，这样做并不是谁吃掉谁，而是彼此长期共存地竞争与发展。

4. 各级公有产权流转的市场化

各级公有产权为了实现自身资源的优化配置，都要使产权处于流转状态。但这种流转不能是计划经济体制下那种依靠行政手段进行关、停、并、转。这种流转在计划经济时期不能做到资源优化配置，在市场经济的今天更不能依靠行政手段来实现。公有产权的五种所有制的产权企业之间的流转必须通过市场化配置的途径来实现，即实行计价核算，等价交换。为了保护公有产权转让的科学性和公正性，公有产权不能采取私有产权那种一对一的转让成交方式。公有产权代理人在转让过程中往往为了追求自己利益最大化而不惜低价转让，使公有企业产权不能保值转让，造成国有资产在转让中流失，而又无法监督。据有关资料统计，实现公有产权评估转让以来已有5 000 亿元固定资产流失。如今平均每年仍然流失国有资产500 亿元。为了制止国有资产的流失，首先要停止使用评估转让形式。评估转让是计划经济的产物，主观随意性较大。凭评估转让不能反映产权的真实价格，容易造成感情交易和收取回扣的腐败交易，导致化公为私，为国有资产流失大开方便之门。为此必须普遍提倡推广拍卖方式，拍卖提前两个月以上预先公告，让有意投标购买者有必要的时间去作前期调研和评估，欲投标购买者亲自到现场按期公开竞价拍卖。这种公开竞价拍卖成交比较能体现公开、公平、公正的等价转让，能有效地防止评估转让中的腐败行为而导致的国有资产流失，保证转让方产权的等价和保值，也保证使产权转让到最需要和出价最高的企业手中，实现产权资源社会中的优化配置。这种拍卖方式在西方发达国家已实行了一百多年，至今仍然是主要的市场交易行为。我国在长期封建主义传统和中央集权的计划经济思想的束缚下，对拍卖转让形式尚不习惯，然而这种方式的客观公正是任何其他转让形式都不可能替代的。

9.5.3 建立多级公有产权主体的重大意义

鉴于我国目前沿用的全民所有制和集体所有制概念的含糊性及全民所有和集体所有企业产权主体的缺陷，实行公有产权企业的分级所有和明确产权主体是当前面临的必须解决的问题，建立公有产权的多级所有权是不容置疑和不能回避的选择。

1. 多级公有产权的内容

公有产权的名称应按所属行政区划而定，如乡镇作为我国最基层的行政机构，它的企业是完全属乡镇所有的，不宜笼统地称为集体产权而应称为乡有产权或镇有产权。这样从中央到地方的最基层可以形成五级所有权的产权体系。根据现在的行政区划划分可分为国有制、省有制、市有制、县有制、镇有制（或乡有制）以取代现在的全民所有制笼统概念，相应确定为中央产权、省产权、市产权、县产权和镇产权（或乡产权），这样可使企业全民所有权和集体所有权性质的产权主体具体化、明晰化。今后凡使用全民所有制企业概念时，必须冠以省全民、市全民、县全民和镇（或乡）全民的限定词，而不再笼统地使用全民所有制。今后的一切经济活动和交流都应使用省有、市有、县有、镇有等概念，并使之科学化、规范化、通用化。

2. 多级公有产权的作用

多级公有产权的作用首先是便于从概念认识上区别和区分，建立多级所有权后对具体的公有产权的有效范围一目了然，减少许多因不明全民范围和行政所属关系而造成和产生的不必要的麻烦。其次是便于实际上的操作。全民所有制按行政区划明晰化，实行谁投资谁所有、谁管理、谁成为产权主体的制度。依法行使和承担法人的一切权利与义务。再次是方便和有利于中央和地方各级经济发展。多级所有权从所有权性质上和产权主体上得到明确，实行了谁投资谁所有，调动了中央和地方产权经济组织的积极性，而不因所有权笼统和主体缺失而丧失积极性。

3. 确立多级公有产权的意义

确立多级公有产权的意义是权、责、利清楚，调动了地方和政府的积极性，增加了地方和企业的自主意识，便于规范管理。首先，多级产权使权、责、利到位。这里的权是产权到位，特别是所有权到位，责任明确，利益到位。其次，建立多级所有权增加了各级地方政府和企业的主体意识，调动了积极性。公有产权的所有权具体到是哪一级所有的产权所属，哪一级增强主体意识，有了主体意识才能使积极性充分调动起来。再次，便于对公有产权企业的规范和管理。各级公有产权由各级国有资产管理部门管理，避免了所有权含糊和产权主体不明时大家都管，互相扯皮，最终大家都不管的状态。便于宏观管理也便于公有产权企业的微观管理，实现宏观管理效率与微观管理效率的统一。

10 产权的外部性与内在化

10.1 公共产权的外部性

公共物品是一种广泛存在于任何社会形态的产权资源，是构成国家经济不可缺少的内容。如何使公共物品得到合理使用和持续供给，是政府需要关注与解决的问题，因为公共物品外部性的特点，完全依靠市场机制是无法解决的，这就是市场失效。任何一种健全的市场经济，都必须有公共物品的供给，才能保证市场经济的运行。这就要考察公共物品的外部性如何内在化等问题。

10.1.1 公共物品产权外部性的概念

外部性是市场失效的重要表现之一，现代经济学把它作为一个范畴来研究。所谓外部性是指当一个行为主体的行为直接影响到另一个或另一些行为主体的福利时，前者对后者所产生的作用或造成的影响就是外部性。外部性必须是直接的，而不是间接的或通过中介的。如果是通过市场这个中介产生的影响就不叫外部性，如在开放的世界经济体系里，在市场全球化下，一个国家大量生产谷物或钢铁，使世界市场的谷物或钢铁供过于求，所导致的价格下降，这不是外部性。一些地区的农户大量使用杀虫剂，杀了害虫的同时也危害了牲畜，污染了环境，如麻雀吃了有污染的谷物或害虫之后大批死亡，这属于负的外部性。又如钢铁厂排出的污水污染了江河、湖泊、鱼塘，使鱼产量下降、鱼种减少等，这也是外部性的负表现。外部性还有正面表现，在没有发明专利保护的情况下，一项发明专利给人们带来便利和收益，而发明人并不因此获得收益，这是发明对社会的正的外部性。又如在河面上建一座桥，使要过河的人不必涉水过河或绕道寻找渡船，节约了时间又确保过河的安全性。这些行为都属于外部性的正作用或福利外溢性影响。

这样，外部性可分为正外部性与负外部性。正外部性的特点是，当一经济主体活动对其他经济主体产生正面的经济影响时，这一经济主体给其他经济主体带来的福利与利益却不能通过市场体系或价格体系得到报偿。例如，一户人家在自家屋面前出资修了条路，在他出入方便的同时，住在这户人家后面的住户同时也得到了过往的方便，可修路那户人家投入修路的费用并没有在市场上得到报酬与补偿。负外部性的特点是，当某一经济主体的活动对社会其他主体产生负面的经济影响时，这些经济主体被造成某种损害又未能通过市场获得相应价值的价格补偿，通常环境污染就是如此。

外部性又可区分为可穷尽的和不可穷尽的两种。对可穷尽的外部性消费其成本负担具有排他性，而后者的消费成本核算不具有排他性。可穷尽的外部性可按接受者的消费成本负担量来进行分摊，依此付费或给予他们补偿。如广东河源的东江流域是香港香江的上游地区，为了保持香江水不受污染，香港就对上游沿江城市给予补偿，以换取上游放弃在沿江流域上发展工业，这样下游要饮清洁的水，需要上游放弃发展工业，通常通过谈判来获得解决。彼此在交易成本最小化的前提下达成了社会最优化的结果。

不可穷尽的外部性大都是公共物品，这种公共物品以谈判或市场的办法解决一般行不通。因为公共物品不具排他性，使得它的最佳社会供给下的价格成本等于所有受益者愿意付给的价格之和。但当公共物品由私人供给时许多受益者都不愿意付费，即使有少数愿意交费，其价格之和也要小于公共物品供给者的供给成本价格之和。这样公共物品的外部性特点往往使私人投资不愿意涉足，这就出现了社会供给量不能满足社会需求量的现象。

在不可穷尽的公共物品中，外部性的供应量是可以通过市场方式来加以消除的。如空气污染是一种不可穷尽的外部性，因为一个人遭受污染不会减免另一个人的污染。然而，污染源的供应者的排放量是可以控制的并可以对其进行排污收益的成本与利润计算。对排污者来说，排污的边际收益等于社会边际成本之和；对社会来说，社会受污染的补偿之和，正好是排污者因获得排污而增加利润的边际成本之和。排污者要对每一个社会成员进行补偿，其交易成本是很高的，不如政府对排污者进行征税，这样交易成本低、效率高。如果社会成员所报的受损补偿成本高于真实受损的成本，政府就会制定偏高的税额。那么，有什么办法使得排污供应者的边际收益与支付的边际成本之和相等？按照格拉夫斯（Groves）和克拉克（Clark）证明，办法是有的，如假设污染者为 a，消费者为 b，当污染供应者的边际收益和支付治污费用 a 大于污染者对消费者的补偿 b 时，符合社会最优要求，允许污染；反之，则不允许污染[①]。如果企业有意为了降低对受污染者的补偿额或减少支付治污费用，而故意低报边际收益时，即当 a 小于 b 时，仍希望继续排污下去，则排污者的收益很有可能低报了，政府注销其排污权，则会促使其按真实收益上报。然而 a 小于 b 时，意味着社会成员的受损得不到合理的全部补偿，那 a 小于 b 的补偿差额则由政府财政来支付，如果补偿差额过大则会造成政府财政

① 臧旭恒，徐向艺，杨惠馨．产业经济学．北京：经济科学出版社，2002. 365

赤字。但政府可以通过对企业征收销售税和所得税以及通过发行政府债券等筹资渠道来弥补赤字。这样看来，政府的税收和补贴比排污权的私人交易更有利于排除外部性尤其是不可穷尽的外部性。

10.1.2 公共物品产权外部性的经济后果

外部性是一种经济力量对于另一种经济力量的非市场性的附带影响，是经济力量相互作用的结果。外部性的影响或作用并不是通过市场机制反映出来的，它妨碍市场的有效作用，有时则完全排斥市场或者歪曲市场价格。这种非市场性的附带影响使市场机制不能有效地配置资源，即使在完全竞争条件下，即在没有垄断的完全市场下也不能使资源配置达到帕累托最优。因此，外部性是市场失败即市场局限性的重要内容之一。外部性的范围越大，市场价格机制配置资源的作用越小，市场机制使资源配置最优的一个重要前提条件是经济当事人的生产或消费行为不会对其他人的福利造成影响，即社会边际效益和私人边际效益相等，社会边际成本和私人边际成本相等。[①] 但现实经济生活中，社会边际效益和个人边际效益会产生不一致，这种差异称为“外部效益”。正外部性是社会边际效益大于个人边际效益；社会边际成本大于个人边际成本的差额是外部成本，即“负外部性”。外部性的本质是财产权界限的不确定[②]，只要存在外部性，无论它是正外部性还是负外部性，都可能导致资源配置低效。偏离有效率的资源配置的存在与影响，不以市场为媒介的这种影响均不能通过市场和价格机制反映出来。在我国的公共产权中，外部性也表现突出，具体表现：①利用国有企业资产搭便车，利用对公共物品的产权行使对公共物品的消费过程为个人、亲属或他人谋取非合理的收益。利用公共产权搭便车是普遍的现象，如企业管理人员利用出国考察机会办私事，为子女联系出国留学，办理入学手续，甚至带夫人或情人等一起出去游山玩水，所花费用全部由企业报销。②利用公费宴请亲戚朋友吃喝和开房等。③公车私用搭便车，利用公车办私事，家人长期免费乘坐。④利用股份制改制机会搭便车，以极少量的企业资金把占企业人数95%的职工发给每人一两万元打发，有的甚至分文不发强行解除他们国有企业职工身份，还要让下岗失业的员工为保留国有企业职工的退休身份、待遇倒交医疗养老保险金等费用。企业的大量资产在管理层中的极少数人中进行量化和瓜分，这种国有企业资产流失是公有产权外部性最严重的一种。它使公有产权由国有性质量化到少数管理者手中，蜕变为个人拥有的私人股权。⑤利用内部财政投资大型公共物品搭便车，各地争项目、争投资，国

① 余永定，张宇燕，郑秉文. 西方经济学（第10版）. 北京：经济科学出版社，1997. 204

② 臧旭恒，徐向艺，杨惠馨. 产业经济学. 北京：经济科学出版社，2002. 369

家只投资不收费，免费供应，甚至补贴。在一些地区，国家财政通过转移性支付直接投资的公共设施如铁路、高速公路、港口等，国家投资，地方受益，投入使用之后，国家还要付维修费，增加国家负担。政府提供的这类公共设施不能没有，但不能太多或包下来，太多会大量消耗国家的财政收入，最终加重了纳税人的负担，对全局经济产生负面的影响。⑥利用环境资源产权搭便车。众所周知，我们所处的环境可承受的空气污染总量是有一定限度的。超过一定限度，就会成为全市全地区乃至全球性的公害。一些企业明知自己的生产过程产生大量排污物会污染环境，但为了本企业股东的利益而拼命增加生产，为了降低成本，不是采取自行治理的办法来消除污染，而是少报污染量和利润收入，借此达到多排污少付费的外部性目的。

10.1.3 公共物品产权外部性内在化的对策

外部性根据不同的产权制度安排有不同的内在化对策，可以采取法律的、经济的手段和措施来进行内在化。在这里我们主要是谈公共物品产权的内在化，而且是根据公共产权普遍存在的比较突出的外部性现象问题，有针对性地提出内在化的对策与措施。

1. 解决企业经济活动中的搭便车现象

首先了解企业活动中搭便车的行为表现与特点，根据不同行为表现和特点进行逐个解决。一是假公济私搭便车，假公济私主要是利用公家名义、利用公家信誉和资源办公司捞好处，亏了由公家负责，盈利则私人占有。对此类公司要进行清理，杜绝挂靠行为，尽快公私脱钩。二是出国出差搭便车，解决的办法是对企业总经理、董事长出差必须实行随员监督，而且每次出差派遣不同的随员。每次出差回来必须对报账进行审计，由董事长和财务总监审核。三是请客招待搭便车，对公款消费泛滥，解决办法是对党政机关团体和企事业单位负责人的职务消费透明化，压缩领导职务消费的范围和额度，严格控制招待费标准，超出标准由请客者自负。对请客的对象的姓名身份要在经费用账单上注明，并接受查询与核对。四是公车私用搭便车，对公车私用现象，解决办法是按每天正常上班的标准限定公里路程及用油标准，对超标准用油的部分由个人支付或从工资中扣除。五是公款私挪搭便车，对于公款挪于非企业活动之用，要在纪检部门备案，由纪检部门进行监督，否则单位财务部门有权拒绝执行调款。六是借股份制改革，国有企业资产瓜分“量化”到少数人身上，不少企业以改制为名对国有企业资产进行搭便车。主要表现为利用改制机会把企业职工解散下岗，国家企业资产在极少数管理层内量化到个人，瓦解国有企业，包括厂房、设备与土地等，由管理层内的少数人以量化到人为由全部据为少数人个人所有，依据职级高低确定股权等级和数量，以这样的股份制形式把国有企业资产进行所谓的股份制改造，从国有的蜕变为企业管理层的个人所有（股东所有）。纠正这种所谓股份制改造做法，是防止国有资产持续流失的必要手段。股份制改造是对的，但不能以个人参股的名义把国家资产瓜分量化到管理者身上，据为少数管理者个人所有。这样就要把整个企业作为一个股东参加股份制改造，任何人包括董事长、总经理等不能把国有企业的资产量化分割给个人。企业管理人员要入股必须用个人资产参与入股，而不能从企业的现有资产中剥离出来再折为个人股入股。如果一个企业要彻底转制，必须通过公开拍卖方式来实行资产所有权关系的转移。所得资金全部作为企业价值转换形式而进入新的投资或上交国库。如果企业管理者要取得该企业的资产，必须参与到拍卖现场参加投标，中标后才能折股入股获得股权。同时要把已经“量化”到管理者的股权宣布无效，重新收归国家所有，不得再以任何理由重新量化到管理者个人手中。对于企业资产全部拍卖上交国库后，原企业的管理者也要和普通职工一样进入社会再就业。既然是企业经营不下去了，宣告破产了，职工解散了，企业管理者也就一同解散，而不存在任何特权。因为企业改制也好，企业破产解散与否，作为国有企业的管理人员，其与企业职工的权益是平等的，厂长、经理不能搞特殊。这样使管理者慎重对待企业职工，也便于防止国有企业资产的流失，维护国家与企业职工的合法权益。

2. 解决环境产权中的搭便车现象

这主要是提高对排污者的排污收费，让排污者在自行治理消除排污与继续扩大排污之间作出抉择。我国正处于工业化快速发展的阶段，我们往往重视对私有企业、外资企业与集体企业的污染问题的监督，征收税费等，而国有企业排污造成的外部性的影响，则得不到合理的内在化补偿，如某地方的化工厂流出的污水，造成该地区数以百亩计的鱼塘污染，渔农损失惨重，稻谷失收，牲畜减少，而国家对该企业征收的污染补偿不到该地区外部性损失的百分之一。这种外部性危害大大地高于内在化的纠正和补偿，各地都普遍地不同程度地存在着。由于对这类污染大的企业的收费过少，惩罚过轻，往往使这些企业选择排污而不选择自行治理。要解决企业这类外部性行为，最有效的办法与措施：一是对排污总量进行控制，并把排污量的排污权配给每个企业。二是对每个企业排污指标和排污量进行严格的测定核准和长期监督，防止多排污少付款或不付款的现象，从各个环节上堵塞已经存在和可能存在的使外部性得以扩大的漏洞。三是允许排污权的市场化流转，让国有企业在选择购买排污权与自行治理节约成本之间作出决定，使一些需要扩大产量而排污权不足的企业通过排污权市场化购买相应的排污权，通过自行投资安装排污设施，以达到节约排污成本的目的。实行环境装备的企业需要把排污权转让出去，以收回和降低排污成本。这样，即使单个企业拥有不同的排污权数量，但整个社会的排污总量只会减少而不会增加。随着环保技术的进步和采用，会使越来越多的企业选择自行安装排污设施而把排污权转让出去。

10.1.4 市场失效与公共物品的供给

早期的经济学曾用灯塔来比喻公共物品的市场失效，在大海中每一船只都可以使用灯塔上发出的光，但要收回投资灯塔的成本是很困难的。正因如此，每个人都不愿出资而只能由政府来投资建灯塔，从而承担起提供公共服务的责任。在现代经济中，国防是最大的公共物品，国防对国内公民提供的公共服务都是一样的，不论你是否交纳了费用，交了多少，或者根本就没有交，都能从国防提供的安全保障服务中受益。国民每个人都能享受到这种服务，这样谁就不会自愿出钱去购买这种服务。更没有私人愿意和能够提供像国防这样典型的公共物品，这就必须由国家来提供国防安全，供养军队，建设与维修国防设施。国防开支不是向每一个安全受惠人收费，而是由国家财政税收来供养。可见，典型的公共物品，即使在成熟的市场经济国家也不是靠市场机制来解决供给问题的，即使在市场经济历史较长的国家都得靠国家政府来提供国防安全服务。典型的公共物品存在着一个“外部性”，这个外部性是使投资主体的资源外溢而得不到回报和补偿，使获得外部性服务的接受者获得免费的消耗，外部性这种免费享用就是通常所说的“搭便车”行为。典型的公共物品一旦提供，人人都可以平等地免费享用，而不管你是否付费，不愿付费却仍然可以享用这种物品带来的好处。当私人提供公共物品时，一些消费者因为要付费可能就不愿再消费，这使私人因公共物品风险性大，难以回收成本和获利而不愿投资。政府投资迎合搭便车者的消费要求，但政府需要不断投入管理和维修费用。不断增加政府负担之后，使政府不能继续扩大公共物品的供给，导致公共物品供给的滞后和短缺而妨碍整个社会事业的发展与经济增长。对于典型的公共物品不能通过市场机制来提供，却可以实行政府征税来解决管理和维护费；对非典型的公共物品，尽可能引入市场机制，把公共物品的外部性尽可能内在化。

公共物品的供给不能采用完全一刀切的做法或者以一种形式否定另一种形式，应当采用灵活多样的供给方式，对政府供给公共物品范围要重新界定。适应政府供给的继续由政府供给，适合由市场供给的要尽可能由市场来供给，实行政府供给与市场供给相结合。一些地方可以以政府供给为主，以市场供给为辅；另一些地方则以市场供给为主，以政府供给为辅。在我国经济生活中，哪些公共物品应当由政府来供给？

首先是公共性程度较高的难以向每个消费者收费的公共物品，所谓公共性程度较高就是公共物品受益和消费的人很多。公共性程度越高，公共物品的供应数量与质量对社会和居民福利的影响越大，就越要保证供应，如国防和公共秩序等公共物品，必须由政府供给而不可能依赖任何个人、团体以及市场机制来提供。

其二是非排他性程度高的社会经济发展不可缺少的公共物品。非政府力量不愿意或无力提供的具有的外部性较大的公共物品，非排他性的程度越高就越难以向个人收费。搭便车的人一定很多，私人总是不愿提供的，如城市绿化、绿地，流行病控制、基础设施、基础科学研究，大型歌剧院、体育馆、旅游娱乐设施等，这类公共物品虽然私人可以投资，但成本大，回收期长，投资风险较大，收费困难，让私人投资难以接受。如果政府不投资就会出现这类公共物品的短缺，制约整个社会经济文化的发展。

其三是非排他性的、非竞争性程度高的、受益面广的公共物品。投资者本人没有直接的收益，无论私人或政府都不愿投资，如跨地区的道路铺设，江河整治，桥梁、港口、消防救急等设施，这类物品如果不由政府供给，由私人或市场来提供就会出现供应不足或供应效率不高的现象。如有一个沿海开放城市的船只在海上作业，遇上狂风暴雨，要求另一个公司的船只前往救急，但船长要请示经理，经理与求援者讨价还价，但求援方无权应承，等到一番讨价还价的谈判之后，贻误了最佳的急救时间，一场本不应发生的事故终于发生了，所以像急救这类公共物品并不适合由市场提供。消防也如此，如消防都交给个人或市场来办，市场交易的价格谈判都需要时间，而救灾是不能等先谈好价格后才救的。如火灾，等谈好再去灭火，火灾已泛滥、蔓延，失去了救火最佳时机，救灾的目的就不能达到，或者说救火的效率是非常低的。

政府提供的上述三类公共物品并不等于完全由政府投资和直接经营管理，更不是由政府来垄断供给，政府可以采取多种供给形式：需政府单独提供的由政府单独提供；可以合作提供的，可由政府牵头多方参与共同投资，或者政府与个人企业联合投资，或者以社会投资为主，以政府财政补贴的方式提供。要讲求社会效益，同时要避免出现一些政府官员借提供公共物品为由，大搞个人政绩工程以拉选票而浪费公款。为此，让私人和市场提供公共性排他性的非竞争性的公共物品也是有效和必需的。公共物品的私人和市场供给也要重新界定。笔者认为以下几类公共物品适宜交由私人和市场提供：

一是公共程度较低的，或者公共性程度虽高但公共性范围较小的公共物品，可以由私人和市场来提供，如区域性道路、一级公路、国内区域性航线，区域高等级公路由私人出资修成后，可对过往车辆实行合理收费，以回收投资成本，取得管理与维修的费用。

二是具有一定竞争性的公共物品，比如旅游业服务设施、饭店、教育、医院等，私人可参与投资，政府也可以提供。如果由政府包下来垄断经营必然出现供给不足，又造成亏损，我国改革开放前就有这种状况。改革开放后私人参与投资和市场的介入，使这类公共物品供应充足，质量又好，既方便了人民又减轻了政府的负担。值得注意的是竞争性公共物品是与时俱进的，某个阶段这个公共物品没竞争性，另一个阶段又有竞争性，因而研究这类公共物品最重要的是因时制宜。

三是非排他性程度相对较低的公共物品，如社区住宅保安、社区清洁与园林管理人员等，还有家政服务，养老院，歌剧院、电影院、歌舞厅等文化设施都由个人和市场来提供。值得注意的是公共物品的政府供给与私人及市场供给的界定范围都是相对可变的，它是因时因地的变化而变化的。因为人们对公共物品的消费观念也是发展变化的，公共物的供给方式也要适应和随着它的改变而改变。因此，今天给私人经营和市场供给的公共物品在一段较长时期内由私人提供，过一段时期后可能已行不通了，因为消费市场发生变化，或投资热点切换，私人的市场供给的公共物下降，甚至面临缺位时，政府介入提供也是可能的；过一段时期政府供给的公共物品经营不下去，私人和市场也可以介入提供。这样随着需求变化而相继循环变换公共物品的供给主体是正常现象。除极少数公共程度低的公共物品之外，绝大多数公共物品是可以在政府与市场及私人提供之间变换的，这种轮回是一种接力互补的作用，确保一切公共物品能够找到提供者并满足社会的需求。

10.1.5 自然垄断产业的开放与效率

所谓自然垄断产业是反映主要业务具有规模经济效益，需要大规模固定资产投资，边际效益不断下降，具有网络效益的产业①。垄断产业主要包括电信、电话、电力、供水、煤气及运河、铁路、航空等具有外部性的公共物品。在欧洲和大多数发展中国家，这些产业属于公共所有，而在另一些国家如美国则属于私人投资及股东所有，但政府对这类企业有明确的管制合同。这些产业具有三大特点：

第一，投资大，成本高。如一个大电站投资动辄几个亿，要三五年时间才能建好投产，在电力行业形成固定资产沉淀后就很难抽回投资转向另一个行业，因而具有较高的沉淀成本。

第二，规模经济效益，只要没有竞争者大量介入，将一直保持较高的规模效益。

第三，独家垄断。政府对自然垄断产业的垄断或管理经营一直是自然垄断产业的传统理论所推崇的，西方经济学家对20世纪60年代初以来的很多实证研究表明：政府对自然垄断产业的垄断和管理经营并非最佳模式，也不能取得最佳效

---

① 臧旭恒，徐向艺，杨惠馨．产业经济学．北京：经济科学出版社，2002．381

果。有学者对美国20世纪上半叶各个时期的各州的电力收费价格加以比较分析，发现受管制和非管制的收费水平没有实质性的差别。这表明自然垄断产业并非只适应政府独家垄断经营，垄断管理经营的开放、介入竞争机制可能会使经营效果更好。

这是因为技术条件的改善和市场需求容量的扩张，使自然垄断产业失去垄断地位与优越性。一是技术发展变化及提供这类产品成本的下降变得容易，使不少投资者要求介入；二是替代性竞争加剧使垄断产业逐渐向竞争性行业发展。在自然垄断时，消费者面对的是卖者选择，而没有其他卖主的权利。替代性产业的出现为消费者提供了多种卖主的选择，多方卖主为吸引与夺取消费群体，市场必然会降低成本和价格，提供最优质的服务。这就使广大消费者获得物美价廉的消费品服务。在这种情况下，如果政府管理的企业不适应就会加重财政负担，或者重新进行政府独家垄断，就不能为市场和消费者所接受。例如电信业，在20世纪90年代前只有中国电信独家经营，价格高，消费用户少，自从中国移动和中国联通出现后，垄断行业转变为竞争行业，竞争促使价格降低、改善服务、降低成本、提高劳动生产率，消费用户直线上升。又如从20世纪80年代开始，广东利用外资修建了第一条收费公路，打破了公路非由政府修建不可的神话，到如今全国新修的近万公里的高等级公路大都是通过对过往车辆实行收费而收回投资成本，并不断滚动扩大投资规模的。像这一类公共物品市场化走到这一步，如果想回到过去的政府包办免费提供、免费管理和维修的老路上去已不大可能。

随着我国市场经济的发展和市场体制的日趋完善，必将有更多的公共物品向市场开放，用市场机制解决和供给。这是否意味着政府供给已完全不必要了？或政府供给会彻底退出历史舞台？当然不是，政府在公共物品供给中仍然占有相当重要的地位，市场机制是价值规律在起作用，利润是市场机制的评价标准，而许多外部性较强的社会公共物品是以服务为主而不是以利润来评价的。因此，当社会需要提供外部性较强、非排他性程度较高的产品时，市场配置资源就会在这些领域产生失效或失灵的现象。所以，市场这只看不见的手并不能解决所有的资源配置问题，还需要有另一只看得见的手与之配合，这只手就是政府。政府这只看得见的手，是专门在市场机制失效或者说是在看不见的手无法发挥作用时来发挥作用的。二者就像人的左右手，是同时存在、共同服务于市场经济的。两只手是矛盾的统一体，相互依存，互相配合，谁也离不开谁，缺了哪只手都不行。政府提供公共物品如果缺了市场这只手的配合，必然是高价低质，官商习气陈腐，结果是政府亏损，公共物品无法满足消费者的需求。同样，如果只有市场这只手在提供公共物品，政府完全超脱于公共物品领域，那么，一些人民生活非常需要而私人和市场不愿提供或无力提供的公共物品就会出现缺位现象，导致人们生产生活的诸多不便，从而影响整个社会生产、生活的质量与效率，使消费者利益受损。例如，如果政府完全退出国防，任何私人和市场都提供不了。所以，政府供给与市场供给都将永远存在，政府代替不了市场，市场也代替不了政府。这就要求我们在公共物品的供给方式上保持清醒的头脑，切忌片面性和单一性，要统筹兼顾，为我国市场经济提供最具效率的公共物品服务。

10.2 市场缺陷与公共产权

市场是迄今为止最先进的最具活力的现代经济发展体制和发展方式，是最具效率的资源配置方式，是构成市场主体的产权制度和产权组织，是最具约束机制、激励机制和竞争机制的社会经济组织方式。市场经济制度并非完美无缺，并非万能的，在市场经济发展过程中出现的一些资源配置问题，靠市场经济本身难以乃至无法解决，诸如生态环境保护与治理问题，外部性问题、公共产品供给问题，垄断和恶性竞争问题以及收入分配的社会公平问题等，单纯依赖市场机制的力量是难以解决的。在这种情况下，需要从市场外部寻求解决途径，以弥补市场的缺陷。能够有效地弥补市场缺陷的就是政府，如提供公共物品，这种公共物品的制度属性就是公共产权。公共产权作为社会产品供给方式的一种，是任何时期都不可缺少的。政府供给公共物品就对市场缺陷起到弥补作用，以维护市场经济秩序，但不是包揽取代市场。

10.2.1 公共产权的特征

在公共产权的含义中，对公共物品有多种解释，弗里德曼（M. Friedman）是这样定义的："我主张将它定义成这样一种物品，它一旦被生产出来，生产者就无法决定谁来得到它。"① 保罗·萨缪尔森这样描述公共物品的特征："每个人对这种产品的消费，都不会导致其他人对该产品消费的减少。"②

公共物品具有公共性和非排他性，使得私人生产者不愿意提供公共物品，因而在传统上这类物品是由政府提供或保护的。如事业型的公共物品、公共设施，包括公共交通、道路、水电、能源、医院、学校、公园、图书馆等。还有企业型的公共物品和公共设施，如邮电、通信、能源、交通、运输，也都靠政府配置。在政府提供的物品中，灯塔的例子经常被提到，灯塔因而成为公共物品的代名词。在黑夜，一座灯塔可以让航行的船只偷看灯塔射出的指示光，避开礁石，然后不

---

① 张军．现代产权经济学．上海：上海三联书店，上海人民出版社，1994. 115

② 张军．现代产权经济学．上海：上海三联书店，上海人民出版社，1994. 116

愿付费而逃之夭夭，因而类似这类公共物品和公共设施个人投资建设无法收费。早在1848年英国经济学家穆勒在他的《政治经济学原理》中就分析了灯塔的指引使人们得益，但若要向他们收取费用就办不到。除非政府用强迫抽税的方法，否则灯塔就会因无利可图而无人建造。1932年庇古在《福利经济学》第四版里以灯塔来支持他的政府干预观点。他认为，既然在技术上难以向船只收取费用，灯塔若是私营的，私人的收益在边际上低于灯塔对社会的贡献的利益。在这种情况下，政府建造灯塔是必要的。在现实生活中，这样的公共产权还有许多，如常见的江河治理，如果靠单个企业来做是不可能的，只能由政府来进行。

10.2.2 公共产权的作用——弥补市场缺陷

在现代社会，资源配置的方式主要有两种，一种是市场配置，另一种是政府配置。在市场经济条件下，资源配置的主要机制是市场机制，资源的流向主要受需求的引导，需求刺激价格，价格引导投资的传动来实现资源配置。政府配置包括对社会公共需要的资源直接投资和对全社会资源的宏观调节两方面内容。宏观调节又包括两方面：一是调整预算中的投资结构，增加基础设施投资，改善瓶颈，达到合理配置资源的目的。二是通过制定调整财政、税收以及补贴政策鼓励和引导社会资源的流向，从而达到调节资源配置结构的目的。那么，除了市场配置外，还需要政府配置，从整体上说，市场配置是有效率的，但是在资源配置过程中也存在着市场失效的领域。这种市场失效的存在，客观上要求政府介入资源配置的过程，以发挥弥补市场缺陷的作用与功能，承担起那些市场不能或不宜承担的资源配置任务，以便更好地为市场经济服务。除市场之外还需要政府配置资源的原因有两方面：

首先，社会公共需要是客观存在的。社会公共需要的存在，决定了任何社会都不可能仅仅通过分散的个人或单位对资源有效地分配。有些公共物品如国防的需求任何单位和个人都无力提供，而另一些社会公共需要尽管个人或集团有能力提供，但因为消费的非排他性而不愿提供。或者以集团或个人分散提供不可能获得最佳的社会经济效益。

其次，在市场经济条件下，政府配置资源还在于市场缺陷的存在。历史实践表明，迄今为止还没有比市场更有效率的资源配置方式。但历史实践同样证明，即便最完美的市场机制也不可能对全部社会资源实现最有效的配置，市场在资源配置方面的缺陷主要表现在两方面：一方面是生产者和消费者所掌握和选择的产品和机会的信息披露是极不充分、不全面的，存在垄断等，限制着资源朝合理方向转移；另一方面，市场机制使经济主体以自身经济利益为经济活动的出发点，不可能将必要的资源导向那些微利或无利可图甚至亏损但却是经济与社会发展所必需的公共领域。为了弥补市场配置存在的缺陷，维护市场经济正常运行，政府配置为社会提供公共物品就非常必要。

10.2.3 公共产权与国有产权

国有产权是公共产权中的一种，但国有产权不等于公共产权，公共产权还包括国有产权以外的各级地方政府和各社会团体所属的公共产权。公共产权范围更大，并呈多层次状态。而国有产权是单一的、特指的。公共产权具有层次性，依据不同层级的行政区划，可分为中央（或联邦）公共产权和省（州）市公共产权，进一步细分还有县、镇（乡）、村等的公共产权。由此，根据行政区划划分，可冠称为中央公共产权、省公共产权、市公共产权、县公共产权、乡镇公共产权和村社公共产权，是哪一级行政区划的行政产权就冠以哪一级的行政名称的公共产权。如省、市公共产权只能称省公共产权或市公共产权，而不笼统地称国家公共产权或国有产权。只有中央政府直属或全国人大直辖的国有资源才能称为国有产权或国有公共产权。过去我国不加区别地把所有公共物品笼统地称为国有产权，这显然是不符合实际的，在理论上造成模糊，在实践上是有害的：①弱化地方的积极性，中央把地方的公共物品称为国有公共物品或公共产权之后，客观上削弱了地方投资公共物品的积极性。地方在无权支配本地公共物品产权的情况下，不对地方公共设施进行投资、营造和维护。②有助于地方依赖思想和攀比观念的产生，既然在当地区域内任何公共物品都是国家的，那么各地发展地方公共物品和公共设施都寄希望于中央政府的支持和投资。在地方发展公共设施，必然会出现争项目、争投资及地区间的攀比现象。③加重中央的负担，中央政府要面对全国各地进行公共设施投资及各级地方政府的争项目、争投资。国家财力就这么一些，谁争到就是谁的。因此，迫使地方政府运用各种手段来达到争到项目投资的目的。④加重了地方负担。中央政府为了满足各地政府公共设施建设的需要，必然加强对财力的集中，增加税收，迫使地方滋生各种地方性法规性收费，如行政性收费、摊派等，这样一来势必削弱地方经济的发展活力。

10.3 私有产权企业负的外部性

自从制度经济理论传入我国，人们开始注意到了公有产权外部性的问题，并为克服这一外部性而推进国企改革，建立现代企业制度。然而人们没有想到私有产权也存在着外部性，尤其是在不完善的市场经济条件下，私有产权的外部性会造成企业把成本转嫁给社会来承担的严重后果。如何认识私有产权的外部性，对规范和培育私有经济的健康发展，对维护包括公有产权与私有产权在内的多元产权经济共同发展的市场经济制度具有重大的现实意义。

外部性是西方经济学的一个新兴的研究范畴。已有研究成果表明，外部性是一个广泛存在的现实经济生活中的经济现象。无论是正外部性还是负外部性，都是供给成本与利润收益的不均衡、不对称。通常人们只研究和关心公共物品的外部性行为，以为外部性只存在于公共物品或公共产权之中，其实私有产权也有外部性。公共产权的外部性有正外部性也有负外部性，私有产权的外部性则主要是一种负外部性。从经济与社会意义上说，正负外部性都对整个社会生产的效率提高产生障碍和对市场经济秩序产生负面影响。

10.3.1 私有产权外部性的表现

私有产权的外部性行为表现随着私有产权经济发展而日益增加，人们却对它熟视无睹，或者为了推动经济增长和实现就业目标，对这种外部性采取宽容态度。当前私有产权存在的负外部性行为主要有以下六方面表现：

（1）私有企业挂集体或国有之名享受集体或国有待遇。私有企业以集体或国有公司企业的名义登记注册，享受国家对集体和国有企业的优惠待遇，以集体的名义从事经济活动，占用集体或国家的资产，如房屋、工厂、名誉等有形和无形资产，盈利了是私人的，亏损了由集体或国家承担。这种以法人名义占有国家资源，搭便车的行为，在20世纪八九十年代相当普遍，至今仍然存在，而且又有新的花样。如以股份制改造，建立现代企业制度为由，把国有和集体资产量化到少数管理者身上，成为他们少数人的“个人持股”，如果过去只是以国有资产来谋私利，并不涉及国有资产问题，现在则干脆把国有或集体资产量化到个人，改变了国有资产性质。把全民所有和企业全体职工所有的国有和集体资产变成量化到少数管理者身上的个人所有。在股份制的时髦的金招牌下掩盖着国有企业资产流失的实质，国企名存实亡，只剩一个空壳，这种肥了个人，坑了国家与集体的做法，是打着改革招牌的搭便车现象，比以权谋私、多吃多占、贪污受贿的搭便车行为更具隐蔽性、危害性和破坏性。

（2）私有企业以回扣手段推销企业产品，与国有、集体和股份企业争夺市场。私有企业起步阶段一般都是技术设备差，科技投入不足，生产质量上不去，无法与真正的国有企业的产品质量竞争，不想下本钱提高产品质量，又想把产品卖出去赚取超额利润，便采取回扣手段销售产品。某些国有单位与企业的采购人员为获得回扣收益，便不问青红皂白地乐于与私有产权企业交易，消费者使用这些劣质产品很容易造成隐患，例如一个私有企业提供劣质水泥和钢筋，造成建筑物建成不久墙体爆裂，钢筋生锈氧化断裂，损害了买房者的权益；又如私人种子公司提供劣质种子坑害农民，导致农民一年生产全部失收，等等。私有企业的不良商家为了赚钱，根本不考虑其社会责任与社会后果，一味释放其负外部性。

（3）私有企业只排污不交费或少交费。最明显的是把乡镇企业设在农村社区，一个家庭作坊式的工厂占一片农田，排出三废污染物，危害周边的农田、庄稼和牲畜，许多受害农民得不到任何赔偿。乡镇管理部门为鼓励保护本镇经济增长和获取个人升迁的政绩资本，一般都是睁只眼闭只眼，或者把坏事说成好事。加上受损害的农民没有维护自身合法权益的意识与能力，在受到乡镇企业外部性危害时都采取忍气吞声的态度。私有企业主正是抓住乡镇政府官员和农民这些弱点，进行拼命扩大再生产，使污染危害更加严重。私有企业为了减少成本，甚至该投资的安全设施也不投资，造成安全隐患和安全事故发生，如私有小烟花爆竹厂、小煤矿等爆炸事故频繁发生，这种私有企业的收益是以负外部性对社会造成危害为代价的，许多地方从乡镇企业获得税收及企业获得利润都弥补不了这种负外部性造成的损失。

（4）私有企业以各种非法手段扩大外部性，增加个人收益，以掠取高额利润。大体有以下几招：一是以招聘为借口，发招工财。一些私企明明不需增加员工或只需招用极少数的员工，却一年四季都在招工，在每年八九月份大中专毕业生求职和春节过后的招工旺季时，大张旗鼓地造势招工，对每个应聘者收取报名费、表格费，50 至 200 元不等，靠假招工发财，一批接一批的应聘者交了一笔又一笔钱费用却找不到工作。二是有的企业招员工入厂后收取押金，并对员工以实习培训为由在三个月内不发工资，还要其倒交三个月的所谓培训学习费和伙食费，三个月所谓试用或“培训”后，只留极个别“合格者”，其余解雇，再另招一批新的，如此故技重演。三是当月工资当月不发，等到下一个月才发上一个月工资。如果职工中途要辞工，便以不足一个月为借口，分毫不发给职工，或者职工有过失时，如抓住劳工偶尔的几次迟到早退作把柄，便扣除整个月的工资。四是超时劳动，一般每天工作时间都在 13 个小时以上，没有任何加班费，有的按件计酬，必须完成定额才能拿到最低的基本工资，完不成连基本工资也不给，有的企业平均每月加班时间达到 130 个小时。五是对因工负伤如断肢民工拒不支付医药费和工钱，强行将其赶出厂门了事。从历史上看，这种现象在近代资本主义原始积累过程中曾经出现过，积累完成之后，尤其是进入现代后上述种种现象就已不再存在。在经济全球化、我国市场经济走向完善的时代，劳动者权益受到充分关注、保护与监督的今天，企业这种负外部性已不能继续存在下去。

（5）私有企业以改制和股份制改造为手段进行恶意圈钱。甚至把国有企业资产也圈为私企所有，借股份制改造，国有企业产权被圈后还美其名曰摘掉“国字号”，并以此为荣，完成了所谓的“股份改造”。在股份制的光环下掩盖着化公为私的占有国有产权的实质。企业的运作与收益自然也是按权分配。如果这类股份公司上市，便在社会上更大范围内圈钱，造成的负外部性危害就更大。

(6) 私有企业主向权力寻租和行贿成风。私有企业规模小，缺乏抵押能力，融资和整合资源能力低，为了获得像国有企业那样的而私有企业在正常条件下不能取得的资源，如贷款、批地、项目立项、承包工程及采购供应等，在市场化不完善时期，企业向权力寻租和行贿，往往获得掌握实权的政府官员提供稀缺的有形和无形资源。私有企业释放的负外部性搅乱了市场经济秩序，形成不良的社会风气，破坏了公平竞争环境。

10.3.2 私有产权外部性产生的原因

有人认为私有企业的外部性问题是合理的，是市场经济难免出现的现象。有人甚至认为是改革开放带来的结果，改革开放前什么都是政府包办代替，在政府调节的控制下，上述外部性行为根本就不会发生和存在。这些外部性是伴随着市场经济而来的副产品，不是主产品，是主流中的支流。有主流就有支流，不能因为有支流就否定主流。同时也不能因为是支流而对其视而不见，放任自流。我们要正确分析这种私有产权企业产生负外部性的社会环境和主观原因，找到对策与解决办法。

第一，我国发展私有经济的思想与理论准备不足，使认识和管理落后于实践的发展。我们一直坚持的思想与理论是坚持以公有制经济为主体和多种所有制经济成分并存，各地政府采取措施大力发展民营经济借以推动经济增长。因此，对于私有企业负外部性的行为与影响，各级政府都没有认真去关注和解决。一些领导干部考核的主要指标使得领导干部明知私有产权企业有负外部性影响也睁只眼闭只眼，或轻描淡写地敷衍了事。一些地方领导甚至互相利用，沆瀣一气，或傍大款，或利欲熏心，利令智昏的管理者哪会去关心和解决私有产权企业的负外部性问题？这从反面告诉我们，管理者对私有产权企业的管理素质和水平亟待提高。

第二，市场发育与管理尚在探索中。既然是探索就不可能有现成的经验，就必然会出现许多我们原来没有料想到的问题，这些问题只有在实践中才能认识和纠正。不改革开放、不实践，就找不到解决问题的方法。改革就是在探索和解决前进中出现的问题的过程中取得进步和发展的。

第三，法制法规建设与改革开放的步伐不相适应。改革开放要在法律指导下进行，但我们在改革开放实践中，法律建设总是滞后，法律规范是要根据改革开放实践所出现的问题来制定法律的，因此，具有一定的时间差。如果实行“拿来主义”，把西方的或别的国家的管理经验和法制搬来又往往脱离实际，未能发挥其应有的作用。

第四，急于发展而疏于管理。负外部性不仅仅是中国私有产权企业有，外资企业也有。外资企业主都懂得法律，但这些法律是他们原来所在地的，来到我国投资后，由于没有相关法制约束，他们就会钻空子而制造出更大的负外部性来。这类外资企业一旦被法律规范和加强管理后，它们就会很快适应，从而能在法制环境下正常运作。

第五，政府管制下的权力寻租行为。政府改革虽然一直在喊，但行为改变不大，甚至行政权力还在扩大，管得越来越多。而企业主在经商办企业过程中肯定碰到不少问题需要解决，如果凭公对公办事办不了，企业主就会为了能顺利办事而去租用权力，并把它作为企业管理成本的组成部分。

10.3.3 私有产权外部性的纠正对策

私有产权企业是在改革开放中成长起来的经济力量，是市场经济发展的生力军。从长远来看，它们必将成为与国有经济相匹敌的重要经济力量。为此，要利用法律的、行政的、经济的和道德的手段纠正私有产权企业的负外部性问题。这并不是要阻止私有产权企业的发展，而是为了私有产权企业经济的健康快速发展。

（1）加强对私营企业主的法制和法纪教育，提高私营企业主的法律知识水平与守法意识，让私营企业主懂法、用法和遵法，既用法律来维护自己的利益，也要遵守法律，不搞行贿，不搞回扣，不搞不正当竞争，而是以质量取胜，立足于市场。管理部门还要经常对私营企业主进行法律、法规的宣传教育，使他们遵守市场经济秩序的法制与道德规范，文明经商致富。

（2）严格执行劳动保护法，坚持8小时工作制度，加班加奖金制度，每天加班不超过2小时、每周加班不超过10小时制度，每星期必须保证1天休息、每月保证4天休息制度。一发现有违反劳动法的必须严格处罚，三次出现违规的要注销营业执照，切实从源头上克服私有产权企业的负外部性。加强劳动法的宣传，让打工者了解劳动法，熟悉条款，使劳动法成为维护自身合法权益的法律武器，随时维护自己和群体的合法权益。

（3）实行统一的法人待遇。在税收、利率、信贷上一视同仁，对国有、集体、私营企业实行统一的国民待遇。让私营企业与公有企业在同一条起跑线上平等竞争，使私营企业通过平等竞争也能取得社会平均利润率，而不必要再通过其他非法途径来获得社会平均的利润率。取消各种名目的挂靠现象，使挂靠成为一个历史名词，使私有产权企业不能再利用国有和集体的名义来搭便车从而溢发负外部性。

（4）完善政府采购制度，坚决取缔回扣现象。实行政府采购有利于抑制采购的腐败现象，净化社会风气。回扣是私营企业主为了推销自己产品先向采购人员行贿，以换取对私有企业产品的认购，以低质高价售出产品获取超额利润率。由于获得回扣的采购人员不顾质量如何、市场评价如何便接受了私有产权企业的产品，故必须对采购人员进行监督、规范和引导，完善与扩大政府采购制度，政府采购一律到有信誉的企业去采购，并要企业签订无回扣的承诺保证书，以作为承担将来由回扣纠纷引起的相应责任的依据。

（5）加强诚信建设。对私营企业的产品要加强质量监控。随时随地进行随机性的抽查，发现假冒伪劣产品要严惩不贷，并责令其赔偿消费者的损失。建立对消费者的消费承诺制，加强对私营企业的信用评估，让消费者在选择消费品时，对私营企业进行选择和监督。对于信用度小的企业每年评定一次，中型企业每两年评定一次，大型企业原则上三年评定一次。此外，平时还要进行随机抽查，大中小企业都要做到定期评定与随机抽查相结合，即使是免检企业也要接受随机抽查，在接受质量检查上没有特殊企业。要加强质检部门公务员的职业道德教育，防止质检执法人员以权谋私和徇私枉法，损害国家、企业和人民的利益。

（6）尽快转变政府职能，取消政府审批制度。政府审批制度的保留，是政企不分，政府干预企业，政府职能不能转变的根本原因之一。要实行政企分开，转变政府职能，政府审批制度非取消不可。由于改革要有一个转换期和新体制的磨合期，政府审批如近期不能取消，需要保留，以便顺利地度过改革的过渡期，但保留也不能太滥，要通过政府审批制度改革，缩小政府的审批权限与审批范围，需要审批的要尽量缩小范围，不需要审批的坚决不审批。审批程序必须规范、透明、公开，接受社会监督，最终实现政府职能的完全转变。政府从项目审批的事务中解脱出来，把必需的审批权限交给立法机关、人大各个专门委员会和社团性的专家委员会。由于人大委员与代表是选举出来的，由人大掌握审批权能够更好地表达与反映民意，也有利于提高审批的质量与效率。

11 产权制度的现代化及其历史进程

现代企业制度是西方工业化国家创造的迄今为止为实践所检验和证明的、适合生产力的发展水平需要的先进的产权制度，也是发展中国家正在运用或今后发展必然要经历和实施的产权制度。虽然各国的情况不同，现代产权制度实施需要结合本国情况，产权制度现代化是一个不断发展和完善的过程，即便是发达国家和地区仍然需要不断发展完善产权制度。发展中国家和地区要实现现代化也不可能离开这个过程，这个过程会有不同的特点，然而，产权制度现代化的一般规律性对任何国家都有着通用的意义。

11.1 产权制度现代化的目标

产权制度现代化包括企业产权制度现代化和社会产权结构现代化。前者是微观产权制度的现代化，后者是宏观产权制度的现代化，只有把两者结合起来考察和运用，才能对现代产权制度有一个整体的认识和系统的、全方位的实施。在21世纪，和平与发展是主旋律，社会主义经济和资本主义经济都将融合于全球的市场经济体系中，冲破了意识形态的障碍。从对立到交流合作，两种社会制度的国家创造的文明成果都是人类文明的共同成果，可以共享。社会主义国家向西方资本主义国家开放，旨在引进外资和技术发展经济的同时，也引进资本主义的企业产权制度。外资企业的私有产权制度，使社会主义原来的“一大二公三纯四统”的传统公有制受到挑战，这种新的产权制度经营机制灵活，效率较高，使许多发展中国家从抵制到学习，使现代企业的产权制度得以在社会主义国家实施，促进了社会主义国家的经济发展。同时，资本主义国家也学习社会主义国家，把某些社会企业办不到或不愿办的产业由国家政府来办，重视民生福利，发展社会保障，重视社会公平与效率的统一，从而使资本主义能够实现自我调节，焕发出新的生命力。

11.1.1 产权制度现代化的目标

产权制度现代化的目标就是实现现代先进国家已达到和正在实践的为国际社会所公认的最有利和适合生产力发展的产权制度，包括企业产权现代化和社会产权结构现代化以及政府干预的现代化。

企业产权现代化也称微观产权现代化，它主要是研究企业内部的产权设置和管理的现代化。企业产权一般都由五权构成，即所有权、占有权、使用权、收益权和处置权。在五权中，所有权就是产权归属的法律界定，而使用权由于与所有权权能有些重叠，通常被称为“经营权”。在古代的产权制度中，产权由五合一开始，近代西方工业国家创造了两权分离，到现代企业制度的建立，占有权、使用权与所有权相分离。在股份制企业中，股东已不直接参与企业管理，而是通过董事长聘用经营人员。这样，经营人员不是股东，也不是产权所有者，却是产权的经营者。无论是所有权者还是经营权者，都具有收益权和处置权。使用权从所有权中分离出来既不影响所有权对收益权和处置权的享有，也不影响使用权与收益权、处置权的结合，企业产权制度现代化与经营权从所有权中分离是密切相关的，在这个意义上说产权现代化就是经营权如何依法分离、重组和运行的过程。所有权与经营权的现代化问题就是所有权与经营权如何分离，又如何与收益权、处置权结合的问题。

两权分离历史悠久，它并不是中国在20世纪80年代初的发明，早在几百年前资本主义的时代就已经出现了两权分离的现象，而且这种初级形式的两权分离到当代已发展到相当成熟和完善的地步。在股份制两权分离中，现代产权的两权分离进入了高级形式，其显著特征是，在股份制公司实行董事会领导下的总经理负责制度。董事长是由股东大会选举产生的，董事会和董事长聘任公司总经理，总经理直接对董事会和董事长负责，总经理拥有对企业全部资产进行营运，包括生产经营、分配的全过程的经营权力。总经理享有经营权的相对独立，在股份公司中，总经理的日常经营活动不受某个股东的直接干预，而且也较少受股东大会的约束，股票市场上的交易活动，也只是新旧股东换位而不妨碍经营战略方针的相对稳定。股东日益增多，股权分散，股东无法对公司的经营产生实质性影响。总经理的经营权力的扩大是以股权分散，股东增加为前提的，企业规模越大，股权越分散，经营者的支配作用就越大。

11.1.2 社会产权结构的现代化

社会产权结构的现代化是从整个国家社会的产权构成来说的，是宏观上的产权结构制度的现代化。社会产权结构现代化以现代居世界最先进水平的国家和地区的产权结构制度为参照系数，已实现现代社会产权结构制度现代化的国家和地区有美国、日本、英国、德国、意大利和亚洲“四小龙”。

现代市场经济是西方国家首先创造的商品经济的发达形式，由于它作为资源配置的方式比较科学和有效，已为世界越来越多的国家所接受。因此，市场经济已从西方走向世界，东方首先受益的是日本和亚洲“四小龙”。市场经济既不姓资也不姓社，而是姓资与姓社的国家要发展生产力都必须遵循的经济规律和必须运用的经济形式。要发展现代市场经济必须避免把各种不同的产权所有制形式的企业进行生产关系和所有制性质的教条化划分，即私有企业的产权是反映资本主义生产关系和所有制性质的教条化的划分。这些思想观念长期束缚了社会主义中国的产权结构调整和产权多元化发展，使中国企业长期在单一公有制产权结构中和计划经济的牢笼里，无法进入现代市场经济竞争。而西方国家却不受姓资姓社观念的束缚，它们的某些产业因私有产权企业在市场经济竞争中遇到市场调节失效，就毫不犹豫地学习东方国家的国有制和国家计划调节的做法，进行全局或局部的调整，有效地纠正了市场失灵。如20世纪20年代末的“罗斯福新政”，就是时任美国总统的罗斯福针对当时美国的经济危机，成功地学习当时的苏联国家干预的政策，较快地恢复美国经济，走出了经济危机后的经济大萧条困局，因而取得了相当明显的效果。当实行较长一段时期以后，某些国有企业因为国有的固有弊端，如计划经营机制不灵活，员工不能自由解雇，企业经营亏损，于是便又进行私有化改造。美国的企业采取什么样的产权制度，取决于市场和产业结构的需要，而不是什么姓资姓社的需要，不受任何教条束缚。实际上，市场经济与特定的所有制性质无关，因为仅从市场经济运行的角度来看，它的基本形式如不能适应市场经济发展，既不改变产权性质又不联合或实行合作股份等，就要被市场淘汰。同样，如果是公有制经济形式，如不能适应市场经济竞争，不改变产权性质，也会被市场抛弃。因此，西方现代市场经济对产权制度的所有制性质，是采取开放兼容和允许互变的灵活态度，是符合现代市场经济的客观要求的。

从社会生产来看，产权主体的多元化促使投资者主体关心投资成本、生产效率、市场效益，以有效地配置自己的产权资源，使产权资源得到最大化和最有利的利用，做到人尽其才，物尽其用。

从社会需求来看，市场经济的社会需求是多方面和千变万化的，绝非单一产权投资主体所能满足得了的，如原材料、能源工业、基础工业以及高新科技企业属于社会的、长远的需求，这些部门的发展一般需要由国家主要投资或部分投资，采取国有产权制度的经济制度。这些产业虽然也要面向市场，但变化节奏可以慢些，适合国有制的特点。另外，它们是以服务业为主的产业，并非以盈利为目标。此外，人们的目前需求、集团需求是经常变化的，要求多产业和部门的发展，一般由民间组织个体私营、外资独资等企业组织形式来满足。采取私有产权形式来投资上述领域，往往比采用国有制产权形式更具效率和效益。它们可以按市场的价格信号及时调整生产经营，使资源得到有效利用而满足社会的需要。然而，20世纪下半叶以来，对国有制一直持否定态度的西方已开始认识到完全依靠私营企业固然会有较高的效率，可带来局部的效益，但从长期和整个社会来看，也有市场失效的时候。因此，允许一定范围的国有经济的存在和发展，以补充和服务于竞争，这样，西方国家社会的产权结构体系已呈多元化格局。

西方和亚洲“四小龙”等新老发达国家和地区的产权所创造的国民生产总值比例反映了产权结构现代化过程中，在私有产权占主要比重的同时，国有产权已占了一定的比重，但如果按公有制与私有制划分，它们的公有制部门创造的产值总量比单纯实行国有制的国家所创造的总量还要高。而且随着时间推移，公有制经济比例还会进一步上升。如果按照马克思描述的社会制度发展逻辑，在资本主义私有制充分发展，生产力水平极大提高的前提和基础上，才有可能建立和出现公有制。那么，在经过生产力高度发达的资本主义国家和地区出现公有制是符合历史逻辑的。今天的私有制和它的充分发展并不可怕，因为在私有制充分发展的基础上，股份制、公有制也将在新的生产力水平和基础上建立起来。像私有制不是资本主义专利那样，公有制也不是社会主义专利，资本主义也可以发展公有制。无论是独联体东欧各国采取激进方式发展私有制经济，还是中国采取渐进方式发展私有制经济，都是为了遵循现代市场经济发展的客观规律，实现产权结构现代化的需要。可见，现代国家的社会产权结构是一个以公有制与私有制为代表的多元经济成分并存竞争的社会产权体系。单一的公有制或单一的私有制虽然在历史上都曾出现过，但它们终究要随着走向市场经济发展道路而向产权多元化融合过渡。

11.2 产权主体法制化

私有产权与公有产权一样神圣不可侵犯，对财产权进行立法保护是建立现代产权制度的基础。已经实现产权现代化的国家能够走到这一步，重要的原因之一是它们在近代化过程中，提出了财产权的立法，为资本主义经济从近代化向现代化过渡和转变提供了制度基础。19 世纪以来，英国、法国等西方国家都先后对财产权进行立法，在宪法上保护私有财产不被权力和行政等超经济手段掠夺。私有财产由市场决定其生存与发展命运，除了市场，其他力量不能干扰和掠夺或侵犯。这保证了私有产权企业能够在市场竞争中发展壮大，为提高过渡到现代产权制度打下坚实的基础。世界上许多发展中国家，尤其是社会主义国家对私有财产权还没有立法保护，影响了产权经济发展和现代化进程。如一些私有企业主把积累起来的一定资本不是用于扩大再投资，而是用于吃喝玩乐，尽情地享用和挥霍浪费，最终影响了资本的原始积累和产业升级及朝多元化、高级化的方向发展。我国在国家的宪法上保护国有制公有财产权，对保护私有财产经历了一个曲折的认识过程之后，在2004年十届人大二次会议通过宪法修正案，终于第一次把对私有财产的保护写入了社会主义国家宪法，又于2007年10月1日正式实施《物权法》，这样就使私有产权不致被权力和其他非法手段所掠夺，使私有制企业放心地继续进行原始积累，不断地扩大社会生产投资，增加社会财富总量。

市场经济不同于自然经济、产品经济。自然经济是交租税之后就是自己的，产品经济只有调拨作用，没有交换价值的功能，它们都不用经过商业程序，不发生人与人之间的平等互利的交换关系。而市场经济正好相反，它不是自给又不能平调，它是要经商业程序进行计价核算、平等交换的经济，这样大量的交换活动就反映了人与人之间的利益交换关系，这种交换活动就是市场经济的活动。为了使市场交换经济活动能正常健康进行，就需要有规则，这个规则就是法律和法规。对市场经济活动实行法律规范，使社会企业知道该干什么，不该干什么，如何干，有什么权利和义务。法律规范一般分为经济法规和社会法规两类：经济法规是对企业的权利进行明确规范，以确保企业权利的行使；社会法规是对企业应履行的义务进行明确规范，以使企业在市场经济活动中切实行使权利和履行义务。两者兼顾起来，既明确权利又依法约束，保障了企业在市场经济所允许的范围内进行自由活动。现代发达国家的市场经济之所以比较完善，就是因为有比较完整的经济和社会的法律法规体系。社会主义国家要过渡到市场经济，就必须建立经济和社会的法律法规，这是非常重要的基础工作，也是由人治经济向法治经济转换的关键。

11.3　产权社会化

11.3.1　西方合作化运动

西方合作思想起源于16世纪的莫尔，他在《乌托邦》中第一次提出了空想社会主义的基本思想。他在书里详细地描述了他设计的乌托邦社会制度：取消私有制，生产资料公有，生活消费品也公有，取消商品交易，按需分配，男女劳动者地位平等，实行劳动义务制，每天6小时工作制，没有懒汉和犯罪，人人享受免费医疗，平等地受教育和学习技艺专长，工作有长，休息有方，劳逸结合，共同富裕。莫尔提出的方案，是社会主义史上第一个主张彻底消灭私有制的方案。康帕内拉受莫尔的《乌托邦》的影响与启发，写作了《太阳城》，从写作风格到社会制度主张都与莫尔的《乌托邦》有相似之处。如在所有制上，太阳城建立了公社组织，废除私有制，生产资料和生活必需品都实行公有制，劳动成为全体居民的义务，自觉劳动，从事繁重工作、服务性工作的人备受尊敬等。康帕内拉在社会主义思想史上，第一次明确提出了劳动光荣的思想。在18世纪的社会主义思想中，梅叶、摩莱里、马布利等都对公有制、合作制度，对莫尔和康帕内拉的思想进行过继承和发展。特别值得一提的是19世纪初傅立叶、欧文等社会主义空想家，他们根据当时资本主义工业发展，商业繁荣，商人斤斤计较，一切为自己的利益和价值而奔忙，认为资本主义人情淡薄、道德沦丧、世风日下，针对资本主义的自由竞争带来的紧张和不安，尤其是产权私有和社会分配不公等现象，试图构想一个没有竞争和没有私有财产、大家共有产权共同分配，取消商品货币交换市场，废除商业活动等的理想合作制社区。

如果说16世纪至18世纪的空想社会主义思想家仅仅满足于思想的提出，到了欧文则更侧重于把公有制和合作制的理想付诸实践。欧文少年得志，29岁就成为英国一个拥有数百员工的大厂的厂主，成功的实业家和商人背景，使欧文决心改革资本主义的产权制度，建立示范公社，把自己的理想付诸实践。他于1824年去美国，在印第安纳州购买三万英亩土地以及土地上的建筑物，在这里建立一个示范性公社，名叫纽哈蒙尼——新协和。按照新协和公社组织法规定，财产公有，成年人享有平等的权利，担负平等的义务，人人平等，各尽所能。由于公社的内外矛盾难以化解和公社的经营管理缺乏经验，以致消费超过生产，公社难以为继，在支撑了4年之后于1828年公社瓦解，欧文为此损失四万英镑，几乎是他的全部身家。1829年欧文返回英国，继续去为建立合作工厂和合作社而奔忙，他于1833年10月领导建立全国生产部门大联盟，指导全国合作社运动，联盟会成立几个月会员就发展到几十万人，合作工厂和合作社如雨后春笋般建立。因此，欧文成为西方早期合作化运动实践的先驱。以致欧文去世后，合作运动并未中断，而且蓬勃发展。1877年英国的伯明翰制衣工人在罢工斗争中建立了第一个工人合作社，1882年英国合作生产者联盟（CPF）成立。1884年英国曼彻斯特附近的一个小镇罗奇代尔的28个纺织工人组织了一个消费合作社——“公平先锋社”，它提出了一系列组织原则，即合作社组织原则。罗奇代尔组织原则为：①合作社成员自愿参加，废除宗教种族、政治、经济社会和文化的歧视，承担义务，享有权利。②加入合作社要出一定资金，出资多少与表决权无关，只实行一人一票。③合作社对股金一般不分红，即使分也不超过银行存款利率或类似的比率，限制投资多的人取得过多的利润。④合作社的资金全体社员分配。⑤在合作社实行现金交易。⑥注重教育。⑦在政治和宗教上持中立态度。

近代西方合作化组织的特点是追求“公平正义”的出资不等而分配拉平，这种合作运动显然是受空想社会主义影响的结果，在资本主义商品经济秩序中举步维艰。由于其产权制度上的缺陷，使其未能普遍发展起来。

进入20世纪之后，由于科学技术的迅速发展，使生产社会化程度日益提高，西方资本主义自由竞争进入了集中和垄断阶段，生产集中的垄断化程度越来越高，导致了经济危机，生产过剩、工厂倒闭和工人失业，资本主义的固有矛盾进一步激化，工人运动风起云涌，这些因素促进西方各国工人合作化运动兴起。各国资产阶级政权在工人运动的压力下，逐步作出让步，制定了一些有利于改善工人地位的法规，给合作信用社的发展提供了便利条件。凯恩斯主义的出现，国家干预实行增发货币刺激消费来达到复苏经济，以挽救资本主义经济危机的目的。结果又使西方各国进入了经济滞胀，出现了通货膨胀，凯恩斯主义失灵，资产阶级政府为之困扰的时候，工人合作社运动再度兴起，各国出现工会组织和一些产权改革企业，其中实行合作社运动得到国家政府支持。政党支持合作化运动是一场公有化的运动。从此，西方国家国有化企业开始出现和增加，尽管后来几经反复，但国有企业已成为资本主义产权结构中的重要组成部分。

18 世纪以来英国工人民间合作运动的直接成果是使英国政党政府重视合作化运动。1921 年工党领袖上台后，开始提倡大公司实行合作化。首先有约翰、斯佩登、刘易斯响应，将其他百货公司的绝大部分股权出售给与其有合作关系的工人，并吸取股份公司的某些组织特征，建立一整套严密的组织体制，使公司成为一个拥有 2. 6 万工人和 1. 2 亿英镑营业额的大型联合企业。企业建立董事会，其成员 80% 靠工人采取秘密投票的方式选举产生，其余 20% 的成员则由董事长任命。由合作化企业向现代西方国家职工发行股票，吸引他们参与管理，这是合作社性质与现代股份制的结合。英国合作化运动获得社会和政府的协助和认可，1958 年英国工业民主综合协会成立，这是英国最早的合作社促进机构，1978 年还通过宪法建立了英国职工所有制有限公司和合作发展社。20 世纪 70 年代以来，英国许多地方机构也相应建立了这样的合作社发展机构。1984 年英国的合作社总数达到 1 000 个，到 1985 年和 1986 年分别提高到 1 400 个和 1 500 个。法国生产者合作企业在 20 世纪 20 年代中期有 500 个，1979 年达 700 个，到 80 年代就有 1 000 个，法国生产者合作社平均人员为 15 个，建筑业、商业平均人员达 60 人，平均规模最大的生产者合作企业是服装行业和印刷业。意大利到 1980 年就有了合作社企业 20 000 个，平均每个合作社拥有工人 20 名。西方合作社的企业有两个特点，一是以劳动密集型产业为主，如英国 1980 年前在全国的全部合作企业中，从事服务性行业的约占 52%，从事制造业的约占 38%，从事建筑业的约占 10%。二是规模较小，如 1980 年在英国的 330 家合作企业中，工人人数超过 100 人的只有 10 家，其余都在 100 人以下，1981 年在 487 家合作企业中只有 12 家年营业额超过 50 万英镑。

我们不否认或低估空想社会主义思想家、改革家的理论对维护劳动者权益，改善劳动者的劳动条件，增进劳动者的社会福利，乃至对科学社会主义理论的形成和实践的借鉴等对社会公平、正义的社会文明演进所作的巨大贡献。但是空想社会主义思想家所设计的产权制度模式在人们已知的历史和可见的将来是难以成为主流的制度安排的。

11.3.2 现代西方合作社的产权制度

现代西方合作社与西方股份公司同时并存，但在整个西方市场经济系统中合作社的地位是次要的，因为西方产权制度只适应资本运动规律的商品经济发展，合作社难有更大的发展，只是艰难地生存下来。它的存在可以作为西方市场经济的一种补充，现代西方的合作社运动的产权组织形式是一种与现代股份制生长基础不同的产权体制的表现方式。合作社是一种以工人劳动联合为基础，要求生产资料和劳动者重新统一的一种新型产权形式。

无论是早期还是现代的合作社，在产权制度方面实行的都是生产资料的劳动者所有制。这是由联合起来的劳动者占有生产资料，这一特点使它与现代股份公司产权社会化的增长趋势有共同之处。两者又有不同特点，如股份公司主要是通过股权分散，工人持股形成的产权社会化，而合作社则一开始就是在劳动联合基础上实现共同占有生产资料，强调生产资料与劳动力统一的特点，使合作社表现出对资本主义产生前提条件的否定。在不同国家，合作社企业也有不同的产权特点，如有的是工人集体占有生产资料，有的是企业财产完全归工人所有，还有的是工商联合。这种产权的优点是它使劳动者重新与生产资料相结合，真正成为企业主人，尽管在资本主义社会实行合作社产权所有，但工人十分向往，这是合作社长期存在的原因。合作社不仅集中在一些劳动密集型产业，而且有的还进入资本密集型产业。

这种合作社存在的缺陷是明显的：一是由于以劳动力与生产资料相结合为基础，因此不允许企业外部人员持股，排斥外部资本进入。二是劳动者直接管理企业与现代股份公司主要股东直接参加企业民主管理这一趋势相吻合，但合作社劳动者直接管理与社会分工、所有权与经营权相分离的原则又存在矛盾，因为直接从事劳动的工人一般难以具备管理现代企业所需要的专门知识，这就限制了他们参与管理的深度和管理水平的提高。三是合作社采取按工人付出的劳动量进行分配的方式，没有把资产收益的需求放在适当位置上，这就容易导致分光吃光，使合作社难以发展而倒闭。这些致命的局限性，使得合作社不可能成为一种普遍可行的产权组织形式。

11.3.3 西方股份制的产权社会化

西方股份制的兴起已有几百年的历史了，股份制经历了由合股投资到个人持股的全面发展，产权由集中于少数股东到普及于企业工人，社会化程度日益提高。

（1）工人持股。进入20世纪后，资本主义危机加强，国际市场的贸易风险日益增大。企业在国内市场生产竞争中风险提高，随时都有倒闭的危险，而企业倒闭破产，工人就会失业，这就进一步加剧了劳资矛盾。为了调和劳资矛盾，西方许多国家的公司，首先是英国的，其后是美国、法国、德国、意大利等国家的公司，有意吸引劳动者购买企业的股票，使企业工人都成为亦劳亦资的持股者，稳定了工人情绪，调动了工人积极性，又减轻了经营风险及增强了企业的竞争力。如美国政府为刺激工人购买股票通过了优惠的税收政策：1981年通过一项法案规定，工人用其工资收入的0.5%购买本公司股票可免交所得税。尔后，美国政府再次规定：用于购买企业股票免征所得税的限额提高到职工年收入的0.7%。美国1975年实行工人购买企业股票的企业已有300家，到1983年底，迅速增加到6 226家。英国政府在20世纪的上半叶，曾热衷于产权国有化的改造，由于效率欠佳，国民经济发展受到严重影响，限制了国有化改造，英国政府在国有企业优先向本企业职工出售股票，实现了职工持股。英国第二大运输公司有职工2.7万人，各种车辆17万辆，该公司成为全体职工持股的股份公司。英国国家公路货运公司因连年亏损，在职工倡议下由他们购买股份，结果两年后扭亏为盈。

股权分散的工人持股产生了很大的社会影响，股权分散使少数资产垄断公司的垄断局面难以为继，而股权分散使很大的一部分人成为股东，使股份公司成为一种向全社会开放的社会化公司。这种公司为众多的股东利益支配，这就在一定范围内结束了少数大资本家对经济的垄断，增加了民众福利。虽然少数人在持股人中占优势，但一旦损害到个人持股者的利益，就要受到持股者的反对，这样，占优势的实际上处于劣势。这种产权分散化的同时是风险分散化，由少数人难以承担的巨大风险分散到众多的股东就可以承受。股权分散也引起证券市场的扩大，增强了股票的流动性。而在股票流动中又进一步分散了股东可能承担的风险，因股票在反复买卖过程中，风险进一步分散了，使企业发展和国民经济稳定增长有保障。

股权分散有利于吸收分散的社会资源。由于个人或资本家少数家族难以从事规模巨大的社会化生产，因此必须吸纳社会资源。工人持股投资，有工人出钱购买股票的，也有把企业内劳动者收入的一部分直接转为股票的。前者不论是企业内外的工人都可以购买，而后者则限于该企业内部，不过都体现了该公司打破资本家垄断局面，出现了亦劳亦资的混合持股者。这些混合持股者相当一部分就成为后来的中产阶级。工人持股投资，与存放银行储蓄是不同的，前者是高风险高收益，而银行储蓄是无风险低收益的。

（2）团体持股。由于单个股东直接在证券市场上进行股票交易，每个人都得了解有关公司业绩和整个行业发展的趋势及国家有关政策信息等，要腾出大量时间，而使交易成本提高。这样，一种新的方式，即团体持股方式就应运而生。由基金会、保险公司等团体持股，这些团体使用保险金、养老金及各种专项基金购买股票并专门从事股票交易，这就大大节约了成本。在美国，79.7%的家庭并不直接拥有股票，直接拥有10万美元以上股票的家庭只有1.7%，大多数美国人民通过退休金等团体持股。1989年美国退休基金和人寿保险基金拥有的资产达1 500亿美元。美国投资公司是专门经营证券的团体，按照美国的投资公司规定，投资公司是指经营再投资所持有的证券或买卖证券，其证券总值超过公司总值的公司。投资公司是一种中介组织，投资公司出现后，人们一般不直接购买公司股票而是购买投资公司的股份。投资公司再利用筹集的资金购买其他企业的股票债券。投资公司交易规模很大，一般不只买一个公司的股票，而是同时购买许多家公司的股票。由于不可能所有公司都倒闭，所以使风险进一步分散，就个人而言是购买风险股票，而且在美国，投资公司还规定可以随时将其股票退回投资公司变现金，这使风险更小了。投资公司为广大劳动者持股提供了便利条件，为一般持股者解决了难以掌握股市的行情的困难，提供了收益高风险低的有价证券，而人们要了解投资公司的经营业绩则很容易。

团体持股是股份公司、证券公司和证券市场进一步发展的一种自我调适形式。一方面，它使证券交易专业化，节省股民时间，降低交易费用和提高交易效率；另一方面，它通过同时购买多家公司股票的方式分散了盈亏责任，既使社会财富分配公平化，又提高了国民应对国民经济衰退的能力。1987年10月股票市场危机后，人们预测美国经济将出现衰退，因为股票价格下跌，股东遭受打击，引进有效需求不足，就会导致经济危机。但由于美国大多数家庭不是直接持股，而是团体持股，因而未受到股票下跌的影响。这种团体持股，使美国国民顺利地避免了股市危机的冲击，美国经济也未受到明显的影响。

由此可见，团体持股虽然使自然人产权带上集体产权的色彩，但它打破了少数人控制股市和由于股市动荡产生的股票投机，这就有利于资源配置的优化和生产效率的提高，这是西方国家由工人持股向团体持股形式的发展的根本原因和动力所在。这也是西方股份经济逐步走向成熟和完善的表现。

11.3.4 东方国家的股份制产权改革

东方国家包括苏联、东欧各国和中国等社会主义阵营国家。从20世纪20年代起，先后分别建立了社会主义制度后，由于其产权制度的过于高度集中统一，国家政府享有全部的产权，没有法人企业产权。从改革前的东方国家的国有企业的产权制度安排的典型构造来看，作为国家产权代表的政府这一庞大的层级组织，直接管理控制着许多的国有企业，政府与企业之间看上去是代理关系，但是既无契约关系，也不存在市场联结，企业只不过是整个社会大生产工厂中的一个车间。在这种产权制度安排下，过高的代理费用，使企业既无动力也无活力，社会资源不能有效配置，在这种情况下人民对这种产权制度造成的商品缺乏、劳动就业困难以及官僚主义不满。1958 年南斯拉夫开始走上自治社会主义道路，实行与斯大林不同的企业自治，欲摆脱企业对政府的依赖。1956 年匈牙利在卡达尔的领导下选择了“启蒙”共产主义和市场社会主义的道路，1968 年捷克进行了被称为“布拉格之春”的改革，1980 年波兰再度开展了以“团结工会”为中心的“革新”运动。这些都是要改变政企不分，权力过度集中在领导人身上，改变生产计划资源配置高度集中在政府的做法。如南斯拉夫的社会经济体制的“自治型”体制，就是要与苏联模式的所有指令系统不同。苏联的经济体制是根据中央的计划机关的指令，以国有企业为单位进行生产，而南斯拉夫的社会经济体制则是以工人与其他劳动者合作的社会所有的生产手段进行劳动的单位，也就是生产组织的联合劳动组织。自治企业系统的工人委员会可以任命各自的经理（厂长）或合议制的专门经营机关，这一自治模式曾被指责为工团主义、第三条道路的发展模式。由此，以南斯拉夫为先导在东欧各国率先进行产权制度改革，不仅经营权而且所有权都大部分落实到企业。进入 20 世纪 80 年代以后，东欧各国随着政治体制改革，产权制度从单一国有制开始向私有化和社会化转变。作为典型的社会主义体制的苏联经济体制改革起步较晚，改革遇到的问题和阻力较多，于是苏联领导人一反社会主义各国从经济改革起步的常态，把改革的重点由经济体制转向政治体制。苏联解体和政治体制改变后，苏联分裂成近十个拥有主权的独立国家联合体，最大的主权国俄罗斯开始改革产权制度，主要是对国有企业产权进行拍卖或将国有企业折作股票平均分给国民，把绝大部分的国有产权私有化，改变了产权制度由单一国有制向私有化和社会化转变的模式，结果由于产权制度设计失误，导致国有资产迅速流入少数人手中，广大民众一贫如洗。这种被称为激进的政治改革和毕其功于一役的全面私有化的休克疗法，造成对社会生产力的严重冲击，使其经济急转直下，陷入长达十多年的经济低迷期，人民生活苦不堪言。

与其他东方国家相比，中国产权改革是在政治体制稳定的前提下进行的，特别是股份改革是在先后经历了扩大自主权、两权分离、承包责任制几个阶段后再到股份改造的，是一步步渐次演进的结果。20 世纪 80 年代末，中国经济体制改革到了攻坚阶段。承包制和两权分离，存在产权模糊的通病，企业承包制虽然可以明确企业利益，两权分离可以扩大企业经营自主权，但企业资产的增值问题和资产流转问题始终未能解决。为了解决企业融资问题、政企分开问题、国有企业保值增值问题、产权主体明晰问题，实行股份改造是不可回避的选择。1984 年开始了股份企业试点，内部职工持股占85%，企业互相参股500家，占总数的13.5%。但由于当时是试点，并没有相应地建立股票证券交易市场，试点企业的股票仅向国有企业的职工发行，没有在社会上公开募股。到了1989年，深圳、上海和海南的少数几家实行股份制的公司开始向社会公开募股。一开始公司是以集资形式发行债券，后来又把债券转化为股票，股票对当时的中国人来说是很陌生的，发行时无人问津，便向机关内部动员征购债券，许多人犹豫着持币观望。只有少数人抱着试试看的心理用闲钱购买了一些股票，公司被批准正式上市，股票开始直线上升，有人购一万元的股票，一夜之间变成百万富翁。这唤起了股民的发财梦，除了涌入股市外，还争相抢购新发行的原始股，原来无动于衷的人也开始争相购买股票了，巨大的股票需求市场开始形成。1992年全社会公开发行股票的有60家，股票发行额5亿元，13家在上海交易，交易额达108.64亿元。1993年股份制改造的企业迅速增加，仅上海的大中型企业就有430家完成股份制改造。除沪深两地外，沿海其他地区和内地一些公司纷纷效仿，集资和搞股份制改造成为当时的产权改革的热点，以致鱼龙混杂，一些一无资金二无资质的皮包公司，也赤膊上阵浑水摸鱼，搞空手套白狼，打着成立股份制公司之名大肆向社会圈钱，股份制改造一时进入无序状态，似乎只要打着股份制招牌就可以向社会筹集资金。有的企业集资之后，股份公司始终未建立起来，股民的钱被挥霍精光。以致在后来很长一段时期内人们对股份制改造的公司和股票证券市场多持不信任态度。随着改革开放进程的推进，借鉴国际经验，加强对股份制改造公司和上市企业的制度规范和严格监管，不断加大对内幕交易和操纵股价者的打击力度。维护公正公平的证券市场环境，维护广大中小投资者的利益，股份制改造和证券市场才能逐步走上有序的良性运行的轨道。中国股市必将由一个不规范、不成熟的市场逐步发展成为一个日益规范和朝着健康方向成长的市场。大量上市公司发行股票，人们购买基金或直接持有股票的方式是实行产权社会化最广泛的一种形式。

11.4 产权主体多元化

多元产权经济是市场经济形成和发展的一个前提，也是竞争能够开展的条件之一。没有多元产权性质的企业并存，就不存在彼此相互的交换目的，也不存在竞争的需要和动力。因此，在现代产权制度的国家和地区，多元产权经济是同时并存、竞争、互补发展的，它们既是竞争的又是互补的，竞争就是不同产权企业通过比质量、比价格、比信誉、比服务等占有市场和提高经济效益，在竞争中实现最大利润。不管哪种产权企业都不能包打天下，把一切市场的时空都占有。任何产权企业在激烈的市场经济竞争面前对市场时空的占有是相对的、暂时的、局部的和可变的。从时间上，今天能占有这个地方的市场，不等于明天也能占有，今天不能占有的市场也不等于明天不能占有，这就给多元产权企业的发展留下广阔的时空。这样别的产权企业涌现竞争，就可以把别的产权企业所占不到的时空市场加以占领，把别的产权企业所不能满足的需求产品生产出来满足市场，客观上起到了一种互相补充发展的作用。多元产权经济在机会上是平等的，竞争是激烈的和无情的，均等公平竞争、优胜汰劣永远是多元产权存在的天空。这就促进了多种产权经济进行自我约束，提高自身素质和产品质量，依靠自身的努力来提高在市场经济中的适应能力、竞争能力等生存与发展的能力。

1. 社会分工是产权主体多元化的基础

生产力水平决定社会分工水平，也决定产权制度选择，生产力越发展，社会分工就越发达，就越要求具有效率的产权制度安排。在原始部落刀耕火种的情况下，生产力极不发达，社会分工非常简单，只要在劳作时大家协助就行了。到了青铜器时代，生产工具得到改进，生产有了剩余，可以腾出一部分人力从事农耕以外的活动——发展畜牧业，这是人类社会的第一次分工，畜牧业与农业交换需要中介人，这样商业又从中分离出来，成为第二次社会大分工。农业、商业内部又细分下去，每一次社会大分工都产生产权归属不同的所有者，农业、牧畜业、商业都会产生新的不同的产权主体，绝不是单个奴隶主贵族成员所能独占的，同样是私有制社会产权，仍分属不同的产权主体。

在当代社会分工愈加精细，第二、第三、第四产业内部，具体的行业是无限可分的，已分的行业都分属于不同的产权主体。分工越细就越需要界定和明晰产权，自然人或法人的产权主体就越多，不同商品相交换就越发达。如果没有产权界定，分工就失去动力、就会停滞、就无法延续下去。

2. 产权界定和主体多元化促进社会分工

在原始社会，没有社会分工，也无所谓产权，要说有产权就是原始公社的产权，这是单一所有制的原始的产权，如地盘、山林、野兽等资源分属于不同的公社部落控制。在奴隶社会，虽然有了几次社会分工延续下来，但由于产权制度的单一，社会分工并没有多大突破，不过是由原始社会的以采猎为主变成以农耕为主。商业在当时是受到禁止的，在中国封建社会，产权都是以国家名义实为皇帝及官僚地主等贵族个人及家族所有。与此相联系的土贡制、官工制、禁榷制的产权制度成为国家所有与皇帝家族和官僚私有合一的畸形的产权制度，而真正的民间私有制是不存在的。即使遇上好皇帝把过分集中于官僚地主贵族的土地按人口均分到户，也是向国家（皇帝）租用使用权而已，这种一元化的产权制度也就限制了社会分工。资本主义由于私有产权民间化，使分工扩大，突破了封建社会没有土地就一无所有的局限，在资本主义社会人们即便没有土地，也有机会取得产权，如一个无地的人可以借点小钱先从小贩做起，以开小店做小生意赚钱起家，资本积累主要靠从市场机会中取得，而决不是靠权力分配取得。勇于和善于参加市场竞争都会有机会或多或少地拥有产权，资本主义社会为人们从各行各业取得产权创造条件。产权主体多元化，不仅使工业、农业、服务业、建筑业、旅游业等纷纷发展起来，而且使社会分工从初级到高级发展过渡和完善。

3. 商品交换是产权主体多元化的关键因素

商品就其本性来说是一个平等交换的产品，之所以在产品前面加上一个商字，就是因为产品要变成商品就离不开一个商字，就是产品在交换行为发生之前和发生过程中的平等的协商、商量、商讨中成交。没有哪一方强迫另一方成交。商品体现着自主和平等，排除任何强制的行政因素，彼此之间产生的商品交换，就是在产品属于不同的社会所有者之间进行交换。生产者只生产某一种或几种社会产品，而他们生产和生活需要的却是多种多样的五彩缤纷的产品，所以他人的产品是满足自己需要的，但是要获得别人生产的产品，或别人要获得他们的产品都必须经过商业程序，把自己的产品转让出去取得货币，再以货币交换其他的产品。这样的商品交换过程都是在不同的产权所有者之间进行的，产权形式在不同企业之间转换，仍然是通过商品交换程序进行，交换双方都是通过市场交换满足自己的需要。如果不通过交换，而是通过调拨来调剂余缺，只能在同一所有权或同一产权主体的企业中存在，在不同产权主体之间调拨是行不通的。因为调拨意味着被平调的一方的产权价值得不到实现，企业产权被无偿侵占，就会破坏生产力发展。

由于不同产品通过市场交换都能满足社会需要，又实现自身的产权经济利益，这样就引导了更多的产权利益主体投入到商品交换活动之中，通过商品买卖活动积累资金实现自我创业，成为产权所有者。所以，在资本主义市场经济中，产权的获得并不像封建社会那样——靠预先谋取职位获得权力再获得更多的土地，而没有权力就没有机会获得产权。资本主义市场经济的商业机会为无数勤劳精明的无产者提供了依靠自己努力成功地积累资本而拥有产权的机会。

资本主义商品经济繁荣与发展，商品交换就必然密集和频繁。而商品交换的密集与频繁是由于产权多元化，产权多元化促进商品交换的多元化，产权多元化是资本主义市场经济发展的结果，而这结果反过来成为促进商品经济发展的原因。产权主体多元化使商品交换的主体增加，发达国家的产权结构中，从所有制结构看主要有三种：一是私有制，二是股份制，三是国有制。从产权主体创造的国民生产总值和社会财富来看，股份产权占第一位，其次是私有产权，再次是国有产权。从所占资产的比重来看，股份制为50%，私有制为35%，国有制为15%，如果从企业范围来说，私有制企业数量最多，约占80%，国有和其他企业占12%，股份制占8%。各国比例不尽相同，但大致都在这个范围内波动。产权形式的多元化和产权企业的数量增加，有利于防止和打破垄断，促进商品经济发展。产权主体是独立的利益主体，它的生存与发展必然要与其他社会企业发生交换关系，把自己的产品和劳务通过交换关系转让出去，获得社会承认，同时通过交换程序获得自己所需要的商品。随着产权主体数量的增加，社会总产品交换的频繁，整个社会的资金循环和周转速度就会加快，资本增值在资源配置的单位时间里必然获得最大化。

在资本主义自由竞争时代，产权不断产生又不断被兼并，无情的市场竞争的经济规律使无数大大小小的产权融合分化，产权随着资本运动，由分散到集中，又从集中走向分散。到资本主义垄断时期，产权资源集中于少数产权集团，但由于产生经济危机，产权所有者为了改善经营机制，便让工人参与企业管理或让企业员工入股。一方面使员工从切身利益关心企业，另一方面员工有了稳定的较多的收入来购买企业的商品，以致整个社会购买力增强，提高了商品交换的密集度和频率。同时也改变着劳动者的社会地位，使他们从长期的无产阶级成为有产阶级，甚至中产阶级。

在传统社会主义条件下，“一大二公三纯四统”的产权体系中，只有国有和集体两个产权利益主体，商品交换只在两大产权主体的企业之间进行，在国有企业、集体企业各自内部间的商品交换则不是交换，属于所谓的“调剂余缺”。而国有与集体之间的计价核算的交换被认为是资本主义残余。“文革”时期，民间自由集市的商品交换活动曾一度遭到禁止。在生产、流通和分配领域都是按计划指标调拨物资供给。在消费领域，人们的日常必需品不能直接从市场购买，而是凭票定额和限时指定供应，没有任何选择的余地。改革开放以来，打破了“一大二公三纯四统”的单一公有制格局，出现多种经济成分、多种经营形式的产权组织并存发展的新局面，随着经济体制改革的纵深发展，实现了以股份制为主体的现代产权体系，促进了各种产权主体的公开、公平的竞争，推动了中国商品经济进入了一个空前繁荣的时期。

在市场经济条件下，起主导作用的产权与多元产权并存，同时，在多元产权中，又依据不同的发展时期，由一种产权在其中起主导作用。改革开放初时，虽然多种经济成分、多种产权主体出现，但仍然是以国有制产权为主体，而进入21世纪，改革向纵深发展，则以股份制产权为主体。多元产权并存与主导产权的关系如何相得益彰，这需要从理论和实践上获得正确的认识。

市场经济条件下的多元产权体系，既是多元的也是有主导的。产权的多元化与主导化是同一过程的两个方面，是并行不悖的，多元产权不影响产品主导化，产权主导化也不妨碍产权多元化，两者并存发展是一个市场经济体的共同现象。

4. 主导产权的存在是一定社会形态的体现

一定社会形态是依据一定的生产关系性质而形成的，而一定的生产关系性质又是通过一定的产权形式来反映和体现出来的。在奴隶制的产权关系中，土地和奴隶都是奴隶主所有的国有与私有合一的产权制度；在资本主义社会的生产关系中，则是国有与私有分离，以私有制和股份制为共同主导的产权制度：在社会主义初级阶段的市场经济中的生产关系，是以股份制和公有制为共同主导、其他产权为补充的产权制度和产权经济体系。一定社会形态的产权体系是由一定的主导产权决定的，主导产权的性质反映了一定的社会形态和生产关系。因此，主导产权的存在是一定社会形态及其生产关系的体现。

在社会主义计划经济体制条件下，实行的是产品经济，主导产权的表现形式就是以国有产权为主导，集体产权辅之。在社会主义市场经济体制条件下，产品经济向商品经济转变，主导产权的表现形式也随之发生根本性变化。在市场经济条件下，需求和竞争促进产业分工和产权组织的联合发展。以股份制产权为主导的多元经济的混合经济发展格局将长期存在下去。市场需求和市场竞争的永无止境，决定了社会分工和商品交换的恒久性，也决定了产权主体的多元化的长久存在。

多元产权与主导产权的相互支持，主导产权离不开多元产权，多元产权也离不开主导产权的支持和服务。主导产权是一个国家经济命脉的经济来源，没有主导产权的支柱作用，多元产权经济的发展难以为继和持久。如资本主义市场经济体制下，主导产权为私有制产权和股份制产权，资本主义国家税收的80%以上来自股份制和私有制企业，这是决定国家的政治、经济、国防、科技、教育、卫生等开支的财政来源。我国在社会主义的“一化三改造”中，把民族资本主义工商业和个体私有工商业统统改造成国有之后，税收主要来源于这些国有企业。没有这些国有企业提供财政，国家的一切开支就没有源泉。在全方位改革开放的大背景之下，虽然多种经济成分、多种经济形式异军突起，但在相当一段时期内国有产权仍然占主导地位，仍然是国家财政收入的主要支柱。但随着市场经济体制的日趋完善，以股份制为主导的民营经济必将上升为主导产权，成为中国财政税收的主要来源。

11.5 未来产权制度的演变走向

根据以上历史趋势判断，可以预测未来社会的产权制度仍然是多元化的产权经济，如果我们撇开意识形态争论的障碍，即撇开姓资姓社的概念来看待未来社会的产权制度的发展变化，可发现其随社会形态性质的变化而变化。未来社会产权制度尽管充满变数，但就整个内外环境来看，未来社会是一个和平共处、平等开放、互利互补、共同发展的全球经济一体化的社会。在产权制度上必将创造一个能为当代大多数公民所接受和认同的既有效率又公平的产权制度。这一产权制度体系将超越意识形态差别和政治制度的差异而融合于全球化的市场经济体系中，从而成为全人类所追求的一定社会历史阶段的最理想的产权制度目标。

1. 混合经济体制是一个长期存在的发展模式

市场经济推动着产业分工向广度和深度进军，促进了经济、科技、文化和消费观念全球化。市场日益地把全球市场各国经济紧密地连成一体，谁也离不开谁，必须融入这个全球市场经济体制的大家庭中，参与分工、交换和竞争，要提高竞争力就必须依靠有效率的产权制度安排。而混合经济体制不仅是成熟的市场经济体制的国家所坚持的，其产权制度安排也是一切发展中国家从欠发达走上发达之路的制度选择。

2. 股份制是现代企业产权制度的主导形式

这种产权制度是公有制的一种形式，它既克服了私有制产权的全部缺点，又具有私有制产权的效率，这是包容量很大的产权制度形式。投资者不管出资多少，都可以成为股份企业的持股产权者之一的股东。股份制是吸引企业和个人入股的最具魅力的产权制度之一。在当代西方国家，股份制产权在国民生产总值中已占很大比重，成为主体产权。如美国股份制企业的产品销售额比重和净收入分别占全国的88.9%和79.1%。股份制经济是依法建立、依法管理和依法运作的产权制度，它是随着生产力的发展一步步建立起来的，具有坚实的生产力基础和良好的社会信誉和吸引力。许多资本主义国家的股份制企业的工人得以入股成为企业的股东，改变原来的无产者身份，成为有产者甚至中产阶级。事实表明，股份制经济不管在资本主义国家还是非资本主义国家，股份经济越发达，持股者的劳动力就越多，贫困的无产者的人数比例就越少，而有产者和中产阶级占的比例就越高。中国的股份制企业和股票市场的诞生虽然只有短短的二十多年，但成长很快，据不完全统计，股份制企业已达上万家，沪、深两市的总股值最高时达30万亿元人民币。

3. 国有产权经济的巩固发展

国有制是国家全民享有的产权制度安排，但由于理论上的占有与实际上的占有难以统一，即国有产权的外部性效应，使它在国家政府提供公共物品和纠正市场失灵方面发挥巨大的作用，故国有制永远不会消失。当然它也不可能成为凌驾于市场之上，取代市场经济的产权制度安排。未来社会的国有企业制度与市场经济制度一样是永久存在的，国有产权制度不会取代市场经济制度，市场经济制度也不会取代国有产权制度，尤其是能源、交通、邮电、铁路、航天航空、港口等基础产业，投资大、周期长、社会受益大，单靠社会私有产权企业难以承担，必须依靠国家的力量来投资，实行国有制和股份制相结合的产权制度才能发展起来。为保障为全社会的产权经济提供基础设施服务，在当代西方工业国家中，国有企业主要是集中在基础产业和公共设施方面，这对中国是很有启迪意义的。今后，中国的国有企业应当将主要精力放在能源及交通等基础设施与产业上，而不是放在垄断其他社会企业可以发展和利润较高的竞争性强的企业之上。国家政府对这些高利润或竞争性强的企业可以在税收上作适应调整，以保证国家税收不因放弃国有垄断经营而减少。国家政府应集中精力搞好基础产业的发展，为多种经济成分提供效率而保障服务，确保国民经济持续发展。

4. 私有制和非公有制经济在发展中国家持续上升和发展

私有制是由单个出资者投资的产权经济。私有经济在资本主义自由竞争时代，在国家经济中是占主导地位的。经过垄断阶段后，特别是当代私有制让位于股份制而居于其后，在产业演进中，私有制对资本积累和产业经济发展功不可没。现代西方仍然保持众多的私有制，但已不占主导地位而让位于股份制。苏联和东欧各国由于激进改革，以私有制完全代替国有和集体等公有制，以私有产权代替公有产权，私有产权成为主导产权。历史证明这是行不通的。私有经济的理顺和发展需要经历较长的时间才能正常运行。中国坚持在社会稳定中改革国有制经济的同时，大力发展私有和非公有制经济，私有经济从无到有，从小到大，迄今已占据中国经济的半壁江山。2007 年以来中国城镇非公有经济就业比例由 1978 年的 0.2% 上升到 75%，民营企业创造的国民生产总值已占国民生产总值的 50%，在一些沿海省份如浙江、广东等，民营企业的产值早已超过 50%。在市场经济条件下，一方面私有经济不断涌现，另一方面一些原有的私营企业发展到一定水平，又开始朝股份制迈进或联合过渡为股份制经济。

5. 私有企业和个体经济在发达国家中仍占重要地位

资本主义是从私有制发展起来的，但私有制在资本主义国家并不是一成不变的。虽然资本主义宪法规定：私有财产神圣不可侵犯。但产权制度还是随着生产力发展和现代产权制度的建立发生了历史性的变化，在当今发达资本主义国家，私有制已不是一统天下的产权制度，而是由股份、国有、私有、个体等多元经济成分构成的混合产权结构。由于资本主义市场竞争的推动，许多私有制企业已走上了股份联合发展的道路，股份制既不同于私有制也不同于集体或国有制，从某种意义上说它已成为公有制或共有制的一种实现形式。占企业总量 15% 的股份制企业产值占国民生产总值的 60% 以上，以自然人产权为特征的大量中小型私有企业和个体工商户虽占全社会企业总数的 70% 以上，但其产值仅占国民生产总值的 20%。股份制经济组织与其他产权经济组织共存、相辅相成，共同构成充满活力的国民经济体系。

6. 社会的福利保障与促进就业并行不悖

由于市场经济的高度发展和高效率的运行，带来了高的生产效率和丰厚的物质财富，人们节假休闲时间增多，即使是失业的人们也取得了法律规定的社会保障和社会救济。这种福利制度仍然使西方国家许多人受益。例如，美国家庭年人均收入不足一万美元的为贫困户，一经调查核实，即便有些人因碍于面子等诸多原因不愿自动申请，政府也要给予强制救济。对低收入者进行普查和实行强制救济并不是美国的发明，英国、法国等欧洲国家早就这样做了，而且福利保障范围不断扩大，遍及住房、教育、医疗保健、防疫等各个领域。因此，资本主义在新的历史条件下缓和并调节了劳资关系及其矛盾，使资本主义生产关系得以延续下去。尽管有的发达国家的高福利保障导致某些负面影响，如使一些人长期依赖福利而不愿就业，但这些国家仍然在福利保障方面作调整，以促进就业和完善福利保障制度，而不是要取消福利。这值得社会主义国家借鉴。政府提供公共物品服务，统一国民待遇，发展社会保障，促进就业率增长等，也正是我国当前建设和谐社会，努力改善民生所追求的目标和内容。

12 国有企业产权改革与现代产权制度建设

12.1 国有企业制度形成及运行存在的主要问题

12.1.1 中国国有企业制度的形成

中国国有企业产权制度的形成，从历史上看，有着特殊的生成和发展方式。国有企业发源于解放战争时期解放区的军需工业企业，新中国成立后，通过没收官僚资本和经过三年的国民经济恢复，1952 年国有工业实现产值 145 亿元，占全国工业总产值的 41.5%，奠定了国有企业基础。在模仿学习苏联集中统一的国有企业制度和集中力量建设新中国工业体系的思想指导下，中央政府在没收官僚资本的基础上，接连进行“三大改造”，对民族资本主义工商企业实行赎买政策，逐步把它改造成为国有企业，加之对苏联援建的 156 项重点工程进行集中建设，使国有企业总量迅速增加。国有工业企业产值占工业总产值的比重由 1952 年的 41.5%，提高到 1957 年的 53.8%，国有企业已初具规模并日益扩大。国有企业控制了主要的基础工业、重工业和流通领域的大批发企业，由此初步形成了国家高度集中统一，并由中央和地方各级政府以行政权力直接经营管理企业的经济体制。

这种体制对巩固新中国的政权和保证国民经济的迅速发展起了重大作用，也适合我国 20 世纪 50 年代中前期推行的资金密集型重工业优先发展战略。因为当时我国资金紧缺，靠市场调节将难以发展重工业，要优先发展重工业就必须有一套特殊的制度保证，以行政手段人为地压低利率、汇率、原材料价格，以保证重工业项目有足够的建设成本与交易利润。而价格被扭曲之后，出现资金、外汇、原材料的供不应求，为了保证这些稀缺资源能用于优先发展重工业，就必须有计划按比例地以行政手段来进行配置资源。价格扭曲后，企业的盈利或亏损不完全取决于经营的好坏，而取决于行政手段的计划定价，资源的计划分配，造成企业间没有竞争。企业也不知道什么是盈利或亏损，如果给企业自主权，企业就会利用难以分清的政策性盈利或亏损及经营性盈利或亏损的机会多吃多占。为防止企业多吃多占，就只有剥夺企业在人、财、物和供、产、销上的所有自主权。这样一套制度设计显然是在资金紧缺的情况下，以行政手段推行按计划经济确立的优先发展重工业产业体系的较好选择。

12.1.2 中国传统体制下的企业制度特征

（1）企业的创立是行政主管机关的意图，企业是政府的附属物，企业围绕政府转。企业的一切活动完全听从政府命令，企业的事情全由国家统筹。

（2）企业目标不是提供商品、劳务，也不是为了创造利润，而是为完成政府的计划指令。

（3）企业没有使用权力，企业利润全部上缴国家，由国家财政统支统收。

（4）企业没有人事权，全由政府人事部门统一调配和包办代替。

（5）企业没有创新动力，没有竞争力，也没有压力，产品实行几十年一贯制。

在旧体制下，整个社会是一个大工厂，单个企业是这个大工厂中的一个车间或班组，政府是唯一的经济组织者，拥有企业经济活动的全部权力，掌握着一切经济资源，没有任何一个经济组织能具有与它同等的地位。产、供、销等全部企业经济活动由政府来安排，企业严格按计划按指令行事，不得有任何"僭越"与"出轨"行为。所以传统体制下的企业只有"企业"之名而无企业之实，它不是市场经济意义上的企业，企业在资源配置方式和运行机制上的畸形与扭曲，使其不能成为独立的法人人格主体。

由于企业没有自主权和积极性，这种体制的弊端很快就暴露出来，主要是企业活力和效率低下，职工的生产积极性主要靠阶级感情和社会主义觉悟来支撑，缺乏必要的物质激励与利益责任机制。宏观上以行政命令和计划手段来配置资源，无法适应社会需要，造成资源大量浪费。针对这些问题，我国开展了长达二十多年的几番轮回的收权与放权的调整与改革。

第一次是1957年，国务院作出了《关于改进工业管理体制的规定》，旨在扩大地方管理国有企业的权限，下放中央直属企业。1958年4月中央又作出《关于工业企业下放的几项决定》，除了特殊的"试验田"性质的企业仍归中央政府继续管理外，其余企业一律下放归地方管理。由于以运动式来突击完成"放权"，造成管理上的混乱。

第二次是1961年，中央提出"调整、巩固、充实、提高"的八字方针。针对企业过于分散和经济协作混乱的状态，作出《关于调整管理体制的若干暂行规定》，开始上收企业。但由于采取的措施主要是调整中央与地方管理企业的权限关系，政府在企业管理方式上没多少改进。

第三次是1970年3月，国务院颁发了《关于工业交通各部直属企业下放地方管理的通知》，又进行一轮企业下放，至1976年"文革"结束后，国有企业又陆续收归中央管理。

第四次是 1984 年，开展城市经济体制改革，把改革开放初期上收的权力，再度下放。从承包制到租赁制，从扩大企业自主权到两权分离。

这几次在中央与地方的轮回收放，是中央与地方的企业产权界区分不清的表现，始终没有触及企业与政府的关系这一核心问题。从宏观上排斥市场机制，从微观上否定了国有企业作为经济活动主体的基本属性，这种体制一直沿袭到改革开放前。

我国国有企业长期存在的困境，既有政策上的不合理，导致国有企业外部环境的不公平，给企业带来影响，也有国有企业经营机制不合理。企业未能成为自主经营、自负盈亏的法人主体，缺乏市场竞争能力。

第一，企业素质较差，国有企业包袱重，难以适应宏观调控大环境。面对国家宏观控制的政策出台，面对竞争日益激烈的国际市场，国有企业难以适应，国家的出口政策和汇率调整等使企业出口难以增加，而出口成本上升、收益减缩。

第二，国家宏观调控。国家先后对一些企业实行调整，企业成本费用上升。

第三，外部环境和市场秩序不规范。国外市场不规范的竞争日益激烈，国有企业产品应变能力较差，无法在激烈的国外市场中求得生存。

第四，工艺设备落后，技术结构不合理。重成套设备引进使用，轻技术研究创新，引进的设备、技术在国外已被淘汰，缺乏对引进设备技术的研究、吸收、消化和创新的能力。

第五，国有企业产权制度有严重缺陷。产权主体不明晰，责任主体不清，使“搭便车”现象难以克服，大量搭便车现象的产生必然导致社会经济生活的低效率。计划经济体制下形成的政府职能没有根本转变，以终极所有权取代企业法人所有权，以终极所有权干扰和代替企业的法人产权主体的运作。如由政府来决定企业的关、停、并、转，组建企业集团，以致企业生产规模、企业产品结构调整等都在相当程度上体现政府的行为。国有企业产权缺乏排他性和政府行为共同构成的国有企业运行机制的低效率，是一个普遍的现象。

以上因素中，第五个因素是深层次的原因，也是最根本的原因。国有企业和社会生活一样，要保持创新的活力就需要进行制度创新。

12.1.3 中国国有企业产权制度缺陷

只要对传统企业进行产权制度透视和分析，就不难发现产权制度存在着严重缺陷。

1. 所有权缺位

国有企业在行政权力的界限内，谁都可以支配国有资产，但谁都不对国有企业的资产负责任。这样，完整的国有资产所有权实际上并没有对象化或人格化为法人组织，国有企业仍然是政府的附属物。国有企业的所有权缺位是传统体制的产权制度安排的重大缺陷，由此形成的经济运行机制最终失去了对财产的约束力。

2. 经营权缺位

企业传统的产权结构直观上表现为国家拥有资产的终极所有权、收益权，部门或地方拥有支配权、处分权，企业只拥有使用权、占有权，这种制度安排本身就是产权关系模糊的根源，形成政府、部门、企业三者的多主体。多主体实为无主体，企业作为直接操作财产的主体并未拥有一个明确而完整的财产权利。企业主体的财产权利界定不明确，难以通过交易或契约实现不同权利之间的联系和制衡。

3. 行政性层级授权的多级委托代理关系

我国的全民所有制实现形式是国家所有制，国家由政府各职能部门及地方各级政府组成，由国家代表全体人民行使财产所有权，这种由分散经营到集中所有是通过宪法形式完成的委托代理过程。这一过程并不是按经济规则进行，并不是真正意义上的委托代理制，国有资产是在行政体制内进行逐级授权的。这样授权经过条条块块、条块交叉的层级授权和代理，导致委托代理的关系链环过多过长，原始委托人的意志经营方针要经过多级委托代理的环节才能最终落实。在市场经济条件下多一个委托代理环节就多一方扯皮，许多本来可以抓住利用开发的信息资源因为委托代理层级过多，造成协调审批传递周期过长而丧失殆尽。

4. 产权资源的行政配置

在传统公有产权委托代理的关系中，无论是上级委托人还是下级委托人，无论是上游代理人还是下游代理人，对公有企业的产权资源都是按上级指令进行关、停、并、转的治理整顿或宏观控制优化结构的，不同时期叫法不一样，其实质都是一样的。这就是以加强宏观调控为由，利用行政手段，对产业产权结构进行重新配置，这不是根据市场需要，而是根据上级委托人的意志和行政权力配置的结果。它只迎合上级委托人的偏好，而往往背离市场的需求。这样，每次调控的结果并不能起到优化作用。

与上述传统企业制度相适应的经济运行机制，在生产决策权力上，在流通领域，在资源配置的信号——价格决定上，均由行政机构统一确定。与这种“三位一体”的经济管理机制相适应的，是在财政分配上的统收统支。这种与产品经济相吻合的高度集中管理方式的运行机制带来了诸多弊端。首先，企业作为经济运行的微观基础普遍缺乏生机与活力，在国家统一的所有权条件下，企业很难有自身的运行权力。其次，企业产品价格缺乏合理的确定依据，在统一的产权制度下，定价权限全部掌控在国家和有关部门手中，价格不能作为市场信号来引导社会资源配置。再次，企业缺乏资产技术的物质基础。在一元国有产权制度下，委托代理关系链过长，企业预算软约束始终是难以医治的顽疾。

12.2 中国国有企业产权改革历程

中国国有企业改革走过了三十年的历程，经历了扩大企业自主权、承包制和产权制度改革三个阶段。

1. 扩大企业自主权阶段

20世纪70年代末到80年代初，中国国有企业实行了放权让利和扩大企业自主权的改革，企业向市场化迈进了一大步。其状况发生了很大变化：第一，企业有了一定的自主权，拥有生产计划权、产品定价权和销售权及少量企业的对外贸易权；第二，企业有一定的收益分配权，从此企业有了自己的财力，拥有资金的使用权和资产处置权；第三，企业有了一定的组织人事权，企业可根据需要设置企业生产组织和行政管理机构以及创造和配备人力资源。

但国有企业仍然存在一些根本性症结，主要表现为：一是企业不能自负盈亏。虽然明文规定自负盈亏是改革的目标，但实际上企业只负盈不负亏。二是企业不能自主经营。表面上政府给企业不少权力，实际上由于政府的行政干预和企业的外部环境条件不成熟，从而使赋予企业的自主权难以落实。放权让利是旧体制下的行政性分权分利，并不是要将企业真正塑造成为以盈利为动机，具有资产所有权、经营权的经济组织。三是政府仍然以各种方式干涉和插手企业的正常活动，企业放权让利能否成功取决于行政体制部门的工作效率和好恶。这样改革就成为权利的再分配。

2. 承包制阶段

20世纪80年代初，轰轰烈烈的承包制使企业关心经营状况，降低成本，提高效益，改善企业内部管理，朝市场化方向又迈进一步，但承包制仍然无法摆脱放权让利改革所具有的局限性。首先，承包制阻碍了资源流动，承包制是各个企业对主管部门的承包，承包基数、上缴渠道的利益关系等在承包期内是不变的。其次，承包制难以解决政企不分的问题，承包制在经济上把利税合一，也就是把政府双重职能混合起来，强化了企业对政府的依赖关系。再次，承包制不可避免地导致短期化行为。表现为承包期内拼设备、掠夺性地开发利用资源，忽视技术进步和生产安全等。其根本性症结在于产权界定状况不明晰，在原体制上进行修修补补使国有企业改革无法绕过产权制度改革这一关。这样，国有产权改革就成为国有企业改革的关键和出路。

3. 产权制度改革阶段

在20世纪80年代末90年代初，产权制度改革的问题被提出来，由于产权制度的变动会给整个社会经济发展带来不可避免的冲击和影响，因此产权改革需要一定的政治经济基础。在改革初期无论是政治、经济基础和条件，还是人们的思想观念，都不具备提出和实施产权制度改革的条件，当时改革领域是适当引入市场机制，改革传统的高度集中的计划管理体制，确立社会主义市场经济目标模式。经过十多年的改革，经济运行机制发生较大变化，这些变化冲击了传统的国有企业的产权制度，随着改革深化，产权制度成为改革的主线。在中共十五大精神指导下建立现代企业制度以来，产权改革有了某些进展，主要表现在：①在产权结构方面，鼓励非公有制经济发展，包括发展个体、私营和股份经济等，改革了国有企业单一的产权结构，形成多种经济成分并存的产权结构格局；②在产权利益方面，不断调整和改善国家、地方与企业之间的利益关系，通过利改税和承包制，扩大了企业的自主权；③在产权形态方面，打破了资产存量结构的固化和封闭状态，促进了企业之间的重新组织和生产要素配置。这些产权制度变化，在一定程度上增加了企业活力，但作为产权制度形成的传统所有制的产权关系并没有发生根本转变。

当前存在的突出问题：①绝大部分国有企业产权结构仍是一元化产权的行政结构。承包制使国有企业拥有占有权、使用权和一定的收益权，但企业资产的所有权关系仍未改变，企业并无真正的自有资产。②引进股份制作为承包经营责任制的替代物，形成了企业资产所有权主体的多元化，打破了国有企业封闭状态，造就了一定数量的企业法人股份和私有股份。在一定程度上形成了真正的股东约束经营者作为的愿望和机制，但仍然保留了公有股的绝对份额，企业法人股份、私有股份的作用并未真正得到重视。把具有巨大生命力的股份——法人股和私有股压制在初始状态，没有股份制的控制地位，这就为政府在实质上支配企业提供了现实保证。由此看来，要真正建立现代企业制度，必须对国有企业的产权制度进行彻底的改革，重新构造企业的产权制度结构，从根本上实现产权制度变迁。

12.3 建立现代企业制度的目标及运行机制

现代企业制度是在市场经济条件下的非国有制企业基础上形成和产生的，它以确立企业法人所有权为根本特征。它不可能在计划经济条件下的国有制企业基础上形成和产生，与传统的计划经济体制相适应的传统国有制企业制度无法适应和融合于市场经济。现代企业制度的目标就是给国有企业提供一种市场经济的新价值标准，让国有企业按照现代企业制度方向和要求进行改革，这是公有经济与市场经济相结合的有效途径。探索政企分开的路子，实现国有企业真正进入市场，从而真正把国有企业塑造和培育成合格的市场主体和企业法人实体。为此，建立现代企业制度的目标及其运行机制如下：

1. 产权界区分明、主体到位是现代企业运行的基础

市场经济是由不同的产权主体和法人主体之间的交易而构成的经济社会关系。它的形成和发展就是以不同的产权主体和法人主体同时并存为前提的。这些不同的产权和法人主体界区分明，是人类社会经营发展史上的一个伟大转变，也只有建立排他性产权制度后，成本——收益的经营计算才有真实意义。产权主体在一定约束下承担相应责任，对特定产权拥有一定的行使职责并获得相应的利益。产权清晰包括：①产权客体和主体明确，既有实施产权的实际对象，又有承担责任、履行职能、取得利益的行为主体。②清楚地划分有关产权主体，包括国家终极所有权和企业法人所有权对资产的责任、权力和利益。这三者之间的关联和制度关系设立明确而稳定，非经权利人同意不得变动，否则就属侵权行为。建立现代企业制度的基础就是要使产权关系由模糊走向明晰，从根本上说就是要确立企业法人财产权，为企业法人完全独立确定法人产权依据并鼓励公有产权发展多种实现形式，使公有产权主体朝社会化、多元化、民营化方向发展。

2. 权责明确是实现企业法人制度的基本前提

在市场经济中任何法人主体的权与责都是统一的，同时受到市场约束，不存在有权无责或有责无权的主体。权责分明是国有企业产权改革的目标方向。任何法人产权主体都必须使企业法人有权有责。例如，资产所有者的资产一旦投入企业即与投资者的其他财产区分开来，构成企业独立法人财产，企业即成为企业法人主体，独立享有各项财产权利，承担财产义务，独立地占有、支配和依法处分其法人财产，以法人财产自负盈亏。同时企业法人主体必须对出资者负责，承担资产保值增值的责任和以股息红利等形式向资产所有者上交资产收益的任务。对资产所有者来说，出资者在法律上与企业法人同处于平等的民事主体地位，双方的权利义务以及财产关系的调整只能依法律的契约，即公司章程进行，受法律保护。按出资比例对企业的新增资产拥有所有权、收益权和处分权。当企业亏损或破产时，包括国家在内的所有出资者都要按投资比例承担相应责任。

3. 产权流动市场化

在市场经济中，产权是一种商品，具有使用价值和交换价值。既然是商品就可以交易，而且必须交易。交易过程并不是产权质量的贬损或产权价值量改变，而是产权价值形态的变化。从广义来说产权交易（也称产权流动）是包括物权交易、债权交易和股权交易等的一个内容广泛的概念；狭义的产权交易是指以区别于其他产权交易而形成的企业产权整体交易为特征的市场活动。产权交易、产权流动是建立现代企业制度的一个必要条件。产权流动是社会资源优化的体现，产权不仅可以跨主体流动，而且可以跨所有权关系流动。产权从一种主体到另一种

主体，从一个所有者转到另一个所有者，这种流动是一种等价交换而不是谁占有谁，产权流动的最终目的是使企业资产实现优化配置。

4. 确立企业与政府平等的法律关系

企业运行的条件是政企分开，政企分开就是切断企业与政府之间的行政隶属关系，明确界定企业与政府各自的职能。政府和企业的关系不是行政隶属关系而是平等的法律关系。政府依法提供公共设施服务，企业依法经营，不受政府部门直接干预。在资产关系上，国有资产出资人与企业法人同处于平等的地位，适用于民法调整。行政法是服从和被服从的关系，不适用于处理政府与国有资产企业主体之间的关系。政企职责分开指政府不直接参与企业的生产经营活动，不按行政机构来管理企业，企业不承担任何行政管理职能，企业不定行政级别。当前国有资产管理的职能和机构应该主要由政府所属改为各级人大常委会所属。政府与企业的关系和政府自身的职责应当理顺，不留尾巴，企业承担的社会职能逐步交给政府和社会。

5. 管理科学，企业高效优质运行

企业运行质量取决于科学管理，因此建立现代企业制度是一场企业制度变革。加强科学管理必须以转换机制、深化改革为目标，实现国有企业由传统企业制度向现代企业制度的全方位的彻底转变，建立一整套全新的符合市场经济运行规律的有效管理体系。现代企业制度的科学管理体制主要包括科学组织制度和现代企业的管理制度。前者通过建立一套科学规范的组织机构和组织制度，明确企业的权力机构与执行机构之间的职责，在所有者、经营者和职工之间形成激励和约束相结合的机制以及公司治理结构；后者使企业机构设置、用工、工资和财务会计等所有制度都朝着规范化、科学化的方向发展。

12.4 国有企业产权改革与机制转换的措施

1. 企业产权的界定

产权界定的目的：一是对模糊不清的产权给以明确界定，对产权的内涵、关系及其实现方式加以界定和规范；二是明确界定国家的终极所有权和企业法人的法人所有权，在法律上确立企业法人所有权，实质上是使不同经济主体之间的权利关系明确化。产权界定是对所有权的界定和调整，是利益的再分配过程，与国有企业关系重大，因此，科学地划分和界定产权是国有企业产权制度创新的关键。

（1）国有企业产权的界定的主要原则。①国家所有权受特殊保护。国家直属的企业产权不容侵占。产权界定本身就是对财产归属的确定，是保护国有资产不受侵犯的手段。在产权界定和转让中，不得低估或少估国有资产价值，也不得以各种方式把国有资产产权无偿地转为其他经济主体所有。②谁投资谁所有和谁收益原则。在市场经济中存在利益不同的诸多投资主体，因此，谁投资谁所有和谁收益原则是界定资产所有权和正确处理各种不同经济主体之间利益关系的主要原则之一。投资是一种生产要素的投入的经营活动，投资者就必然享有参与产出分配的权利。由投资而形成的资产和由资产带来的经营收益，最终都归投资者所有，收益分配也由投资者所掌握。如果投资者因为身份问题而只投资不收益，就没有人肯投资了。③维护非国有的其他经济成分的合法权益，在企业产权界定中必然涉及国家优惠政策作用下的资产所有权的归属问题。对这部分资产所有权的界定，必须维护这些非国有经济成分的合法权益，防止以国有名义占有企业的集体财产以及应归属个人的财产。不能以改革或调整为由对个体私营或集体企业资产进行公有化改造和升级。

（2）企业产权界定的方式。产权界定有各种方式，如以私有产权界定、以集体产权界定和以国有产权界定。这里讲的以国有产权界定或重组，并不是要改变国有资产的性质，而是改变国有资产产权的配置与运营方式。首先是承认和坚持以国有资产的最终国家所有的性质为前提的产权界定；其次是要明确终极所有权和法人所有权的区别。就产权归属主体而言，终极所有者是至高无上的所有者，这一点不因为任何改革而动摇和改变。然而，企业的法人所有者是基于微观经济基础而言的，是法律上的所有者。作为终极所有者，国家关心的主要是价值形态、资产增值和收益。企业所有者关心的主要是资产实物形态和资产的收益权、处理权等。按照现代企业制度演变的逻辑，合乎规律的产权界定或产权重组的一般方式是：在宏观层面上，实行国家的终极所有权与企业法人所有权的分离，而不是笼统的所有权与经营权的分离。过去学术界讨论和倡导的所有权与经营权的所谓“两权分离”与现代企业制度安排相悖。现代企业制度要求“两权”在企业层面上合一，而不是分离，即国有企业必须拥有实际上的资产经营权、处置权。故在宏观层面上是国家终极所有权与企业法人所有权分离；在微观层面上企业实行法人所有权与经营权的合一，企业法人所有权对企业生产的盈利和增值保值承担起全部的责任。国家以终极所有权和监督者身份享有与国家股份比例相应的收益权。这样国家政府就不再是传统意义上的“老板”或“婆婆”。

2. 国有企业的资产重组

国有企业的资产重组的途径包括结构性退出、股份制改造、联合兼并、股份合作制改造、破产或拍卖转让等多种形式。

（1）结构性退出。通过对国有企业的产业进行结构性调整，将一些不宜国家经营的竞争性产业，如产品加工、饮料、纺织、五金、家用电器、机械电子等产业从市场上退出。将这些产业让给民营企业来发展，把这些产业的国有资产进行转让，回笼资金，投入能源、交通等基础设施及农村和城市的公共设施建设上来。

（2）股份制改造。国有企业实行资产重组，权责分明，可分为三种形式：第一种形式是国有企业的股份制，在国有企业内把资产确定为国家股和企业股，按国有企业现有的资产进行评估，按6∶4或5∶5来确定国家与企业的股份比例。在今后新增的资产中，国有企业按比例来确定国家与企业分享的增加值。这样使国家和企业的资产得以保持同步增长。第二种形式是国家、企业、职工三者股份制。把企业资产划分为国家、企业、职工三方股份，如三方所占比例4∶3∶3制。在这个资产构成中，国家仍然占大头，企业和职工拥有资产份额，使职工利益与企业利益、国家利益三者紧密结合，形成真正的风险共担、利益共享的共同体，有效地增强国家、企业与职工之间的内在凝聚力和发展活力。第三种形式是国有企业与国有企业之间，国有企业与私有企业之间进行开放性的横向股份合作，这是一种复合的股份制度。在这类股份制企业中的入股企业本身也可以是已经实行了股份制改造的企业，在联合或加入新的股份制后，原来的股份制企业又作为另外一个股东，而自身又是一个股份利益团体，不过是在股份制基础上又进一步参与企业股份，形成更大规模、更高层次的企业股份制集团。这种在股份制基础上再分化或融合成为新的股份制企业，并形成集团化发展趋势的形式称之为复式股份制。

（3）联合兼并。以股份制企业为龙头对明显亏损企业在双方自愿互利的基础上进行联合、兼并，被兼并方成为兼并方的有机组成部分。这类兼并适用于同一城市的同行的兄弟企业之间，如果跨地区、跨城市的同行企业则可采取联合方式，即被兼而不并，虽然已成为龙头企业的一部分，原有的独立品牌不复存在，但被兼并联合的企业仍然是独立核算，财务人事保持自身的独立性，这是一种比较灵活的联合兼并方式，适用于跨省、地、市的远程联合。

（4）股份合作制改造。它适用于国有小企业的资产重组，把企业资产量化到职工个人，按股派息分红，也可用此方式吸引职工，增加股额投入。

（5）破产或拍卖转让。对于长期亏损负债累累的企业，最好的办法是进行公开拍卖，转让产权。过去对一些企业进行的资产评估转让，往往因暗箱操作而低估、少估，由于少数的评估者与转让交易双方作弊，有的评估数值仅为实际价值的25%左右，使国有企业资产在所谓的评估与转让过程中大量流失，进入交换双方和评估者的腰包，坑了国家，对此必须制止。应把评估方式改为以公开拍卖的方式为主，以保持高度的公开性和透明度，最大限度地防止国有资产的流失。也只有通过公开拍卖才能使资产转移到最需要的而又富有实力的企业手中，实现社会资源的优化组合与配置。

3. 国有企业公司制的改组

建立现代企业制度是通过国有企业公司改组来实现的，国有企业公司制度是根据国有企业的不同情况来建立不同类型的公司。如具备条件的国有大中型企业投资主体可依法改组为独立公司，多个投资主体的公有经济改组为有限责任公司，中小型企业可改为合作制公司。

（1）新兴产业的国有企业改组为股份有限公司。新兴产业主要是指技术含量高的高新技术产业。如汽车、信息技术、生物技术、新材料等，通过股份制形式来发展。根据《公司法》来确定股份有限公司的组织形式，《公司法》规定：股份有限公司的组织形式为股东大会、董事会和监理会三者并立的组织形式，体现了所有权与经营权分离的原则，使公司决策权、管理权和监督权三权分立，其目的在于使公司的三种职能相互分立又互相配合、制约，既充分保障股东的最大利益，又能提高公司的生产经营效率，从而增强公司的竞争力。

（2）国有中小型企业改组为股份合作制企业（公司）。股份合作制企业不设董事会和监事会，职权由股东（职工）大会行使，有关职责可由股东（职工）大会指定专门的职能人员负责。股份合作企业实行民主管理，股东大会定期召开，听取理事会、监事会职能人员报告，表决企业议案，实行一人一票制。股份合作兼有股份制与合作制两种经济形态的特点，它是劳动者与资本合作相结合的一种企业组织形式。它不同于一般的合作企业，又不同于股份制企业，它是劳动者按照协议，各自以资金、实物、技术等入股联合经营，提取公共积累，并独立承担民事责任，依法设立的企业法人实体组织。这种企业组织形式适用于我国国有中小型企业的改组。

（3）竞争性行业的国有企业改组为有限责任公司。这类行业有食品、服装、轻工业等，有限责任公司的机构一般采取股东大会、董事会、经理、监事会的组织形式。其中股东大会是公司的最高权力机构，董事会是公司经营管理的执行机构，经理是董事会所聘任的公司日常经营管理的工作机构，监事会是公司的经营管理的监督机构。

（4）特殊行业的国有企业组建为国有独资公司。这类行业如烟草等，是不宜向社会开放的国家垄断行业，国有企业独资公司是一人公司，股东仅为一人，故无须设立股东大会，而是由国家授权投资的机构或者国家授权的部门再授权公司董事会行使股东大会的部分职权，决定生产的重大事项。但公司的合并、分立、解散、发行公司债券等则必须由国家授权投资的机构或国家部门制定或由董事会制定，经国家授权机构或国家授权部门批准。

（5）基础性行业的国有企业组建为国有控股公司。这类行业包括能源、交通、冶金、钢铁、造船等。控股公司也称为持股公司或股权公司，一般是指拥有其他公司的产权、股份或债券，具有较少投入资金控制或支配较多资金的能力，并控制其他企业成长和发展的经营组织。在市场经济条件下，控股公司表现为某一个出资机构按出资的比例多少和股本高低以绝对控股或相对控股的方式，能够对其所投资的多个子公司进行控制，从而形成一个较大的以产权联结为纽带，具有较大经营规模的母子公司群体，进而达到规模和集约经营的目的。组建控股公司可以有效地实现政企分开，使国有资产产权运营管理明晰化。有利于提高国有资产的运营效率，有利于集约经营国有资产，有利于调整产业结构。控股公司与其他国有公司相比具有如下特点：①国有控股公司是独立的企业法人，是一种特殊的企业法人。除遵循独立的法人实体和经营资产主体的一般运作规律外，有对国有资产进行经营管理的特殊职责；②企业的财产具有排他性，其财产组织目前一般不宜办成股份公司；③国有控股公司承受的资产规模较大，要求承担风险的能力较大，一般企业往往难以承担；④国有控股公司间具有竞争性，同一行业、同一地区可形成若干家国有控股公司。国有控股公司又分为两种：第一种是纯粹国有控股公司，设立的唯一目的是为了掌握公司股份，它本身除直接进行产权经营外，不直接从事具体的生产经营活动，它通过股权管理与经营来实现资产保值增值的目的。第二种是混合控股公司。除控制子公司的股权外，它本身也进行直接的生产经营活动，其参股、控股更多的是出于自身经营活动发展的需要。

4. 建立有效的现代公司治理结构

（1）现代公司的治理结构。建立有效的公司治理结构是国有企业公司化改组的核心问题，公司治理结构是为保证公司有效运营而组织管理所作的制度选择。它是由股东大会与董事会的信任托管，董事会与高级经理的委托关系，及股东大会、董事会、监事会和高级经理之间的权、责、利的互相制衡关系组成。①信任托管——代理关系，有限责任公司尤其是现代股份公司的股东大会是公司的最高权力机构，拥有一切重大经营方针决策权，但股东不是常设机构，众多股东也不可能直接去经营企业资产，日常经营决策权只交给股东大会选出来的董事，这就使董事会具有受托和管理的双重职能。随着公司治理结构优化，在组织结构安排上现代公司已将董事会日常经营管理职能分离出来托给高级经理人员代理执行，董事会主要保留受托职能与公司资产营运的最高决策权。由此形成董事会与高级经理人员的委托代理关系。②公司治理结构的制约关系，包括监事会的制衡，股东大会与董事会之间的制衡，董事会与高级经理人员之间的制衡。

（2）建立现代公司治理结构的思路。根据我国国有企业公司的治理结构存在的问题，建立现代公司治理结构的思路是：①需要缩小国有持股比重。除一些基础性和特殊性的行业和产品由国家控股外，其余的竞争性行业与企业，国家应和个人股东、法人股东一样作为普通股东参与公司享有相应的收益权。根据我国现行《公司法》，股份公司的股份分为国家股、法人股和个人股，对国家股要占绝对比重没有规定，因此，以国家股占绝比重来体现公有制主导地位缺乏法律依据。

从产权制度来看，股份制是一种混合所有制，国家持股缩小不能认为是公有制地位的丧失，更不能认为是私有化的过程。在股份公司中，对国家持股比例不宜作具体规定。②发挥股东大会的作用，完善激励与监督机制。股权结构合理，即不受任何单独股东控制的股东大会是公司真正的最高权力机构，能对董事、监事和经理人员实施监督约束。此外，更重要的是从公司制度上解决问题，如监事不得兼任董事，董事和经理也不得担任监事。形式上这容易做到，问题是监事要真正负起责任而不成为与董事、经理一脉相承的人员却是一大难题。我国不少公司的董事长兼任总经理，从理论上看董事会具有受托职能与管理职能，董事长兼任总经理似乎是名正言顺。但董事会对高级经理的聘任与评价就变成自己聘任自己和自己评价自己。这显然是不合乎现代公司治理结构和程序的。需要从制度上进一步探索防止董事、监事、高级经理不负责任、互相勾结、损害公司利益的行为。第一，规范公司的分红派息。为了防止公司玩弄数字游戏，高比例配股或用配股提高"盈利"水平来装潢门面，欺诈股东和股民，应制定有关法律对上市公司严格控制送配股，而以现金分配为主，对非上市公司则只允许现金分配方式。第二，建立激励监督机制。借鉴国际惯例，给高级经理、董事、监事以较高薪水，并将部分薪水用于购买股票期权，采用高薪聘用经营管理的高级人员，并把他们的部分收入股份化，使投资者与经营者形成一种有效的激励监督机制。

5. 按生产要素分配，创新与现代企业制度相适应的激励机制

产权制度改革必然要引起人才制度、分配制度和融资制度的改革。换言之，人才机制、分配机制和融资机制改革是产权深层次改革的必然结果。

（1）实行企业家职业化和市场化。在市场经济条件下，应当对企业家提出更高的要求，不仅要有专业知识、管理知识、经验和才能，还要有市场预测和开拓能力，这就要求企业家必须职业化。同时又要企业家市场化，对国有企业的企业家人才（这里主要包括正副经理、总工程师、总经济师、总会计师和各部门经理等）应通过人才市场机制来聘用。

（2）实行多种分配方式，按生产要素搞好分配。资产、技术和知识产权等都可以并应当作为分配的依据。发展高技术产业尤其应当鼓励按资金、技术和知识产权来取得收入，实行和鼓励企业家以资金、薪酬、技术、管理知识等投入企业，获取和享有相应的股份。上市公司可实行期权制，使投资者对经营者形成一种有效的激励机制。

（3）建立高新技术产业的创新投资机制。高新技术产业是21世纪新的主导产业，为此要根据我国各大中心城市的优势，实行产、学、研结合，形成企业与科学研究机构与大学等科研教育机构融为一体的新型的科研生产体系，建立有中国特色的科学城、科学公园、科学工业园区等。发展高新技术产业需要大量的投资，

而且都属于风险投资。为此，政府要在发展高新技术产业中发挥主导作用，建立政府的高新技术产业投资的风险基金，激励投资者进行产业创新、技术创新和产品创新，解决投资企业的后顾之忧。

（4）扩大企业的投资渠道，建立企业融资、投资机制，在企业内部发行债券，在企业进行股份制改造后，可把债券转化成职工股份的股权。

12.5 完善企业制度创新和运行的外部条件

企业制度创新面临许多外部条件的制约，如市场发展条件、政府职能转换、社会保障制度等。要使企业制度创新能够顺利地进行，必须改善企业制度创新和企业运行的外部条件。

1. 培育市场，建立市场体系

经过三十年的改革，我国商品市场尤其是消费品市场得到较大发展，但资金市场、劳动力市场、技术市场和房地产市场等的发展严重滞后，市场体系还不完整。根据企业改制要求，市场改革的迫切任务是加快价格从双轨制到单一市场价格制度的过渡，包括对石油天然气产品的市场定价，取消政府控价和补贴，但某些商品如药品价格必须实行统一零售价管理。从市场不均衡发展走向均衡发展。在计划、流通、价格、投资、金融等方面进行有力的调整和有利于市场体系形成的相应改革。一是尽快形成完善的商品市场，特别是生产资料市场，对包括粮、棉、油在内的所有农产品和工业消费品价格放开，完全进入市场化运行的轨道。二是开拓信息和技术市场，加强科技与生产、贸易的结合，建立贸、科、工的技术创新体系，促进科技成果转化为生产力。三是推动劳动人才市场形成，鼓励人才流动，消除人才单位所有制，保证企业和职工的双向自主选择。四是加快发展资金市场，建立一个比较完善的开放型金融市场体系，包括借贷市场、行业拆借市场、商业票据债务市场等。当前要以国债和企业债券为主，规范和完善股票二级市场，通过金融改革形成多元化的金融市场。五是发展房地产市场，完善房地产一级市场，开放搞活房地产二级市场。六是建立规范化、法制化和产权明晰化的产权流动机制。七是改革和完善人民币汇率的形成机制，逐步实现资本项目的可兑换。

同时还要深化相关体制的改革。为了建立上述七大要素市场必须深化相关改革，如计划体制改革，彻底放开计划部门对微观经济组织的控制。将计划机关由原来的包揽宏观和微观决策，以分钱分物，实施指令性计划为主要职能的部门，转型成为制定发展规划、掌握国民经济总体平衡的枢纽。深化流通体制，实行国家的物资储备职能和经营职能分开，使物资流通企业进入市场化轨道，保证流通渠道的畅通并促使全国统一市场的形成。深化投资体制改革，彻底改变投资权由政府独揽的状况，形成以企业为主的多元投资主体。政府除间接调控投资结构和投资规模并保留基础性公共建设项目的直接投资外，一般不再直接控制企业的投资。深化金融体制改革，必须改变银行的政策性调节职能与经营职能不分的状况。在中央银行对专业银行发挥引导政策性职能的同时，使商业银行独立化和企业化，有选择地控制开放外资银行，发展民营化商业银行。建立和完善市场法规和监管体系，大力发展、规范市场中介组织，发展网络经济。

2. 转变政府职能

（1）政府职能转变的目标包括：①转变政府与国有企业的关系，国有企业如同三资企业、个体企业和私人企业的关系一样，政府通过调控方式来对企业行为进行引导，即政府由主要的运动员变为裁判员。②国有资产管理机构由政府部门划归全国人大常委会直属，全国人大常委会设立国有资产管理委员会行使对国有资产的所有权和监督权，实现政资彻底分开。③必须明确国有资产所有者和企业产权关系是一种企业最终所有权和企业法人所有权的关系。企业作为一个独立的财产法人，对所辖财产享有充分的所有权。

（2）精简机构，分流行政人员。首先要把管理重叠的行政机构撤销，把职能相同、相似的合并办公，形成业务精、效率高的机构。中央和国务院职能管理部门实行大部制，地方各级政府职能管理部门也要相应实行“大厅”制和“大局”制，以消除各部门的相互牵制，增强部门和管理行业的协调，提高管理机构部门的服务效率，确保服务到位，减少企业办事的审批环节，对企业申请办理的各种事情实行限时答复，切实提高办事效率。行政人员的超员可向企事业单位分流，同时坚持鼓励其停薪留职，下海经商办企业等。

（3）行政职能转变后的新职能界定包括：①对经济社会发展进行宏观规划与协调；②税收；③负责市政、交通、通信等公共设施的投资、建设与维护；④负责教育、科研、卫生和文化等社会事业的投资发展；⑤搞好社会福利事业；⑥通过外事活动为企业产品牵线搭桥，开拓海外市场；⑦引导和扶持高新技术产业发展；⑧承担特种行业的投资发展任务。

3. 建立全民的多层次的社会保障

国有企业进行制度创新必然要求劳动力要素的自主选择和调整，而要保证这种自主的选择和调整的顺利实现，必须具备相应的社会保障条件。对国有企业职工的社会保障要纳入我国政府社会保障的范围。社会保障应是多层次的，即有失业保险、养老保险、医疗保险等。社会保险制度的建立和社会保险事业的开展直接关系到现代企业制度建立的成败。因此，发挥政府的社会保障职能应当成为政府当前紧迫的责任。必须由政府规划和主持，国有企业配合才能搞好。政府和国有企业要通力合作，共同搞好职工的社会保障。当前，首先要解决好企业员工的失业保险、养老保险等问题，解决国有企业员工的后顾之忧，才能为现代企业制度提供一个协调和谐的运行环境。

12.6 国有企业产权民营化改组

民营化是以现代企业法人产权制度为标志的，以市场配置资源的企业经营机制与运行方式。国有企业民营改组，就是按照现代企业制度，通过股权转让、参股、以债转股等产权流转与置换形式实现国有企业的民营化改组，以实现完全的政企分开，完全按照现代市场经济规则进行运营。另一种解释是，所谓民营化就是通过股权制将原国有企业的股份向社会出售一部分，使之成为与民间企业一样的股份公司，转换经营机制，不再实行政府干预。不管哪种解释，民营化的最大特点是按现代企业制度运作，以市场配置资源，实现政企分开、政资分开。国有企业产权民营化改组包括：①国有产权从竞争性行业中退出；②国有产权从政府直接经营管理变为民营化与社会化管理，除少数大型公共服务设施保留国有企业独资经营外，国有企业以参股形式进入民营企业，由民营企业控股经营。

12.6.1 国有企业产权民营化改革的背景

自 20 世纪 80 年代以来，民营化在世界上已掀起过两次高潮。

第一次是 20 世纪 80 年代，发生在北欧和西欧的英国和法国等老牌发达国家。英国是世界上第一个运用资本主义生产方式实现生产力高度发达，市场经济比较完善的国家。后来，工党执政几十年间，成立许多国有企业，对实现充分就业和克服地区差异产生了积极作用，由此带动欧洲资本主义国家的国有化浪潮。从 20 世纪 20 年代至 50 年代，欧洲曾出现两次国有化浪潮，发展国有经济旨在加强政府对经济的干预，以一只看得见的手调节另一只看不见的手，以缓解资本主义的经济危机，实现经济增长。然而，由于国有企业产权制度的固有缺陷，国有企业低效率高成本的运行现象长期得不到有效解决。1979 年撒切尔夫人上台后，率先开展对英国的国有企业民营化改革，引发整个欧洲国家的民营化浪潮。从 1985 年至 1988 年的第一次民营浪潮中，私有化改革的国有企业金额达 3 280 亿美元。其中，英国私有化的金额达 600 亿美元，法国私有化金额达 840 亿法郎。

第二次发生在 20 世纪 90 年代，除了西欧外，东欧国家也卷入这次浪潮中，私有化规模超过第一次，如国有企业的私有化金额大大增加，其中，法国 21 个国有大公司进行私有化，其总值为3 500亿法郎；意大利的通用石油公司以及一些国有银行、保险公司和工厂，私有收入达 100 亿 ~150 亿美元；墨西哥私有化收入为

200 亿美元；原东德在原西德的帮助下把 12 350 家国有企业大部分产权出售；波兰也有 1 713 家国有企业私有化；匈牙利把占当时的国有企业总数 21% 的 307 家私有化；俄罗斯私有化的国有企业达 50%。英国第二次私有化时出售了 400 亿英镑约合 1 000 亿马克的国企产权。至此，英国仅存煤矿和铁路公司两个国有大公司。值得注意的是第二次民营化浪潮一直延续到 21 世纪初，至今尚未结束。

民营化目标只有一个，就是脱离政府干预，实现国有产权的民营化重组，提高国有企业的经济效益。民营化的做法多种多样，主要有五种方式：①股权转让；②股权置换；③增资扩股，增资扩容，吸收私人资金；④兼并；⑤承包、租赁经营等。

国有企业在现代法人产权的公司制度下，投资者是多元的，企业资产已完全不隶属于政府。因此，政府也无权直接干预企业经营，企业就有了独立的法人产权，可按市场要求独立运作。在现代企业内部，所有权约束机制在公司制条件下，股东代表大会和董事会是所有权代表，机构设在企业内部，股东所有者有权对企业内部重要事情作出决策，同时又对决策所产生的后果承担财产责任。这种权力与责任的统一，形成强有力的内部约束机制。政府只承担与政府股权相应的有限责任，减轻了风险，有利于国有资产的流动和优化重组。在公司制条件下，企业资产表现为证券形态，政府可根据需要投入或转移国有股，为国有资产的优化重组提供了有利条件。

12.6.2 民营化改组是国有企业产权改革的根本出路

国有企业民营化分散重组，就是利用民营产权的优势，搭民营经济体制的“便车”，达到优化和增值的目的。一提起国有企业的民营化，人们就会认为是在提倡私有化，其实这是一种误解。国有企业产权由国有转化为民营，是经营方式的改变，并不是所有权关系的转移，国有产权还是国有产权，并不因为改变经营方式就改变了所有权关系。有人担心把国有产权企业交给私有现代企业或股份企业的法人代表经营会造成法人代表侵占资产，造成国有资产流失，这种担心可以理解。国有资产是否流失，主要看国有资产经过流转后的价值量是否减少，如果国有产权只是流转而没有减少价值量，只是价值形式发生变化而已，就不存在流失问题。把国有企业拍卖掉后再重新购买其他企业的绩优股，在私营企业中参股经营并且会增量，如果不再还原为资本性股权，作为金融货币资本用于信贷也能收到商业利润而实现国有资产增值。

在西方，私有化主要有两种方式，一种是把国有资产等价拍卖给私人，收回资金，用于其他公共事业的发展。另一种是购买其他股份企业的股权，参股经营，也叫搭股份企业和私有现代公司制企业的便车。如在股份公司中，即使不具有控股权的国有股，它的国家资本的所有权不变，但经营方式与经营权却是在股份制或私有现代企业公司形式下来进行，完全脱离了传统意义上的经营方式。企业除了接受国家法律约束外，不受政府的行政控制与干预。

规范的现代股份企业制度或私有现代公司制度是国有股产权不会被蚕食而流失的保障。因为国有产权是以参股形式进入股份公司或私有现代企业的，法人代表和董事长即便是拥有控股权，公司任何重要决定都必须由董事会集体作出，包括董事长和总经理在内的任何人都不能超越董事会作决策。任何决策都由董事会集体作出，董事会委托总经理来经营企业。经营者是由董事会委托的，不会专门对国有产权粗心经营而对私有产权细心经营，而是对企业所有的资产统一的运营管理负责任。而且股份制公司以及私有现代企业都严格按现代企业的规范标准去运作企业，有明晰的产权与审计制度，严格的财务管理制度，不论是企业法人代表或总经理，如果做假、偷梁换柱，损害包括国有产权股在内的其他股东权益，肯定通不过企业的财会审计与监理会审核。企业法人如果一意孤行，无异于拿自己的前程和企业资产作赌注，将冒很大的风险。如果代理人作弊，股东与董事会就会解聘他，如代理人与法人代表共同做损害股东权益的事，股东就会要求调整或提前重新改组或改选董事会。所以，不必担心国有产权会在股份或私有现代企业中流失。而且还应当看到企业中私有产权占绝大部分，如果做假，损害公司信用和荣誉，私有企业损失将会更大。这就约束着股份公司中的控股的私有股东与私有现代公司中的企业主，像爱护自己的股权那样爱护国有股产权。假如有的企业控股者希望国有股产权资产贬损而自己的股权增值，在管理实践中难以操作。因为如果是这样的话，国有股抽出股权，将会对控股者、经理和企业信用造成负面影响。所以国有产权的股权在股份制公司中并不像单纯的国有企业那样容易流失与贬值。许多发达国家的经验表明国有企业由独资国有到参股民营化后其保值升值的功效是相当显著的。

12.6.3　国有资产产权结构与存量调整

一个国家政府用于经营并能带来收益的资源称为国有资产或国有产权，广义的国有资产还包括用于公共设施服务的非营利性的资源。国有资产包括四大块：财政收入、国防与民用设施、银行金融、国有企业资本，四大构件构成国有资产的存量。对国有资产产权结构的调整就是对这四大构件的存量调整。调整意味着有的资产要增加，如财政税收的收入资产要增加，社会保障的公益福利资产要增加等；有的要减少，如调整存量把国有资产由原来的占全国固定资产的60%以上的比例降低到30%以下，降低的办法是把国有企业资产拍卖回收现金，一部分用于充实社会保障的公益福利资产，一部分用于购买股份。卖掉了的国企资产不是国有资产流失，而是国有资产的价值形式发生变化，即由实物形式变成货币形式，再由货币转化为实物——购买新的国有股权，它在流通领域完成了一个循环，是价值形式变化。但是国有资产所处的环境和支配它的机制已经发生了质的变化，由一个亏损企业进入了一个盈利企业，由贬值变成增值，所以这一变化意义重大。所以，并不像有些人所说和想象的那样，转让国有资产就是国有资产的流失。国有资产的价值形式是可以变化的，重要的不是形式变化了没有，而是价值量是否保有和价值形式在流变中能否实现保值增值。变化的形式也可以是多样的，除了购买回企业资产——股权外，还可以用于国家的国防或民用的公共公益设施营建与维修，所形成的国防与民用公共设施作为公共物品服务造福整个社会。有人认为提供这种服务产品只是有社会效益，但好像没有什么经济效益。其实提供这类服务产品促进经济发展，可为国家提供更多的税收来源，可以通过收取纳税人的税收来作为提供公共物品的回报，并用于继续建造和提供更多更好的公共物品服务。如果该卖掉的不卖掉，任由少数管理人员私自处置，国有资产才会真正流失。事实上许多亏损国企就是被管理人员悄悄瓜分掉的。当然，拍卖国有资产要有公开透明的商业程序，应在企业职工和国资管理部门以及司法机关及公证机关直接监督下进行，通过拍卖方式进行，防止权钱交易流失国有资产。

对国有产权进行分散重组，搭股份制和现代私有企业的便车，这是一种经营方式的转变。它有利于国有企业摆脱高投入低效益的困境，也便于各级政府从大量日常具体的生产经营活动的事务中解脱出来，集中精力做好政府本来应做的事情。今后，对搭便车的国有股权份额还可适当扩大，但一般不宜超过45%，否则把股权提高到50%以上的控股权的份额后，就会重新回到控股地位，就失去了搭股份制公司和现代私有企业便车的意义，同时也挫伤了股份公司与私有产权控股企业的积极性。因此，一般不再单独投资新的纯国有企业，政府把全部精力转入制订游戏规则，服务市场和社会企业，提供公共设施及加强社会保障体系等公益事业上来。国有资产产权在股份和私有产权企业上搭便车经营，国有企业的股份产权就有了一个良好的投资与发展环境，国有资产的保值增值就有了现实保障。

同时，要加强对政府财税征收和合理分割使用，特别是中央与地方财政收入的合理分割。财政收入主要来自税收和大型股份与民营制企业的国有产权股的股份分红，中央与地方在财政收入上确定合理的税收分割范围。就国有产权股份而言，除了中央产权由中央财政统一支配外，属于地方的应由地方收入与支配。原则上中央对财政集中要适度，中央财政税收主要用于军队与国防建设及全国性的公共设施投建与维修。要让地方有更多的税收来源与权利，允许地方享有发行公债、减免税收和创设税种等权力，调整税收品种和税率的权力，因为社会保障与大量区域性的公共设施的建设主要由地方来提供。改善地方经济发展环境，提供良好的基础服务设施，这是各级政府的责任与义务。地方拥有较完整的税收权，便于地方因地制宜，从各地实际出发，制定较为积极和灵活的税收政策，以促进地方经济社会发展，更好地培植税源，地方有了更多的税收来源，才能调动地方积极性，为地方经济发展提供更多更好的服务。

12.6.4 国有企业产权分散化与国有资产增值

包括许多发达国家在内的世界各国都在寻找搞活国有企业的办法，可是至今没有包治百病的灵丹妙药。要改革和提高国有企业产权效率，以至于有像现代私有企业产权那样的效率，除对国有企业产权运行方式改革外别无选择。改革的举措之一，就是对国有企业进行股份制改造，并开放社会股权进入，形成和不断完善企业的现代法人产权制度。改革举措之二，就是直接将国有产权分散化，搭现代股份制企业的便车，确保国有企业资产的保值与增值。这种做法有如把鸡蛋放在几个不同的篮子里，可有效地降低国有资产风险。国有企业产权百分之百由国家控制经营，一旦国有企业亏损，国家不但收不到税，还要给补贴和负担失业职工的基本生活费用。政府要从直接经营或委托经营中解脱出来，让国有企业70%的产权参股经营，其余的30%的产权作为国有直接或间接控制的资产。国有企业产权改革之后企业搭股份公司和现代私有企业的便车，其股权的经济效益将与股份公司和私有的现代公司没有太大差别。拥有一个具有产权效率的盈利的股份企业30%的股权，不但使国家得到税收、分红、就业的业绩，而且还带来由股价上升带来的资产增值。从总体上必将大大降低国有资产运营风险和成本。

分散国有资产风险的策略实际上已被许多发达国家所使用。美国直接拥有的国有企业很少，仅占社会企业资产的5%，但它有着比任何国家都多的国有资产。其国有资产不是以国家直接拥有公司或股份公司股权的形式存在，而是以税收拥有国内的大型公共设施，以及遍布全球的国防设施的形式存在。其国有资产或政府财富主要是以税收的形式存在。美国税收网络严密，美国政府在任何私有企业的财产都有其一份。任何企业都得向政府交税，正是从其国内外股份或民营企业创造的利润和提供的税收而获得足以支付其庞大的政府和军队需要的资源。美国国有企业极少，“但美国的政府财政收入占国民生产总值之比在1989年为35%，而中国只有20%”。① 可见，我们对国有资产要有一个全面的认识。

当前，要纠正对国有产权分散化存在的几种观念误区。

第一种观念是“流失论”。这种观点认为对国有产权分散化的改革政策将会招致国有资产流失。其实即使把国家资产拍卖了也只是价值表现形式的改变，价值

① 肖耿．产权与中国的经济改革．北京：中国社会科学出版社，1997. 461

存量仍然存在，并不是什么流失。从改革的总趋势来看，尽管国有企业作为一个主导经营体系将不存在，但国有产权股却不会流失和消除，国有股所持有的国有资产反而可以增值，这显然是与社会主义市场经济方向相一致的。另一种情况是国家放弃某些竞争性强的企业资产的控制权并不会影响国家的经济利益。美国政府在公司中一般不直接拥有产权，但是美国政府通过立法可以有效地控制美国公司的技术出口等。英国国有航空公司后来完全私有化后，英国政府在公司中拥有一定数量的股权，凭这一份股权赋予英国政府否决任何有损国家利益的公司决策。可见，除了国有产权参股外，明确的法律可以更有效地保护国家的利益。国有产权参股于私有企业主控股的现代企业中可增值，这是因为现代企业明确的产权、效率及严格的管理和监督制度，可以有效保障包括国有股股东在内的全体股东的利益。

第二种观念是"失控论"。认为国有股权分散后，国有资产在股份企业或现代私有企业中全部失去控制，国民经济的主导地位也就不复存在。国民经济主导并不是指国有企业产值在国民生产总值的比值占多数才是主导，否则就不是。现在我国沿海地区有的省份国有企业生产值在国民生产总值中已经不占多数，但国民经济的主导地位并未动摇，也没有影响社会稳定，国家政权和社会制度更未受到任何影响。相反，中央和地方政府通过税收获得比过去国有经济在国民生产总量中占多数时多得多的国有资产，用于建设公共设施和发展公益事业，以改善民生、造福于民。国家对社会经济的控制权不是体现在对生产资料和生产过程的直接控制上，而是体现在拥有税收权和对税收财政的支配上。国家的控制税收权就是对社会经济最强有力的调控权和最终拥有的对社会经济发展的支配权，并体现在对宏观经济的调控和对微观经济的监督和法律建设上。西方发达国家通常通过积极的财政政策和货币政策来发挥国家在国民经济中的主导作用，如运用财政的税收杠杆可以作为调节经济结构和产业政策最强有力的手段之一，通过调高征税率可以限制某些产业发展，通过调低征税率则可以促进某些新兴产业和企业发展。所以，尽管国家不拥有大量国有企业和股份的控制权，或者连股份企业中的国有股份也没有，也不会失去国家在社会经济中的主导地位。因为国家除了可以通过立法规范企业外，还可以通过财政政策和货币政策发挥国家和政府控制国民经济的主导作用。并不像我国传统意义上所说的国家直接拥有公司或在股份企业中占有控股权才能真正发挥主导作用。

第三种观念是"等同论"。把国有企业等同于国有资产，国有企业是国有资产形式中的一种，国有企业本身是一种经营性资产，而国有企业提供的税收和产权转让收入等则是一种财政资产。把国有企业等同于国有资产，是从狭义上理解与认识国有资产，导致对国有资产的概念认识上的片面性，必须加以纠正。

股份制经济是支撑未来中国经济稳定持续增长的主力，这一点是毋庸置疑的。只有承认和看清这一趋势才会积极支持和推进国有产权分散化改造。国有企业和国有经济退出主导和控股地位，把国有企业产权拍卖所得再购买效益好的股份企业的产权，并占其股权的25%～50%。随着股份企业的收益上升而实现国有产权保值增值，使国有经济与非国有经济按比例保持同步上升，这是搭现代股份制企业的便车，使国有经济与非国有经济一起实现收益同步增长和资产增值。这样，政府既拥有国有产权的股权，又脱离于公司的经营过程，这是实现既降低国有产权运营风险和成本，又使国有产权保值增值的双赢的最佳途径。

总之，国有资产的表现形式是多种多样的，用于生产经营的生产资料仅仅是其中的一种形式而已。任何国有资产都是一种价值形态，在规范与完善的市场经济中，国有企业资产不管发生多少交换与流转，改变的只是价值的外在形式，价值量不会因此而降低。国有产权的分散改组，不是要改变资产价值的所有制关系，而是改变委托代理人的经营机制，产权改革是以一定的所有制关系为前提的。产权分散重组，就是产权经营制度改革的一种实施形式。它要通过与所有权相联系的诸多行为权利的分割和组合来保护所有权，以提高资产运营效率。因此，其目的并不是改变国有企业资产所有制属性或降低其产权价值量，而是在维护其所有制关系的基础上实现国有企业产权的增值。

12.7 国有农业产权制度建设

国有农场作为国有企业的重要组成部分之一，是以国有产权制度来配置农业资源的，无论在苏联还是在中国，都一度被认为是先进制度在农业领域的安排，为集体农业提供示范，作为将来集体农业升级过渡的榜样和目标。国有农业企业与国有工业企业不同之处在于农业企业分布在城市的外部，直接与农村连接，然而体制却与农村体制不同，虽同属公有制，但公有化程度不同，两种经济体制没有内在联系，如同井水不犯河水的两种经济体。它的交通运输不便和远离城市等特点，决定了国有农业企业的产权改革与体制转换远比城市工业企业更加艰难和复杂。

12.7.1 国有农业背景与国有农场的产生

国有农业企业产生和发展于苏联。苏联的国有农场有13 000个，占全部公有经济的1/35，占国有企业总数的1/20。国有农场都是相当大的企业，每个国有农场一般平均有土地12万英亩以上，播种面积近1.8万英亩，劳动力约650人。从意识形态上说，苏联的国有农场是政府另眼看待的一种生产形式，预计日后其他农业组织都会走这条路。国有农场是国家经营的农业企业，其组织与管理方式同工业企业差不多，土地、牲畜、机器与设备归国家所有，生产计划由国家确定，产品归国家。国有农场同工业企业一样，每年都有产量、劳动力和财政三个主要计划。农场由各加盟共和国的农业部任命的经理领导，劳动力拿工资，增产有奖金，农场工人的退休保障和工伤补贴方面享有与产业工人一样的待遇，但在家庭副业和享有小块“自留地”方面却与集体农庄成员相同。农场一般专门种几种农作物，多数是粮食。由于国家定的农产品价格过低、官僚机构办事效率低以及管理条例过于集权，多数国有农场一般都有“计划亏损”，受国家补贴。在这种产权体制下，尽管国有农场的播种面积占农田的45%以上，可是其产量通常只占农业总产量的25%左右。其效率之低，由此可见一斑。

中国国有农业的产权制度安排及其运行机制基本上是照搬苏联的模式。1949年新中国成立后，我国结束战争状态进入和平建设时期，原来打仗的部队一部分被派遣到各地支援农业生产，后来以这些生产部队为基础，组建了国有农业企业，即国有农场。再后来，一些知青的上山下乡也补充和扩大了国有农场规模。国有农业企业几乎遍布全国各地，但主要分布在边陲省区。

12.7.2 国有农场产权运作机制的特点

与国有工业一样，中国的国有农业企业制度也是效仿苏联的国有农业企业制度建立起来的。自从1958年实行国有农场制度后，国有农场作为国有企业，在管理上运用国有工业企业那样的产权管理方式，在产业上它与农村人民公社有相似之处，但产权制度是不同的，国有农场的产权特征如下：

(1) 产权组织有规模无效率。土地和其他生产资料均为国家所有，农场职工是全民所有制职工，享有与工业企业所有制职工一样的待遇。除国家直接征用外农场本身不能自行处置土地和生产资料。产权组织规模少则几百人，多则几千人，规模虽大，但效率低下。

(2) 管理体制僵化。管理分为农垦总局—农场—分场—生产队四级核对单位。农垦总局代表国家管理农场，农场又有管理分场，分场再管理生产队（联队）。这样，一级管一级，成为计划经济体制下的等级体制。生产由政府计划，后来指令性计划转变为指导性计划，流通价格也由政府确定，有时半送半卖给城市工商企业单位。生产资料随行就市，而农产品却不能随行就市。有的农垦系统对农场农产品要求只能卖给当地的农场系统内的农场，不能外卖，使农场处于封闭状态。国有有关部门平价征购的农场产品成了半贡品，成本收不回，变成生产越多亏得越多，不如少生产或不生产，许多农场因而发不起工资。

(3) 分配机制单一。国有农场一般都实行按劳分配，但如何实现按劳分配形式各有不同，一种是工资制，另外一种是工分制，工分制又分按件计酬和按时计酬。实行工资制则像国有工厂一样，按钟点上下班。实行按件计酬则像过去生产队一样，按工分分配，类似农村分配形式，这种形式后来因农场把土地承包到户而取消。这两种分配机制都不能调动农场职工积极性。1988 年城市国有企业开始承包和租赁经营的时候，国有农场还是高度集中统一的管理体制。

当时全国国有农场普遍面临的问题主要有：

（1）经济效益差，亏损面广。在 20 世纪 90 年代全国国有农场有三分之一以上是亏损的，需要国家补贴，这些企业陷入“死不去，活不来”的困境之中。

（2）销售渠道不畅通。国有农场，一是强调对国家多作贡献，实行平价征购；二是农场商品强调在农垦系统内销售，系统内自给自足；三是主要农产品是国家定价的，价格不能反映价值，有些产品可以自销，但销售渠道不畅。种少了没有收入，种多了又没有销路。

（3）竞争能力低，增长不稳定。习惯于在计划体制下运转的农场，进入市场经济后，面对激烈的竞争市场已茫然不知所措。农场产品包括加工制成品不能适应市场竞争需要，工业产品的质量和包装都缺乏对市场的应变和竞争需求。

（4）资金短缺，发展步履维艰。实行投资体制改革后，农场企业也像其他国有农场那样实行自负盈亏，国有农场没有什么收入，全靠农业企业自己养自己。而农垦要扩大就业又不能走单一农业的老路，需要办加工制造业、旅游业和服务业，但这些产业一开始就碰到资金短缺的问题，无法解决。

（5）社会负担重。平时各种社会摊派和农场收获时的各种索取或平价征购的农产品等负担都转嫁到农场头上，造成农场生产成本提高乃至亏损。

（6）农场职工生活欠账过多。许多农场长期经营不良，只能靠发基本生活费过日子。农场职工居住的房子还是五六十年代的简易平房，几代老少挤在一起。许多职工辛苦干了一辈子，至今尚未住过套房。年轻农场职工往城市跑，年老职工只有留守农场。农场退休职工没有保障，面临着越来越多的农垦老职工进入退休行列，农场经济压力越来越大。

从产权角度分析，国有农业产权存在如下重大缺陷：

（1）国有农场产权主体模糊。国有农场是国家所有，但国家和政府不可能对农场每一块地进行直接经营管理，它只好通过计划指令来组织生产，对生产成果全部按政府既定的价格出售给国家和城市居民。国有农场的职工，无论是拿工资还是拿工分，都与国有农场的产权的增值与贬值无关。他们对国有农场的产权不关心，因为他们清楚农场的产权是国家的，不是农场的，更不是个人的。即便是农场的，也不是个人的，他们也不会关心。因为产权不清晰导致职工的工资与农场的收益并无关系。

（2）平均主义分配。农场上的平均主义导致国有农场实行工分或工资制都无法调动职工积极性。农场工作除了一部分用机械耕种外，相当一部分还要手工操作，尤其是橡胶农场、果林的园艺农场。

（3）农场产权制度缺乏约束机制。农场产权是国家的，农场领导者又是政府直接任命和委托进行经营的。领导人只对上负责，而不对下负责，他不需要对农场职工负任何经济责任，搞不好亏损了也是国家的。

（4）农场产权缺乏激励机制。由于国有农场的产权缺位，从所有权到经营权、收益权、分配权和处分权，都集中在有关管理部门，农场领导者不过是上级主管部门的代理人，只有代理权，没有产权，对农场领导缺乏激励机制。对农场职工来说，自己虽然是农场“主人”，但并没有与主人地位相应的产权，他们的一切活动都是被动的，职工不能对生产经营活动表达“主人”般的意见。这种产权反而成为支配他人活动和命运的外部力量，因此职工心理上充满压抑和屈从。农场职工因为固定工资制，按时出工收工，没有定量标准。大家一窝蜂到工地，到收工时间就回家，至于农场的农活是否有效率，农场职工不关心。因为他们在规定时间内多做少做工资是一样多的，多做有时还被人讥笑为傻子，或想做劳模，被冷言相向。可见农场的劳动是缺乏激励机制的。

国有农场产生以上情况，都是由当时的农场产权制度所造成的。当时国有农场体制是国有制的高度集中统一的经营管理体制，无法调动劳动者的积极性，其造成的缺陷是十分明显的。在当时的农场体制下，农垦区的农场既无生产经营自主权，又缺乏自身的利益，不承担经济责任，它是依附于国家行政机构的单纯的生产单位。不是经济实体，农场显然不构成正常的经济主体。它没有自我运行机制，缺乏自我运行目标，它的运行中心和目标是政府的指令性计划。因此，它不允许其他经济成分渗透并存在于农垦这个国有企业内部。其结果是农垦农场企业缺乏进取心、竞争性，经济效益无法提高。20 世纪 90 年代中期尽管放权让利推行承包制，但这些措施都没有从根本上解决农垦的体制问题，传统体制依然在运转，生产、流通、分配等都搞不活，企业吃国家大锅饭、职工吃企业大锅饭的现象没有得到根除。因此，为了使国有农垦企业跟上我国各行业的改革步伐，必须深化国有农场的产权制度改革。

12.7.3 国有农场产权制度改革的目标选择

国有农场产权制度改革的总目标，就是要从计划经济、产品经济体制下形成的产权制度转换为适合社会主义市场经济需求的国有农场产权制度，建立一种具有内在化自我结束，自我激励的高效率的产权运行机制。[①]

国有农场改革要把握两大原则，一是搞活国有农场，提高农场企业活力和生产力水平；二是实现国有农场产权资源的保值和增值。

1. 建立新型的农垦产权体系

优化产权结构，建立新型的农垦农场产权组织。农垦农场经济体制的彻底转型，应当从深层次上解决产权组织体系的问题，对农垦农场传统的半军事化企业组织模式进行脱胎换骨的改造。农垦农场经济体制改革的最重要任务就是建立企业集团的新框架，以企业集团的形式取代行政化管理的组织形式，将农垦内部的上下级行政隶属关系转变成集团内法人实体的横向经济关系。为此，要对国有农业系统和国有农场进行公司化改造和现代企业制度建设，把目前的农垦总局—农场—分场—生产队（联队）行政化（又称半军事化）的企业的组织模式改造和转变为规范化的企业集团。改造后，转变目前农垦总局包括资金管理中心、投资中心、利润中心甚至成本核算管理中心的经营管理格局，按照集团公司的运行规律来管理。形成以集团公司为资产管理中心和投资中心，以集团一级企业为投资中心和利润中心，以基本生产单位为成本中心和多级中心，各司其职的新格局。建立以农垦总局直接投资的直属公司工厂为集团核心层，以国有农场改造的农垦联合公司为核心层企业，以法人实体和农垦参股控股为产业联系层企业，以合作联营等企业为关联层企业，形成产权主体多元化，工农结构合理，层次分明的规范化企业集团。

2. 实现经营体制多元化

由农垦农场的组织建立起来的经济实体，取代行政机构和行政职责。在坚持国有资产不流失的前提下，实行经营体制的转型，即由国有国营转为国有民营或股份制联营，国有经济仍是经济主导力量，国有经济在民营化、联营化和股营化等转换机制后，在基础产业、工业和龙头公司这三个方面继续起作用。发展联营经济是通过增创开放新优势，扩大对外开放，外资内联形成农垦集团和由各农场形成的联营农业公司，扩大与国内公司的联营。发展自营经济，是让农场职工发展合作经济和个体私营经济，让国有农业的一部分企业通过私有农业公司、家庭农场等模式加快发展起来，同样可以解决就业问题。以场部为中心，通过经营体制多元化和产业多元化，形成新兴的城镇经济集散地和农场经济的成长中心。

(1) 建立农、工、商联合体的股份公司制度。实行农、工、商一体化，打破国有农场单一的种植业格局，实现农产品经营向多市场、多元化发展，产业结构实行多元化，即不但发展农业，还发展加工业、旅游业和服务业等，切实改变国

---

① 潘义勇. 国有农场产权制度改革目标. 经济研究，1995 (4)

有农场的有什么就加工什么、就卖什么的传统观念。要以市场为向导，市场需要什么就种植和加工什么，由农、工、贸转型为贸、工、农。由单一种植业、养殖业向农业、工业加工和商品销售一体化的方向发展，成立农、工、商联合体的股份制公司。在清资核算基础上，确定国有资产的存量为国有股权，农场的国有资产应包括土地、房屋、农具、工厂、产品品牌和资金、债权等。农场员工可以以个人收入入股长期持有，与公司长期共存。为使农场股份公司更好地适应市场经济需求的竞争，要建立贸、工、农生产经营模式和形成生产、加工、销售一条龙的产业链和产业流程，实际是三次产业并存于农业集团公司和农业公司内部，生产、加工和销售三者可以集合于同一法人和同一核算单位，也可以分属于独立的不同法人、不同核算单位。这类公司要以市场为导向，高度重视农业标准化，按比较优势原则，选择与开发具有国际消费潮流的产品。

（2）股份合作制农业公司。在实行股份承包制基础上推进股份合作制农业公司的发展。股份承包制就是承包制与股份制兼容的产权制度形式，把承包制与股份制的优点都结合起来。国有农场企业在实行承包经营的同时，按承包合同用一部分盈利发展企业生产；企业资产作为企业自我积累和风险基金，应归农场企业直接所有，上级不能任意调拨使用；企业还可以吸收、筹措内部职工的或社会闲散资金发展生产，这是股份制产生的最基本条件。承包制有较灵活的适应性和兼容性，易于向股份制过渡。承包制的一般原则在股份制企业也可沿用。承包制企业可以用股份制的办法筹集资金；股份制企业的内部管理也要建立以责任制为核心的承包制。因此，在农场二级企业中引入和兼容股份制因素，可以认为是深化国有农场内部改革的一条路径。在承包制、股份制实行较早的地方，在界定与明晰产权的基础上，推进承包制产权的创新。由承包股份制向国有与企业和个人三位一体的股份合作制过渡。对控股权不作具体的规定，可由国有股控股，也可由企业股或私人股控股，控股权在谁手上并不重要，最重要的是保证农业公司保值和增值，保证能为国家带来法定的税收，保障公司员工和股东的合法权益。股份合作公司可跨产业发展，可以是专业农产品生产企业，也可以是包括农产品加工、销售在内的产业链较长的综合性较强的农业公司。按规范化的股份制发展新农场企业，国有农场无论是增加农业或加工工业或商业服务业等，都必须按规范化的股份制去设置，包括现代企业必须具备的股东会、董事会、监理会互相制衡机制，即“三会四权”的公司制度体系，使股份制成为国有农场既能扩大投资和扩大生产能力又能分散风险和取信于民的新机制。

（3）家庭农场。家庭农业制度是先进工业化国家实现现代农业的农业经济组织，这是一种迄今为止最具效率的农业生产组织形式，是实现农业商品化、机械化、标准化和规模化的必由之路，因此，家庭农业具有全球意义。在前期已经实行家庭承包制的农场，要鼓励在自愿互利的基础上扩大家庭经营规模。适合实行家庭农场的地方，要尽量推行家庭农场制度，尤其是一些地处边远地区和土地贫瘠、自然条件较差的国有农场，如果坚持国有经营有困难，就要果断地推进家庭农场的经营制度。政府要在扶持家庭农场发展方面提供资金、技术和信息等多方面的服务。

3. 建立正常的产权流转机制

建立正常的产权流转机制主要表现在两方面：一是开放农场产权市场，并与其他产权市场相链接；二是盘活国有农场的产权资源存量，实行农场产权资源的优化配置。农垦系统和农场企业通过转型和接轨，要交换、发掘和利用农垦区的土地资源、人才资源等。通过产权流转使农场的资产存量、科研成果、企业文化等资源得到充分利用，使其与其他产业系统、企业系统相比有独特的开发优势，将资源开发与资金运用结合起来，使国有农场成为充满生机和活力的重要经济力量。通过资产流动、产权出让、合资、资金拆借等形式，使农垦公司通过股份化改造形成跨农、工、商、房地产和服务业等的多元化产业联盟和产业联合体系，通过现代企业制形式提高现有资金的利用效率，解决旧体制下资金不足和效率不高等问题。这样，不但联营、私营的农场能够成长起来，而且也使国有农垦公司能实现保值增值。通过资源的充分开发利用，增加国有农场公司的资产，使国有农垦公司成为最具有实力的开发集团。为此，要做好地籍调查和评价定级工作，并将其作为市场交易的重要依据。通过产权流动机制确保国有农业企业的现代企业产权制度的建立和健康有序运行，为提高我国现代农业在全球农业市场上的竞争力创造有利的环境与条件。

13 集体产权制度创新

13.1 人民公社的制度缺陷

人民公社制度是我国在20世纪50年代末期向全国推行的一种政社合一的政治经济组织制度，从1958年起成立至1979年解体，运行了21年。现在，人民公社作为一种历史现象已过去近三十年了，而且随着新世纪的到来它离我们已越来越远了。作为一种历史实践过程，它所留下的影响是深远的，作为一份历史遗产，我们要研究它是如何在中国的土地上产生发展的，又是如何失效的，这对我们研究新世纪的农村体制的深化改革和农村经济发展是大有裨益的。

13.1.1 人民公社的建立

中国的人民公社制度尽管随着新世纪的到来而远去，大多数人对它的认识还停留在浅层次上，人民公社是农村集体产权经济中最上层的产权组织，其下依次是生产大队（简称大队）和生产队。其中，大队一级产权比较虚，除个别大队拥有少量林地或小型副业场外，一般不拥有资源。确切地说，它更接近于代表公社对生产队直接管理与监督的受托管理组织，具有公社派出或传达机构的身份。鉴于大队产权这个角色在公社产权制度中作用有限，这里不作具体分析。生产队是最低层级的集体产权，与大队及公社产权相比是直接使用土地的产权组织。因此，这里只着重分析公社产权和生产队产权。人们只知道人民公社效率不高，但人们对公社为何效率不高的制度缺陷等深层次问题还缺少应有的了解。显而易见，公社制度并不像理论界通常所归结的那样简单，说是因什么“穷过渡”造成的。“穷过渡”固然是直接表现的表层原因，而产权制度本身造成的缺陷则是更深层的原因。

人民公社是通过合作化运动的方式建立起来的。所谓合作化是引导农民把土地和生产工具等生产资料逐步由个人所有制转化为集体所有制形式的运动。合作化运动包括三个阶段，第一阶段是成立互助组，互助组由三至五户不等组成，在互助组内，成员互相帮助，但不涉及土地和生产资料。第二阶段是在互助组基础上发展成立初级社，由若干互助组构成，在初级社内各户把土地、耕牛和马等生产资料进行合并。入社农户的个人财产由此开始变成集体财产，即合作社财产，社员可以以入社的农地、耕牛、马等生产资料折股并按比例取得一定股份的分红，但按股份分红只占其总分配中的一部分。第三阶段是由初级社到高级社。高级社由若干个初级社组成，进入高级社后，农民在初级社时的土地、耕牛和马等生产资料也随之上缴和合并为高级社的资产。此时农民已不再享受土地、耕牛和马等折股分红的权利。不论入社时有无农具和耕牛有多少，一律不再作为分配依据。换言之，就是生产要素不再作为分配的条件，从此开始靠出勤记工分为分配的唯一依据，高级社是人民公社制的基础，也是人民公社的组织雏形。1958 年初，河南省七里营乡在小合作社拼成大合作社的过程中，在讨论合并后用什么名字时，人们提出了各种各样的名称，但都不满意，突然有人提出叫“人民公社”，经过讨论获得了大伙的认可，就决定叫人民公社，当时定名为七里乡人民公社，本意是一个纯经济组织，并未包含其他更多内涵。陈伯达听到这个名字后，除赞扬外，却认为人民公社不应只是一个经济组织，还应有更多内涵，提出人民公社应包括工、农、兵、学、商等内容。这样人民公社就不再是一种生产性组织，而是政社合一的政体。人民公社就是在高级社的基础上建立起来的，1958 年 8 月到 11 月，在全国普遍推行典型引路加上行政手段推行，仅 3 个月时间在全国范围内就成立了三万多个人民公社。到 1959 年底全国已形成五万多个人民公社。由此，一个政社合一的人民公社产权制度在东方中国神话般地建立和运行了 21 年。公社制度上实行按劳分配，取消按生产要素分配，在这一点上与高级社有相似之处。不同之一是作为经济组织的公社制规模比高级社规模更大了。不同之二是人民公社不是单纯的经济组织，而是实行政社合一的双重功能的制度组织，就是说人民公社不仅是继承和扩大了高级社的经济组织功能，而且又赋予政府管理功能。

人民公社建立后由于取消按生产要素分配，成立了公共食堂吃饭不要钱的制度。许多农户因被无偿剥夺了农地、耕牛和马而失去了积极性，而让入社时无地、无耕牛、马等生产资料的农户占了便宜，在公社劳动中很快没有激励和动力。生产效率低下，许多公社农耕季节快过去了秧苗还未插过半，收割时节成熟的谷物倒伏了也无法及时收割上来，眼巴巴看着谷物在田里烂掉。首先，公社入不敷出，无法维持日常公社食堂开支的需要，食堂定量减少，伙食越来越差，且难以为继，社员食不果腹，更无力干活。许多地方农民得吃树皮野菜度日，不少地方的公社社员因食堂无法提供基本伙食而又找不到其他东西吃而饿死或饿得脚水肿。全国因饥饿而引起的疾病患者与非正常死亡人数达三千万人。中央领导到各地公社调查研究，其中刘少奇到他阔别 40 年的家乡作调查发现社员对在公社食堂吃不饱反应强烈，要求取消公社食堂。当目睹公社社员因饥饿而被迫挖野菜、剥树皮来度日时，作为国家领袖的他心情十分沉重。他把自己的调查情况如实地向中央作了汇报。其实，公社制度造成的后果各地皆同，对公社食堂的不满和抱怨仅仅是一个表面现象，而它对生产力破坏的严重性却尚未引起关注。公社产权的模糊、虚置，是导致公社产权制度失效的根本原因。其次，公社制度缺乏监督，公社管理人员和公社食堂管理人常常多吃多占，而导致公社本来就少的食物更加缺乏。公社食堂办不好不是食堂本身原因，而是公社体制上的缺陷。许多人曾对人民公社制度安排提出种种的质疑和异议，1959 年庐山会议上彭德怀向毛泽东提交万言书，直陈人民公社制度和公社食堂的时弊，但毛泽东并未意识到人民公社体制的严重性，认为公社食堂办不好可以解散，却不肯从根本上也就是体制上解决公社制度问题。更为出人意料的是会议的主题急转直下，从原本的批“左”转为批“右”，彭德怀受到批判，会后仍然坚持人民公社体制。1963 年在人民公社体制框架基础上调整，把公社原来的一级核算划分为公社、大队和生产队三级核算，以生产队为基本核算单位，即“三级所有，队为基础”。公社仍然享有对生产队直接或间接的干预与控制权。至此人民公社制度稳定下来并实行至 1979 年。

13.1.2　人民公社产权运行机理及其制度特征

人民公社尽管在 1964 年实行了由 1958 年建立时的公社一级核算调整为“三级所有，队为基础”的公社产权制度，土地等资产产权由原来公社集中所有转变为公社、大队和生产队三级共同所有，这是公社制度实现形式的调整，公社产权制度没有发生实质性的变化。因为公社与大队和生产队之间无论是从经济上还是政治上都具有隶属关系。从行政关系上大队和生产队是受公社领导和管制，从经济上看公社是公社范围的土地等资产和资源的最高所有者，从所有权关系来看，虽然人民公社条例规定“三级所有，队为基础”的生产队名义上可独立核算，但实际上是复合产权。即农地产权不是任何一级所独有，而是三级共同所有，从名义上看公社的产权是复合性质的，但实际上由于公社是一级政权即国家在村最基层的政权，又是公社范围的集体产权体系中的最高所有者，掌握和控制着决策权、监督权和剩余索取权，三权集于公社一身，而大队和生产队的产权实际上已被架空、虚置。

（1）决策权和信息发布权在公社。我们可以从公社制的产权机制运行过程清楚地认识这一点。人民公社制度时期决策权是谁拥有？既然“三级所有，队为基础”，按理说生产队为维持组织社员农耕工作应享有决策权，然而事实上生产队没有决策权。在农业生产过程中一年四季的农事活动，如种植计划、种植品种的时间、从管理到收获分配等整个过程每个环节，都有是由公社和大队再下达到生产队。从每年春耕开始，许多地方习惯于召开三级干部大会使决策命令一竿子到底，为的是使公社作出的决策直接及时地贯彻实施。

（2）监督权在公社。在公社的决策下达后，公社就要对各大队（主要是生产队）发布的决策和命令进行检查和监督。一般来说公社对农业生产的计划和决策是以年度为主脉的。在计划和决策发布后，公社调集公社机关干部、职工参与的工作队（组）分头直接深入各大队去检查监督，更多的工作队（组）直接下到生产队去与群众“三同”，驻扎下来督促和检查农民执行指令的实施进度，大队干部也得定期分别到生产队巡逻督促农耕工作进度，处理障碍和收集进度信息向公社汇报。一些进度快的大队和生产队通常受到表彰，一些进度慢的大队和生产队通常受到通报批评。公社把对大队和生产队的监督一年分为三个期限，首先是春耕，其次是夏收夏种，再次是秋收冬种，包括监督是否按农耕计划和进度进行和核算，夏收、秋收过程是否有增产瞒产行为发生。

（3）剩余索取权也属于公社。每个生产队在实施公社分配下来的计划后，必须按计划向公社提交当年的公购粮任务，当年不完成经批准可在下一年再补交，一般不能拖欠，即使压缩社员基本口粮的部分，让他们勒紧裤带，也要首先保证完成公购粮任务，农民得把每年收获的粮食肩挑手推送交公社粮库。当时流行的口号是“踊跃交爱国粮，支援世界革命”，这样生产队的农业生产的剩余索取权掌握在公社手上，按照公社条例，人民公社在三级所有者中，公社是最上级的，也是三级中唯一实行政社合一的所有者，这样它拥有决策权和剩余索取权无论是从理论还是实践上都是说得通的。人民公社制度具有以下特征：

第一，人民公社政社合一，既有产权功能又有行政功能，这种组织体系和组织制度便有政社不分的弊端。以政代社、以政代农的后果是不言而喻的。

第二，公社作为所有者之一，固然有权去决策和享有剩余索取权，但不要忘了大队和生产队也是所有者之一，它们按公社条例也应享有决策、监督和剩余索取权，然而这些权利都由公社独家或大部分地控制。即使有些公社内的大队和生产队也享有某些权利，但却不是同一地位、同等的所有者身份，而是处在二、三等地位上的所有者。如公社可以监督生产队是否增产和瞒产，不报或少交，而对于生产队上交的公购粮公社是否贪污挥霍，生产队却无法也无从监督。

第三，公社作为所有权的代表，它面对全公社范围十几个大队和几百个生产队，各自的自然条件不同，适宜种什么、何时种、如何管理，收益如何，公社组织无法掌握这些信息和作出周密统一的安排。因而这些公社的决定要么是贯彻上级的指令，要么是独自作出决策订计划指标，然后以行政手段强行推行下去。

第四，公社体制是“三级所有，队为基础”。既然是三级所有，即公社、大队、生产队都有，但三者之间的拥有量和拥有程度谁也不清楚。生产队的剩余索取权主要是公社拥有，但生产队的风险公社却不承担。人民公社时期土地产权不在生产队和大队，而是在公社和公社以上的上级机关。大队不是直接生产单位，也不是一级政权组织，它是公社与生产队之间的一个中介组织，起着承上启下的作用，对下传达公社的指令，对上代表生产队反映生产队的情况，它对生产队的农地的干预主要是执行公社的指令，它对土地的拥有也是虚拟的，三位一体作为产权问题根本没有解决好。人民公社产权制度的缺陷由此可见一斑。

13.1.3 人民公社产权的制度缺陷

第一，人民公社的农地产权主体缺位。三级所有究竟各占多少份额不得而知。以生产队为基础是以生产队为主体，但从决策权和剩余索取权来看都不属于生产队，而减产风险却落在生产队身上。有人认为公社农地产权主体在大队，其实无论从决策权还是从剩余索取权来考察大队远逊色于公社，大队作为公社的下级和作为生产队的上级也不时向生产队下达农耕指令，它的责任不是决策权，而是传达公社等上级指令而已。在剩余索取权方面，由生产队作贡献的粮食是由社员直接送到公社粮库储存，大队无权设置收购粮食的粮库。大队一般不可直接从生产队的收入中占有剩余索取权。如果说公社是农地产权主体，这从决策权、剩余索取权和监督权方面都可以说得过去，但是对减产歉收的风险却不承担，这样就与所有者主体身份相悖。作为所有者是收益与风险集中、权利与责任对称，世界上没有任何所有者只有剩余索取权而不承担风险责任的。由此看来，产权主体是悬挂的，把它归于哪一级都不符合理论和实践的逻辑。因此，“三级所有，队为基础”的确是含糊不清的产权。

第二，公社决策往往导致信息失真。公社决策部分来自上级，部分来自自身。无论来自上级还是自身都是一种纵向下达的决策。这纵向垂直的决策并不需要了解各大队、生产队的具体情况，也不允许各大队、生产队以具体情况特殊为由不执行公社指令。比如公社制订种水稻面积计划，各大队、生产队必须保证完成，有的大队、生产队因土质不同而因地制宜不种水稻，改种黄豆时，会遭到拒绝和禁止。决策集中于公社，大队和生产队无法按照各地的实际情况来进行农业生产，必然导致农业生产的品种单一和效率低下及劳动力资源的无谓耗费，造成损失的责任还是由生产队社员来承担。

第三，社员劳动者缺少激励机制。人民公社制度下，农民没有明晰的财产权利，公社化后农民财产被充公与身份自由受到严格限制，是公社产权制度缺陷的直接表现。农民不能通过拥有财产权来获得和增加收入，唯一的收入途径只有参加生产队的集体劳动。从生产队形成统一劳动的过程中，考查生产队成员通常是实行出勤记分，只要你出勤就可以取得工分，不管你出不出力，干得好不好，你都可以领到同样的工分报酬。由于生产队中每个劳动力的基本口粮是固定的，以多劳多得的奖励性分配形式也有，但所占比例很少，通常不超过10%，因为即使丰产年生产队大增产，增产部分也要如实全部上交公社粮库，生产队无权自留和分配。这样劳动者无论如何勤奋劳动，如何多出力，其粮食收入也不会比出勤不出力或不出勤的社员多多少。大多情况下差别是非常微小的，既然如此，许多社员就选择消极怠工，出工不出力也就不足为奇了。

第四，监督机制缺失。政社合一的公社体制对在生产一线的生产队社员劳动者无法实施有效监督。从空间上说，一个公社面积范围小则几十平方公里，大则几百平方公里，公社及公社直属机关的几百名干部分组下去监督，也不可能对每个生产队实施监督。从时间上，工作队（组）也不可能一年四季都来到大队、生产队实行面对面的监督。公社可以委托大队干部进行监督，但由于大队对决策和剩余索取权处于无权地位，对公社的委托会采取一种应付手法，公社干部在场时下去监督，不在场时则不理。由于大队干部家在生产队，对于生产队和生产大队无决策和剩余索取权而心存芥蒂。他表面上会拥护公社的权威，但心眼中更同情社员，这使得公社对生产队和社员的监督难以有效实施，通过委托渠道的监督也难以奏效。生产队的劳动生产率日益下降的局面仍然无法从根本上改变，可见公社产权制度安排是无效的。

13.1.4 人民公社制度安排留下的思索与教训

实行人民公社的本意是让全体中国农民摆脱贫穷，共同富裕起来。人民公社建立后，也确实在集中调动人力、物力和财力，兴修水利，修筑江河防洪大堤、抵御自然灾害、开展农田基本建设等改善农业生产条件方面发挥过积极作用。但由于其难以克服的产权制度缺陷，使这些生产条件改善对农业生产力持续发展的作用未能得到充分发挥，产权制度的缺陷并没有因为生产条件的改善而得到克服。所以人民公社制度安排虽然可以在一定程度上改善生产条件，但并不能解决发展现代农业最根本的要素问题，即产权效率问题。以致人们把人民公社制度的低效和解体归咎于“穷过渡”，其实“穷过渡”不是主要原因，过渡时的公社产权制度选择与安排的低效率才是主要原因。再说“穷过渡”过渡不了，富了就可以过渡了吗？人民公社制度虽然被废除，人们对人民公社制度缺陷的认识并没有随公社的解体而提高，无论是学术界还是实际工作者都几乎停留在同一种认识上，认为公社体制失效是因为超越了生产力发展水平和超越了人们思想觉悟程度，是因为“穷过渡”。显然人们的认识还停留在原来的水平上，还没有认识到公社产权的内在本质，缺乏对公社产权制度的深层次的认识和理解。

固然，“穷”是人民公社体制解除的原因之一，但从产权制度上来看，公社体制不能维持下去而被解体，不仅是因为“穷”，“穷”仅仅是表层上的原因，而还有更深层的原因不为人们所认识和有待去揭示，这就是产权制度缺陷使人民公社无法维持和存在下去。中国在农村贫困基础上不能建立人民公社体制，那么，事隔近三十年后农村发生很大变化，其中相当一部分农村，尤其是沿海地区农村已富裕起来，有些农村甚至达到发达国家农村的收入和生活水平，这些农村富了是否就可以向人民公社体制再过渡呢？回答是否定的，即使“富过渡”，重新走人民公社老路，那也是不行的，它会把富再折腾为穷。人民公社体制被解除的原因——“穷过渡”只是表层现象，事实上人民公社不能维持下去的根本原因是其产权的制度安排出了问题，换句话说，就是产权选择不经济，产权制度运行的成本太高。公社体制固有的产权制度决定了公社体制不能有效运行下去，它维持时间越长危害就越大，这种产权制度不仅不能增加财富，甚至连原有的资本也将耗费殆尽，这种产权制度在已经富裕的农村同样行不通，同样会导致资源的有损无增。公社产权制度不仅不可能使富裕的农村在公社制度上富上加富，在富裕基础上再建起新的公社大厦，还会把原是富裕的基础分化瓦解，使富裕农村不再富裕。明白了这一点，我们就可以理解为什么作为社会主义思想运动的先驱之一的欧文在19世纪初的英国资本主义市场经济中推行公社式的合作社未能成功，转而到处于资本主义发展成长时期的美国置地数万亩，创办世界上第一个公社试验区，也是只下维持几年就维持不下去了；也不难理解继欧文之后一百多年，中国轰轰烈烈的人民公社体制靠政权力量架构和推行，最后还是解体了；同样不难理解为什么即使在今天成熟的资本主义国家的富裕农村，人民公社制度不再发生，也没有人要求建立类似的公社经济组织。目前中国农村虽有了很大变化，但总体上还谈不上富裕，即使是到了普遍富裕的时候，任何人只要不想使自己收入及生活权益受损害，都不会再要求建立人民公社制度。今天我国沿海许多农村已过上相对富裕的生活，按理说可以重新建立人民公社制度，但只要不是用行政手段去强制推行，如果从民主自愿选择生产方式出发，任何富裕了的农民都不会再选择走人民公社制度的道路。

由此看来，人民公社作为一种体制模式，在生产力落后的基础上不能过渡到公社制，在生产力发达的基础上更不能过渡。“穷过渡”会压抑生产力的发展，会使穷上再加穷，“富过渡”同样会阻碍、破坏或降低生产力的发展，由富变穷。人民公社体制的产权制度缺陷并不是由外部的生产力水平的高低状况造成的，而是由产权制度自身的内在机制造成的。因此人民公社产权制度的缺陷造成的结果具有惊人之处，古今中外概莫能外。

13.2 生产队集体产权制度的缺陷

生产队产权经济组织是我国在20世纪60年代推行的一种集体共耕制度形式，它是人民公社产权体系中最低的一层而为数最广泛的一级产权组织，从产生到解体历时21年。它的实施反映了中国两千多年的小农经济、小生产者的农民朴素的平等和平均主义理想追求，由于它是一种自给自足的自我封闭的经济组织，因此不可避免地解体了，由家庭承包制取而代之。集体共耕制产权安排的实践结果，留给中国社会的影响是深远的。这种产权组织解体近三十年来，所受评价不一，多数人否定它，但也有人怀念它。因而应认真总结这种产权组织失效的原因，避免重蹈历史覆辙。对于坚定不移地走现代农业发展的道路，其意义是十分重大的。

13.2.1 生产队集体经济组织的运行方式

生产队集体经济组织的运行方式就是生产队集体产权运作的表现形式，生产队集体经济组织的运行方式是外力推动的被动运作、信息的单向垂直导入、平均主义分配的软约束。

1. 生产队集体经济组织在外力推动下被动运作

生产队是人民公社三级所有中最基层的集体经济组织，与公社集体相比，生产队具有对土地的直接使用权，全国农村集体耕地主要由全国几百万个生产队使用，然而，生产队不是独立法人，而是依附于大队和公社集体的经济组织，一切听从大队和公社指令运作，没有任何自主权，如对于种什么，种多少，什么时候种，怎么种，怎么管理，如何分配，生产队一概没有自主权，全部听从公社和大队等上级组织的指令行事。来自公社、大队的所有指令不管是否符合当地的情况，都得无条件地服从和执行，不能有异议和违拗，这样生产队组织已成为一个无自主权、无主动性的机械组织。

2. 信息的单向垂直导入

生产队组织生产活动的信息渠道来自上级集体组织，即来自大队和公社，呈自上而下的垂直单一传达状态，生产队不能直接从市场取得信息，而由上级和上层产权组织所取得而垂直传达下来的信息，无疑是全国一样的。从南到北所有的生产队生产同一种农产品。尽管自然条件和消费习惯等千差万别，上级决策发布之前不需要听取生产队的意见和建议，也不会因为生产队的信息反馈而改变决策和指令。这种一元的纵向垂直单一信息是通过公社、大队传达的。然后，公社、大队干部分别组织工作队（组）、检查团组下生产队检查督促，公社工作队长驻大队甚至下到生产队，以督促生产队对上级指令的彻底执行，并及时把执行过程中的动态定期向集中大队或公社政府机关汇报，公社随时下达新的指令，通过大队干部或公社三级干部大会的形式与渠道直接贯彻到农村和生产队实施。

3. 实行记时、评工记分的平均分配

生产队的生产成果分配的依据是社员一年挣的工分总额，在20世纪60年代以按时记分为主，按件记分为辅；70年代以后，全国普遍推行大寨式评工记分，除迟到早退扣分外，还要看政治表现，懒于学习和有牢骚怪话的人被视为政治表现差，也要扣分。按件记分就是按完成农活的数量来计算工分，如插秧为了赶上季节或抢上季节便实行按件记分。按件记分在当时被指责为资本主义受到严格限制，不得已时才加以实施。大寨式评工记分是记出勤劳动天数，月底总评一次，把工分分成若干个等级。以上三种形式，除按件记分外，记时分和评分对社员没有任何激励作用。按时记工分，只要不迟到不早退，上工后干与不干、干多干少是一样的；至于评工记分，干得多、干得好不如人缘好，使一些社员为获得高分而把精力放在搞好人际关系上。

13.2.2 生产队集体产权制度的特征

生产队的集体经济组织运行方式是通过政策的形式决定的。从1962年中共八届十中全会上通过的农村人民公社工作条例修正案，我们可以看到生产队集体产权的严重缺陷。这些缺陷包括使用权、收益权和处分权中存在的问题，这些权能很大程度上受到了政府的控制。

1. 使用权残缺

使用权与所有权不对称。生产队产权包含所有权和使用权，它既是所有者同时又是使用权的使用者。本来所有者可以把使用权出租转让给别人，但生产队并没有把使用权出租转让的权利。然而，在计划经济体制下，生产队虽有所有权，但使用权却被大队集体和政社合一的公社所控制，所有权形同虚设。社队控制了生产队的使用权包括两方面：一是生产计划的决策权。生产队无权决定种植计划，而政府计划通过社队集体层层派下来，如政府规定生产队以发展粮食生产为主，同时兼顾发展其他如棉花、油菜等经济作物。如果政府指令不能实现，政府通过社队干部检查，一旦发现有违背现象即进行纠正，上了1977年高考试题的拔青苗事件就是南方某省农村公社的一位书记带社队干部和民兵拔了农民种的黄豆青苗改种水稻的典型事例。什么时候春耕，什么样时候完成夏收、夏种任务等都由政府规定，要是因为进度慢了，不能按规定时间完成则会受到政府的通报批评。二是监督权，政府和社队集体组织为了保证政府指令的彻底实施，总要派下工作组进驻社队深入至生产队检查生产队对政府计划指令的执行和落实情况。由于使用权的残缺，由此而带来其他权能的残缺。

2. 收益权残缺

生产队的生产成果如何分配并不是由生产队队长或社员会议决定的，而是由上级集体组织和政府所决定的。上级集体成为政府考核生产队贯彻政府分配政策的代理人。如政府在政策上规定生产队在收益分配之前必须完成的征购粮任务（包括农业税和政府低价收购部分）。20 世纪 60 年代末 70 年初对超过口粮标准的部分将实行国家收购一部分、集体储备一部分，剩余部分才分配给个人，形成了特殊的剩余索取权配置结构。每年收获时节，政府要逐级召开秋收分配会议，对生产队的生产成果进行“清核对产”，反对“隐瞒”产量，号召生产队增产增贡献。并且通过公社大队干部派出工作队、工作组帮助生产队落实秋收分配政策，完成公购粮入库任务。在查核增产基础上增加生产队的征购指标，如果生产队超交征购指标，超过越多越好，政府将发给奖状，以示鼓励。政府还规定了生产队在完成国家征派购粮任务的义务的同时，需要从可分配收入中提取 3% ~5% 的公积金和 2% ~3% 的公益金。在政府规定的分配结构中，相当一部分的生产成果通过征购、多作贡献的形式被掠取。如果从价值规律来看，生产队被强行征购或被动员征购去的这一部分低价农产品，一般是低于市场价甚至低于成本价的，这就意味着生产队种田的部分或全部利润被通过征购形式无偿转移到政府财政之中。由于生产队的收益权如此残缺，农民每年除了保持基本口粮和几个工分钱及自留地的收入外，再没有什么别的收入。至于集体储备，一方面其积累水平太低，另一方面这部分的享益基本是徘徊不前，变化甚微的。由于没有收益分配的终决权，生产队干部和社员对生产队的土地产权资源保值增值毫无积极性，许多地方生产队的积极性低落到了极点。

3. 处分权残缺

在一般情况下所有者对自己的产权有处分权，即使有使用权没有所有权，使用者在使用权的有效期内，仍可以对使用权行使处分权，包括出租、转让、买卖或抵押等。生产队虽然拥有所有权但却没有使用权和处分权，生产队的产权资源的处分权控制在大队集体组织和政社合一的公社手中，政府规定生产队对队所有的土地不能买卖和转让，使生产队的农地产权处于非流动状态。其他农业机械等一旦买下来，不管能否使用均不得转让，这样一来，使用权在生产队长期处于静止的固定状态。自己经营不好又不能出租转让给他人经营，造成产权资源的无效配置和浪费。

以上产权权能的政府控制，使生产队的产权大大弱化，生产队产权结构中，剩下所有权这一空壳。其使用权、收益权、处分权归谁所有已没有任何实质意义。在政府面前，生产队拥有的土地所有权也不能为生产队社员带来任何实质性的收益和福利，成了名义上的所有权而实际上没使用权。因此，授予所有权不授予使用权、收益权和处分权是生产队产权制度最根本和最致命的缺陷。由于这些无法克服的固有缺陷，使生产队连同人民公社体制一起解体了，生产队作为一个经济组织如同公社组织一样成为一个历史名词。

13.2.3 生产队产权失效的原因

生产队集体组织产权残缺有着深刻的制度原因。在实际经济生活中，有人把生产队的产权残缺归咎于生产队的规模过大，其实这是片面的。在发达国家中，家庭农场规模几千亩上万亩，相当于我国农村几个大队的面积，甚至相当于一个公社的总面积，为什么不存在产权残缺问题？这就是产权残缺的制度安排问题，这个制度不是产权中的所有制问题，而是整个产权主体模糊。如果孤立地从所有制看集体所有制，是生产队所有，生产队经营天经地义，这不存在所有权模糊问题，然而这个生产队产权主体具体落实到各家各户和每一个人身上是不明确的。因为它的模糊和不明确，生产队产权运行成本、监督成本高得惊人，生产队产权运行产生的外部性行为也无法内在化。这就注定了生产队产权的失效。

1. 所有权与使用权不对称

《农村人民公社工作条例修正案》规定土地为生产队集体所有，同时又规定生产队所有的土地一律不准出租和买卖，所有者无权处置自己的土地，这与所有权身份是不对称的。所有者无权处理自己所有的产权，这实在是背离一般规律的。生产队一般发展粮食、棉花、油料和其他经济作物生产，这一规定极大地削弱了生产队对资源的使用权、收益权、处分权。收入按总人口分配之前必须完成征购任务（包括农业税和政府规定的低价收购部分），超过口粮标准的部分实行超购一部分，集体储备一部分，剩余部分才分配给个人。三者的比例多少由政府根据情况确定和调整，总原则是国家大头、集体中头、个人小头，这实际上削弱了生产者拥有的收益权，收益权在很大程度上掌握在政府手中，形成了特殊性的剩余索取权配置结构。每个具有劳动能力的人都必须参加农业生产劳动，劳动方式与内容由生产队统一安排，生产队社员没有自由迁移和选择职业的权利，这是对人力资源所有权和使用权的剥夺。在生产队产权的严重弱化下，在这样的产权结构基础上形成的生产组织是不可能有激励性和效率的。因为公社、大队和生产队三级主体之间讨价还价，代理成本高、偷懒、难以监督等使组织的运行效率降到最低限度，其权能的实施无疑要支付极高的交易费用，这是政府侵犯生产队产权本该拥有的排他性产权的结果。

2. 监督困难和监督成本高

生产队的集体经济组织内部和外部都有监督系统监督生产队的生产和分配活动的全过程。外部有公社和大队分别组织或单独派人员定期进入或进驻生产队进行督导和及时纠正违背上级集体和国家基层政府公社指令的行为，如未能完成公购粮就先分配或增产不实报、逃避国家的征购任务等将被外部监督的人及时纠正。内部监督人员有生产队的队委会干部，包括正副队长、指导员、会计、出纳、记分员及贫协组长、妇女主任、民兵排长等十几人。他们都负有对生产队生产活动的监督责任，并负责收集群众的议论、意见，然后在队委会上进行交流讨论，以便对每个人的劳动表现和劳动态度做到胸中有数，评工记分时就有据可依。表面上看来这种监督系统不能说不严密，但是监督机制却不能真正发挥作用，而且监督成本很高，使这种内外监督系统陷于形式，而实质上毫无效力。如社队干部定期深入生产队的外部监督，在工作队进驻期间，生产队都会做出积极遵守上级政策的样子，监督队一旦离去，生产队依然如故。社队干部不可能长期进驻，一是工作队员本身不情愿，二是补助费用开支大。社队干部有时往生产队村庄打个转后就走，除某些项目，如交公购粮外，大多数时候把巡视任务抛于脑后。所以，内外的监督系统都不可能对生产队产生真正的监督作用。即由于严格的监督要付出太多的监督费用，使监督流于形式，其效力甚微。当然，交公购粮是硬任务，是最被重视的分配过程的监督，但它不是生产过程的监督。

3. 代理人的双重角色与两难选择

代理人就是生产队委员会的干部，主要指生产队长，生产队长是由生产队社员选出来的，一般是一年一选，有的地方两年或三年一选。生产队长既是生产队土地所有制的代表，又是上级集体和国家政府支配生产队土地使用权、执行政府合约的代理人，还是对收益分配权监督的代表，具有多重角色。作为生产队产权的代表，一方面他要代表社员的利益，为生产队集体组织增加收入，另一方面作为国家政府利益的代理人，他要对上级集体和国家政府负责。生产队长在两种角色中左右为难，十分小心谨慎地从事工作，上下都不能得罪。既要讨好社员，又要讨好上级集体和政府。在利益上和感情上，生产队长是集体的一员，也是集体所有者之一，他要维护集体经济组织的利益；在政治上和理智上，生产队长又要服从大队集体和公社政府的指令。生产队长虽然对政府给生产队的合约控制、合约享益与剩余控制、剩余索取不满意，但他不能违抗，这样又使他对社员的集体产权经济的维护感到无能为力。生产队作为整体与政府的合约和剩余关系中所接受的合约不仅具有强制性和不可调整性，对广大社员来说，剩余的控制权和收益权已在相当程度上失去生产的激励作用。任何强化集体观念的思想教育，对多数农民来说作用非常有限，因为这些剩余的权益不仅无法带来社区所有成员的福利增加，就连维持生存都十分困难。在这种情况下，换谁来当生产队长都难以解决问题和扭转局面，唯有两头都讨好的中庸式代理人才能勉强维持下去。如果只顾政府，不顾生产队社员利益，造成社员强烈不满，队长就当不下去；如果只是维护生产队利益，不执行政府的指令，不完成政府合约控制、剩余控制与收益要求，队长同样要被上级集体组织撤掉。

13.3 新一轮农地产权改革的目标

13.3.1 从家庭均分到适度规模

我国实行农村经济体制改革的办法之一就是把使用权、收益权、处分权一起归还基层的集体经济组织——村民委员会（简称村委会）。村委会不再是生产队的体制。首先，村委会是村民自治组织，不再是上级集体即公社的附属；其次，村委会对土地不但具有所有权，而且有直接的全部的使用权、收益权及处分权。从一些地方的实践来看，村委会实行的经济联社集体经济形式仍然不同程度地存在着平均主义现象以及土地产权不易流动的缺陷。克服和纠正这个缺陷的办法之一就是把使用权、收益权、处分权下放落实到农户，实行村社土地向家庭农户的彻底过渡，这是将集体的使用权、收益权、处分权下放的一个举措。实践证明这个改革是成功和充满活力的，虽然这三权下放还不彻底、不完善，但毕竟迈出了重要的一步。当前，就是要使使用权、收益权、处分权进一步落实到农户，充分调动农户的生产积极性。农户没有所有权，但必须保障农户拥有使用权、收益权、处分权，确立农户的农地产权的法人地位，保障农户享有依法转让、抵押等权利，以实现农地产权的自由流转和优化配置。在此基础上使农户得以进一步扩大经营规模，形成以家庭农场为市场主体的规模化、机械化、商品化的现代农业，是中国从传统农业向现代农业转换的唯一正确出路，也是中国农业应对加入世贸组织后，面对世界市场激烈竞争的不可逾越和回避的历史性选择。

农业产业是经济结构中的基础产业，但农业生产规模经营制度却是长期没有解决的问题，如今农业企业化的观念十分淡薄，农产业只有国有农场和集体所有、家庭均田分包制这两种农业经营形式，这两种形式中，前者有规模没有效率，后者有效率没有规模，说到底，就是产业缺乏现代企业经营管理制度，必须改革现行的均田产权制度，建立现代农地产权制度。

现代农业制度，是由发达国家创造、为新兴国家所沿用并行之有效的一种迄今为止最先进的农业生产经营的制度。这种现代农业企业制度的特征是实行家庭农场经营，开始实行规模和效率的经营管理体制。使农业积累和有机构成提高，实现农业商品化、机械化的基础农产业与工业商业相结合，形成农业企业向产业多元化方向发展的机制，实行既不同于传统农业又不同于家庭农场的管理方式。实行现代法人企业制度的管理方式，现代法人农业企业适度规模农场的开放经营方式是高一层次的现代企业的管理制度和方式，广大发展中国家尚未形成现代农业制度。我国农业尚处于以均田分制为主的小农经济状态，占农业比例很小的国有农场，虽然有规模但没有效率，现在绝大部分已转为以农产品加工和服务业为主业，农场土地除了被工商业征占外，所剩土地也已全部承包到农场职工手中由上年纪的职工耕种，而年青一代的农场青年均已外出寻找新的发展机会。因此，无论农村或国有农场至今还没有形成现代农业产业化的产权制度。

13.3.2 现代农业效率的产权制度安排

股份合作农场和家庭农场应成为经营具有规模的和产业多元化的具有民事责任能力的法人组织。实现现代农业企业制度，至少有三个方面的要求：一是有产权明晰的农地产权主体，产权的界区非常清楚，产权主体能承担民事责任。二是使用权的权能可分离也可合并。使用权权能可脱离所有权而转让、租赁出去，在转让、租赁的有效期内不受所有权者的调整和干预。三是农场产权主体有权按照市场需要来确定和开展生产经营，而不必按政府或其他人的意志去经营。农业发达国家的现代农业企业是做到和具备这三方面的要求的。

我国要做到这三方面比较困难，因为现行的产权制度阻力很大：①产权主体不明确，集体农地中土地经营主体是家庭，产权主体是集体。国有农场也一样，经营主体不是职工而是国家，这就使所有权与使用权均集中在集体和国家身上。②农业经营单一，集体是一村一组的经济管理单位，虽不是行政单位却更多地具有行政性的管理职能，但并不是法人。而作为经营单位的家庭农户权、责、利结合，自负盈亏，却没有法人地位。国有农场可以成为法人，但农村农户却不能，法人的权利与义务必须统一和对称，不能只有权利没有义务，也不能只有义务没有权利。而现在存在的问题是义务多于权利，这是不利于现代农业的发展的。农场本身只有土地所有制的规模而没有土地使用权的产权效率，以家庭为单位的经营主体也和农村均田分包制的农户一样，没有法人地位。③各级行政部门对经营主体的行政干扰破坏阻挠了农户以市场为导向发展生产经营。④农地产权不能进入流通渠道，产权资源不能实现有效的优化配置，也阻碍了农地产权规模在市场化竞争中兼并扩大。这四方面是我国建设现代农业制度的障碍，必须清除这些障碍，才能推进我国现代农业制度的建立与发展。

从发展现代农业的角度来看，需要确立产权明晰的产权主体；现代农业组织需要有法人资格，具有民事责任能力；现代农业产权经济组织需要以市场为导向发展商品化农业，彻底从单家独户的、分散的自给自足的传统农业体系中走出来，融入全球化的现代农业市场竞争中。为此，发展现代农业必须进行农地产权制度创新。

第一，实行土地所有权多元制。现行农地产权的所有权只有两种形式，即全民所有制和集体所有制。个人没有土地所有权，不利于土地的开发经营，因为开垦出来的土地不能享有所有权和使用权，而是收归全民或集体所有，这样大家都不愿意去开垦，无法调动人们开垦的积极性，更不利于对土地的投入和对土地肥力的培养。必须旧地实行旧办法，新垦地实行新办法，旧的农地实行全民所有和集体所有不变，对于今后农民新开垦的农地实行谁开垦谁使用，确立明确的产权关系，使持有和经营土地有法可依。

第二，以使用权为产权主体的产权制度，确立农业的法人地位。西方大多数国家实行土地私有化，土地产权主体非常明确。虽然个别国家，如英国仍然实行土地所有权的国家所有，土地使用权公民所有，但他们是以土地使用权为土地产权的物权主体，而且使用权 100 年不变。即使到期了国家没有特别的需要也不会无条件没收农地使用权，农户的土地使用权仍然可以继承下去，继续行使使用权进行规模经营。国家需要征用或收回到期的土地也是有补偿的，不是无偿回收的。中国是世界上实行全部土地国家所有制的少数国家之一，实行所有权与使用权分开，国家拥有所有权，农民行使使用权。由于使用权没有确立为一种法律上的物权制度而成为产权主体，这给农民行使使用权过程带来许多障碍，最终导致收益权的受损，而所有权通常成为国家机关单位对农民生产经营和收益进行随意干预与掠夺的依据。我国农业从国有农业到集体农业的家庭承包到户都没有法人地位。国家应以法人资格给予国有农场和集体农业，以及股份形式合股投资的合作农场、合作社、合作公司，确立它们的法人地位。政府与这些农场、合作社、公司等，应由依附关系变成法人的平等关系，从此明确企业的真正主体，而不受任何行政单位和个人的超经济的干扰。从法律上确立以使用权为物权的产权主体地位。同时延长使用权时间，由 30 年延长至 100 年，到期除国家根据用地需要对土地使用权进行收购或有偿回收外，也可以让农户继续使用和继承下去。我国可建立类似于英国式的土地使用权制度，不但有利于推进适度规模经营的现代农业生产组织的扩大，而且有利于经营者对土地进行长期投资与保养，提高我国土地肥力与土地生产力，实现现代农业的可持续发展。

第三，发展农、工、商联合体。与社会各行业进行交流合作，内引外联，使农业企业与工业、商业、旅游业、房地产业等联为一体。这样家庭农场和股份农场就从单一农业向农、工、商一体化综合发展。随着股份农业企业的发展壮大和国内市场的开拓和扩大，农业企业将由农、工、商发展模式进一步转变为贸、农、工的现代化发展模式。

第四，培育适度规模农业。推动适度规模农业一直是我国努力奋斗的目标，但由于找不到实现适度规模农业的有效途径，以致有人得出在中国人多地少的情况下规模农业不可能实现的结论。推动适度规模农业既然是我们的目标，我们就要千方百计地去寻找实现这一目标的有效途径。

第五，推进人口城镇化改革机制，实行有效的人口城市化转移。农村人口目前仍占总人口的70%以上，人口拥挤和狭小的耕地只会导致农业边际效益下降，边际成本上升，扩大城乡差别，故必须改革机制，加快农村人口城镇化步伐。在保持农户的基础上进行市场化、产业化竞争，有的农户经营好需要扩大规模，有的经营不善需要转让土地，土地买卖关系就可能发生并维持下去，使土地向经营能力强的家庭农场主集中，实现农户生产规模由小变大，由适度规模向中等规模发展，再由中等规模向大规模演进，这是中国现代规模农业的必经之路。

13.4 推进产权继承制度创新

13.4.1 我国农业家庭产权继承制度的缺陷

家庭承包的农地使用权在下一代所有的男性继承人中平均分割是公平的，但不利于社会财富的积累和土地资本规模的扩大。我国虽然实行计划生育，但在广大农村仍然有人生育两胎甚至三胎以上，家庭农地使用权在多子女中分散继承的现象十分普遍。

我国长期以来实行农地产权的子女平均继承的传统做法，主要在男性中平均继承，这种继承制度流弊甚多，不利于发展现代规模农业，也不利于农业持续增长与农业资本积累，必须改革。推行以长子继承制替代所有子女均等继承制，从长远来看人们积累产权的动机取决于对未来的预期，如果未来的财产风险很大，人们就没有积累产权的积极性。家庭产权安排中的遗产均分继承制度，并不利于农地资本积累。

当前我国家庭农地使用权均分继承的现象，正如卢现祥教授对中国家庭内产权安排的特点分析表明的一样，存在着“模糊性”、“公共性”和“匀等性”。[①] 均分制必然导致家庭财产的模糊性，在均分制度下某一财产是谁的并不明确，财产的不可分割与均分制结合很容易形成财产的“公共领域”，从而导致家庭产权的模糊性、公共性。[②] 产权均分制导致家庭财产的非竞争性、非排他性，从而使家庭财产在家庭成员中成为一种公共产品。产权均分制使家庭财产的增长呈现出匀等性分散，甚至呈下降趋势，子女越多，这种下降趋势就越明显。我国农村虽然实行计划生育，但大多数还是生两个或两个以上。就以平均每个家庭两个子女均分下

---

①② 卢现祥. 西方新制度经济学. 北京：中国发展出版社，2003. 181

去，代代相传，导致农户递增与户口规模缩小的后果也不堪设想。均分制实际上是共有制的一种表现形式，换言之，在产权均分以前，家庭财产是一种共有制，而共有制就存在着产权不清晰、搭便车和财产的再分割问题。在家庭遗产分割以前，家庭成员（子女）都可以偷懒。当前，我国农地使用权作为农村家庭子女可继承的主要遗产，在均分继承过程中存在的问题主要有：一是财产分割带来的产权界定成本；二是均分制度与一些财产不可分割性之间的矛盾；三是在均分过程中难以做到平均分割而导致家庭内部父子关系紧张与兄弟反目等矛盾。总之，均分制适用于家族式管理，限制了对外来资金和技术的运用；使家庭农地面积不断变小，手工操作已足够，不必也使用不起机械化、自动化的农业生产设备，管理也很简单，家长既是劳动者又是管理者，即使家长不在场也无须另请管理者；由于面积太小，所需成本有限，不需要外来资金投入，否则会加大边际成本，使小农户的经营收益得不偿失。

13.4.2 西方农业家庭产权继承制度对我国的启迪

西方农业家庭产权继承制度指对土地的长子继承制度。工业革命以来，西方对农地产权的长子继承制度使土地规模不因子女数量的多少而受到影响。即使一个农场主退休后有几个子女，其农场的全部资产包括土地生产资料等均由一个子女继承，即长子继承。其他子女无继承权，只好离开土地另外谋生，进入城镇务工经商或搞文化艺术等。有效地避免了因子女平分土地财产而把规模缩小。

长期以来，人们对西方规模农业形成的原因仅仅归结为市场竞争机制作用下的大农场兼并中小农场的一面，而没有看到长子继承制度对规模农业长期稳定的基础性作用。事实上，在进入资本主义市场经济之前，长子继承制就已经存在。虽然那时的规模不能与资本主义时期的农场规模相比，但由于长子继承制度本身使分散的土地集中，防止了农地产权在子女继承过程中被均分而导致规模变小，这就为进入资本主义农业经营提供了一定的规模基础。长子继承制并没有因进入资本主义而消失，反而在资本主义市场经济下继续实行，自然有利于农业规模的稳定与扩大。如果只有前者而无后者，即使是市场竞争中最成功的农业经济组织，也会因农地产权平分而导致规模的缩小与经营组织的破坏。不但规模无法扩大，反而随着时间推移而日益变小，规模的负向变动又引致农业组织的竞争力的弱化，规模农业最终无法维持而陷入长期低效率的小农经济困境中。

在探索中国农业为什么不能像西方那样走向规模农业时，许多人都归咎于中国土地制度的国家控制，即不准自由买卖和流转。这固然是其中一个原因，但如果把视野放远一些，回顾漫长的封建社会时期我国的土地大多是可以自由买卖的，也并没有产生规模农业。自由买卖使地主有机会兼并土地，但地主拥有的大片土地不是规模农业，更不是现代意义上的规模农业，因为地主靠购买兼并集中起来的土地并不是直接用于生产经营，而是作为一种物权出租给农户经营，地主过度兼并土地的目的是出租，并不是用于自己直接经营。而且，由于土地过度集中在少数地主手中，使得土地供给紧缺，地主以苛刻的高额地租向农民抛租，由一个大地主拥有成千上万的土地分散出租给无数农户经营，这当然算不上什么规模经营。

我国农地均分制下的家庭产权安排的一个突出特征，就是不利于土地的资本化积累与经营规模的扩大。我国均分制的家庭产权安排既不利于土地经营规模扩大、土地资本化积累的持续增长，又不利于农业边际人力资源转移与优化配置，强化了小农户经济组织结构的超稳定性与小农户单位无限的克隆般复制式衍生性。

（1）农地使用权遗产均分的继承制度，不利于土地规模的适度扩大与农业资本的积累。在中国农村的家庭掌权制度中，是严格的父权制度，只有男性才有继承权，农地使用权遗产在父亲所有的儿子中平分。随着人口的增多，土地不断地一代一代分割下去。以每户两个儿子，一个家庭有 6 亩田地计，第二代一分为二，每户只剩下 3 亩，第三代由两户变成四户，每户均分到 1.5 亩。以 20 年为一代人均分农地使用权遗产一次算，如果 60 年前的一户 6 亩地还能养家，到 60 年后，户均 1.5 亩的农地就根本养活不了一个家庭。我国在 1983 年刚实行包产到户时全国只有农户 1.7 亿户，到 2002 年全国农户递增到 2.35 亿户，户均面积由 8.5 亩递减至 6.32 亩。全国农户 2005 年进一步递增至 2.522 亿户，又比 2002 年增加 1 720 万户，平均每年增加近 600 万户。按此速度发展下去，再过 50 年，户均将递减至 1.5 亩以下。农地使用权均分的过程实际上是生产能力下降的过程，同样的经营面积，西方采用家庭农场化规模经营，其绩效要比中国分散的小农户经营汇总起来的绩效大得多。

（2）农地使用权的遗产均分制度不利于劳动力资本转移与优化配置。只要家庭成员“人人都有份”，那么这种产权安排就必然不利于人力资本转移、优化配置与积累。对许多农户的子弟来说，只要从父辈手上接过一份土地，哪怕只有一小块，能够解决吃饭问题，也不愿毫无保留地到外面去奔波劳碌。即使经常有人外出闯荡，收入比种地高，日子过得比在农村好，别的人也无动于衷。此外，即使一个外出打工做生意发了财的农民，也不愿意放弃从父辈那里均分继承而来的小块农地，以防有朝一日生意破产时可重返故里重操旧业。西方长子继承制有利于人力资本转移、人力资源优化与人力资本积累，这是一种更有效的制度安排。与西方的长子继承制度相比，中国的农地使用权的遗产继承制度使中国不能出现除长子之外其他儿子因不能继承农场财产而被迫去从工业、商业、服务业和文化艺术中寻找前途这类事情。长子继承制式的家庭农场产权制度安排，实际上是一种准个人所有制。即使长子并不适合管理，但在产权界定清晰的情况下，它很容易采用专家式管理并演变成现代化农场。

（3）产权均分制式的家庭产权安排的财产和财富的积累呈倒U字形下降。长子继承制式的家庭农场产权和财富的积累呈直线式上升，它有连续性、稳定性的特点。[①] 产权均分制式的家庭产权安排的财产和财富的积累是呈倒U字形的，在父辈手中可能上升，到顶点后均分财产又下降。产权的激励功能在一定程度上根源于产权的延续性和稳定性。家庭农地使用权的均分并不利于土地资本化的积累，财产平均分割是公平的，但不利于社会财富的积累和资产规模的扩大。

13.4.3　推进我国产权继承制度改革

借鉴西方经验，推进长子继承制，培育我国的适度规模农业。西方实行长子继承制实现与保持规模农业这一经验值得借鉴。可以有效地解决中国小农户超稳定与越分越细的问题，引导中国农业走向适度规模农业的发展道路，其意义重大：①它可抑制因家庭子女平分继承而造成的土地分散问题；②长子继承后将促使其他子女离开土地进入城镇从业，实行有效的人口城市化转移；③在保持农户数量的基础上进行的市场化产业化竞争中，有的农业经营好需要扩大规模，有的经营不善需要转让土地，土地买卖关系就可能发生并维持下去，使土地向经营能力强的家庭农场主集中，实现农业户的经营规模由小变大，由适度规模向中等规模发展，再由中等规模向大规模演进，这是中国现代规模农业的必经之路。根据中国实际，实行长子继承制需要解决以下相关政策问题。

1. *确立以使用权为产权主体的物权制度*

西方大多数国家实行土地私有化，土地产权主体非常明确。即使个别国家如英国仍然实行土地所有权的国家所有，但土地使用权却是公民所有。西方以土地使用权为土地产权的物权主体，而且使用权100年不变甚至是无限期拥有使用权。即便是有限期使用权到期了，如国家没有特别的需要，也不会无条件没收农地使用权，农户的土地使用权仍然可以继承下去并进行规模经营。即便国家需要征用到期了的土地，也是有偿的，是按市场价格等价回购，而不是低价或无偿地回收。中国是世界上实行全部土地国家所有制和集体所有制的少数国家之一，实行所有权与使用权分开，国家和集体拥有所有权，农民行使使用权。由于使用权没有确立为法律上的物权制度并成为产权主体，这给农民行使使用权过程造成许多障碍，最终导致收益权的受损，而所有权通常成为国家机关单位对农民生产经营和收益进行随意干预与掠夺的依据。适度规模农业的发展必须进行产权制度创新，从法

① 卢现祥. 西方新制度经济学. 北京：中国发展出版社，2003. 183

律上确立以使用权为物权的产权主体地位。同时延长使用权时间，由30年延长至100年乃至实行使用权的“永权制”或“永包制”，也就是所有权与使用权的永久分离，国家集体与农民的关系是所有权者与使用权者的关系。国家凭所有权保留对土地使用权进行收购或回购的权利，农民凭使用权有获得等价出让土地使用权的权利。建立类似于英国式的土地使用权制度。这样，不但有利于推进适度规模经营的现代农业生产组织规模的扩大，而且有利于经营者对土地进行长期投资与保养，以提高我国土地肥力与土地生产力，实现现代农业的可持续发展。

2. 落实宪法给予公民的自由迁移的权利

宪法作为国家根本大法，规范了对全体公民一视同仁的权利与义务。宪法赋予中国公民就业、迁移的权利与机会，对农民也是适用的。农民是中国公民主体中人数最多的群体，他们应当成为宪法受益者的主体。宪法赋予中国公民的人身自由权利要在农民身上得到广泛的体现，农民的这种公民权利，对适度规模农业开发与实施是一个最大的也是最基本的保证。但在长期的实践中却出了偏差，损害了农民在宪法上拥有的权利，最终也阻碍了适度规模农业的形成。西方适度规模农业的实现，除了因公民享有自由迁移的权利外，还因宪法规定了对公民私营财产的保护。在保护公民基本权益方面，我国也没有像西方那么完善，即使有一定程度的保护，也因出台其他相抵触的法律法规政策而使宪法上的保护权益不能实现。如公民自由迁移，就因出台户口管理规定与办法而使公民难以享受到自由迁移和就业的机会。特别是农民群体，长期以来都在户口制度的禁锢之下被世世代代与土地捆缚在一起，不少农民终其一生也没离开过乡土一步。改革开放前，进一次城或获得城市户口资格，竟然成了不少农民终生为之奋斗的目标。改革开放后，这种状态有所改善，但对绝大多数农民来说，户口仍然限制着他们就业与居住的选择。如实行规模农业，就要鼓励经营面积小、经营不善的小农户转让土地，而且在户口迁移方面进行重大改革，才能保证他们放弃土地后享受到宪法给予的择业与迁移的自由。为此，必须对一切与宪法相抵触的法律法规政策等进行全面彻底的清理和清除，并不得重新制定与宪法相抵触的法律法规条文。经过修改后的新宪法不但继续坚持保护公民的人身自由的权利，而且把公民的私有财产也列入保护之列。这必将有利于促进家庭规模农业经营的发展。但是，要警惕违宪的损害公民基本权利的法律法规政策的出台。为此，对于各部门与地方出台的法律法规政策，要实施监督与问责制，以维护宪法作为国家根本大法在维护与保证公民基本权利方面的权威性和严肃性。

3. 实行农村社会保障制度

西方长子继承制之所以能够长期坚持下来，并且不断完善，就是因为西方有比较完善的社会保障制度。新一轮的农业改革目标是从均田分包制的家庭产权向适度规模的农场产权经济体转型，实行以家庭为主体的适度规模经营的现代农业，必然会不断地分化出一部分放弃土地经营的农户和农民。在这些人中，有的可能顺利转业，有的可能从此因找不到适合自己的工作而长期处于失业状态。同时，实行长子继承制度后，家庭中除长子外，其他子女意味着要离开农业、农村。农民脱离土地喜忧参半，喜的是千百年来祖祖辈辈不能离开土地，现在终于可以离土离乡了；忧的是脱离土地就意味着失去最基本的吃饭保障。在城市一旦长时间找不到工作，就意味着生活不保。实行社会保障制度就能保证这些人得到维持基本生存需要的食品。即使有个别人长期依靠社会保障的最低生活费过日子，也不能否定社会保障的必要性与合理性而取消对弱势群体的保护。否则，以家庭为主体的适度规模经营的现代化农业就不能实现。正因为有社会保障，才能使经营不善的小农户解除后顾之忧。对绝大多数人来说，不到创业无钱、就业无门、投靠无路和万般无奈之际，谁也不愿依靠社会保障来维生。对因在市场经济竞争中失意和处于弱势的公民群体实行社会保障，是一个国家和地区文明程度的重要标志，是当代中国实现适度规模经营的现代农业的重要保证。在农村推行适度规模经营意味着土地产权向股份农场集中，在相当一个时期将使一部分农民离开农村进入城市。有些人由于缺乏劳动技能和专长，长期找不到工作，即使暂时找到工作也经常面临被解雇的危险。为了保证这些人获得最基本的生存收入，必须对他们实行社会保障，必须从立法上确定下来。对在市场经济竞争中处于弱势的城乡公民群体提供维持最低生活标准的社会保障，反映和体现了一个国家和地区的文明程度和现代化水平，是当前中国推进土地产权制度创新、培育适度规模经营、实行由传统农业向现代农业转型的重要环节。

公民在享受国家提供的社会保障方面的权利是平等的，社会保障是国家政府对国内弱势群体进行保护的基本措施。我国宪法第二章“公民的基本权利和义务”的第四十五条是这样规定的：“中华人民共和国公民在年老、疾病或者丧失劳动能力的情况下，有从国家和社会获得物质帮助的权利。国家发展为公民享受这些权利所需要的社会保险、社会救济和医疗卫生事业。”宪法上所说的公民，是指在中华人民共和国内所有享有中国居民身份的公民，并不是特指某个阶层、团体或某个区域、某个职业的人群。无论是从整体还是从个体来看，农村居民与城市居民的权利是相同的，而且享有的权利与义务是对称的。不能让城市居民享有权利、农村居民承担义务的现象长期存在。必须逐步推进和实现统一的国民待遇，确保宪法赋予公民的平等权利。发展现代规模的家庭农场经济，必须推进继承制度改革，实施长子继承制度，没有继承权的子女离开农村家园后，即使从事工业、商业、服务业和文化艺术业不成功或中途破产，仍然可通过社会保障获得维持生存所需要的最低生活保障，这是保障产权改革成功的关键。

以上的农地改革目标既是改革目标又是改革任务。完成这些改革目标和任务是一个艰巨的改革过程。改革过程还可能会出现反复，但要牢记这些目标和任务，毫不动摇、锲而不舍地加以推进，我国以家庭农场为标志的现代农业才能实现。

参考文献

1. ［美］萨缪尔森．经济学．高鸿业译．北京：商务印书馆，1991
2. ［美］保罗·R. 格雷戈里，罗伯特·C. 斯图尔特．比较经济体制学．林志军，刘平等译．上海：上海三联书店，1998
3. ［美］查尔斯·林德布洛姆．政治与市场：世界的政治—经济制度．王逸舟译．上海：上海三联书店，上海人民出版社，1994
4. ［美］西奥多·舒尔茨．经济增长与农业．郭熙保，周开年译．北京：北京经济学院出版社，1991
5. ［美］艾伦·特拉登堡．美国的公司化．邵重，金莉译．北京：中国对外翻译公司，1990
6. ［意］卡洛·M. 奇波拉．欧洲经济史．徐璇等译．北京：商务印书馆，1988
7. ［法］马克·布洛赫．法国农村史．余中先，张朋浩，车耳译．北京：商务印书馆，1991
8. ［法］蒲鲁东．什么是所有权．孙署冰译．北京：商务印书馆，1991
9. ［德］马克思．资本论．北京：人民出版社，1975
10. ［德］马克思，恩格斯．马克思恩格斯全集．北京：人民出版社，1972
11. 吴海．企业制度创新通论．广州：中山大学出版社，1997
12. 刘贵访．论社会生产力．人民出版社，1988
13. 臧旭恒，徐向艺，杨惠馨．产业经济学．北京：经济科学出版社，2002
14. ［美］R. 科斯，A. 阿尔钦，D. 诺斯等．财产权利与制度变迁——产权学派与新制度学派译文集．上海：上海三联书店，上海人民出版社，1994
15. 薄越亮，王民有，王加春，张冀湘．产权管理理论与实务．北京：中国物资出版社，1992
16. 张军．现代产权经济学．上海：上海三联书店，上海人民出版社，1994
17. 中国国有资产管理学会秘书处，国家国有资产管理局科研所．国有资产产权机制改革．北京：经济科学出版社，1993
18. 毕宝德，柴强，李玲．土地经济学．北京：中国人民大学出版社，1991
19. 陈美章．知识产权教程．北京：专利文献出版社，1993
20. 李幛喆．股份制宣言．北京：改革出版社，1993

21. 林毅夫．制度、技术与中国农业发展．上海：上海三联书店，上海人民出版社，1994
22. 李京文．当代中国经济热点分析与展望．北京：社会科学文献出版社，1999
23. 国家国有资产管理局教育处，中南财经大学工经系．新型国有资产管理体制探索．北京：经济科学出版社，1991
24. 王松奇，李扬，王国刚．金融学．北京：中国金融出版社，1997
25. 刘亚健，俞友康．现代企业制度．北京：中国经济出版社，1994
26. ［美］R．科斯．企业、市场与法律．盛洪，陈郁等译．上海：上海三联书店，1990
27. 余永定，张宇燕，郑秉文．西方经济学．北京：经济科学出版社，1997
28. 陈东琪，李茂生．社会主义市场经济学．长沙：湖南人民出版社，1997
29. 吴易风．空想社会主义．北京：北京出版社，1980
30. 肖耿．产权与中国的经济改革．北京：中国社会科学出版社，1997
31. 李明义，贾常先．现代股份经济学．北京：中央广播电视大学出版社，1993
32. 王占国，孙伟化，李成龙，张蕴华．产权论纲．哈尔滨：黑龙江教育出版社，1998
33. 李世华．社会主义国有资产论．北京：法律出版社，1991
34. 张元元，李金亮．社会主义市场经济学．广州：暨南大学出版社，1992
35. 刘思华．当代中国的绿色道路．武汉：湖北人民出版社，1994
36. ［美］路易斯·亨利·摩尔根．古代社会．杨东莼，马雍，马巨译．北京：商务印书馆，1995
37. 张问敏．中国政治经济学史大纲，北京：中共中央党校出版社，1994
38. ［苏］B. A. 莫罗佐夫．美国农工联合企业．刘辉译．上海：上海译文出版社，1980
39. 汤宗舜．专利法教程．北京：法律出版社，1989
40. 吴祖谋，李双元．法学概论．北京：法律出版社，1989
41. 王河，王承继，杜正俊，唐大森．中国科技法学．北京：法律出版社，1991
42. 向松祚，韩小明．市场经济新体制．北京：中国人民大学出版社，1993
43. 戎文佐．所有制改革的理论与实践．北京：改革出版社，1993
44. 郑君华，葛实如．中国改革史．北京：华夏出版社，1991
45. 林善浪．中国核心竞争力问题报告．北京：中国发展出版社，2005
46. 何大隆．外国经济体制概论．北京：新华出版社，1985
47. 陈昕．社会主义经济的制度结构．上海：上海三联书店，1993
48. 缪代文．宏观经济与微观经济．北京：高等教育出版社，2000

49. 张五常．佃农理论．北京：商务印书馆，2000
50. ［美］W. 阿瑟·刘易斯．经济增长论．梁小民译．上海：上海三联书店，上海人民出版社，1994
51. ［德］威廉·魏特林．和谐与自由的保证．孙则明译．北京：商务印书馆，1979
52. 李扬，王国刚．资本市场导论．北京：经济管理出版社，1998
53. 卢现祥．西方新制度经济学．北京：中国发展出版社，2003
54. 田国强．中国乡镇企业的产权结构及其改革．经济研究，1995（3）
55. 陈剑波．人民公社的产权制度．经济研究，1994（7）
56. 林中泽．试论西欧农奴制．华南师范大学学报，1988（1）
57. 水延凯．略论我国农村的私人企业．理论界，1986（9）
58. 陈冰，解书森．劳动所有制、劳动力市场、劳动力商品讨论述评．学习与探索，1987（1）
59. 左同武．社会主义条件下劳动商品问题初探．光明日报，1986－07－19
60. 苏东斌．论社会主义的劳动力市场．学习与探索，1986（2）
61. 霍雨佳．马克思的“重建个人所有制”与承包制．海南大学学报，1990（1）
62. 杨春时．官僚资本主义——落后国家走向市场经济的特殊社会形态．海南师范学院学报，1993（3）
63. 李必训．从发达国家的家庭小农场看我国家庭承包经营的现代化．新华文摘，1983（1）
64. 潘义勇．国有农场产权制度改革目标．经济研究，1995（4）
65. 潘义勇．国有资产股份化与建立产权市场．中国证券年鉴（1993），北京：新华出版社，1993
66. 潘义勇．论传统农业文明向现代工业文明转换的户籍障碍．新华文摘，1995（4）
67. 潘义勇．企业排污权市场化势在必行．光明日报理论版，2002－08－20
68. 潘义勇．苏联、东欧所有制改革述评．学术研究动态，1988（5）
69. 潘义勇．产权制度创新与经济增长．开放时代，2000（1）
70. 潘义勇．社会主义初级阶段的所有制结构．学术论坛，1988（3）
71. 潘义勇．建立海南特区市场经济新体制．海南大学学报，1993（1）
72. 潘义勇．论公有产权多级委托代理制向一级委托代理制转换．经济研究参考，1995（10）
73. 潘义勇．论劳动力产权．开放时代，1999（5）
74. 潘义勇．发展规模与效率兼容的家庭农场．开放时代，1997（5）
75. 潘义勇．产权制度现代化目标．黑龙江教育学院学报，1995（3）

76. 潘义勇. 优化配置人的要素推进经济体制纵深发展. 开放时代，1999（1）
77. 潘义勇. 解决人地矛盾是实现适度规模农业的根本出路. 岭南学刊，2005（3）
78. 潘义勇. 建立现代农地产权制度，推进适度规模的现代农业发展. 岭南学刊，2004（3）
79. 潘义勇. 发展股份农场　探索新型规模农业的新路子. 桂海论丛，2008（1）
80. 潘义勇. 新一轮农业改革目标：从均田分包制向适度规模转变. 岭南学刊，2008（1）
81. 潘义勇. 中共八十七年土地制度变迁与人民生活水平变化. 广东省社会主义学院学报，2008（2）
82. 潘义勇. 推动我国私营经济又好又快地向前发展. 玉林师范学院学报，2008（2）
83. 潘义勇. 人民币升值有助优化宏观经济体系. 南方日报理论版，2008－04－16
84. 潘义勇. 发引地方公债　加快地方公共基础建设. 粤港信息日报，2000－05－14
85. 潘义勇. 中国农业土地适度规模经营的目标与阶段推进. 郑州航空工业管理学院学报，2007（5）